AF731692

Kraftfahrrecht

Gesetz und Verordnung über Kraftfahrzeugverkehr mit Erläuterungen und Vollzugsvorschriften des Reiches und Bayerns

herausgegeben von

Dr. jur. Walther v. Hellingrath und **Dr. jur. August Michel †**

I. Teil

5. Auflage

bearbeitet von

Dr. jur. Walther v. Hellingrath

1930

München, Berlin und Leipzig

J. Schweitzer Verlag (Arthur Sellier).

Druck von Dr. F. P. Datterer & Cie., Freising-München.
Printed in Germany.

Vorwort zur 5. Auflage.

Am 25. August 1929 wurde mein lieber Mitarbeiter, Regierungsrat Dr. August Michel mir und unserem gemeinsamen Werk durch den Tod entrissen. Damit ist mir die Aufgabe zuteil geworden, die Bearbeitung des gesamten Werkes selbst zu übernehmen. Entgegen meiner ursprünglichen Absicht, mich bei einer Neuauflage im wesentlichen auf die durch Änderungen der gesetzlichen Bestimmungen und der Rechtsprechung bedingte Umarbeitung zu beschränken, habe ich mich doch zu einer gründlichen Durcharbeit der Erläuterungen entschließen müssen. An der bisherigen Stoffanordnung glaubte ich jedoch im Hinblick auf die wohlwollende Beurteilung, die diese in der Fachkritik erfahren hat, festhalten zu sollen.

Meinem neuen Herrn Verleger, der bereits den Rest der 4. Auflage von dem früheren Verlage übernommen hat, danke ich für die Förderung der vorliegenden Auflage.

Augsburg, im Herbst 1930. Dr. von Hellingrath

Inhaltsverzeichnis.

Literaturverzeichnis.

I. Bücher.

a) Kraftfahrrecht.

Becker, Die Strafbestimmungen des Gesetzes über den Verkehr mit Kraftfahrzeugen (Heidelberger Diss.). Borna, Leipzig 1911.

Conrad, Verkehr mit Kraftfahrzeugen. Berlin 1928.

v. Damm, Gesetz über den Verkehr mit Kraftfahrzeugen. Breslau 1909.

Eger, Das Reichsgesetz über den Verkehr mit Kraftfahrzeugen. Stuttgart, Leipzig 1911.

Galli, In Stengleins Kommentar zu den strafrechtl. Nebengesetzen, 4. Aufl. Berlin 1911.

Goës, Das Kraftfahrzeugsteuergesetz. Berlin 1928.

Gordan, Das Reichsgesetz über den Verkehr mit Kraftfahrzeugen. München 1909.

Hallbauer, Gesetz über den Verkehr mit Kraftfahrzeugen, 2. Aufl. Leipzig 1909.

v. Hellingrath, Die strafrechtliche Haftung des Kraftfahrzeughalters (Erlang. Diss.) (abgekürzt „Kraftfahrzeughalter"). Augsburg 1927.

v. Hellingrath, Grundriß des Verkehrspolizeirechts. München 1929.

Heucke, Der Verkehr mit Kraftfahrzeugen, 2. Aufl. Berlin 1926.

Höpfel, Das Reichsgesetz über den Verkehr mit Kraftfahrzeugen. Nürnberg, Leipzig 1911.

Isaac, Kommentar zum Automobilgesetz, 3. Aufl. Berlin 1912.

Kirchner, Gesetz über den Verkehr mit Kraftfahrzeugen, 3. Aufl. Berlin 1915.

Krause, Automobilgesetz. Hannover 1909.

Lechner, Die Kraftfahrzeuggesetzgebung. München 1927.

Müller, Automobilgesetz, 4. u. 5.[1]) Aufl. Berlin 1929.

---

[1]) Soweit nichts anderes bemerkt, beziehen sich die in den Fußnoten angegebenen Seitenzahlen auf die 4. Auflage. Die 6. Auflage konnte nicht mehr berücksichtigt werden.

Neukirch-Rosenmeyer, Kommentar zum Gesetz über den Verkehr mit Kraftfahrzeugen. Halle 1910.

Oberländer-Bezold, Das Automobilrecht, 6. Aufl. München 1925.

Schmid-Wagner, Gesetz über den Verkehr mit Kraftfahrzeugen. Stuttgart 1909.

Seuffert-Dittmann, Reichsgesetz über den Verkehr mit Kraftfahrzeugen, 3. Aufl. München, Berlin, Leipzig 1925.

Waldeck, Gesetz über den Verkehr mit Kraftfahrzeugen. Berlin 1910.

Weitz, Das neue Automobilrecht. Berlin 1924.

Weitz, Das Auto im Urteil des Richters („Weitz Auto“). Berlin 1925.

b) Strafrecht.

Allfeld, Lehrbuch des deutschen Strafrechts, 8. Aufl. Leipzig 1922.

v. Bar, Gesetz und Schuld im Strafrecht. Berlin 1907.

Frank, Das Strafgesetzbuch für das Deutsche Reich, 17. Aufl. Tübingen 1927.

Köhler, Deutsches Strafrecht. Leipzig 1917.

Leipziger Kommentar zum StGB, 4. Aufl. Berlin, Leipzig 1929.

c) Bürgerliches Recht.

Reichsgerichtsräte, Kommentar, 6. Aufl. Berlin 1928.

Seligsohn, Haftpflichtgesetz. Berlin 1920.

d) Verwaltungs- und Steuerrecht.

Cattien, Reichssteuerstrafrecht und Reichssteuerstrafverfahren. Berlin 1929.

Fleiner, Institutionen des deutschen Verwaltungsrechts, 6./7. Aufl. Tübingen 1922.

Gerstle, Die Polizeiverfügung im bayer. Recht. Annalen des Deutschen Reichs 1917 S. 540, 721.

Helmreich-Rock, Bayerische Gemeindeordnung, 6. Aufl. Ansbach 1927.

Jellinek, Verwaltungsrecht. Berlin 1928.

Roesch, Bayerische Gemeindeordnung, 3. Aufl. München, Berlin, Leipzig 1923.

Schiedermair, Bayer. Polizeistrafgesetzbuch. München, Berlin, Leipzig 1922.

II. Zeitschriften usw.

Allgemeine Automobilzeitung („AAZ“),

Das Auto,

Bayerische Gemeinde- und Verwaltungszeitung („BayGemVZ"),
Bayerische Verwaltungsblätter („BayVerwBl"),
Deutsches Autorecht („DAR"),
Deutsche Juristenzeitung („DJZ"),
Deutsche Richterzeitung („DRZ"),
Höchstrichterliche Rechtsprechung auf dem Gebiete des Strafrechts („HöchstRR"),
Juristische Rundschau („JRdsch"),
Juristische Wochenschrift („JW"),
Kartei des Automobilrechts von Arndt („KdA"),
Leipziger Zeitschrift für deutsches Recht („LZ"),
Das Recht „(Recht"),
Recht des Kraftfahrers („RdK"),
Verkehrsrechtliche Rundschau („VerkRdsch"),
Warneyers Jahrbuch („Warn"),
Zeitschrift für Rechtspflege in Bayern („BayZ"),
Zeitschrift für die gesamte Strafrechtswissenschaft („ZStW").

Abkürzungen.

Für das im Literaturverzeichnis aufgeführte Schrifttum, soweit die Werke usw. nicht mit den Namen der Verfasser angeführt sind, wurden die jeweils in Klammern und Anführungszeichen beigefügten Abkürzungen verwendet. Die Oberlandesgerichte sind nur mit dem Ort ihres Sitzes angeführt. Im übrigen kamen folgende Abkürzungen zur Anwendung:

a. A. = anderer Ansicht,
a. a. O. = am angeführten Ort,
AG = Ausführungsgesetz,
Anw. = Anweisung,
BayObLG = Bayerisches Oberstes Landesgericht,
BayObLGSt = Entscheidungen des Bay. Obersten Landesgerichts in Strafsachen,
BGB = Bürgerliches Gesetzbuch,
Bek. = Bekanntmachung,

EG = Einführungsgesetz (mit Zusatz; z. B. EG BGB, EG GVG),
G = Gesetz; ohne Zusatz: Kraftfahrzeuggesetz,
GewO = Reichsgewerbeordnung,
GVBl = Bayerisches Gesetz- und Verordnungsblatt,
GVG = Gerichtsverfassungsgesetz,
Int. = International,
K = Kraftfahrzeug,
KG = Kammergericht Berlin,
KFG oder KraftFahrG = Kraftfahrzeuggesetz,
KStG = Kraftfahrzeugsteuergesetz,
MABl = Ministerialamtsblatt der bayer. inneren Verwaltung,
OVG = preuß. Oberverwaltungsgericht,
PolStGB = Polizeistrafgesetzbuch,
RAbgO = Reichsabgabenordnung,
RFH = Reichsfinanzhof,
RGSt = Entscheidungen des Reichsgericht in Strafsachen,
RGZ = Entscheidungen des Reichsgerichtes in Zivilsachen,
RGBl = Reichsgesetzblatt,
RMBl = Reichsministerialblatt,
RVerf = Reichsverfassung,
RVerkM = Reichsverkehrsminister,
RHaftpflG = Reichshaftpflichtgesetz,
StGB = Strafgesetzbuch,
StrVerkO = Straßenverkehrsordnung,
StMdJ = Bayer. Staatsministerium des Innern,
VGG = Bayer. Verwaltungsgerichtsgesetz,
VollzBek = Bayer. Vollzugsbekanntmachung zur Verordnung über Kraftfahrzeugverkehr,
VO = Verordnung; ohne Zusatz: Verordnung über Kraftfahrzeugverkehr
ZPO = Zivilprozeßordnung.

Geschichtlicher Rückblick auf die Entwicklung des Kraftfahrrechts

Die Regelung des Kraftfahrzeugverkehrs war anfänglich den einzelnen örtlichen Polizeibehörden überlassen, die auf Grund des § 366 Nr. 10 StGB mit Art. 2 Nr. 6 BayPolStGB die erforderlichen polizeilichen Vorschriften erließen. Die allmähliche Entwicklung des KVerkehrs machte indessen eine einheitliche Regelung innerhalb eines größeren Gebietes zur Notwendigkeit. Sie wurde für Bayern durch die „Oberpolizeilichen Vorschriften über den Verkehr mit Motorfahrzeugen auf öffentlichen Wegen, Straßen und Plätzen vom 7. Mai 1902" (GVBl. 173) erreicht, die auf die gleiche Rechtsgrundlage gestützt war. Diese Vorschrift hat durch ihren § 14 Abs. 2 alle bisher bestehenden örtlichen Polizeivorschriften außer Kraft gesetzt und trat am 1. Juni 1902 in Wirksamkeit. Sie findet heute noch Anwendung auf Straßenlokomotiven und schwere Vorspannmaschinen gemäß § 32 der oberpol. Vorschriften vom 17. 9. 1906 und Abschnitt II Ziffer 2 der Anmerkung zu § 2 der Bek. v. $\frac{18.\ 5.\ 1923}{29.\ 12.\ 1925}$ MABl $\frac{1923,\ 33}{1926\ \ 1.}$ Mit weiterer Zunahme des KVerkehrs wurde das Bedürfnis nach reichsrechtlicher Regelung immer dringender. Insbesondere wurde auch allgemein der Ruf nach einer Verschärfung der Bestimmungen über die Haftpflicht bei Unfällen erhoben. In dieser letzteren Richtung liegt der Entwurf eines nicht zur Verabschiedung gelangten Gesetzes über „Die Haftpflicht für den bei dem Betrieb von K entstehenden Schaden", der am 10. 1. 1906 dem Bundesrat vorgelegt wurde. Dem Zweck einer einheitlichen Regelung der Verkehrsvorschriften im ganzen Reiche dienten die vom Bundesrat aufgestellten „Grundzüge betreffend den Verkehr mit Kraftfahrzeugen" vom 3. 5. 1906, deren Annahme den bundesstaatlichen Regierungen empfohlen wurde. Bayern hat diesen Grundzügen durch die „Oberpolizeilichen Vorschriften über den Verkehr mit Kraftfahrzeugen" vom 17. 9. 1906 (GVBl 729) entsprochen, die am 1. Oktober 1906 in Kraft traten. Eine reichsrechtliche Regelung ließ sich indessen nicht mehr umgehen. Der Entwurf vom 10. 1. 1906, der sich auf eine Regelung der Haftpflicht beschränkte, wurde fallen gelassen und statt dessen der Schaffung eines einheitlichen Kraftfahrrechts nähergetreten. Die Bedenken, daß die Regelung des KVerkehrs nach der alten Reichsverfassung nicht zur Zuständigkeit des Reichs gehörte, wurden zurückgestellt. Am 24. Februar 1908 erfolgte die Vorlage eines derartigen Gesetzes. Das Gesetz wurde im Bundesrat mit der für Verfassungsänderungen vorgeschriebenen Mehrheit, sowie nach längeren Kommissionsberatungen auch im Reichstag angenommen und als „Gesetz über den Verkehr mit Kraftfahrzeugen vom 3. Mai 1909" im RGBl veröffentlicht. Nach seinem § 26 trat es hinsichtlich der Haftpflichtvorschriften mit dem 1. Juni 1909, im übrigen mit dem 1. April 1910 in Kraft. Seiner Ausführung diente die BundesratsVO vom 3. 2. 1910 über den Verkehr mit Kraftfahrzeugen. Erst im Jahre 1923 ergab sich wiederum die Notwendigkeit einer Änderung des Gesetzes, das nunmehr auf Art. 7 Nr. 19 der neuen Reichsverfassung gestützt ist, durch das Gesetz zur Abänderung des Gesetzes über den Verkehr mit Kraftfahrzeugen vom 21. 7. 1923 (RGBl I, 743). Auch die VO über den Verkehr mit Kraftfahrzeugen wurde erstmals im Jahre 1923 durch die VO vom 15. März 1923 (RGBl I, 175) geändert. Seitdem folgten in schneller, wohl allzu schneller Folge, für die die rasche Entwicklung des KVerkehrs eine Erklärung gibt, Änderungen auf Änderungen, so durch die VO vom 18. 4. 1924 (RGBl I, 413), vom 5. 12. 1925 (RGBl I, 435), vom 28. 7. 1926 (RGBl I, 425), vom 31. 1. 1928 (RGBl I, 14), vom 16. 3. 1928 (RGBl I, 66), vom 13. 7. 1928 (RGBl I, 204), vom 27. 4. 1929 (RGBl I, 88), vom 28. 6. 1929 (RGBl I, 125) und zuletzt vom 15. 7. 1930 (RGBl I, 267).

Gesetz
über den Verkehr mit Kraftfahrzeugen

vom 3. Mai 1909 (RGBl. S. 437)

in der Fassung des Gesetzes vom 21. Juli 1923 (RGBl. I S. 743) unter Berücksichtigung der Verordnung vom 5. und 6. Februar 1924 (RGBl. I S. 42).

Einleitende Vorbemerkungen.

I. Kraftfahrzeug[1]).

1. Kraftfahrzeug im allgemeinen.

a) Fahrzeug ist jede Einrichtung zur Fortbewegung von Ort zu Ort unter eigener Ortsveränderung ohne Rücksicht auf den Zweck der Fortbewegung[2]). Fahrzeuge sind also auch ortsbewegliche Arbeits- und Werkzeugmaschinen, Straßenwalzen, Straßenlokomotiven usw., obwohl sie nicht der Beförderung dienen[3]).

b) Kraft ist stets Maschinenkraft. Nur die unmittelbar auf die Fortbewegungseinrichtungen (Räder usw.) und die zwangsläufig damit verbundenen Teile einwirkende Kraft muß maschinelle Kraft sein. Die Antriebsmaschine muß sich innerhalb des Fahrzeugs befinden, die Kraft kann aber auch von außen zugeführt werden. Nicht durch Maschinenkraft bewegt wird ein Segelfahrzeug oder ein durch eigene Schwerkraft fortbewegtes Fahrzeug, wohl aber ein Fahrzeug mit Winddynamo, Flettnerrotor u. dgl.[4]). Kein K ist ein Anhängewagen[5]). Entscheidend ist nicht der vorübergehende Zustand, sondern die Eigenart des Fahrzeugs[6]).

c) Landfahrzeug. K im weiteren Sinne, z. B. im Sinne des Art. 7 Nr. 19 RVerf sind auch Wasser- und Luftfahrzeuge. K im engeren Sinne

---

[1]) Siehe Kraftfahrzeughalter 4.

[2]) Conrad 17, Müller 101, Oberländer 364, dagegen sehen den Beförderungszweck begrifflich als erforderlich an Eger 11, Heucke 2.

[3]) Ebenso Conrad 17, Heucke 2, Müller 101, Oberländer 101, 214, 364, Seuffert 23, a. A.: Weitz II 11.

[4]) Eger 12, Müller 105, a. A.: anscheinend Conrad 18.

[5]) Conrad 19, Lechner 16, Müller 105, Oberländer 29, 363, a. A.: Heucke 2, Isaac 32, Seuffert 23, Weitz II 12.

[6]) Conrad 18, Heucke 3, Isaac 32, Kirchner 20, Oberländer 29, 364, BayObLG v. 3. 3. 1925, HöchstRR 1, 283, BayObLGSt 25, 66.

sind jedoch nur Landfahrzeuge. Als Landfahrzeuge sind nur solche Fahrzeuge anzusprechen, die zur Fortbewegung auf dem Lande — sei es auch nur vorübergehend — bestimmt und ihrer technischen Beschaffenheit nach hiezu nicht ungeeignet sind[1]). Kein K ist sonach ein Luftfahrzeug, obwohl es sich beim Starten und Landen auf dem Erdboden fortbewegt[2]). Unerheblich ist aber, ob sich das Fahrzeug auf Rädern, Kufen[3]), mittels Raupen u. dgl. auf dem Erdboden fortbewegt.

d) Bahngleis. Ein Fahrzeug ist an ein Bahngleis gebunden, wenn die Räder des Fahrzeugs durch irgendwelche Vorrichtungen in einer bestimmten Bahn geleitet werden und ein im Belieben des Führers gelegenes willkürliches Verlassen der Fahrbahn ohne besondere Einrichtungen ausgeschlossen ist[4]). Entscheidend ist auch hier nur die — wenn auch nur vorübergehende — Bestimmung und die technische Beschaffenheit des Fahrzeugs[5]).

2. Kraftfahrzeuge im Sinne des KraftFahrG[6]).

Der vorstehend erläuterte Begriff „Kraftfahrzeug" erleidet durch § 27 KraftFahrG eine auf praktische Erwägungen zurückzuführende Einschränkung: Kleinkrafträder sind nicht K im Sinne des KraftFahrG. K im Sinne des KraftFahrG sind hiernach im wesentlichen:

a) Krafträder — ausgenommen Kleinkrafträder —
b) Personenkraftwagen
c) Kraftomnibusse
d) Lastkraftwagen
e) Elektrokarren
f) Zugmaschinen
g) Kraftschlitten
h) Raupenkraftfahrzeuge
i) Dampfpflüge
k) Straßenwalzen
l) selbstfahrende Arbeits- und Werkzeugmaschinen, Krankenstühle, Schneepflüge u. dgl.
m) Kraftroller.

3. Kraftfahrzeuge im Sinne der KraftFahrVO[6]).

Durch § 2 Abs. 4 VO wird auf Grund der gesetzlichen Ermächtigung in § 1 Abs. 1 Satz 1 2. Halbs. KraftFahrG der Begriff K, wie er in § 1 Abs. 2

---

[1]) Kirchner 19, Müller 100, Oberländer 363.
[2]) Conrad 17, Heucke 2, Isaac 30, Kirchner 19, Lechner 13, Müller 100, Oberländer 363.
[3]) Conrad 17, Heucke 2, Müller 100, Oberländer 364, a. A. nur Weitz II 10.
[4]) Heucke 3, Isaac 33, Müller 106.
[5]) Conrad 18, Müller 106.
[6]) Vgl. Conrad 16, 103.

KFG und § 1 Nr. 1 KVO gleichlautend festgelegt ist, für den Geltungsbereich der KVO insoferne eingeschränkt, als die Vorschriften der KVO auf die im § 2 Abs. 4 KVO aufgeführten K keine Anwendung finden. K im Sinne der KVO sind sonach nur die in vorstehender Ziff. 2 unter a mit f aufgeführten K, soweit ihr Gesamtgewicht sich in den nach § 3 Abs. 2 und 5 KVO zugelassenen Grenzen hält. Die in § 2 Abs. 4 KVO aufgeführten K sind dagegen zwar K im Sinne des KFG, nicht aber auch K im Sinne der KVO. Über die Regelung des Verkehrs mit letzteren Fahrzeugen siehe Anm. 5 zu § 2 KVO.

4. Bedeutung der Unterscheidung.

Die Verkehrsvorschriften des KraftFahrG und der VO sowie die zugehörigen Strafvorschriften finden nur auf solche K Anwendung, die K im Sinne der VO sind. Insbesondere steht auch nur diesen K der Gemeingebrauch der öffentlichen Wege kraft Reichsrecht zu.

Die Haftpflichtvorschriften des KraftFahrG finden dagegen — von der Ausnahme des § 8 Nr. 2 abgesehen — auf alle K im Sinne des G Anwendung ohne Rücksicht darauf, ob sie auch K im Sinne der VO sind.

Das gleiche gilt auch hinsichtlich der Autoflucht nach § 22 G.

II. Verkehr [1]).

Das KFG und die KVO finden nur Anwendung, insoweit es sich um K handelt, die sich im Verkehr befinden. Die überwiegende Meinung stellt die Begriffe Betrieb, Verkehr und Gebrauch einander gleich[2]). Dieser Auffassung kann nicht beigetreten werden. Bei dem Begriffe Verkehr dreht es sich weder um jenen maschinentechnischen Vorgang, der als Betrieb zu bezeichnen ist, noch um jenes innere, gewissermaßen persönliche Verhältnis zwischen dem Fahrzeug und der Person, deren Zwecken es im Einzelfalle dient und das man unter Gebrauch versteht, sondern um äußere Beziehungen, nämlich um die Beziehungen, die durch die Fortbewegung des Fahrzeugs auf den Wegen als den zur Erleichterung der Fortbewegung von Ort zu Ort dienenden Teile der Erdoberfläche entstehen und zwar

---

[1]) Kraftfahrzeughalter 21; Verfasser in DAR 1929, 321; Conrad 14: Verkehr ist die bestimmungsgemäße Verwendung eines K, die sich durch Fahren auf dem Erdboden äußert. Müller § 1 Anm. B 1: Verkehr ist das Verhältnis des Fahrzeugs zur Öffentlichkeit. Ähnlich Peters JW 1926, 1997.

[2]) Conrad § 6 Anm. 6: Der Begriff Verkehr deckt sich im wesentlichen mit dem des Betriebs im § 7 KFG. Vgl. BayObLG 5. 2. 1926 JW. 1926, 1996: denn das verschiedene Wort hat keinen verschiedenen Inhalt; ebenso BayObLG. 19. 2. 1926 BayObLGSt 26, 44; JW 1927, 2813; RdK 1928, 125.

einerseits zwischen dem Fahrzeug und den Wegen[1]), andererseits zwischen dem Fahrzeug und den übrigen Wegebenutzern. Mitunter läßt bereits der jeweilige äußere Zustand des Fahrzeugs erkennen, ob es sich im Verkehre befindet oder nicht. Ein in Bewegung befindliches Fahrzeug ist ebenso zweifellos im Verkehr, wie sich eine Arbeit leistende Holzhackmaschine als Fahrzeug außer Verkehr befindet. Ein K, das mit zerlegtem Motor vor einer Werkstätte auf der Straße steht, ist ebenfalls außer Verkehr. Auf jenes finden KFG und KVO Anwendung, auf diese nicht. Ein geschlepptes K befindet sich zwar als Fahrzeug, nicht aber als Kraftfahrzeug im Verkehr und unterliegt daher gleichfalls nicht den Vorschriften des KFG und der KVO. Ob ein auf einer Straße stehendes K sich im Verkehr befindet oder nicht, ist ihm vielfach äußerlich nicht anzusehen. Aus Aufstellungsort und Dauer der Aufstellung lassen sich jedoch Schlüsse ziehen. Je geringer die Intensität des allgemeinen Verkehrs am jeweiligen Aufstellungsorte ist, desto bälder tritt die Außerverkehrssetzung ein. Auf den vom übrigen Verkehr abgetrennten Parkplätzen stehende K werden in der Regel schon alsbald nach ihrer Aufstellung als außer Verkehr befindlich zu betrachten sein. Ebenso tritt auf einsamer Dorfstraße die Außerverkehrsetzung früher ein als auf einer belebten Großstadtstraße. Die Frage, ob sich ein K im Verkehr befindet, beurteilt sich sonach objektiv nach den Verkehrsverhältnissen und nach der Verkehrsauffassung. Nicht im Verkehr befindliche K sind als tote Verkehrshindernisse anzusehen und unterliegen als solche der Vorschrift des § 31 Abs. 1 StrVerkO.

Die Verkehrsvorschriften des KFG und die KVO finden nur bei einem Verkehr auf öffentlichen Wegen Anwendung.

Siehe unten Abschnitt V.

III. Betrieb[2]).

Es lassen sich im wesentlichen drei verschiedene Auffassungen des Begriffes Betrieb erkennen: eine maschinentechnische, eine verkehrstechnische und eine wirtschaftliche Auffassung[3]).

a)

Im **Schrifttum** wird fast durchweg die maschinentechnische Auffassung vertreten, der auch der Vorzug zu geben sein dürfte. Sie geht von der Eigenschaft des K als Maschine aus. Ein K befindet sich hienach im Betrieb, „wenn und solange die der Fortbewegung dienende **Kraft** wirksam ist, sei es, daß sie das Fahrzeug, sei es, daß sie wenigstens den Motor, die

---

[1]) KG 17. 1. 1929 Auto 1929, 270; 18. 2. 1929 RdK 1930, 61: ein K verkehrt auf einem öffentlichen Weg, wenn es ihn benutzt.

[2]) Siehe Kraftfahrzeughalter 16.

[3]) Vgl. KG v. 22. 10. 1926 RdK 1927, 72.

Maschine bewegt" (so Oberländer 88). Der Begriff wird mithin ausgedehnt auf die Fälle, in denen das K unter Nachwirkung der ihm durch den Motor oder die Maschine verliehenen Antriebskraft sich fortbewegt und auf die Fälle, in denen nur der Motor oder die Maschine läuft, das Fahrzeug selbst aber still steht[1]). Auf den Zweck der Betriebstätigkeit kommt es nicht an[2]), es braucht keine Fortbewegung und keine Beförderung beabsichtigt zu sein. Der Betrieb beginnt bei Verbrennungsmaschinen mit der ersten Explosion, bei elektrisch angetriebenen Fahrzeugen mit der ersten Bewegung des Ankers des Elektromotors, bei Dampfkraftfahrzeugen mit dem Einbringen des Arbeitsdampfes in die Arbeitszylinder[3]). Der Betrieb endet, sobald die Wirksamkeit der seinen Zwecken dienenden Kräfte aufhört[4]). Unter Inbetriebsetzen versteht man die Vornahme derjenigen Vorbereitungshandlungen, die erforderlich sind, um das K unmittelbar in den Zustand der Betriebstätigkeit zu versetzen, also bei Verbrennungsmaschinen das Anwerfen des Motors[5]), bei elektrisch angetriebenen Fahrzeugen das Einschalten des Fahrstroms, bei Dampfkraftfahrzeugen das Öffnen des Fahrhebels. Die maschinentechnische Auffassung wird vorwiegend für den Begriff Betrieb im Sinne der §§ 7ff. G, teilweise aber auch für den Begriff Betrieb im Sinne des § 1 G vertreten.

Die maschinentechnische Auffassung des Begriffes Betrieb ist grundsätzlich als richtig anzusehen. Sie entspricht auch der Verkehrsauffassung und dem allgemeinen Sprachgebrauch. Allerdings ist ihren Gegnern einzuräumen, daß die oben wiedergegebene Erläuterung des Begriffes Betrieb zu eng ist. Es erscheint aber auch nicht notwendig, ein K nur dann als im Betrieb befindlich zu betrachten, wenn der Motor oder die Maschine sich im Gang befinden oder das K unter Mitwirkung oder mindestens unter Nachwirkung der ihm durch den Motor oder durch die Maschine verliehenen Antriebskraft sich fortbewegt. Das K bleibt auch Maschine, wenn die Antriebskraft nicht einwirkt und das K durch andere Kräfte, z. B. die Schwerkraft, fortbewegt wird, soferne nur diese Bewegung eine dem K eigentümliche, d. h. durch den Führer gelenkte Selbstbewegung (Automobil!) ist[6]) und soferne hiebei Maschinenteile in Tätigkeit kommen, die dem K eigentümlich sind (z. B. Kardanwelle, Getriebe usw.), nicht also, wenn es führer-

---

[1]) Isaac 64, Kirchner 60, Müller 109, 203, Seuffert 39.

[2]) Heucke 25, Isaac 70, Lechner 49, Oberländer 89, a. A. Kirchner 60, Müller 109.

[3]) Isaac 64, Müller 203.

[4]) Düsseldorf 23. 1. 1928, RdK 1928, 79.

[5]) Heucke 25, Isaac 70, Kirchner 61, Müller 205, Oberländer 31; etwas weiter: BayObLG 21. 6. 1927 RdK 1928, 62: das Anschieben eines Kraftrades, um den Motor in Gang zu bringen, ist bereits Anfang des Betriebes.

[6]) a. A. Isaac 70, Müller 109, Oberländer 89.

los, z. B. durch einen Windstoß[1]), durch Lösung der Bremsen seitens eines Unbefugten usw.[2]) in Bewegung kommt.

Nicht darauf kommt es an, daß das K in einem solchen Falle infolge seiner Schwere für besonders gefährlich anzusehen ist; denn Betrieb bedeutet nicht Auswirken der besonderen Gefährlichkeit des K, sondern er ist der Inbegriff alles dessen, was dem K die ihm eigentümliche Gefährlichkeit verleiht[3]). Wohl aber ist entscheidend, daß als Maschine nicht nur die Antriebsmaschine, sondern das ganze Fahrzeug wenigstens insoweit anzusehen ist, als es Maschinenteile enthält, die dem K eigentümlich sind. Ein Betrieb im maschinentechnischen Sinne liegt also auch dann vor, wenn das K sich in Bewegung befindet, ohne Mit- oder Nachwirkung der Antriebskraft, soferne es sich hiebei um eine dem K eigentümliche Bewegung handelt. Richtiger Anschauung nach befindet sich sonach ein K, das von Zugtieren oder Menschen fortbewegt wird, nicht im Betrieb[4]). Dagegen liegt Betrieb vor, wenn ein K bei abgestelltem Motor nach Lösen der Bremsen durch die auf abfallender Straße sich auswirkende Schwerkraft fortbewegt wird, soferne es hiebei in der üblichen Weise gelenkt wird[5]). Hienach wird man unter Inbetriebsetzen auch diejenigen Vorbereitungshandlungen zu verstehen haben, durch die das K in eine ihm eigentümliche Bewegung kommt, also z. B. das erwähnte Lösen der Bremsen. Der Betrieb endet hienach, sobald die Antriebsmaschine still steht und die dem K eigentümliche Selbstbewegung aufhört[6]). Unerheblich ist es, welchen Zwecken die Inbetriebsetzung dient[7]). Eine Inbetriebsetzung liegt sonach auch vor, wenn eine Fortbewegung nicht beabsichtigt ist[8]), sondern z. B. nur der Motor ausprobiert werden soll. Wenn in dieser Auffassung eine gewisse Härte erblickt wird, insoferne die Haftpflicht bei standfesten Motoren nicht verschärft ist und die §§ 7ff. G auch auf nichtöffentlichen Wegen Anwendung finden, so ist dem entgegenzuhalten, daß sich in den angeführten Fällen das K wohl meist nicht im Verkehre befindet und daher dem G nicht unterfällt[9]).

Die maschinentechnische Auffassung des Begriffes Betrieb gilt sowohl für § 1 G wie für §§ 7ff. G. Es ist kein Grund vorhanden, den Begriff

[1]) Isaac 64, Kirchner 59, Weitz I 66, a. A. Eger 68.
[2]) Isaac 64, RG v. 29. 10. 1921 bei Oberländer 90.
[3]) Isaac 69, Müller 207.
[4]) Isaac 70, Kirchner 59, Oberländer 89, Weitz I 66.
[5]) BayObLG v. 3. 3. 1925 HöchstRR 1, 283, BayZ 1925, 256.
[6]) Neukirch 44.
[7]) Heucke 3, Isaac 34, Müller 109.
[8]) Isaac 70, a. A. Müller[4] 109, 205.
[9]) Conrad 20 versteht unter Inbetriebsetzen die bestimmungsgemäße Verwendung des K in dieser seiner Eigenschaft, also zur Ortsveränderung unter Verwendung seiner Maschinenkraft, als Fortbewegungs-, Fahrmittel, also den Gebrauch.

Betrieb im Sinne des § 1 G anders auszulegen, wie den Begriff Betrieb im Sinne des §§ 7ff. G. Auch der Begriff des Inbetriebsetzens ist ein und derselbe. Nicht zuzustimmen ist daher jener Auffassung, die unter Inbetriebsetzung die Ingebrauchnahme verstehen will. Insbesondere braucht eine solche abweichende Auslegung nicht, wie Müller mit Recht betont, aus der unscharfen Fassung des § 6 Abs. 2 VO gefolgert zu werden.

b)

Die **Rechtsprechung** lehnt die maschinentechnische Auffassung ab und stellt sich im wesentlichen auf den verkehrstechnischen Standpunkt. „Das RG hat wiederholt ausgesprochen, daß die Abkurbelung des Motors, das Aufhören des Betriebs im technischen Sinne nicht gleichbedeutend ist mit der Außerbetriebsetzung des Fahrzeugs selbst"[1]). „Die rein technische Auffassung des Begriffes Betrieb ist abzulehnen. Sie entspricht nicht der wirtschaftlichen Tatsache, daß die Fahrzeuge als Verkehrsmittel dienen"[2]). „. . . auf der anderen Seite wird ein Fahrzeug nicht schon dann ohne weiteres als außer Betrieb befindlich anzusehen sein, wenn es auf einer Fahrt durch zeitweilige Abstellung des Motors vorübergehend, sei es infolge eines der Weiterfahrt entgegenstehenden Hindernisses, sei es zwecks vorübergehender Unterbrechung der Fahrt auf kürzere Zeit zum Stillstand gekommen ist und jederzeit wieder in Betrieb gesetzt werden kann". Eine nur ganz vorübergehende Unmöglichkeit, die Fahrt fortzusetzen, genügt noch nicht, um das Fahrzeug als außer Betrieb befindlich zu betrachten[3]). Ist dagegen auch nur die Möglichkeit der Fortbewegung mittels motorischer Kraft ausgeschlossen oder durch die tatsächlichen Verhältnisse ein Zustand völliger Betriebsruhe eingetreten, so ist das Fahrzeug nicht mehr als im Betrieb befindlich anzusehen[4]).

IV. Gebrauch.

Während sich die Frage, ob sich ein K im Verkehr befindet, objektiv nach der Verkehrsauffassung beurteilt, sind für die Frage, ob sich ein K in Gebrauch befindet, die subjektiven Beziehungen zwischen Fahrzeug und Be-

---

1) RG 29. 11. 1928 RdK 1929, 60, JW 1929, 912, DAR 1929, 383 mit Verweisungen insbes. auf RGZ 77, 348; 95, 185. Siehe auch Oberländer 90.

2) BayObLG 19. 2. 1926 JW 1927, 2813, RdK 1928, 125.

3) RG 14. 3. 1929 JW 1929, 2055, DAR 1929, 198, RdK 1930, 194: Verstopfen der Benzinleitung.

4) RG 12. 11. 1928 JW 1929, 914 RGZ 122, 270: ein Lastkraftwagen, der infolge Ausgehens des Betriebsstoffes zum Stillstand gelangt ist, befindet sich nicht mehr in Betrieb. Ähnlich Köln 13. 12. 1928 JW 1929, 952, RdK 1930, 195: länger andauernde Unterwegsreparatur.

nutzer entscheidend. Soweit der Wille des Benutzers in Betracht kommt, „der Hin- und Herfahrt zur Einheit trotz mannigfacher Unterbrechungen verbindet und fortwirkt, um das Fahrzeug für die Beförderung im ganzen als Verkehrsmittel zu gebrauchen, um es fahrfertig im Verkehre zu belassen, bis das Endziel der Inbetriebsetzung erreicht, d. h. die Rückfahrt abgeschlossen ist"[1]), liegt Gebrauch vor. Unter Gebrauch versteht man daher die Beziehungen zwischen dem Fahrzeug und denjenigen Personen, die sich seiner als Fortbewegungsmittel bedienen, m. a. W. die bestimmungsgemäße Verwendung und Benutzung des Fahrzeuges. Diese liegt nicht nur dann vor, wenn sich das K in Betrieb befindet, sie umfaßt vielmehr sowohl Zustände der Betriebstätigkeit wie solche der Betriebsruhe. Entscheidend für die Frage, ob das K in Gebrauch ist, ist sonach, ob der mit dem Betrieb verfolgte Zweck im Einzelfalle erreicht ist[2]).

V. Öffentliche Wege.

1. Ein Weg ist eine Grundfläche in Gestalt eines langgestreckten Geländestreifens, der durch seine Beschaffenheit für jedermann erkenntlich die Bestimmung, dem Verkehr der Menschen zum Gehen, Reiten, Fahren, Viehtreiben oder zu einem dieser Zwecke — und zwar in seiner Längsrichtung — zu dienen sinnfällig zum Ausdruck bringt[3]). Zu den Wegen im Sinne des Kraftfahrrechts rechnen nach § 1 Nr. 4 KVO auch Plätze, Brücken und Durchgänge, wobei es hinsichtlich der Plätze unerheblich ist, ob sie von Wegen durchzogen sind oder nicht.

2. Für die Haftpflichtvorschriften des KFG und die Strafvorschrift des § 22 KFG ist der Begriff öffentliche Wege im Sinne des Kraftfahrrechts ohne jede Bedeutung[4]). Diese Vorschriften finden vielmehr auch auf nichtöffentlichen Wegen Anwendung. Dagegen gelten die Verkehrsvorschriften des KFG und die Vorschriften der KVO nur auf solchen Wegen, die als öffentliche Wege im Sinne des Kraftfahrrechts anzusprechen sind.

3. Öffentliche Wege im Sinne des Kraftfahrrechts sind solche Wege, die dem Gemeingebrauch offen stehen.

a) Nach der in Rechtsprechung und Schrifttum vorherrschenden Meinung kommt es nicht darauf an, ob der Weg ein öffentlicher Weg im Sinne des Verwaltungsrechts ist oder nicht, denn die Polizei hat, jedenfalls soweit sie

---

[1]) BayObLG 19. 2. 1926 BayObLGSt 26, 44 JW 1927, 2813, RdK 1928, 125.

[2]) Vgl. BayObLG 14. 10. 1924 bei Oberländer 436; 28. 10. 1924 BayObLGSt 24, 91; dagegen Conrad 79: Gebrauch = Inbetriebsetzen.

[3]) Steinbach BayVerwBl 1929, 113.

[4]) BayObLG 1. 3. 1929 DAR 1929, 284.

Sicherheitspolizei ist die Aufgabe, den tatsächlich bestehenden Gemeingebrauch zu schützen und braucht sich regelmäßig nicht um die näheren Rechtsverhältnisse am Weg zu kümmern. Ganz unbeachtet darf sie diese allerdings nicht lassen; denn nur ein Gemeingebrauch, der die Vermutung der Rechtmäßigkeit für sich hat[1]), genießt den polizeilichen Schutz.

aa) Öffentliche Wege sind zunächst die im Sinne des Verwaltungsrechts öffentlichen Wege, das sind nach herrschender Lehre[2]) solche Wege, die durch die zuständige Behörde unter Einschränkung der freien Verfügungsgewalt des Verfügungsberechtigten mit dessen Zustimmung dem Gemeingebrauch gewidmet sind.

bb) Öffentliche Wege sind fernerhin solche Wege, die der Verfügungsberechtigte dem allgemeinen Verkehre freigegeben hat und die dem allgemeinen Verkehr dienen. Dabei muß es als unerheblich angesehen werden, ob die Freigabe nur widerruflich oder ob sie unwiderruflich[3]), ob sie ausdrücklich oder nur stillschweigend[4]) erfolgt ist.

cc) Nichtöffentliche Wege sind die Privatwege, das sind solche Wege, deren Benutzung nur bestimmten Personen kraft Eigentums oder sonstigen privatrechtlichen Titels (insbes. §§ 1018, 1090 BGB) zusteht, an denen mithin ein Sondergebrauch — im Gegensatz zum Gemeingebrauch — be-

---

[1]) Vgl. Neff BayVerwBl 1927, 420; Steinbach BayVerwBl 1929, 145 („Polizeibesitz"), § 6 MinBek. 4. 1. 1872. Siehe ferner Conrad 19 mit reicher Literaturangabe, weiterhin u. a. BayObLG 25. 11. 1926 Bay.-ObLGSt 26, 250, BayVerwBl 1927, 237: Entscheidend ist, ob der Verkehr an dem betreffenden Orte allgemein freigegeben ist und ob die Wege tatsächlich dem öffentlichen Verkehr dienen. Auf das Eigentum an dem Grund und Boden kommt es nicht an. Nachdem der fragliche Grundstücksstreifen in die öffentliche Straße eingefügt und wie diese von der zuständigen Verwaltungsbehörde dem allgemeinen Verkehr gewidmet worden ist, ohne daß ein den guten Glauben der Verwaltungsbehörde ausschließender Umstand nach außen in die Erscheinung getreten war, muß jenes Grundstück als tatsächlich öffentlicher Weg gelten. BayObLG 5. 2. 1929 BayObLGSt 29, 34, JW 1929, 2060; KG. 2. 8. 1927 DJZ 1928, 101 und 10. 5. 1927 RdK 1928, 128; Rostock 7. 10. 1927 RdK 1928, 157, HöchstRR 1928, 201; Dresden 6. 12. 1927 RdK 1929, 264. Vgl. auch Mayer „Der tatsächlich öffentliche Weg im bay. Eisenbahnwegerecht" BayVerwBl 1930, 225.

[2]) Fleiner 366, Jellinek 489, Neff BayVerwBl 1926, 420; Steinbach BayVerwBl 1929, 113; Helmreich-Rock 123; BayObLG 7. 12. 1928 BayVerwBl 1929, 74. Gegen die Widmung als Begriffsmerkmal: Steinbach, BayVerwBl 1929, 113, 145. Vgl. auch Steinbach BayVerwBl 1926, 353, Neff a. a. O. 420, Dittmann BayVerwBl 1927, 49.

[3]) A. A. BayObLG 17. 12. 1928 BayVerwBl 1929, 75.

[4]) A. A. BayObLG 10. 7. 1928 BayVerwBl 1929, 76.

steht. Unerheblich ist es für den Begriff, ob der Weg durch Warnungstafeln geschlossen ist oder nicht (vgl. § 368 Nr. 9 StGB).

dd) Zweifelhaft ist die rechtliche Natur der sog. Interessentenwege. Sie werden bald zu den öffentlichen, bald zu den Privatwegen gerechnet. Zutreffend führt Steinbach (a. a. O. S. 117) aus, daß es eine subjektiv beschränkte Öffentlichkeit nicht gäbe, sondern daß Wege, bei denen eine solche Beschränkung mitunter angenommen wird, zu den Privatwegen zu rechnen sind. Bei den Interessentenwegen, insbesondere den Feld- und Waldwegen, soweit sie ausschließlich der Bewirtschaftung land- oder forstwirtschaftlicher Grundstücke dienen, wird jedoch in den meisten Fällen nur eine objektiv, d. h. auf den Zweck, nicht eine subjektiv auf bestimmte Personen beschränkte Öffentlichkeit anzunehmen sein. Sinn dieser Beschränkung ist meist nicht, daß zur Benutzung dieser Wege nur die beteiligten Grundstückseigentümer befugt sein sollten. Ihr Sinn ist vielmehr, daß die Benutzung jedermann zusteht, der mit der Benutzung den Zweck der Bewirtschaftung verfolgt. Es liegt also keine persönliche, sondern eine sachliche Beschränkung des Gemeingebrauchs vor. Die Wege rechnen daher zu den öffentlichen Wegen im Sinne des Kraftfahrrechts.

4. Unter Gemeingebrauch eines Weges versteht man die jedermann zustehende Freiheit, den Weg seiner Zweckbestimmung oder, wo eine solche fehlt, in der üblichen Weise zu gebrauchen[1]). Ob und in welchem Umfange der KVerkehr in den Rahmen des Gemeingebrauchs fällt, könnte strittig sein, wenn sich nicht aus dem KFG ergeben würde, daß denjenigen K, auf welche die KVO Anwendung findet, der Gemeingebrauch der öffentlichen Wege im gleichen Umfange wie den übrigen Fahrzeugen kraft Reichsrechts zustünde (vgl. Anm. 1a zu § 1 KFG[2])). Nur hinsichtlich jener Fahrzeuge, auf welche die KVO gemäß ihrem § 2 Abs. 4 keine Anwendung findet, bedarf es der Prüfung, ob die Benutzung eines derartigen Fahrzeugs sich im Rahmen des zulässigen Gemeingebrauchs hält. Insoweit den K hienach der Gemeingebrauch an den öffentlichen Wegen zusteht, können sie auch nicht durch Einschränkung in der Widmung im Gemeingebrauch beschränkt werden oder von ihm ausgeschlossen werden (siehe Anm. 2 zu § 29 KVO). Nur insoweit es sich um den sog. gesteigerten Gemeingebrauch[3])

---

[1]) Fleiner 374; Jellinek 489; RG 16. 2. 1929 DRZ 1929 Nr. 484, JW 1929, 1241, 1589, RdK 1929, 345: die Grenzen des Gemeingebrauchs stehen nicht ein für allemal fest, sind vielmehr örtlich und namentlich nach der Entwicklung der Verkehrsverhältnisse verschieden. Ähnlich RG 10. 6. 1929 JW 1930, 3383. Siehe ferner über Gemeingebrauch nach bayerischem und preußischem Recht: „Mitteilungen" BayVerwBl 1929, 236 und BayVGH 20. 12. 1929 JW 1930, 2004.

[2]) Müller Anm. C zu § 1 KFG.

[3]) Fleiner 379.

handelt, kann auch der Verkehr mit solchen K, auf welche die KVO Anwendung findet, im Wege der Widmung beschränkt oder ausgeschlossen werden[1]).

5. Art und Umfang des Gemeingebrauchs richtet sich im übrigen nach der Zweckbestimmung, die dem Weg durch die Widmung gegeben wurde[2]). Der Weg kann hienach entweder zum Fahren, Reiten, Radfahren, Viehtreiben, Gehen oder auch nur einer dieser Benutzungsarten dienen[3]). Der Gemeingebrauch kann aber auch in anderer Weise sachlich eingeschränkt sein. Hieher gehören Wege, die ausschließlich bestimmten Zwecken, z. B. der Bewirtschaftung der Grundstücke dienen[4]). Dagegen gibt es keine subjektiv beschränkte Öffentlichkeit eines Weges. Wege, deren Benutzung nur einem begrenzten Personenkreis zusteht, z. B. nur den Ortseinwohnern, sind daher Privatwege[5]).

VI. Führer.

Als ein wesentliches Merkmal des Führerbegriffs ist die Lenkung, d. h. die Steuerung des K anzusehen. Auch nach der Verkehrsauffassung ist Führer derjenige, der das K lenkt, d. h. steuert. Der Führer muß sonach asl Lenker des K tätig sein[6]). Daher gilt z. B. der begleitende Fahrlehrer nur als Führer, denn er überläßt die Tätigkeit des Lenkens dem Fahrschüler. Die Lenkung setzt voraus, daß sich das K im Betrieb und in Bewegung befindet[7]). Ein stillstehendes K, dessen Motor sich im Gang befindet, ist zwar im Betrieb, nicht aber in Bewegung und kann daher nicht geführt werden. Dem steht nicht entgegen, daß dem bisherigen Führer auf Grund seiner vorangegangenen Tätigkeit noch Pflichten obliegen (z. B. § 28 Abs. 2 VO). Ein geschlepptes K ist — abgesehen davon, daß es nicht im Verkehr

---

[1]) Wird z. B. den Anliegern eines Fußweges dessen Benutzung mit Fahrzeugen gestattet, so können von dieser Begünstigung einzelne Verkehrsmittel ausgeschlossen oder nur unter Bedingungen zugelassen werden (BayObLG 11. 1. 1927 BayObLGSt 27, 11, BayVerwBl 1927, 104). Vgl. auch Verfasser in DAR 1928 Nr. 1 S. 4 und BayObLG 13. 11. 1928 JW 1929, 941.

[2]) Helmreich-Rock 123.

[3]) Steinbach BayVerwBl 1929, 113.

[4]) Siehe oben Anm. 3 dd.

[5]) Steinbach 117, Jellinek 489; a. A. Fleiner 375 hinsichtlich dieser sog. Interessentenwege.

[6]) Breslau 13. 3. 1928 RdK 1929, 70; Rostock 4. 3. 1927 RdK 1928, 144.

[7]) Lechner 124; etwas weiter Müller[4] 126: auch die Vorbereitungshandlungen, um das K in Bewegung zu bringen, sind Führerverrichtungen; ebenso BayObLG 21. 6. 1927 RdK 1928, 62: das Anschieben eines Kraftrads, durch das das Arbeiten des Motors veranlaßt werden soll, ist bereits Führertätigkeit.

ist — auch nicht im Betrieb und kann daher nicht geführt werden. Der auf ihm befindliche Begleiter bedarf daher keines Führerscheines. Ebensowenig wie zum Begriffe Betrieb ist aber zum Begriffe des Führens die Benutzung der Maschinenkraft erforderlich[1]). Mit der Lenkung des K ist auch die Übernahme der Verantwortung für die Bedienung der maschinellen und sonstigen Einrichtungen (z. B. der Signalvorrichtungen) des K verbunden[2]).

Mögen diese Einrichtungen auch im Einzelfalle von einer anderen Person bedient werden, die Verantwortung für die Bedienung trägt der Führer. Führer ist daher nicht, wer nur eine Nebentätigkeit verrichtet, sei diese auch die Bedienung der Bremse[3]) oder Huppe[4]).

Aus dem gleichen Grunde kann auch nur eine Person Führer im Sinne des Gesetzes sein[5]), weil wohl die einzelnen Tätigkeiten, nicht aber die Verantwortung geteilt werden kann. Wechseln mehrere Personen in der Führung des K ab, so bedarf selbstverständlich jede dieser Personen des Führerscheins. Im Hinblick auf § 3 G, der als Ausnahme die Fiktion aufstellt, daß eine Person, auf die alle die vorgenannten Merkmale zutreffen, doch nicht als Führer im Sinne des Gesetzes gelten soll, weil sie außer Verantwortung stehend betrachtet wird, ist als weiteres Merkmal die Vornahme der Führertätigkeit unter eigener Verantwortung anzusehen[6]). Der Fahrschüler ist sonach nicht Führer im Sinne des Gesetzes, solange der begleitende Fahrlehrer oder der amtliche Sachverständige[7]) die Beaufsichtigung und damit die Verantwortung übernimmt.

Führer ist sonach, wer unter eigener Verantwortung das im Betrieb befindliche K lenkt und unter dessen Verantwortung damit auch die Bedienung der übrigen maschinellen Einrichtungen des K erfolgt[8]).

---

[1]) BayObLG 3. 3. 1925 HöchstRR 1, 283, a. A. Conrad 23.
[2]) Heucke 8, Kirchner 39, Müller 126.
[3]) Isaac 37, 391, Oberländer 169, Weitz I, 10.
[4]) Lechner 16, Oberländer 169, Weitz I, 9.
[5]) Königsberg 5. 3. 1925 DJZ 1925, 899.
[6]) Heucke 8, Königsberg 5. 3. 1925 DJZ 1925, 899.
[7]) Heucke 12, Lechner 22, Oberländer 192, BayObLG v. 30. 10. 1925 DJZ 1926, 385, a. A. Conrad 30.
[8]) RGZ 90, 157; BayObLG 3. 5. 1925 BayObLGSt 25, 66; BayObLG 15. 1. 1929 BayVerwBl 1929, 136, DAR 1929, 199: Führer eines K ist, wer unter eigener Verantwortung das Fahrzeug leitet, d. h. die Verrichtungen ausführt, damit die bestimmungsmäßigen Triebkräfte des Fahrzeugs auf dieses zwecks Fortbewegung einwirken. Daß diese Verrichtungen tatsächlich von verschiedenen Personen vorgenommen werden können, läßt sich nicht bezweifeln. Wenn trotzdem Rechtslehre und Rechtsprechung von der Einheit der Führerperson ausgehen, so wird das entscheidende Gewicht auf das Begriffsmerkmal der Verantwortung gelegt. Ebenso Königsberg 5. 3. 1925 DJZ 1925, 899; ähnlich Conrad 23.

Nur ganz ausnahmsweise wird man mehrere Personen, die sich gleichzeitig in die Führerverrichtungen teilen, als Führer eines K ansehen müssen, nämlich dann, wenn die eine Person durch die Ausführung ihrer Willensentschlüsse die Durchführung der Entschlüsse der anderen stört oder hindert. Bedient z. B. die eine Person das Steuerrad, die andere den Gasfußhebel oder die Bremse, so werden bei der gegebenen Voraussetzung beide als Führer anzusehen sein[1]).

Eine Veranlassung, einen verschiedenen Führerbegriff anzunehmen, je nachdem, ob es sich um die §§ 2, 23, 24 G einerseits oder die §§ 18, 22 G andererseits handelt, erscheint nicht gegeben. Vielmehr ist das Wort Führer in allen diesen Fällen im gleichen Sinne gebraucht. Dagegen gilt der Begriff nicht außerhalb des Kraftfahrrechts, so nicht für die Vorschriften über den allgemeinen Fahrverkehr und für das allgemeine Strafrecht[2]).

Das Geschlecht des Führers ist gleichgültig. Hinsichtlich des Alters siehe § 14 Abs. 2 VO.

VII. Halter[3]).

Der Begriff des Halters ist ein vorwiegend zivilrechtlicher Begriff, dessen besondere Bedeutung auf dem Gebiete der Gefährdungshaftung liegt. Mit ihm bezeichnet das Gesetz diejenige Person, die, weil sie den Nutzen aus dem gefährlichen Betrieb zieht, billigerweise auch das mit ihm verbundene Risiko zu tragen hat. Es kommt daher bei Auslegung des Begriffes nicht auf rechtliche, sondern auf tatsächliche, insbesondere wirtschaftliche Merkmale an. Als ein derartiges Merkmal ist zunächst die Nutzung anzusehen, die nicht nur derjenige hat, dessen Erwerbsinteresse das K dient, sondern jeder, dem der allgemeine wirtschaftliche Wert, den die bestimmungsgemäße Verwendung des K darstellt, zugute kommt, also auch derjenige, dessen Luxusbedürfnis das K dient. Unerheblich ist, ob einer Person die ganze Nutzung zusteht. Es genügt, wenn ihr der größere Teil zufließt (RGZ 87, 137); aber auch wenn ihr nur eine geringe Nutzungsmöglichkeit zusteht (RGZ 91, 269), ja auch wenn sie auf die Nutzung freiwillig verzichtet (RGZ 93, 222), ist das Merkmal der Nutzung bei ihr gegeben. Neben dem Merkmal der Nutzung ist das Merkmal der Unterhaltung, d. h. der Fürsorge für die Erhaltung des Wertes und der Brauchbarkeit des K als wesentliches Merkmal des Halterbegriffs anzusehen. Beide Merkmale müssen kumulativ gegeben sein und lassen sich zusammenfassen unter dem Begriff „auf Rechnung". Die Dauer ist kein begriffswesentliches Merkmal, bietet aber manchmal einen Anhaltspunkt für die Beantwortung der Frage nach

---

[1]) Vgl. BayObLG 15. 1. 1929 BayVerwBl 1929, 136, DAR 1929, 199.
[2]) Conrad 29, BayObLG 26. 10. 1926 BayVerwBl 1927, 101.
[3]) Kraftfahrzeughalter 10, Arndt RdK 1930, 154.

dem Halter. Dagegen ist eine Nutzung und Unterhaltung nur möglich, wenn eine Verfügungsgewalt über das K, d. h. ein tatsächliches, auf einem Herrschaftswillen beruhendes Herrschaftsverhältnis, wie es zur Ausübung der Nutzung und Unterhaltung erforderlich ist, gegeben ist. Halter ist sonach, wer ein K auf eigene Rechnung in Gebrauch hat und diejenige Verfügungsgewalt über das Fahrzeug besitzt, die dieser Gebrauch erfordert[1]).

Auch nach der Begründung zum Entwurf des KFG ist als Halter anzusehen, wer das K für eigene Rechnung in Gebrauch hat, besonders den Führer anstellt, die Betriebsmittel beschafft und die Reparaturen vornehmen läßt, ohne Unterschied, ob er Eigentümer des K ist oder als Nießbraucher, Pächter, Mieter, Entleiher usw. das K verwendet; nicht als Halter hat hienach dagegen der zu gelten, dem lediglich die Benutzung des K, sei es entgeltlich oder unentgeltlich überlassen wird, während der Überlassende nach wie vor die Kosten trägt, die durch die Aufbewahrung, Unterhaltung und Benützung des K verursacht werden.

Die bisherige Rechtsprechung des RG steht mit diesen Grundsätzen im Einklang.

Einzelheiten. Da es auf die Eigentumsverhältnisse nicht entscheidend ankommt, fällt der Erwerb des Eigentums nicht mit dem Erwerb der Haltereigenschaft zusammen. Ebensowenig ist der Gefahrübergang beim Kauf von Bedeutung. Aber gerade deshalb, weil Rechtsbegriffe bei der Feststellung der Haltereigenschaft nur mit Vorsicht verwendet werden können, bietet die Frage nach dem Halter besondere Schwierigkeiten. Beim Kauf legt das RG entscheidendes Gewicht darauf, in wessen Interesse z. B. eine Probefahrt erfolgt und in wessen Obhut das Fahrzeug steht[2]). Es führt aus, daß in der Rechtslehre überwiegend angenommen werde, daß wenn bei einer Probefahrt das Personal des das Fahrzeug Überlassenden benutzt wird, dieser letztere als Halter anzusehen sei[3]). Auch beim Verkauf unter Eigentumsvorbehalt ist nicht immer der Käufer als Halter anzusehen[4]). Bei der Miete stellt es das RG darauf ab, ob das K aus dem Wirtschaftsbetrieb des Vermieters ausgeschieden ist oder nicht. Im ersteren Falle, insbesondere wenn der Wirtschaftsbetrieb des Vermieters eben im Vermieten von K besteht, ist der Vermieter Halter[5]). Auch bei der Leihe ist entscheidend, in wessen Wirtschaftsbetrieb das K steht[6]). Beim Werkvertrag gehen die Probefahrten des Unternehmers in der Regel auf

[1]) RG in ständiger Rechtsprechung vgl. RGZ 93, 222.
[2]) RG 15. 2. 1906 JW 1906, 197 KdA VII A 1.
[3]) RG 16. 12. 1912 JW 1913, 337 KdA VII A 1.
[4]) RGZ 87, 137.
[5]) RG 8. 7. 1915 Warn. 1915, 364 KdA X A 1, vgl. auch RGZ 120, 154.
[6]) RGZ 62, 79; 91, 269; 93, 222.

Rechnung des Bestellers, so daß dieser Halter bleibt[1]). Beim Kommissionsvertrag wird der Verkaufskommissionär Halter, wenn er die Kosten des Betriebs trägt[2]). Siehe jedoch nächsten Absatz.

Halter kann auch eine juristische Person sowie eine Personenmehrheit sein[3]), soferne in letzterem Falle bei mehreren gleichgeordnet nebeneinander stehenden Personen die Merkmale des Halterbegriffs vorliegen. Z. B.: Offene Handelsgesellschaft: Gesellschaft und Gesellschafter[4]); Kommanditgesellschaft: Gesellschaft und persönlich haftende Gesellschafter, Kommanditisten nur in Höhe ihrer Einlagen; Kommanditgesellschaft auf Aktien: Gesellschaft und persönlich haftende Gesellschafter; nichtrechtsfähiger Verein: Mitglieder. Eine Mehrheit von Haltern ist ferner möglich bei Miteigentum und Gemeinschaft (§§ 741, 1008 BGB.). Ob eine Haltermehrheit vorliegt ist in folgenden Fällen streitig: Miete: Vermieter und Mieter[5]); Pacht: Verpächter und Pächter; Leihe: Verleiher und Entleiher[6]); Übereignung unter Eigentumsvorbehalt und Sicherungsübereignung: Veräußerer und Erwerber; Verpfändung: Pfandgläubiger und Pfandschuldner; stille Gesellschaft: Komplementär und stiller Gesellschafter[7]). In einem Unterordnungsverhältnis zum Halter stehende Personen können dagegen nicht Mithalter sein; dies gilt insbesondere von den Angestellten eines Geschäftes oder Betriebes. Auch Geschäftsunfähige und beschränkt Geschäftsfähige können die Haltereigenschaft besitzen und erwerben.

Müller nimmt einen verschiedenen Halterbegriff an, je nachdem, ob es sich um zivilrechtliche (§§ 7ff. KFG) oder polizei- und strafrechtliche (§§ 23 Abs. 2, 24 Abs. 2 KFG, 16 Satz 2 KVO) Bestimmungen handelt. In letzteren Fällen soll die Verfügungsgewalt ausschließliches Merkmal sein, weil die wirtschaftlichen Momente polizei- und strafrechtlich bedeutungslos seien. Eine zwingende Notwendigkeit zu einer derartigen unterschiedlichen Auslegung ein und desselben Wortes erscheint indessen nicht gegeben und, worauf auch Müller hinweist, nicht unbedenklich[8]).

Ein Unterschied zwischen Zivil- und Strafrecht besteht nur insoferne, als in bestimmten Fällen eine Person an Stelle des Halters haftet. Dies

---

[1]) RGZ 91, 303.

[2]) RG 15. 10. 1929 VerkRdsch 1929, 513, DAR 1929, 396 RdK 1930, 97.

[3]) Siehe hiezu Eger DAR 1928, 319, Josef DAR 1929, 157, Meyer RdK 1928, 161.

[4]) RG 29. 12. 1910 JW 1911, 218 KdA XXIV A 1.

[5]) RG 18. 11. 1929 VerkRdsch 1929, 555, DAR 1929, 429.

[6]) RG 7. 11. 1929 KdA XIII C 1, 27. 1. 1930 RGZ 127, 174 VerkRdsch 9, 82, 224 JW 1930, 1953, DAR 1930, 125.

[7]) AG Hamburg 16. 1. 1929 RdK 1930, 135; dagegen Fischer a. a. O.

[8]) Für einen einheitlichen Halterbegriff auch BayObLG 22. 3. 1929 BayObLGSt 29, 67.

ist der Fall beim gesetzlichen Vertreter einer juristischen Person sowie beim Betriebsleiter eines gewerbetreibenden Halters[1]).

I. Verkehrsvorschriften.

Vorbemerkung.

1. Es sind 3 Arten von Verkehrsvorschriften zu unterscheiden:
   a) die Vorschriften über die vorgängige Erlaubnis zum Betrieb und zum Führen eines K,
   b) die Vorschriften für den allgemeinen Fahrverkehr, die sinngemäß auch auf den Verkehr mit K Anwendung finden,
   c) die besonderen Verkehrsvorschriften für die K im Sinne der VO.
2. Der I. Abschnitt des G behandelt in den §§ 1—5 nur die vorgängige Erlaubnis und unterscheidet hiebei
   a) die polizeiliche Erlaubnis für das Fahrzeug (Zulassung) (vgl. die gewerbepolizeiliche Erlaubnis nach Tit. II Abschnitt II 1 GewO),
   b) die polizeiliche Erlaubnis für den Führer (Fahrerlaubnis) (vgl. die gewerbepolizeiliche Erlaubnis nach Tit. II Abschnitt II 2 GewO).

Begriff des Kraftfahrzeugs; Zulassung.

§ 1.

Kraftfahrzeuge, die auf öffentlichen Wegen oder Plätzen in Betrieb gesetzt werden sollen, müssen von der zuständigen Behörde zum Verkehre zugelassen sein; Ausnahmen bestimmt der Reichsverkehrsminister mit Zustimmung des Reichsrats.

Als Kraftfahrzeuge im Sinne dieses Gesetzes gelten Landfahrzeuge, die durch Maschinenkraft bewegt werden, ohne an Bahngleise gebunden zu sein.

1. Allgemeines.

a) § 1 Abs. 1 G enthält negativ ein Verbot der Inbetriebsetzung eines nicht zugelassenen, jedoch zulassungspflichtigen K, positiv die Gestattung des Gemeingebrauchs der öffentlichen Wege durch zugelassene, zulassungspflichtige K. Den nicht zulassungspflichtigen K steht der Gemeingebrauch der öffentlichen Wege kraft Reichsrecht nicht zu, da § 29 VO nur für die K im Sinne der VO gilt. Für erstere gilt ausschließlich Landesrecht. Vgl. Anm. 5 zu § 2 VO.

b) Zulassungspflichtig sind die K im Sinne der VO.

2. Zulassung.

a) Ihrer rechtlichen Natur nach ist die Zulassung eine polizeiliche Erlaubnis, die feststellt, daß gegen die Inbetriebsetzung eines zulassungs-

---

[1]) BayObLGSt 29, 67.

pflichtigen K keine polizeilichen Hindernisse vorliegen. Sie verleiht zwar eine Befugnis, aber kein neues subjektives Recht und entspricht etwa der „Anlagenkonzession" nach Titel II Abschn. II 1 der GewO, von der sie sich aber dadurch unterscheidet, daß sie nicht streng dinglicher Natur ist, sondern durch ihre Beziehung auf den jeweiligen Eigentümer einen persönlichen Einschlag aufweist[1]).

b) Man wird annehmen dürfen, daß auf die Zulassung ein subjektiv öffentlicher Rechtsanspruch besteht, wenn auch ein wesentliches Erkennungsmerkmal, der verwaltungsgerichtliche Schutz, fehlt[2]). Dagegen besteht auf die vorläufige Zulassung nach § 41 VO kein Rechtsanspruch[3]).

c) Die Erteilung der Zulassung unter Auflagen ist nur bei der vorläufigen Zulassung nach § 41 VO zulässig[4]).

d) Gegen die Versagung der Zulassung ist in Bayern Beschwerde nach Art. 14 PolStGB an die Regierung, K. d. J. und das StMdJ. zulässig.

e) Die Zulassung muß vor der Inbetriebsetzung erfolgt sein. Nicht die Absicht der Inbetriebsetzung oder ihr Zweck, sondern nur die Tatsache der Inbetriebsetzung ist entscheidend.

f) Über das Verfahren siehe §§ 5, 6 VO und Anm. hiezu.

g) Durch die formell gültige Zulassung wird mit Wirksamkeit für das ganze Reich (§ 6 Abs. 1 Satz 2 VO) behördlich festgestellt, daß gegen die Verwendung des K im Verkehr auf öffentlichen Wegen zur Zeit der Erteilung der Erlaubnis vom Standpunkte der Verkehrssicherheit aus keine Bedenken bestehen. Das gesetzliche Verbot der Inbetriebsetzung ist durch die polizeiliche Erlaubnis beseitigt. Es tritt aber in bestimmten Fällen wieder in Kraft, ohne daß es hiezu einer behördlichen Mitwirkung bedarf. Die einmal erfolgte Zulassung ist sonach kein Beweis dafür, daß das K auch bei späteren Inbetriebsetzungen als zugelassen anzusehen ist. Hierauf weist das Gesetz hin durch die Worte: „Müssen zugelassen sein."[5])

3. Die Begriffe **Kraftfahrzeug, öffentliche Wege, Inbetriebsetzung** sind in den einleitenden Vorbemerkungen erläutert.

4. Ausführungsvorschriften: §§ 1, 3—6, 35, 37, 41, 45 VO.

5. Strafbestimmungen: §§ 21, 23 G.

6. Siehe im übrigen Anm. zu § 23 G und den Ausführungsbestimmungen der VO.

Fahrerlaubnis.

§ 2.

Wer auf öffentlichen Wegen oder Plätzen ein Kraftfahrzeug führen will, bedarf der Erlaubnis der zuständigen Behörde; Ausnahmen bestimmt der Reichsverkehrsminister mit Zu-

[1]) Vgl. Jellinek 203.
[2]) Conrad 21, Lechner 15, Müller 115, vgl. Dyroff 260, Fleiner 162.
[3]) Müller[4] 708.
[2]) Conrad 21, Lechner 15, Müller[4] 115, vgl. Dyroff 260, Fleiner 162.
[4]) Lechner 15, Müller[4] 115.
[5]) Siehe Conrad 21, Müller[4] 117.

stimmung des Reichsrats. Die Erlaubnis gilt für das ganze Reich; sie ist zu erteilen, wenn der Nachsuchende seine Befähigung durch eine Prüfung dargetan hat und nicht Tatsachen vorliegen, die die Annahme rechtfertigen, daß er zum Führen von Kraftfahrzeugen ungeeignet ist.

Den Nachweis der Erlaubnis hat der Führer durch eine Bescheinigung (Führerschein) zu erbringen.

Die Befugnis der Ortspolizeibehörde auf Grund des § 37 der Reichs-Gewerbeordnung weitergehende Anordnungen zu treffen, bleibt unberührt.

1. Begriff des Führers siehe einleitende Vorbem. Abschn. VI.

2. Fahrerlaubnis.

a) Die Fahrerlaubnis ist ihrer rechtlichen Natur nach eine polizeiliche Erlaubnis. Sie stellt ebensowenig wie die Zulassung ein subjektives Recht dar, das dem Antragsteller verliehen wird, sondern nur die Aufhebung des Verbots des Führens eines K auf öffentlichen Wegen.

Die Fahrerlaubnis gilt nicht für alle K, sondern nur für K derjenigen Klasse, für die sie erteilt ist.

b) Auf die Erteilung der Fahrerlaubnis besteht ein subjektiv öffentlicher Rechtsanspruch, gegen ihre Verweigerung ist Rekurs zulässig (§ 5 G)[1].

c) Eine Fahrerlaubnispflicht besteht für alle Kraftfahrzeuge mit Ausnahme von ausschließlich im inländischen Verkehr benutzten Elektrokarren, deren Eigengewicht 1,75 Tonnen, und anderen elektrisch angetriebenen Kraftfahrzeugen, deren Eigengewicht 0,5 Tonnen nicht übersteigt, ferner von ausschließlich im inländischen Verkehr benutzten Zugmaschinen, deren Eigengewicht 4 Tonnen und deren Höchstgeschwindigkeit auf ebener Bahn 16 km Std. nicht übersteigt (§ 40 Abs. 1 VO).

d) Die Fahrerlaubnis gilt für das ganze Reich.

e) Über das Verfahren siehe § 14 VO.

3. Prüfung. Die Prüfung wird nach den näheren Bestimmungen der „Anweisung über die Prüfung der Führer von Kraftfahrzeugen" (Anlage zu § 14 Abs. 4 VO) vor einem durch die höhere Verwaltungsbehörde, in Bayern die zuständige Regierung, KdJ, anerkannten Sachverständigen abgelegt und zwar für Kraftfahrzeuge mit Antrieb
durch Elektromotoren
durch Verbrennungsmaschine
durch Dampfmaschine
durch sonstige Motoren
und zwar für folgende Klassen:
Klasse 1: Krafträder;
Klasse 2: Kraftwagen mit einem Eigengewichte von mehr als 2,5 Tonnen und Zugmaschinen;

---

[1]) Conrad 24.

Klasse 3a: Kraftwagen mit einem Eigengewichte bis zu 2,5 Tonnen bei Antrieb durch Verbrennungsmaschine jedoch nur bis zu einem Hubraum der Maschine von 2100 Kubikzentimeter;

Klasse 3b: Kraftwagen mit Antrieb durch Verbrennungsmaschine und einem Eigengewichte bis zu 2,5 Tonnen, sofern der Hubraum der Maschine 2100 Kubikzentimeter übersteigt.

In Ausnahmefällen kann ein Führerschein auch für die Führung eines einzelnen bestimmten K ausgestellt werden (insbes. wenn ein Kriegsverletzter ein K führen will, das der Körperbeschaffenheit durch besondere Einrichtungen angepaßt ist oder das er mit Hilfe eines Ersatzgliedes sicher führen kann). In diesen Fällen muß Kennzeichen, Firma, die das Fahrgestell hergestellt hat, und Fabriknummer des Fahrgestells im Führerschein eingetragen werden[1]).

4. Sonstige Geeignetheit. Die körperliche Eignung wird festgestellt nach Maßgabe der Anweisung über die Prüfung der Führer von K, Abschn. I. Hinsichtlich der Tatsachen, die zur Versagung der Fahrerlaubnis führen können, siehe Anm. 2 zu § 4 G. § 14 Abs. 2 VO sieht das Jugendlichenalter bis zum vollendeten 18. Lebensjahr als Tatsache an, die allgemein zum Führen ungeeignet macht und ist insoweit rechtsungültig[2]). Siehe Anm. 2 zu § 14 VO.

5. Führerschein. Der Führerschein gilt regelmäßig nur für diejenige Klasse und Betriebsart, für die er ausgestellt ist.

Ausnahmen:

a) der Führerschein für Klasse 3b kann auf Fahrzeuge gleicher Betriebsart der Klasse 2 ohne besondere Prüfung ausgedehnt werden, wenn der Besitzer der Fahrerlaubnis nachweist, daß er Fahrzeuge der Klasse 3b ein Jahr lang geführt hat,

b) der Führerschein nach Klasse 3b berechtigt zum Führen eines Fahrzeugs nach Klasse 3a gleicher Betriebsart.

6. Die Begriffe **Kraftfahrzeug, öffentliche Wege** sind in den einleitenden Vorbemerkungen Abschnitt I und V erläutert.

7. Ausführungsvorschriften: § 14 VO.

8. Strafbestimmungen: §§ 21, 24 G.

9. Siehe im übrigen Anm. zu § 24 G u. 14 VO.

10. Hinsichtlich des öffentlichen Fuhrgewerbes siehe Anm. 3 zu § 2 VO.

Übungs- und Prüfungsfahrten. § 3.

Wer zum Zwecke der Ablegung der Prüfung (§ 2 Abs. 1 Satz 2) sich in der Führung von Kraftfahrzeugen übt, muß

[1]) Die unter der Geltung der VO vom 15. 3. 1923 ausgestellten Führerscheine haben ihre Geltung in der Klasseneinteilung behalten (8 PS = 2100 ccm), nicht dagegen die unter der Geltung der VO vom 3. 2. 1910 (10 PS dieser VO = 8 PS VO 1923 = 2100 ccm). (BayObLG 12. 3. 1929 BayVerwBl 1929, 363; DRZ 1929 Nr. 803.)

[2]) VG Hamburg 30. 1. 1928 JW 1928, 1768; RdK 1928, 259.

dabei auf öffentlichen Wegen oder Plätzen von einer mit dem Führerschein versehenen, durch die zuständige Behörde zur Ausbildung von Führern ermächtigten Person begleitet und beaufsichtigt sein. Das Gleiche gilt für die Fahrten, die bei Ablegung der Prüfung vorgenommen werden. Ausnahmen bestimmt der Reichsverkehrsminister mit Zustimmung des Reichsrats.

Bei den Übungs- und Prüfungsfahrten, die gemäß der Vorschrift des Abs. 1 stattfinden, gilt im Sinne dieses Gesetzes der Begleiter als Führer des Kraftfahrzeugs.

1. **Allgemeines.** Weil im Falle des § 3 G weder der Fahrlehrer (da nicht als Lenker des K tätig) noch der Fahrschüler (da außer Verantwortung) Führer im Sinne des G ist, stellt § 3 G die Fiktion auf, daß der Fahrlehrer als Führer gilt[1]). Diese Fiktion gilt nur innerhalb des Kraftfahrrechts, nicht auch für die Vorschriften über den allgemeinen Fahrverkehr und das allgemeine Strafrecht[2]).

2. **Voraussetzung** für die Anwendbarkeit des § 3 G ist, daß

a) die Führung zum Zwecke der Ablegung der technischen Prüfung erfolgt und sich in ihrem Hauptzwecke als Übungs- oder Prüfungsfahrt darstellt. Es muß sonach die Absicht zur Ablegung der Prüfung nachweisbar sein und die einzelne Fahrt dem Zwecke der Übung dienen, wenn eine Übungsfahrt vorliegen soll. Fahrten zwischen Ablegung der Prüfung und Erteilung der Fahrerlaubnis sind durch § 3 nicht mehr gedeckt[3]). Auch die Hin- und Rückfahrt zur Prüfung ist als Teil der Prüfungsfahrt anzusehen[4]), Vgl. hiezu die Anm. zu § 41 Abs. 10, die sinngemäß auch hier anzuwenden ist;

b) der Schüler von einem Fahrlehrer begleitet und beaufsichtigt ist. Wer Fahrlehrer ist oder sein kann, bestimmt sich nach der VO v. 1. 3. 1921 (RGBl 212). Zu beachten ist, daß die Fahrlehrereigenschaft nur für eine bestimmte Führerscheinklasse und ein bestimmtes Ausbildungsunternehmen erteilt wird[5]). Auch der amtliche Sachverständige kann die Aufgaben des Fahrlehrers übernehmen[6]), aber nicht während der Prüfung[7]),

---

[1]) KG 13. 2. 1925 DJZ 1925, 972.

[2]) RG 12. 11. 1926, RdK 1927, 69; 16. 10. 1928 DAR 1929, 89, JW 1929, 939; BayObLG 26. 10. 1926, BayVerwBl 1927, 101 Stuttgart 26. 1. 1927 RdK 1927, 139.

[3]) Celle 18. 3. 1927, RdK 1928, 92; a. A. Müller RdK 1928, 49.

[4]) Müller RdK 1928, 49; a. A. Weitz in JW 1926, 2167.

[5]) Die Ausbildungserlaubnis gilt fürs ganze Reich und ist nicht auf den Wohnort beschränkt (KG 22. 10. 1928 RdK 1929, 16 DJZ 1929, 317).

[6]) BayObLG 30. 10. 1925 DJZ 1926, 385; 13. 11. 1925 BayObLGSt 25, 198.

[7]) Meyer in RdK 1928, 241.

c) der Fahrlehrer sich so nahe bei der das Steuer führenden übenden Person befindet, daß ein unmittelbares und sofortiges Eingreifen durch Bedienung der Maschinenhebel möglich ist. Die Begleitung auf einem anderen Wagen ist sonach nicht zulässig[1]).

3. **Durchführung der Übungsfahrten.** Der Fahrlehrer muß den Schülern die nötige Geschicklichkeit und Übung zunächst an Orten beibringen, wo unbeteiligte Dritte nicht gefährdet sind. Verkehrsreiche Straßen darf er erst aufsuchen, wenn sich der Schüler schon hinreichende Übung angeeignet hat[2]).

4. **Durchführung der Prüfungsfahrten.** Während der Prüfungsfahrt verbleibt die volle Verantwortung dem Fahrlehrer. Er kann diese nicht auf den amtlichen Sachverständigen abwälzen[3]).

Entziehung der Fahrerlaubnis. § 4.

Werden Tatsachen festgestellt, welche die Annahme rechtfertigen, daß eine Person zum Führen von Kraftfahrzeugen ungeeignet ist, so kann ihr die Fahrerlaubnis dauernd oder für bestimmte Zeit durch die zuständige Verwaltungsbehörde entzogen werden; nach der Entziehung ist der Führerschein der Behörde abzuliefern.

Die Entziehung der Fahrerlaubnis ist für das ganze Reich wirksam.

1. **Allgemeines**[4]). Auf die Erteilung der Fahrerlaubnis besteht ein subjektiv öffentlicher Rechtsanspruch[5]). Ihre Entziehung ist nur nach Maßgabe des § 4 KFG zulässig. Die Entziehung ist keine Strafe, sondern eine Verwaltungsmaßnahme, deren Zweck der Schutz des Verkehrs ist.

2. **Tatsachen** sind wie im Falle der Versagung der Fahrerlaubnis einerseits körperliche, anderseits moralische Mängel. Welche körperlichen Mängel zur Führung eines K ungeeignet machen, ergibt die Ziffer II Abs. 3 der An-

---

[1]) BayObLG 2. 11. 1926 BayObLGSt 26, 197 BayVerwBl 1927, 102. RdK 1927, 87, JW 1927, 2809, DAR 1928 Nr. 2 S. 7; a. A. Köln 9. 11, 1928 RdK 1929, 70, JW 1928, 3198; Jena JW 1928, 3196.

[2]) RG 22. 9. 1925 RdK 1928, 272; Königsberg 18. 2. 1926 RdK 1926, 132.

[3]) BayObLG. 18. 12. 1928 BayVerwBl. 1929, 138.

Über die Aufgaben des Fahrlehrers vgl. auch BayObLG. 2. 11. 1926 BayObLGSt 26, 197: der durch den Lehrauftrag begründete Pflichtenkreis des Fahrlehrers ist keineswegs derart abgegrenzt, daß darunter nur die Begleitung, wie sie § 3 KFG vorschreibt, fällt. Es gehört hiezu auch die sachgemäße Beratung in Bezug auf den zu erlernenden Betrieb und seine praktische Ausführung zu Übungszwecken.

[4]) Siehe hiezu Bezold in DAR 1929, 1; Wolf Williger in DAR 1929, 83.

[5]) PrOVG 2. 12. 1926 DJZ 1927, 1486; RdK 1928, 72.

weisung über die Prüfung der Führer von K (Anlage zu § 14 Abs. 4 KVO). Moralische Mängel sind solche Mängel, welche die Befürchtung rechtfertigen, daß der Führer beim Führen eines K die erforderliche Rücksichtnahme auf seine Mitmenschen oder die ihm obliegenden besonderen Pflichten vernachlässigen wird oder daß er das K zur Verübung von Straftaten benutzen wird. Nach der nicht erschöpfenden[1]) Aufzählung in der Anw. über die Prüfung der Führer von K kommen insbesondere in Betracht: schwere Eigentumsvergehen, Neigung zum Trunke[2]) oder zu Ausschreitungen, insbesondere zu Rohheitsvergehen[3]), ferner nach der Rechtsprechung der Verwaltungsgerichte z. B. fortgesetzte Mißachtung verkehrspolizeilicher Vorschriften[4]), wiederholte Schwarzfahrten[5]), Jagdvergehen und Meineid[6]), Vorbereitung hochverräterischen Unternehmens[7]), Sittlichkeitsverbrechen[8]).

Nicht zulässig ist dagegen z. B. die Entziehung, weil der Führer, dem die Fahrerlaubnis zu Unrecht entzogen worden ist, trotz dieser Entziehung weitergefahren ist[9]).

3. **Feststellung.** Die Entziehung kann nur wegen solcher Tatsachen erfolgen, die erst nach Erteilung der Fahrerlaubnis festgestellt werden. Unerheblich aber ist es, ob es sich hiebei um Tatsachen handelt, die vor oder um solche, die nach der Erteilung der Fahrerlaubnis liegen. Nur dürfen sie bei deren Erteilung noch nicht bekannt gewesen sein[10]).

4. **Zeitdauer der Entziehung.** Ob die Entziehung dauernd oder für bestimmte Zeit auszusprechen ist, hat die Behörde nach pflichtgemäßem Ermessen unter Berücksichtigung des Einzelfalles zu entscheiden.

a) Dauernde Entziehung. Strittig ist, ob der Betroffene in diesem Falle überhaupt keine Möglichkeit hat, jemals wieder die Fahrerlaubnis zu erhalten[11]). Es handelt sich bei dieser Frage um das Problem der materiellen Rechtskraft der verwaltungsrechtlichen Entscheidung. Nach der Rechtsprechung des BayVGH wirkt die Rechtskraft nur rebus sic stantibus[12]). Ändert sich nachträglich die Sachlage, werden z. B. die Vorschriften über die körperliche Eignung geändert[13]) oder bestehende körperliche Mängel behoben oder beruht die Entscheidung auf einem strafgerichtlichen Urteil, das im Rechtsmittelweg oder im Wiederaufnahmeverfahren zur Freisprechung

---

[1]) PrOVG 2. 12. 1926 DJZ 1927, 1486; RdK 1928, 72.

[2]) PrOVG 17. 12. 1925 RdK 1927, 69; 3. 6. 1926 DJZ 1927, 325 RdK 1927, 101; 6. 1. 1927 RdK 1927, 209.

[3]) PrOVG 28. 1. 1926 RdK 1926, 20.

[4]) PrOVG 15. 4. 1926 RdK 1927, 140.

[5]) PrOVG 27. 6. 1927 RdK 1928, 262.

[6]) PrOVG 10. 12. 1927 RdK 1927, 175.

[7]) PrOVG 11. 4. 1929 JW 1929, 2081.

[8]) PrOVG 27. 6. 1929 JW 1929, 2845.

[9]) VG Hamburg 12. 11. 1926 DAR 1929, 64.

[10]) PrOVG 20. 2. 1930 JW 1930, 2000.

[11]) Müller Anm. D zu § 4 KFG.

[12]) Vgl. Dyroff S. 652f.

[13]) PrOVG 20. 2. 1930 Verk. Rdsch. 9, 267.

des Betroffenen führte, so steht die Rechtskraft der Entscheidung der Wiedererteilung der Fahrerlaubnis nicht im Wege[1]).

b) Entziehung auf bestimmte Zeit. Unzulässig ist somit eine Entziehung auf unbestimmte Zeit, mithin auch die Entziehung unter einer auflösenden Bedingung, z. B. unter der Bedingung, daß die Entziehung im Falle eines für den Betroffenen günstigen Ausgangs eines gegen ihn anhängigen Strafverfahrens wieder außer Kraft tritt. Die Entziehung der Fahrerlaubnis auf ganz kurze Zeit, z. B. 1 Woche, wird vielfach ohne weiteres für unzulässig erachtet[2]), weil eine solche Entziehung sich als Strafmaßnahme darstelle. In dieser Allgemeinheit ist dies nicht richtig. Es gibt Fälle, in denen der Schutz des Verkehrs nur eine kurzfristige Entziehung erfordert, die allerdings dann notwendig unter Ausschluß der aufschiebenden Wirkung des Rekurses erfolgen muß. Hieher gehören z. B. Zustände vorübergehender seelischer Depression, wie sie auch bei einem unverschuldeten Unfall eintreten können.

5. **Aufschiebende Wirkung des Rekurses.** Der Ausschluß der aufschiebenden Wirkung des Rekurses soll nach der Absicht des Gesetzgebers nicht der Regelfall sein, sondern die Ausnahme bilden. Er ist daher nur zulässig, wenn die Sicherheit des Verkehrs die Maßnahme unbedingt erfordert. Da es der Gesetzgeber aber unterlassen hat, die aufschiebende Wirkung zu befristen, hat er seinen Willen gegenüber der vielfach entgegenstehenden Praxis nur ungenügend durchgesetzt.

6. **Umfang der Entziehung.** Die Entziehung kann sich auf das Führen aller Arten von K erstrecken oder auf bestimmte Fahrzeugarten beschränkt werden.

7. **Wiedererteilung der Fahrerlaubnis.** Nach § 36 Abs. 1 Satz 3 KVO kann im Falle der Entziehung der Fahrerlaubnis auf bestimmte Zeit die Wiedererteilung der Fahrerlaubnis von der nochmaligen Ablegung einer Prüfung oder der Erfüllung sonstiger Bedingungen abhängig gemacht werden. Die Befugnis zum Führen eines K lebt in diesem Falle nach Fristablauf nicht von selbst wieder auf, sondern erst nach erfolgreicher Ablegung der auferlegten Prüfung oder nach Erfüllung der auferlegten Bedingungen. In der Gestaltung der Prüfung ist die VerwBehörde nicht an die Anweisung über die Prüfung der Führer von K gebunden. Auch in der Auswahl der Bedingungen ist sie grundsätzlich frei. Jedoch sind nur solche Bedingungen zulässig, die mit den Anforderungen, die an die KFührer zu stellen sind, im Zusammenhang stehen. Unzulässig wäre z. B. die Bedingung der Zahlung einer Geldentschädigung.

8. **Zuständig** zur Entziehung der Fahrerlaubnis ist die Bezirksverwaltungsbehörde oder Polizeidirektion, die für den Wohnort des Führers zuständig ist (§ 36 Abs. 1 KVO).

---

[1]) Im Ergebnis ebenso PrOVG 16. 5. 1929 JW 1929, 2845, DAR 1930, 73; BadVG 26. 6. 1928 DAR 1929, 377.

[2]) Vgl. OVG 14. 5. 1928 JW 1928, 3200; Regierung v. Oberbayern vom 30. 11. 1927 DAR 1928 Nr. 1 S. 5.

9. Die Entscheidung darüber, ob bei den gegebenen Voraussetzungen die Entziehung erfolgen soll, steht im pflichtgemäßen Ermessen der Behörde. Die wirtschaftlichen Verhältnisse des Führers, selbst die Tatsache, daß er durch die Entziehung des Führerscheins in eine wirtschaftliche Notlage gerät, darf nicht von ausschlaggebender Bedeutung sein[1]).

10. Form. Besondere Formvorschriften bestehen nicht. Gleichwohl ist erforderlich, daß der Führer vor der Entziehung gehört wird und daß der Beschluß schriftlich niedergelegt, mit Gründen versehen und dem Betroffenen nachweislich eröffnet wird[2]).

11. Wirksamkeit. Entzogen ist die Fahrerlaubnis

a) durch Beschluß der für den Wohnort des Führers zuständigen Bez.-Verw.-Behörde usw., falls diese ausdrücklich die aufschiebende Wirkung eines Rekurses ausgeschlossen hat (§ 5 Abs. 1 KFG),

b) durch die rechtskräftige Entscheidung im Rekursverfahren.

Bei Entziehung auf Zeit ist dem Führer nach Ablauf der Frist die Führung des K wieder gestattet. Siehe jedoch oben Anm. 7. Der Führer muß aber warten, bis er seinen Führerschein wieder ausgehändigt erhalten hat, sonst macht er sich nach § 15 KVO mit § 21 KFG strafbar (siehe Anm. 3 zu § 24 KFG).

12. Ablieferung[3]). Strafbar ist die Nichtablieferung erst nach ergangener und nicht befolgter Aufforderung hiezu. Die Bez.-Verw.-Behörde usw. ist berechtigt, wenn die Ablieferung des Führerscheins verweigert wird, diesen einzuziehen, da ihr § 4 KFG einen Anspruch auf Übergabe des Führerscheins gibt. § 40 StGB mit Art. 20 Abs. 2 PolStGB findet dagegen Anwendung, wenn ein K unbefugt unter Mitführung des ungültigen Führerscheins geführt wird.

13. Vorläufige Maßnahmen. Eine vorläufige Entziehung der Fahrerlaubnis ist nicht zulässig[4]). Dies schließt jedoch nicht aus, daß die Polizei auf Grund ihrer Verpflichtung, für Aufrechterhaltung der öffentlichen Ruhe, Ordnung und Sicherheit zu sorgen, berechtigt ist, einem KFührer den Führerschein wegzunehmen, wenn diese Maßnahme erforderlich ist, um einer drohenden Gefährdung der Verkehrssicherheit vorzubeugen (z. B. wenn ein KFührer in betrunkenem Zustand sein K lenkt). Da es sich hiebei aber nur um die Schaffung eines vorläufigen Zustandes handelt, muß entweder die Wiederaushändigung des Führerscheins nach Wegfall der Voraussetzungen oder bei ihrem Fortbestand die Entziehung der Fahrerlaubnis im ordentlichen Verfahren ohne Verzug erfolgen[5]).

14. Strafbestimmung: § 24 KFG.

---

[1]) OVG 14. 5. 1928 JW 1928, 3200, RdK 1929, 69.

[2]) BayObLG 24. 4. 1928 BayVerwBl 1928, 251; BayObLGSt 28, 93.

[3]) Die Polizeibehörde ist verpflichtet, für die Einziehung des Führerscheins nach Entzug der Fahrerlaubnis Sorge zu tragen (Hamm 30. 3. 1928 RdK 1929, 71).

[4]) BadVGH 26. 8. 1928 DAR 1929, 377.

[5]) Vgl. Ebner in DAR 1930, 211.

Rekurs.

§ 5.

Gegen die Versagung der Fahrerlaubnis ist, wenn sie aus anderen Gründen als wegen ungenügenden Ergebnisses der Befähigungsprüfung erfolgt, der Rekurs zulässig. Das Gleiche gilt von der Entziehung der Fahrerlaubnis; der Rekurs hat aufschiebende Wirkung, sofern dies nicht ausdrücklich bei der ersten Entscheidung ausgeschlossen wird.

Die Zuständigkeit der Behörden und das Verfahren bestimmen sich nach den Landesgesetzen und, soweit landesgesetzliche Vorschriften nicht vorhanden sind, nach den §§ 20, 21 der Reichs-Gewerbeordnung.

1. **Allgemeines.** Nach § 5 G ist der Rekurs in zwei Fällen zulässig:

a) bei Versagung der Fahrerlaubnis,

b) bei Entziehung der Fahrerlaubnis.

Unzulässig ist der Rekurs, wenn

a) die Fahrerlaubnis wegen ungenügenden Ergebnisses der Befähigungsprüfung versagt,

b) durch die Militär- oder Postverwaltung oder eine staatliche Polizei den bei ihnen verwendeten Personen versagt oder entzogen wird,

c) es sich um Ausländer handelt, denen die Anerkennung des im Ausland ausgestellten int. Fahrausweises versagt (§ 9 Int. VO) oder denen die Führung von K untersagt wird (§ 36 Abs. 2 VO),

d) es sich um die Entziehung des Fahrlehrerscheines handelt[1]),

e) die Untersagung der Führung eines führerscheinfreien K (§ 40 Abs. 1 VO) oder eines Kleinkraftrads (§ 48 Nr. 4) angefochten wird.

2. **Verfahren.**

a) Allgemeines. Landesgesetzliche Vorschriften über das Rekursverfahren nach § 5 G sind nicht erlassen. Ein Landesgesetz, das die Streitigkeiten nach § 5 G dem Verwaltungsstreitverfahren überweist, ist nicht ergangen. Diese Überweisung kann auch nicht durch Verordnung auf Grund des Gesetzes über das Verwaltungsstreitverfahren v. 13. 6. 1910 (GVBl 287) erfolgen, da § 5 G eine derartige Überweisung nicht vorsieht (Dyroff 36). Ebensowenig kann Art. 8 Ziff. 8 VGG Anwendung finden, da es sich nicht um die bestrittene Befugnis zum Gewerbebetrieb handelt. Das Verfahren in Verwaltungsrechtssachen nach dem VGG ist aus beiden Gründen ausgeschlossen. An seine Stelle tritt auf Grund des § 155 GewO und des Abschnittes I Ziff. 1 Abs. 2 der Bek. v. 18. 5. 1923 (MABl 33) das Verfahren nach §§ 2, 53 der PolizVO v. 29. 3. 1892 (GVBl 61).

b) Streitgegenstand ist der bestrittene Rechtsanspruch auf Erteilung oder Fortbestand der Erlaubnis zum Führen eines K.

---

[1]) OVG 9. 12. 1926 DJZ 1927, 1560.

c) Sachlich zuständig zur Entscheidung sind die Kreisregierungen, Kammern des Innern. Die Entscheidung erfolgt im verwaltungsrechtlichen Senat.

d) Örtlich zuständig ist diejenige Kreisregierung, KdJ, die der Behörde vorgesetzt ist, welche die Versagung oder Entziehung ausgesprochen hat.

e) Partei- und Prozeßfähigkeit. Vgl. Dyroff Anm. 1 zu Art. 19 VGG. Zweifelhaft ist, ob Minderjährige im Hinblick auf § 14 Abs. 2 KVO prozeßfähig sind. Dies ist zu verneinen, wenn man mit der herrschenden Lehre annimmt, daß diese Vorschrift rechtsungültig ist. Andernfalls sind Personen über 18 Jahren ohne weiteres[1]), Personen unter 18 Jahren dann, wenn die Zustimmung des gesetzlichen Vertreters vorliegt, prozeßfähig.

f) Streitbeteiligt ist, in wessen Recht die Versagungs- oder Entziehungsverfügung eingegriffen hat, also der Führer. Dagegen sind bloß interessiert, aber nicht streitbeteiligt z. B. die Ehefrau[2]) oder der Dienstherr.

g) Einlegung und Rechtfertigung des Rekurses. Die Frist für Einlegung und Rechtfertigung beträgt gemäß Art. 22 Abs. 6 VGG[3]) 14 Tage, vom Tage der Zustellung des Bescheides 1. Instanz an gerechnet. Dieser Tag wird nicht mitgezählt. Ist der Rekurs zwar innerhalb der Frist eingelegt, nicht aber auch gerechtfertigt worden, so ist er unwirksam. Die Einlegung und Rechtfertigung muß schriftlich bei der Behörde 1. Instanz eingereicht oder zu Protokoll gegeben werden.

h) Wirkung des Rekurses. Der Rekurs hat aufschiebende Wirkung, soferne dies nicht ausdrücklich bei der ersten Entscheidung ausgeschlossen ist[4]).

i) Entscheidung. Die Entscheidung erfolgt nach den Bestimmungen der Art. 31, 32 Abs. 1 mit 4[5]), 33—38 VGG. Von besonderer Bedeutung ist die Bestimmung des Art. 36 Abs. 4, wonach der Senat auch zum Nachteil des Beschwerdeführers zu erkennen berechtigt ist. Dagegen ist nach preußischem Recht eine solche Abänderung der Entscheidung nicht zulässig[6]).

k) Rechtskräftig wird der Bescheid im Rekursverfahren mit seiner Verkündung. Über formelle und materielle Rechtskraft und ihre Bedeutung siehe Dyroff Anm. 4 zu Art. 26.

---

[1]) BadVGH 5. 2. 1929 JW 1930, 2006, DAR 1930, 138 Verk. Rdsch. 9, 268.

[2]) OVG 14. 1. 1926 DJZ 1926, 1650.

[3]) Vgl. Dyroff 36, 604, 694. Art. 22 VGG ist zwar in § 53 VO vom 29. 3. 1892 nicht aufgeführt. Er gilt aber gemäß § 53 VO Abs. 1 dieser in Verbindung mit Art. 31 Abs. 1 GewG vom 30. 1. 1868 im Hinblick auf den dort enthaltenen Vorbehalt zugunsten des VGG.

[4]) Zweifelhaft erscheint, ob die Ausschließung der aufschiebenden Wirkung des Rekurses selbständig anfechtbar ist und ob sich in diesem Falle das Verfahren gleichfalls nach Abs. 2 bestimmt. Die erste Frage dürfte zu bejahen, aber anzunehmen sein, daß dem Betroffenen nur die Beschwerde nach Art. 14 PolStGB zusteht.

[5]) in der Fassung des Art. VI der Novelle vom 7. 3. 1924 (GVBl 65) § 53 VO vom 29. 3. 1892 erklärt allerdings nur Art. 32 Abs. 1 u. 2 VGG für anwendbar und ist der Novelle nicht angepaßt worden; gleichwohl wird man annehmen dürfen, daß auch Abs. 3 u. 4 Anwendung finden.

[6]) PrOVG 14. 5. 1928 JW 1928, 3200, RdK 1929, 69; a. A. Müller.

l) Rechtsmittel gegen den Bescheid der Regierung sind nicht vorgesehen, wohl aber ist Oberaufsichtsbeschwerde an das StMdJ zulässig. Art. 15 VGG findet keine Anwendung.

m) Eine Wiederaufnahme des Verfahrens ist nicht vorgesehen.

Warnungstafeln. **§ 5a.**

Gefährliche Stellen an Wegestrecken, die dem Durchgangsverkehre dienen, sind von den Landesbehörden durch Warnungstafeln zu kennzeichnen.

1. Die Polizei ist zur Kennzeichnung gefährlicher Wegstrecken durch Warnungstafeln auf Grund des § 5a, aber auch auf Grund allgemeiner Sorgfaltspflicht verpflichtet[1]).

2. Die hiernach aufzustellenden Warnungstafeln sind zu unterscheiden von den Warnungstafeln im Sinne des § 30 Abs. 4 VO, die richtiger als Sperrschilder zu bezeichnen wären.

3. Die näheren Vorschriften enthält die VO über Warnungstafeln vom 8. Juli 1927 (RGBl I, 177).

4. Gefährliche Stellen sind solche, die durch die Führung der Straße im Gelände oder durch den Bau des Straßenkörpers nur mit verminderter Geschwindigkeit und besonderer Vorsicht durchfahren werden können. Hiebei kommt es ausschließlich auf die Möglichkeit der Gefährdung des K selbst an. Als gefährliche Stellen sind insbesondere anzusehen: Querrinnen, Kurven, Kreuzungen, Eisenbahnübergänge usw.

5. Die **Verpflichtung zur Aufstellung** von Warnungstafeln besteht nur, wenn sich die gefährliche Stelle an einer Durchgangsstraße befindet. Für die Beurteilung, ob eine Straße dem Durchgangsverkehr dient, sind nur die tatsächlichen Verhältnisse maßgebend; die Eigenschaft einer Straße als Staatsstraße ist zwar ein beachtliches Kennzeichen für die Eigenschaft der Straße als Durchgangsstraße, aber nicht entscheidend. Maßgebend ist nur der Fernverkehr im Gegensatz zum Nahverkehr)[2]. Nach Bek. v. 7. 12. 1925 (MABl

---

[1]) RG 26. 1. 1927 JW 1927, 1265; 1929, 911; 13. 7. 1928 JW 1928, 2319; 1929, 911. Über die Haftung für verkehrsgefährliche Beschaffenheit der öffentlichen Wege vgl. RG 24. 1. 1929 DAR 1929, 87; 7. 3. 1929 DAR 1929, 170; 3. 6. 1929 DAR 1929, 313; Stuttgart 4. 4. 1929 RdK 1929, 294 JW 1929, 2065 und Meyer in RdK 1929, 44.

[2]) BayObLG 17. 2. 1928 RdK 1928, 223, DRZ 1928 II S. 237: Maßgebend ist, daß die Straße den Verkehr zwischen zwei Verkehrsmittelpunkten von einer gewissen Bedeutung vermittelt oder dem großen allgemeinen Verkehr dient. Der Chiemsee und seine Ufer bilden einen nicht unbedeutenden Mittelpunkt des Verkehrs und werden durch die von Prien nach Stock führende Straße nicht bloß nachbarlich mit Prien verbunden, sondern an den großen Reiseverkehr angeschlossen. Vgl. auch KG 3. 9. 1928 RdK 1929, 109 Braunschweig 16. 4. 1925 HöchstRR 1, 364; Hamburg 16. 5. 1927 RdK 1927, 151, Celle 18. 6. 1926 RdK 1927, 224.

185) bestimmen die Regierungen, KdJ, welche Wegstrecken als dem Durchgangsverkehr dienend anzusehen sind. Die Gerichte sind hieran indessen nicht gebunden, denn der Begriff ist ein Rechtsbegriff[1]).

6. Zuständig zur Auswahl der Stellen sind:

a) soweit der Staat wegebaupflichtig ist, die Straßen- und Flußbauämter,

b) im übrigen die Bezirksverwaltungsbehörden.

7. Zuständig zur Aufstellung sind die Wegebaupflichtigen. Soweit der Staat wegebaupflichtig ist, haben die Straßen- und Flußbauämter die Aufstellung zu besorgen. Die sonstigen Wegebaupflichtigen sind von den Bezirksverwaltungsbehörden zu überwachen. (MinBek. v. 7. 12. 1925 MABl 185 u. v. 19. 11. 1927 MABl 62.)

8. Soweit die Wegebaupflichtigen Körperschaften des öffentlichen Rechts sind, kann die Erfüllung der ihnen hienach obliegenden Verpflichtungen staatsaufsichtlich erzwungen werden. Gegen Privatpersonen wäre Art. 21 PolStGB anwendbar.

Ausführungsvorschriften und polizeiliche Anordnungen.

§ 6.

Vorbemerkung.

1. Beim Vollzug des G haben wir zu unterscheiden zwischen

a) Ausführungsanordnungen

b) Verwaltungsanordnungen

c) Polizeiliche Anordnungen.

2. Die **Ausführungsanordnungen** haben die Aufgabe, „den im Gesetzestext niedergelegten Willen des Gesetzgebers näher zu erläutern und zu voller Entfaltung zu bringen" (Fleiner 75). Sie haben ihre Rechtsgrundlage in § 6 Abs. 1 Nr. 1 des G. Aus dem Wörtchen „sonstigen" in § 6 Abs. 1 Nr. 2 des G darf nicht geschlossen werden, daß nur solche Ausführungsanordnungen zulässig seien, die zur Erhaltung der Ordnung und Sicherheit auf den öffentlichen Wegen oder Plätzen erforderlich sind[2]).

3. Die **Verwaltungsanordnungen** enthalten Anweisungen an die Behörden (Fleiner 62). Sie haben ihre Rechtsgrundlage in Art. 77 RVerf.

4. Polizeiliche Anordnungen enthalten dagegen als Rechtsnormen Gebote und Verbote, die dem Zwecke dienen, den Staat, seine Verwaltung, wie auch seine Angehörigen vor Gefährdungen durch die Menschen zu schützen (Seydel V, 6). Sie haben ihre Rechtsgrundlage vorwiegend in § 6 Abs. 1 Nr. 2 des G. Hieher gehören weiter die auf Grund des § 6 Abs. 3 des G erlassenen Anordnungen der Landeszentralbehörden, schließlich aber auch Ausführungsanordnungen zu den §§ 1—5a des G, insoweit diese dem gleichen

[1]) KG 15. 12. 1927 Auto 1928 Nr. 3 S. 60; 6. 2. 1928 DAR 1929, 137; Celle 18. 6. 1926 HöchstRR 3, 147, RdK 1927, 224.

[2]) Müller DAR 1929, 17.

Zwecke zu dienen bestimmt sind. Hierauf wird durch das Wörtchen „sonstigen“ in § 6 Abs. 1 Nr. 2 des G hingewiesen.

5. Als polizeiliche Anordnungen im Sinne des § 6 des G werden nur Polizeiverordnungen, nicht auch Polizeiverfügungen anzusehen sein.

6. Da in den auf Grund des § 6 des G erlassenen Vorschriften, insbesondere in der VO, Ausführungsvorschriften, Verwaltungs- und Polizeiverordnungen in engster Verbindung miteinander stehen und äußerlich nicht voneinander zu unterscheiden sind, bleibt nichts anderes übrig, als durch Auslegung festzustellen, welche Art von Vorschrift jeweils vorliegt (Fleiner 66).

Die Reichsregierung erläßt mit Zustimmung des Reichsrats:

1. die zur Ausführung der §§ 1 bis 5a erforderlichen Anordnungen sowie die Bestimmungen für die Zulassung der Führer ausländischer Kraftfahrzeuge;
2. die sonstigen zur Erhaltung der Ordnung und Sicherheit auf den öffentlichen Wegen oder Plätzen erforderlichen Anordnungen über den Verkehr mit Kraftfahrzeugen, insbesondere über die Prüfung und Kennzeichnung der Fahrzeuge und über das Verhalten der Führer sowie über den allgemeinen Fahrverkehr, soweit dies in Rücksicht auf den Kraftfahrzeugverkehr erforderlich ist;
3. Vorschriften über Gebühren für behördliche Maßnahmen im Kraftfahrzeugverkehre bei Durchführung der auf Grund dieses Gesetzes erlassenen Verordnungen. Die Gebühren sind nach den tatsächlichen Aufwendungen zu bemessen;
4. ferner mit Zustimmung eines Ausschusses des Reichstags Vorschriften über die Bildung eines zur Mitwirkung in Angelegenheiten des Kraftfahrwesens berufenen Beirats.

   Die Landesregierungen können sich durch Vermittlung der Reichsregierung des Beirats bedienen.

Soweit auf Grund der Anordnungen nach Abs. 1 die Militär- und Postverwaltung sowie eine staatliche Polizei Personen, die sie als Führer von Kraftfahrzeugen verwenden, die Fahrerlaubnis versagt oder entzogen haben, finden die Vorschriften des § 5 keine Anwendung.

Soweit Anordnungen nach Abs. 1 Nr. 1 bis 3 nicht erlassen sind, können solche durch die Landeszentralbehörden erlassen werden.

1. § 6 Abs. 1 Nr. 1. Da die Ausführungsanordnungen, zu deren Erlassung die Reichsregierung ausschließlich zuständig ist, das Gesetz nur erläutern, nicht aber ergänzen dürfen, nimmt die im Schrifttum überwiegende Meinung an, daß § 14 Abs. 2 VO rechtsungültig ist.

Die Bestimmungen über den Verkehr außerdeutscher K innerhalb des Deutschen Reiches enthalten die Abschnitte C mit E der Int.VO.

2. § 6 Abs. 1 Nr. 2.

a) Die nach Nr. 2 zulässigen Anordnungen dürfen — im Gegensatz zu jenen der Nr. 1 — nur zur Erhaltung der Ordnung und Sicherheit auf den öffentlichen Wegen oder Plätzen erlassen sein.

Unter Ordnung in diesem Sinne ist nur das äußere Zusammenleben der Menschen zu verstehen. Die Aufrechterhaltung der Ordnung besteht in der Abwehr aller Störungen dieses Zusammenlebens, in der „Unterdrückung alles dessen, was gegen die herrschenden ethischen und sozialen Anschauungen verstößt oder die fünf Sinne über das Maß hinaus belästigt, das als notwendige Folge des Zusammenlebens der Menschen von jedem ertragen werden muß" (so wörtlich Fleiner 370), in der „Schaffung und Erhaltung der unerläßlichen Voraussetzungen für eine geregelte Abwickelung des Verkehres" (so wörtlich Müller 381). Unter Aufrechterhaltung der Sicherheit ist die Abwendung von Gefahren d. h. die Abwendung einer naheliegenden, auf Tatsachen beruhenden Wahrscheinlichkeit einer Schädigung zu verstehen, soweit diese Gefahren das Leben oder das Eigentum des Einzelnen bedrohen.

Unzulässig sind daher Anordnungen, die fiskalischen[1]) oder Konkurrenzzwecken dienen; Anordnungen, die nur die Annehmlichkeiten des Fußgängerverkehrs bezwecken[2]); Anordnungen über Anstrich der K, Kleidung der Führer usw. Zulässig dagegen Anordnungen, die auf die Vermeidung von Nachteilen, z. B. von Belästigungen abzielen (vgl. § 3 Abs. 1, 17 Abs. 2 VO).

Der Richter ist befugt zu prüfen, ob eine Anordnung dem Zwecke der Aufrechterhaltung der Ordnung und Sicherheit dient. Das richterliche Prüfungsrecht versagt aber gegenüber solchen Anordnungen, die unter dem Vorwand des zulässigen Zweckes in Wirklichkeit einen unzulässigen Zweck verfolgen (Jellinek 431)[3]). Das richterliche Prüfungsrecht erstreckt sich auch nicht auf die Frage, ob die Anordnungen tatsächlich notwendig und zur Erreichung des angestrebten Zweckes dienlich sind[4]).

b) Die polizeilichen Anordnungen müssen über den Verkehr mit K erlassen sein, sie brauchen aber nicht bloß die Ordnung und Sicherheit des K-Verkehrs selbst zu treffen, sondern auch die öffentliche Ordnung und Sicherheit gegenüber dem K-Verkehr[5]).

---

[1]) Vgl. BayObLG 19. 4. 1929 BayVerwBl 1929, 250, DAR 1929, 286.

[2]) Eger 474, Isaac 399, 401, Müller 381, Lechner 114, Kraftfahrzeughalter 39.

[3]) A. A. Schiedermair 30.

[4]) BayObLG 19. 4. 1929 BayVerwBl 1929, 250.

[5]) Dresden 16. 11. 1925 HöchstRR 2, 140.

c) Zur Erlassung von Polizeiverordnungen zuständig ist gemäß § 6 G in erster Linie die Reichsregierung mit Zustimmung des Reichsrats. Die von ihr erlassenen Anordnungen dürfen nicht in Widerspruch mit Gesetzen stehen, unterliegen im übrigen aber keiner Beschränkung. Nur insoweit die Reichsregierung Anordnungen nicht erlassen hat, können solche von den Landeszentralbehörden erlassen werden. Solche Anordnungen dürfen jedoch nicht im Widerspruch mit Gesetzen und mit den Anordnungen der Reichsregierung stehen[1]). Sie dürfen diese Anordnungen im allgemeinen aber auch nicht ergänzen, denn „der Gesetzgeber ist davon ausgegangen, daß er in der Hauptsache selbst ermessen kann und festsetzen will, wie der K-Verkehr mit Rücksicht auf seine besondere Gefährlichkeit durch Gebote und Verbote zu ordnen ist. Er grenzt hierbei genau die polizeilichen Sonderbefugnisse ab, für die ein Spielraum gelassen wird." Der K-Verkehr darf „durch Sondervorschriften nicht mehr erschwert werden, als es nach Meinung des Gesetzgebers erforderlich ist." . . . „der Verkehr mit Kraftfahrzeugen ist (im G und in der VO) erschöpfend geregelt, soweit darin nicht ergänzende Polizeivorschriften allgemeiner Art ausdrücklich zugelassen oder in § 2 VO die sinngemäße Anwendung der Bestimmungen vorgesehen ist, die für den Verkehr von Fuhrwerken jeder Art maßgebend sind"[2]).

Strittig ist das Anordnungsrecht sonstiger, insbesondere untergeordneter Polizeibehörden, wie es in § 30 KVO vorgesehen ist. Das KG[3]) nimmt an, den Polizeibehörden sei zwar keine Ermächtigung zur Erlassung von Rechtsverordnungen eingeräumt, es sei aber ihre frühere landesrechtlich verliehene Zuständigkeit zur Regelung des KVerkehrs, wenn auch in dem durch die KVO eingeschränkten Rahmen, aufrechterhalten worden (Vorbehalt der Landesgesetzgebung). Das BayObLG verneint mangels einer gesetzlichen Bestimmung einen solchen Vorbehalt, bejaht aber im Gegensatz zu Müller (184) die Frage, ob die Reichsregierung bzw. die Landeszentralbehörde zu einer Unterermächtigung (Subdelegation) befugt sei und begründet seine Auffassung mit der Entstehungsgeschichte und dem Zwecke des Gesetzes sowie mit der Tatsache der unverkennbaren Notwendigkeit einer solchen Übertragung[4]).

d) Anordnungen über die Prüfung von K enthält die „Anweisung über die Prüfung von Kraftfahrzeugen" (Anlage 1 zur Bek. v. 15. 7. 1930 RMinBl 432).

---

[1]) Eger 50; Isaac 53, 400; Oberländer 52, 369; BayObLG 14. 5. 1925 RdK 1926, 43.

[2]) So wörtlich BayObLG 5. 2. 1926 JW 1926, 1996; ebenso BayObLG 19. 2. 1926 JW 1927, 2813, RdK 1928, 125.

[3]) KG 5. 11. 1928 RdK 1928, 386; ebenso Hamburg DAR 1928, 325,

[4]) BayObLG 19. 4. 1929 JW 1929, 2824, BayVerwBl 1929, 250, DJZ 1929, 1137, RdK 1930, 35. Die Entscheidung erscheint bedenklich. Nach dem geltenden Recht ist vielmehr anzunehmen, daß andere als Landeszentralbehörden den KVerkehr rechtsgültig nur durch Anordnungen über den allgemeinen Fahrverkehr beschränken können.

Vgl. zu dieser Frage Emig JW 1929, 2824, Fleiner 71, Jellinek 415, Schiedermair 10.

3. § 6 Abs. 1 Nr. 3. Vorschriften über die Gebühren enthält die Gebührenordnung für behördliche Maßnahmen im Kraftfahrzeugverkehr vom 28. 6. 1929 (RMinBl 437) sowie die Anlage 6 zur Bek. vom 15. 7. 1930 (RMinBl 467).

4. § 6 Abs. 1 Nr. 4. Vorschriften über den Beirat enthält die VO über den Beirat für das Kraftfahrwesen v. 11. 7. 1924 (RGBl I, 667).

5. § 6 Abs. 2. Vgl. Anm. 1 zu § 5 G.

6. § 6 Abs. 3. Siehe oben Anm. 2c.

II. Haftpflicht.

Vorbemerkung.

Die Sicherheit des Verkehrs ließ, wie auf anderen Verkehrsgebieten, so auch auf dem Gebiet des Kraftfahrzeugverkehrs gegenüber den allgemeinen Bestimmungen des BGB eine schärfere Regelung der Haftpflicht als geboten erscheinen. Die grundsätzliche Haftungsform des BGB, die Verschuldenshaftung, hat sich für den Ausgleich der durch den Betrieb von Kraftfahrzeugen verursachten Schäden nicht für ausreichend erwiesen. Infolge der Schnelligkeit der Vorgänge, der Erregung des Geschädigten im Augenblick des Unfalls und des vielfachen Mangels an Zeugen außer den Beteiligten ist der Nachweis eines Verschuldens meist sehr schwierig. Außerdem trifft selbst im Falle des Gelingens des Nachweises eines Verschuldens dieses meist nur den mittellosen Lenker des Fahrzeugs, so daß der in der Regel bemitteltere Halter auch in diesem Fall von der Haftung frei bleiben würde. (Vgl. Begründung zum § 1 des Entwurfes von 1909.) An Stelle der grundsätzlichen „Verschuldenshaftung" setzt daher das Kraftfahrzeuggesetz für den Kraftfahrzeughalter die grundsätzliche „Gefährdungshaftung".

Der Kraftfahrzeughalter haftet nach dem Kraftfahrzeuggesetz (§ 7 G) für alle Schäden, mit Ausnahme der Fälle eines begrifflich näher festgelegten unabwendbaren Ereignisses sowie der Fälle des § 8 des KFG. Diese Haftung findet eine Einschränkung bei Verschulden des Verletzten (§§ 9, 17 G) und ist der Höhe und dem Umfang nach beschränkt (§§ 10ff. G).

Die Haftung des Kraftfahrzeugführers ist im Kraftfahrzeuggesetz insoferne verschärft, als ihm die Beweislast dafür auferlegt wird, daß der Schaden nicht durch sein Verschulden entstanden ist (§ 18 G). Die Bestimmungen über Einschränkung der Haftung bei Verschulden des Verletzten (§§ 9, 17 G) und Beschränkung der Höhe und dem Umfange nach (§§ 10ff. G) finden auch für den Führer entsprechende Anwendung (§ 18 Abs. 1 und 3 G).

Für die Geltendmachung der auf die Sondervorschriften des Kraftfahrzeuggesetzes gestützten Ansprüche ist zu beachten die kurze Verjährungsfrist des § 14 G und die Ausschlußfrist des § 15 G.

Unberührt von den Sonderbestimmungen des Kraftfahrzeuggesetzes bleiben die reichsrechtlichen Vorschriften, nach welchen der Fahrzeughalter oder Führer eines Kraftfahrzeuges für den durch das Fahrzeug verursachten Schaden in weiterem Umfange als nach den Vorschriften des Kraftfahrzeuggesetzes haften oder ein anderer für den Schaden verantwortlich ist (§§ 16, 18 Abs. 2 G).

Voraussetzung der Haftpflicht. § 7.

Wird bei dem Betrieb eines Kraftfahrzeugs ein Mensch getötet, der Körper oder die Gesundheit eines Menschen verletzt oder eine Sache beschädigt, so ist der Halter des Fahrzeugs verpflichtet, dem Verletzten den daraus entstehenden Schaden zu ersetzen.

Die Ersatzpflicht ist ausgeschlossen, wenn der Unfall durch ein unabwendbares Ereignis verursacht wird, das weder auf einem Fehler in der Beschaffenheit des Fahrzeugs noch auf einem Versagen seiner Verrichtungen beruht. Als unabwendbar gilt ein Ereignis insbesondere dann, wenn es auf das Verhalten des Verletzten oder eines nicht bei dem Betriebe beschäftigten Dritten oder eines Tieres zurückzuführen ist und sowohl der Halter als der Führer des Fahrzeugs jede nach den Umständen des Falles gebotene Sorgfalt beobachtet hat.

Benutzt jemand das Fahrzeug ohne Wissen und Willen des Fahrzeughalters, so ist er an Stelle des Halters zum Ersatze des Schadens verpflichtet. Daneben bleibt der Halter zum Ersatze des Schadens verpflichtet, wenn die Benutzung des Fahrzeugs durch sein Verschulden ermöglicht worden ist.

Absatz 1.

Voraussetzungen der Haftpflicht.

Betrieb eines Kraftfahrzeuges.

Übersicht.

1. Begriff des Betriebs.
2. Begriff des Kraftfahrzeuges.
3. Beim Betrieb eines Kraftfahrzeuges.
4. Unfall.
5. Schaden.
6. Ersatzpflichtige Personen.
7. Ersatzberechtigte Personen.
8. Umfang der Ersatzpflicht.
9. Beweislast.

1. Begriff des Betriebs siehe Einl. Vorbem. III. Im Betrieb eines Kraftfahrzeugs ist auch dann ein Unfall verursacht, wenn er durch den

Anhänger verursacht ist, da dieser mit dem ersten Wagen, in dem die treibende Kraft des Motors liegt, eine Betriebseinheit bildet[1]).

2. **Begriff des Kraftfahrzeuges.** Der Begriff des Kraftfahrzeuges ist dem § 1 Abs. 2 G zu entnehmen. Siehe Einl. Vorbem. Abschn. I.

3. **Beim Betrieb eines Kraftfahrzeuges** ist die Tötung, Verletzung oder Beschädigung geschehen, wenn der Unfall nicht nur in einem äußeren zeitlichen und örtlichen, sondern auch in einem inneren ursächlichen Zusammenhange mit einem bestimmten Betriebsvorgange steht[2]). Ob der Betriebsvorgang im einzelnen Fall für den Unfall ursächlich ist, hängt davon ab, ob der Vorgang bei abstrakter Betrachtung nach allgemeiner Erfahrung geeignet scheint zur Ermöglichung oder Herbeiführung des eingetretenen Erfolges (adäquate Verursachung). Auch die zwischen den Vorgang und den Enderfolg liegenden sonstigen Bedingungen (Zwischenbedingungen) müssen adäquat sein. „Die gesamte sich zwischen den Vorgang und den Erfolg spannende Kette von Bedingungen zum Erfolg muß also adäquat und der Enderfolg muß dieser Bedingungskette adäquat sein"[2a]). Nicht erforderlich für den ursächlichen (adäquaten) Zusammenhang ist, daß die Folgen des Unfalls vorauszusehen waren. Ebensowenig ist eine körperliche Berührung mit dem Kraftwagen notwendig. Auch bei bloßer Schreckwirkung ist ein ausreichender ursächlicher Zusammenhang mit dem infolge des Schrecks erlittenen Schaden gegeben[3]). Der ursächliche Zusammenhang der nur mittelbaren Folgen ist dann anzunehmen, wenn sie dem erfahrungsgemäßen natürlichen Verlauf der Dinge entsprechen, die Bindungskette also adäquat ist[4]).

Unterbrochen ist der Kausalzusammenhang, wenn die vorausgehende Handlung des Täters für den Erfolg von keiner ursächlichen Bedeutung mehr war. Keine Unterbrechung liegt aber vor, wenn neben dem Täter noch andere Personen unabhängig von ihm zum Eintritt des Erfolges mitgewirkt haben[4])[5]). Die bloße Möglichkeit, daß der Unfall auch dann eingetreten wäre, wenn der Kraftfahrer die Gebote vorsichtig beachtet hätte, unterbricht nicht den Kausalzusammenhang[6]). Der Umstand, daß der gleiche, durch das Tun des Schädigers herbeigeführte Erfolg ohnedies durch ein späteres Geschehnis verursacht worden wäre, beseitigt den ursächlichen Zusammenhang zwischen der Tat und dem eingetretenen Erfolg ebenfalls nicht und vermag den Täter von seiner Verantwortlichkeit für den Erfolg

---

[1]) RG 8. 5. 1930 DAR 1930, 201.

[2]) RG 9. 12. 1929 RGZ 126, 333, DAR 1930, 26, VerkRdsch 9, 34: auch das Absteigen vom Fahrzeug gehört noch zum Betrieb.

[2a]) Müller Anm. B I b 1 zu § 7; BayObLG 16. 7. 1929 DRZ 1929 Nr. 1011.

[3]) Conrad Anm. 2b zu § 7.

[4]) RGRKomm Anm. zu §§ 248, 823.

[5]) BayObLG 17. 2. 1927 JW 1927, 2811 (fahrlässiges Mitwirken des Verletzten).

[6]) RG 17. 5. 1927 BayZ 1928, 9; RGZ 81, 361.

nicht zu entlasten[1]). Eigenes sachwidriges Verhalten des Verletzten unterbricht den Kausalzusammenhang nicht, wenn dieses nur durch die vorausgegangene schädliche Handlungsweise des Täters verursacht worden ist[2]).

4. Unfall. Unfall ist das mit einem bestimmten Betriebsvorgang in ursächlichem (adäquatem) Zusammenhang stehende plötzlich eintretende Ereignis, durch das ein Mensch getötet oder verletzt oder eine Sache beschädigt wird; daß ein Unfall Voraussetzung für die Anwendung der Haftpflichtbestimmungen des KFG ist, ergibt sich aus §§ 14, 15 G[3]).

5. Schaden. Nicht nur zwischen dem Betriebsereignis und dem Unfall, sondern auch zwischen dem Unfall und dem Schaden muß die Bindungskette adäquat sein (vgl. Anm. 3). Unter Schaden versteht man daher die mit dem Unfall in ursächlichem (adäquatem) Zusammenhang stehende Tötung oder Verletzung eines Menschen oder Beschädigung einer Sache.

Ein Schaden ist nicht vorhanden, wenn das schädigende Ereignis dem Verletzten Vermögensvorteile in gleicher Höhe wie Vermögensnachteile gebracht hat. Als hier beachtlicher Vermögensvorteil kann aber nur angesehen werden, was im Rechtssinn im ursächlichen (adäquaten) Zusammenhang mit dem schädigenden Ereignis steht. Hiernach muß sich der Verletzte z. B. anrechnen lassen, was er in seiner Eigenschaft als Beamter an gesetzlichem Ruhegehalt erhält oder was er aus einer gesetzlichen Versicherung (Kranken-, Unfall- und Invalidenversicherung) bekommen hat[4]). Für die Frage, ob ein Schaden vorhanden ist, bleibt aber außer Betracht, was der Verletzte etwa auf Grund eines Versicherungsvertrages vom Versicherer erhält; denn was ihm aus solcher Versicherung zufließt, hat seinen Rechtsgrund nicht in dem Unfall, sondern in dem Abschluß eines Versicherungsvertrags[5]).

Die Begriffe Tötung eines Menschen, Verletzung des Körpers oder der Gesundheit eines Menschen und Beschädigung einer Sache sind aus dem BGB § 823 Abs. I entnommen und entsprechen den dortigen Begriffen.

6. Ersatzpflichtige Personen. Ersatzpflichtig für den durch einen Unfall im Betriebe eines Kraftfahrzeuges verursachten Schaden ist der Halter des Fahrzeugs. Neben dem Halter haftet auch der Führer des Fahrzeugs, sofern er nicht den Beweis führen kann, daß der Schaden nicht durch sein Verschulden entstanden ist (§ 18 G).

Begriff des Halters siehe einl. Vorbem. Abschn. VII. Mehrere Halter haften nach §§ 830, 840 Abs. 1 BGB als Gesamtschuldner.

---

[1]) RGRKomm. Anm. zu § 248.
[2]) RGZ 50, 95.
[3]) Müller Anm. B II zu § 7 Abs. 1.
[4]) RG 84, 431.
[5]) Kein anrechnungsfähiger Vermögensvorteil siehe auch RGZ 91, 398.

7. Ersatzberechtigte Personen. Ersatzberechtigt ist, wessen Körper oder Gesundheit verletzt oder Sache beschädigt, sowie der Getötete in Gestalt seiner Rechtsnachfolger (§§ 9, 10 Abs. 1 G). Ein mittelbar geschädigter Dritter ist nur dann ersatzberechtigt, wenn er durch die Tötung des kraft Gesetzes Unterhaltspflichtigen einen Schaden erlitten hat (§ 10 Abs. 2 G)[1].

Hievon zu unterscheiden sind die Fälle, in denen der Ersatzanspruch nicht in der dritten Person entsteht, sondern kraft Gesetzes übergeht (vgl. § 1542 RVO, § 12 Abs. 2 RUnfFürsG vom 18. 6. 1901 (RGBl 211), Art. 101 Abs. 2 BayBeamtenG vom 16. 8. 1908 (GVBl 581)[2]).

8. Umfang der Ersatzpflicht. Der Umfang der Ersatzpflicht richtet sich nach Maßgabe der Vorschriften dieses Gesetzes (§§ 8ff.). Auch die Einwendungen, die dem hienach geltend gemachten Anspruch entgegengesetzt werden wollen, müssen sich aus diesem Gesetz ergeben. Es sind sonach nur folgende Einwände möglich:

daß ein — nicht auf einem Fahrzeugmangel beruhendes — unabwendbares Ereignis vorliegt (§ 7 Abs. 2),
daß das Fahrzeug unbefugt von einem Dritten benutzt worden ist (§ 7 Abs. 3),
daß der Verletzte oder die beschädigte Sache zur Zeit des Unfalls durch das Fahrzeug befördert wurde oder der Verletzte beim Betrieb des Fahrzeugs tätig war (§ 8 Nr. 1),
daß das Fahrzeug nicht mehr als 20 km Stundengeschwindigkeit hat (§ 8 Nr. 2),
daß eigenes Verschulden des Verletzten vorliegt (§ 9),
daß der Anspruch verjährt ist (§ 14),
daß die erforderliche Anzeige unterblieben ist (§ 15).

9. Beweislast. Der Verletzte hat zu beweisen:

den Betrieb eines Kraftfahrzeuges,
den Unfall,
den Schaden[3]),
den ursächlichen Zusammenhang des Unfalls mit dem Betrieb eines Kraftfahrzeuges[4]),
den ursächlichen Zusammenhang des Schadens mit dem Unfall,
die Haltereigenschaft des in Anspruch Genommenen,
im Falle des § 7 Abs. 3 die schuldhafte Ermöglichung der unbefugten Benutzung[5]).

Der mit der Haftpflicht in Anspruch genommene Halter (Führer § 18 G) hat die gegen die geltend gemachten Ersatzansprüche erhobenen Einwendungen zu beweisen[6]). Vgl. Anm. 8).

[1]) Vgl. Meyer RdK 1930, 122.
[2]) Vgl. RGZ 123, 40; 124, 111.
[3]) BayObLG 11. 11. 1925 JW 1927, 1388.
[4]) RG 52, 125, RG 6. 6. 1926 JW 1926, 1171.
[5]) RG 8. 12. 1927 Recht 1928, 284.
[6]) RG 6. 12. 1926 Recht 1927, 977, RG Recht 1926, 1456.

Absatz 2.

Ausschluß der Haftpflicht durch unabwendbares Ereignis.

Übersicht.

10. Begriff des unabwendbaren Ereignisses.
11. Nicht haftungsbefreiende unabwendbare Ereignisse.
12. Gesetzliche Beispiele von haftungsbefreienden unabwendbaren Ereignissen.
    a) Das Verhalten des Verletzten.
    b) Das Verhalten eines nicht beim Betrieb beschäftigten Dritten.
    c) Das Verhalten eines Tieres.
13. Beachtung jeder nach den Umständen gebotenen Sorgfalt.
    a) Die Sorgfaltspflicht des Halters.
    b) Die Sorgfaltspflicht des Führers.
    c) Grenzen der Haftung des Führers.
    d) Ursächlicher Zusammenhang zwischen Verletzung d. Sorgfaltspflicht und Schaden.
14. Beweislast.

10. Begriff des unabwendbaren Ereignisses. Ein unabwendbares Ereignis ist ein solches, das auch bei Anwendung der äußersten nach den Umständen des Falls möglichen Sorgfalt nicht zu vermeiden war[1]). Der Begriff Ereignis ist hiebei nicht beschränkt auf Vorkommnisse, die von außen auf den Betrieb einwirken. Der Kraftfahrer kann sich daher im Gegensatz zum Unternehmer einer Eisenbahn zum Zwecke der Befreiung von der Haftung auch auf solche Ereignisse berufen, die in der gefährdenden Natur des Betriebs selbst liegen und mit einer gewissen Regelmäßigkeit wiederzukehren pflegen[2]).

Aber nicht jedes unabwendbare Ereignis führt zur Haftungsbefreiung. Das Gesetz unterscheidet vielmehr zwischen unabwendbaren Ereignissen, die zur Haftungsbefreiung führen, und solchen, bei denen dies nicht der Fall ist.

11. Nicht haftungsbefreiende unabwendbare Ereignisse sind solche, die beruhen

auf einem Fehler in der Beschaffenheit des Fahrzeugs[3]) oder
auf einem Versagen der Einrichtungen des Fahrzeugs.

Diese Aufzählung der nicht haftungsbefreienden unabwendbaren Ereignisse ist erschöpfend. Alle anderen unabwendbaren Ereignisse sind haftungsbefreiend.

Der Satz 2 des Abs. 2 enthält

12. gesetzliche Beispiele von haftungsbefreienden unabwendbaren Ereignissen:
Verursachung (adäquate) des Unfalls durch das Verhalten des Verletzten,

---

[1]) RG 86, 151, Müller Anm. A I zu § 7 Abs. 2 G, JW 1913, 218.
[2]) RG 86, 151, Müller Anm. A I zu § 7 Abs. 2 G, JW 1913, 218.
[3]) Hamburg v. 1. 4. 1927 JW 1927, 1391 RdK 1927, 151: Gleiten des Kraftwagens bei schlüpfrigem Wetter.

Verursachung (adäquate) des Unfalls durch das Verhalten eines nicht beim Betrieb beschäftigten Dritten,

Verursachung (adäquate) des Unfalls durch das Verhalten eines Tieres und Beobachtung jeder nach den Umständen des Falles gebotenen Sorgfalt sowohl des Halters als des Führers des Fahrzeugs.

a) **Das Verhalten des Verletzten** braucht nicht ein Verschulden desselben sein, sondern ist rein gegenständlich gemeint und umfaßt eine verschuldete wie eine unverschuldete Handlungsweise[1]).

Verletzter ist nur, wessen Körper oder Gesundheit verletzt oder Sache beschädigt ist sowie der Getötete, nicht aber der nur mittelbar Geschädigte.

b) **Das Verhalten eines nicht beim Betrieb beschäftigten Dritten.** Zweck dieser Bestimmung ist, den Halter für Betriebshandlungen von Personen einstehen zu lassen, auf deren Verhalten er einen Einfluß ausüben kann.

„Beim Betrieb beschäftigt" ist nicht dem Ausdruck in § 8 Abs. 1 „bei dem Betrieb tätig" gleichzusetzen[2]). Während bei dem Betrieb „tätig" auch derjenige ist, der außervertraglich ohne den Willen des Kraftfahrzeughalters oder Führers tätig ist, ist nach dem vorerwähnten Zweck der Bestimmung des § 7 Abs. 2 als beim Betrieb „beschäftigt" nur derjenige zu erachten, der auf Grund ausdrücklichen Auftrags oder Ersuchens, stillschweigender Duldung oder nachträglicher Genehmigung des Halters oder seiner Angestellten beim Betrieb tätig ist und Hilfe leistet.

Die verschiedene Bedeutung der beiden Ausdrücke findet ihre Begründung in dem verschiedenen Zweck der Bestimmungen des § 7 Abs. 2 und § 8 Abs. 1. Vgl. Anm. 2 zu § 8 G.

Begriff des Betriebs siehe Einl. Vorbem. III.

Dritter ist, wer weder Verletzter noch Schadensersatzpflichtiger ist.

Da die nicht haftungsbefreienden unabwendbaren Ereignisse erschöpfend aufgezählt sind, kann unter Umständen auch das Verhalten eines beim Betrieb beschäftigten Dritten bei Vorliegen der erforderlichen Voraussetzungen ein haftungsbefreiendes unabwendbares Ereignis sein.

c) **Das Verhalten eines Tieres.** Die Ursache des Verhaltens ist gleichgültig[3]).

13. Beachtung jeder nach den Umständen des Falles gebotenen Sorgfalt. Die Sorgfaltspflicht verlangt von dem Führer und Halter, daß sie ihr Verhalten entsprechend den besonders vorgeschriebenen oder auf allgemeiner Erfahrung beruhenden und durch die Lage des Einzelfalles gebotenen Regeln einrichten. Eine Verletzung dieser Sorgfaltspflicht reicht für sich allein in der Regel noch nicht aus, um eine zivil- oder strafrechtliche Haftung zu begründen, denn regelmäßig knüpft das geltende Recht an solche pflichtwidrige Handlungen nur dann derartige Rechtsfolgen, wenn durch diese Handlungen ein vom Recht mißbilligter Erfolg verursacht worden ist und der Eintritt dieses Erfolgs dem Täter zum Vorwurf gereicht. Eine

---

[1]) RG 92, 38, RG 6. 11. 1919 Recht 1920, 750, Müller Anm. A IIa 1 zu § 7 Abs. 2, Lechner Anm. 12 zu § 7.

[2]) a. A. Müller Anm. A IIa2 zu § 7 Abs. 2 G.

[3]) Stuttgart Rechtspr. d. OLG 43, 65.

Ausnahme gilt nur im Falle des § 823 Abs. 2 BGB sowie bei den sogenannten Formaldelikten des Strafrechts. Hier genügt es, wenn der äußere Tatbestand des Gesetzes schuldhaft erfüllt ist.

Damit der Eintritt des Erfolgs dem Täter zum Vorwurf gereicht, ist es erforderlich, daß a) nach der allgemeinen Erfahrung und nach dem natürlichen Verlauf der Dinge mit dem Eintritt des Erfolgs — wenn nicht der gleichen, so doch ähnlicher Art — allgemein gerechnet werden konnte und daß b) auch im konkreten Falle sein Eintritt vom Täter vorausgesehen werden konnte[1]).

Bei der letzteren Frage (b) scheiden sich Zivil- und Strafrecht. Während eine Verletzung der zivilrechtlichen Sorgfaltspflicht bereits dann vorliegt, wenn Führer oder Halter es an derjenigen Voraussicht fehlen ließen, die in gleicher Lage von einem sorgfältigen Führer oder Halter gefordert werden konnte (objektiver Maßstab), ist eine Verletzung der strafrechtlichen Sorgfaltspflicht nur gegeben, wenn Führer oder Halter es an derjenigen Voraussicht fehlen ließen, die von ihnen auf Grund ihrer persönlichen Fähigkeiten und Kenntnisse verlangt werden konnte oder trotz dieser Voraussicht pflichtwidrig darauf vertraut haben, daß der Erfolg nicht eintreten werde.

Das Maß der nach **§ 7 Abs. 2 KFG** von Führer und Halter anzuwendenden Sorgfalt geht über das Maß der allgemeinen im Verkehr erforderlichen Sorgfalt hinaus. Jede nach den Umständen des Falles gebotene Sorgfalt ist nur dann beachtet, wenn Führer und Halter ein derartiges Maß an Sorgfalt angewendet haben, daß der verursachte Erfolg als ein unvermeidlicher Zufall erscheint. Die Verletzung dieser erhöhten Sorgfaltspflicht stellt demnach kein Verschulden im gewöhnlichen Sinne dar. Es handelt sich hier vielmehr um eine auf Billigkeitserwägungen beruhende Einschränkung des Grundsatzes der Gefährdungshaftung und zwar im Gegensatz zum RHaftpflG um eine Einschränkung unter Berücksichtigung nicht nur objektiver, sondern auch subjektiver Momente.[2])

---

[1]) Die strafrechtliche Haftung für den Erfolg ist — von den qualifizierten Delikten abgesehen — nur soweit begründet, als der im Gesetz bestimmte Erfolg vorhersehbar ist. Die zivilrechtliche Haftung dagegen reicht — wie jene bei den qualifizierten Delikten — über die Vorhersehbarkeit hinaus. Hier ist es ausreichend, wenn die Rechtsgüterverletzung vorhersehbar war; der hiedurch eingetretene Schaden braucht es nicht zu sein (vgl. RG 66, 251; 69, 340: Haftung für Tötung im Falle des § 823 BGB, auch wenn nur Körperverletzung voraussehbar war. Über Vorhersehbarkeit siehe auch RG 23. 11. 1929 JW 1930, 1968; 17. 2. 1930 JW 1930, 1969, BayObLGSt 28, 177).

[2]) Vgl. Kraftfahrzeughalter S. 11: „Die Einrede des unabwendbaren Ereignisses hat indessen mit einem Verschulden nichts zu tun, denn ein Verschulden setzt mindestens die Außerachtlassung der im Verkehr allgemein erforderlichen Sorgfalt (§ 276 BGB) voraus. Richtiger erscheint es mir zu sagen: wenn der Betrieb eines Kraftfahrzeugs mit der im Verkehr allgemein erforderlichen Sorgfalt erfolgt, so bringt er Gefahren für andere mit sich, deren Risiko derjenige zu tragen hat, der den Nutzen aus dem

In den meisten Fällen wird bei Vernachlässigung jeder nach den Umständen des Falles gebotenen Sorgfalt allerdings zugleich auch eine Verletzung der allgemeinen Sorgfaltspflicht und damit ein Verschulden im Sinne der allgemeinen Bestimmungen des BGB und des Strafrechts vorliegen. Insbesondere gilt dies bei einem Verstoß gegen die bestehenden Verkehrsvorschriften sowie meist auch bei unrichtigem und unsachgemäßem Handeln. In letzterem Falle kommt es darauf an, in welchem Grade der Führer und Halter die ihm obliegende Sorgfaltspflicht verletzt hat.

a) **Die Sorgfaltspflicht des Halters** umfaßt den ordnungsgemäßen Zustand des K sowie die sorgfältige Auswahl und Beaufsichtigung der Betriebsbeschäftigten.

aa) **Zustand des Fahrzeugs.** Siehe § 16 KVO und Anm. hiezu.

bb) **Auswahl der Betriebsbeschäftigten.**

Die Auswahl der bei dem Betrieb des Fahrzeugs beschäftigten Personen hat der Halter mit der größten Vorsicht vorzunehmen.

Bei der Auswahl des Führers darf er sich nicht mit der Vorlage des Führerscheins (auch Droschkenscheins) begnügen[1]). Der Halter muß vielmehr prüfen, ob der einzustellende Führer das mit Rücksicht auf die Schnelligkeit des Betriebs und der Fortbewegung zu fordernde besonders große Maß von Umsicht, Besonnenheit und Achtung vor der öffentlichen Ordnung besitzt, und beim letzten Arbeitgeber Erkundigungen darüber einziehen[2]).

Sind solche Erkundigungen, wie z. B. bei einem erst aus der Fahrschule kommenden Führer, nicht möglich, so muß sich der Halter durch eingehende, gehörige, ständige Überwachung selbst von der Eignung des Führers überzeugen. Die Vornahme einer Probefahrt genügt hiebei nicht[3]).

Vgl. auch unten Anm. d.

cc) **Beaufsichtigung der Betriebsbeschäftigten.**

Die dem Halter gegenüber den beim Betrieb tätigen Personen obliegende Aufsichtspflicht ist eine allgemeine, fortlaufende Überwachungstätigkeit, deren Maß und Umfang sich nach den Umständen zu richten hat und die bald eine regelmäßige Kontrolle, bald nur ein gelegentliches Nach-dem-Rechten-sehen erheischt, aber niemals ganz entbehrt werden kann[4]). Wenn

---

Betriebe zieht. Wird dagegen bei dem Betriebe eines K eine besondere erhöhte Sorgfalt angewendet, so verliert der Betrieb hiedurch seine Gefährlichkeit, so daß für eine Gefährdungshaftung kein Raum mehr bleibt. Mit der Einrede wird sonach nicht behauptet, daß es sich um einen fehlerlosen gefährlichen Betrieb handle, sondern daß ein gefahrloser Betrieb vorliege."

[1]) RG 23. 4. 1928 RdK 1928, 11.

[2]) RG 28. 3. 1904 JW 1904, 288; 13. 12. 1909 JW 1910, 105; 1. 10. 1910 JW 1911, 40; RGZ 84, 415; 15. 11. 1928 RdK 1929, 59; hinsichtlich der Bedeutung von Zeugnissen siehe RG 15. 11. 1928 RdK 1929, 59; München 17. 1. 1927 RdK 1927, 199.

[3]) KG 22. 12. 27 RdK 1928, 183, DAR 1928 Nr. 8 S. 6, Nürnberg 14. 2. 27 RdK 1927, 151, RG 6. 12. 26 RdK 1927, 70.

[4]) RGK Anm. 6e zu § 823.

sonach einerseits, um den Unfall als unvermeidlich erscheinen zu lassen oder auch nur das Vorhandensein eines Verschuldens (BGB § 276, 823 ff.) auszuschließen, an die Sorgfaltspflicht des Halters bezüglich der Erfüllung seiner Aufsichtsverpflichtungen sehr strenge Anforderungen zu stellen sind[1]), so kann von ihm anderseits nicht verlangt werden, daß er einen als tüchtig und zuverlässig erprobten Führer dauernd überwacht[2]).

Eine besonders strenge Aufsichtspflicht besteht dagegen gegenüber noch nicht erprobten[3]) und solchen Führern, die bereits mehrmals wegen Verstoßes gegen die Verkehrsvorschriften bestraft worden sind[4]).

Gelegentliche Erkundigungen bei dem Lehrmeister und gelegentliche Äußerungen von insbesondere jugendlichen Fahrtbegleitern genügen bei nicht erprobten Führern nicht[5]).

Eine Verpflichtung des mitfahrenden Halters, den Führer auf der Fahrt zu überwachen, besteht nicht. Nimmt aber der Halter von seinem Platz aus im Wagen wahr, daß der Führer nicht ordnungsgemäß fährt, so handelt er fahrlässig, wenn er nicht eingreift[6]).

b) **Die Sorgfaltspflicht des Führers.** Begriff des Führers siehe einleit. Vorbem. Abschn. VI.

aa) Allgemeines.

Die Sorgfaltspflicht des Führers verlangt von diesem sowohl, daß er sich eine zuverlässige Kenntnis der Voraussetzungen verschafft, von denen sein Verhalten abhängig ist, wie auch, daß er sein Verhalten dieser Erkenntnis gemäß einrichtet.

Es lassen sich folgende allgemeine Grundsätze aufstellen:

1. Jede nach den Umständen des Falles gebotene Sorgfalt ist nur beachtet, wenn der Führer eine überlegene, gesammelte und besonders gespannte Aufmerksamkeit an den Tag gelegt hat, die ihn auch in der Not des Augenblicks die zur Abwendung der Gefahr erforderlichen Mittel finden ließ und wenn er auch in schwierigen Lagen durch sachgemäßes, geistesgegenwärtiges und überlegtes Handeln die auftretenden Verkehrsgefahren zu beseitigen wußte[7]).

2. Unrichtiges und unsachgemäßes Handeln wird demgemäß in der Regel als ein Mangel jeder nach den Umständen des Falles gebotene Sorgfalt gewertet werden müssen[8])[9]).

---

[1]) RG 9. 2. 28 JW 1928, 1721, RGZ 120, 161, 8. 3. 28 JW 1928, 1726, RdK 1928, 322, KG 15. 2. 1930 RdK 1930, 181.

[2]) RGZ VI, 236, 20.

[3]) KG 22. 12. 27 RdK 1928, 183, DAR 1928 Nr. 8 S. 6.

[4]) RGZ VI, 231, 16.

[5]) RG 8. 3. 28 JW 1928, 1726.

[6]) JW 1911, 41, RG 21. 6. 23 VI, 211, 22, RG 12. 3. 28, RdK 1928, 115.

[7]) Vgl. RGZ 86, 149; 92, 38; Zweifel gehen zu Lasten des Halters RG 28. 3. 1929 DRZ 1929 Nr. 562, VerkRdsch 1929, 169.

[8]) Vgl. RGZ 92, 38.

[9]) Über den Einfluß des Irrtums siehe RG 23. 12. 1929 JW 1930, 1968.

3. Bei einem Verstoß gegen die bestehenden Verkehrsvorschriften wird im allgemeinen nicht jede nach den Umständen des Falles gebotene Sorgfalt als beachtet angesehen werden können. Es gibt jedoch Ausnahmefälle, in denen trotz Verletzung von Verkehrsvorschriften dennoch diese Sorgfalt beachtet ist. Dies ist dann der Fall, wenn die Umstände des Falles es geboten erscheinen lassen, von einer Verkehrsvorschrift abzuweichen und wenn gerade durch diese Abweichung den Erfordernissen des einzelnen Falles Rechnung getragen wird. Es gilt dies insbesondere bei Vermeidung von Gefahren für das Fahrzeug, die Fahrgäste oder sonstige Personen oder Sachen. Der Kraftwagenführer muß in solchen Fällen die Gefahren und die Höhe des Schadens abwägen, die voraussichtlich entstehen einerseits bei Abweichung von den bestehenden Verkehrsvorschriften und anderseits bei deren Einhaltung, und sein Verhalten so einrichten, daß der voraussichtlich objektiv schwerere Schaden vermieden wird. Da aber jede Zuwiderhandlung gegen die Verkehrsvorschriften eine objektive Gefährdung des Verkehrs darstellt, müssen die schon im allgemeinen an die Geistesgegenwart und Aufmerksamkeit eines Kraftwagenführers zu stellenden hohen Anforderungen in solchen Fällen noch im verstärkten Maße gefordert werden[1]). Die Anforderungen, welche die Rechtsprechung in bezug auf die Beachtung der polizeilich vorgeschriebenen Verkehrsregeln stellt, werden in den Erläuterungen zu den die einzelnen Verkehrsregeln behandelnden Vorschriften der KVO erörtert.

Die Anforderungen, welche die Rechtsprechung an den Führer in bezug auf die Berücksichtigung der erfahrungsgemäßen Gefährdungsmöglichkeiten als Voraussetzung seines Handelns stellt, sind dagegen zweckmäßig hier zu erörtern:

α) Der Führer muß seine eigene physische und psychische Leistungsfähigkeit kennen.

β) Der Führer muß mit der Eigenart seines Fahrzeugs vertraut sein.

γ) Der Führer muß Vorkommnisse, die von außen auf seine Tätigkeit einwirken können, berücksichtigen.

bb) Einzelfälle.

Zu α). Hochgradiger Mangel an Geistesgegenwart ist eine Eigenschaft, die der Führer berücksichtigen muß[2]), insbesondere dann, wenn sie auf Alkoholgenuß[3]) oder Übermüdung[4]) zurückzuführen ist. Auf Ungeübtheit im Fahren kann sich, abgesehen von einer ganz besonderen Lage, an die der Ungeübte nicht von selbst denken kann, auch der Anfänger nicht berufen[5]).

---

[1]) RGSt 60, 86.
[2]) RG 18. 6. 1929 JW 1929, 2822, DAR 1929, 351, RdK 1929, 511.
[3]) RG 15. 3. 1928 RdK 1928, 116.
[4]) RG 17. 12. 1925 RGSt 60, 29, JW 1926, 1171.
[5]) RG 8. 3. 1927 DAR 1928 Nr. 5 S. 8.

Zu β). Der Führer muß damit rechnen, daß an seinem Fahrzeug die üblichen technischen Mängel, wie Reifenpannen[1]) oder Versagen einer Bremse[2]) auftreten.

Zu γ). Der Führer muß damit rechnen, daß die anderen Wegebenutzer, insbesondere die Fußgänger, ein unverständiges, unbesonnenes, unentschlossenes oder schwerfälliges Benehmen an den Tag legen[3]). Es liegt im Bereich der täglichen Erfahrung, daß auf der Straße verkehrende Personen, wenn sie von einer Gefahr plötzlich bedroht werden, eine unvernünftige Handlung vornehmen, und mit einer solchen, aus seiner Erfahrung bekannten Unbesonnenheit muß der Führer rechnen.

Damit, daß gegebene Warnungszeichen ein sachgemäßes Verhalten des anderen zur Folge haben, kann der Führer nur rechnen, wenn er erkannt hat, daß das Zeichen gehört und aufgenommen worden ist und er aus dem darauf geschehenen Benehmen des anderen entnehmen durfte, daß sich dieser auch weiterhin verständig verhalten werde[4]).

Der Kraftfahrer muß trotz gegebener Warnungszeichen damit rechnen, daß ein Fußgänger seinen begonnenen Weg über den Fahrdamm fortsetzt[5]).

Da zur Fahrbahn auch die Bürgersteige gehören, muß der Führer eines Kraftwagens sein Augenmerk auch darauf richten, ob nicht Passanten des Bürgersteiges die Fahrbahn in gefährlicher Nähe seines Fahrzeugs zu betreten sich anschicken und ob nicht spielende Kinder, mit deren unverständigem und unbesonnenem Verhalten er besonders rechnen muß, sich in der Nähe seiner Fahrbahn befinden[6]).

Über das Verhalten an Bahnübergängen siehe Exkurs zu § 17 Abs. 1 KVO.

Auch das Scheuen von Tieren, insbesondere von Pferden und Rindvieh liegt im Bereich der täglichen Erfahrung[7]).

Der Führer muß auch damit rechnen, daß andere Wegebenutzer den Verkehrsvorschriften zuwiderhandeln[8]), insbesondere, daß die Führer

[1]) RG 8. 3. 1927 RdK 1927, 102, BayObLG 21. 1. 1926 RdK 1927, 150, JW 1927, 1386.

[2]) Hamburg 16. 2. 1927 RdK 1927, 102, Kiel 16. 2. 1927 RdK 1927, 103, 122.

[3]) RG 12. 5. 1925 JW 1926, 1191 HöchstRR 1, 321; 4. 1. 1927 RGSt 61, 120; 4. 2. 1927 RdK 1927, 123; 28. 6. 1927 RdK 1927, 222; 17. 5. 1927 RdK 1928, 22; 18. 11. 1927 RdK 1928, 48; 20. 3. 1928 RdK 1928, 115; 12. 3. 1928 RdK 1928, 116; 19. 6. 1928 JW 1928, 2325, BayObLG 16. 11. 1928 BayObLG St 28, 249, BayObLG 8. 1. 1929 BayObLGSt 29, 1; milder Köln 7. 5. 1926 RdK 1926, 83; Kiel 29. 5. 1929 RdK 1929, 385; 12. 6. 1929 RdK 1929, 389, DAR 1929, 351. Vgl. Kramer DAR 1929, 13, 37.

[4]) RG 4. 1. 1927 RGSt 61, 120, 4. 2. 1927 JW 1927, 1522, 2030, RdK 1927, 123.

[5]) RG 20. 3. 1928 RdK 1928, 115.

[6]) RG 4. 1. 1927 RGSt 61, 120; 17. 5. 1927 RdK 1928, 22; 3. 10. 1929 VerkRdsch 1929, 486, KG 22. 12. 1927 RdK 1928, 184.

[7]) RG 7. 5. 1929 RdK 1929, 394.

[8]) RG 11. 5. 1928 RdK 1928, 195; 8. 10. 1929 VerkRdsch 1929, 464; Hamburg 4. 7. 1927 HöchstRR 2, 293, RdK 1929, 109.

ihm entgegenkommender K nicht oder nicht rechtzeitig abblenden[1]). Er muß, wenn er merkt, daß in seiner Nähe andere Personen leichtsinnig handeln und die Verkehrssicherheit gefährden, besonders vorsichtig fahren[2]).

Der Führer muß schließlich damit rechnen, daß die übrigen Wegebenutzer von ihm ein normales Verhalten erwarten. Er hat daher besondere Vorsicht zu beobachten, wenn er Handlungen vornimmt, auf welche die anderen Wegebenutzer nicht ohne weiteres gefaßt sein können, so z. B. beim Anfahren an links liegenden Grundstücken, beim Rückwärtsfahren[3]), beim Öffnen der Wagentüren nach der Innenseite der Straße[4]). Das gleiche gilt bei regelwidrigem Verhalten. Hier ist zum Ausschluß der Rechtswidrigkeit, wie auch der Verschuldung bei bestehender Rechtswidrigkeit die Beobachtung einer erhöhten Sorgfalt nötig[5]).

c) **Grenze der Haftung des Führers.**

Wenn nach den Ausführungen unter b), die sich an die Rechtsprechung anschließen, an die Sorgfaltspflicht des Führers auch sehr strenge Anforderungen gestellt werden müssen, so kann von ihm anderseits kein Verhalten verlangt werden, das in seiner Durchführung den wirtschaftlichen Wert der Kraftfahrzeuge in Frage stellen würde[6]).

Der Führer braucht nicht mit Unbesonnenheiten anderer Verkehrsbeteiligter rechnen, die außerhalb jeder Erfahrung liegen[7]).

Wo im einzelnen Falle die Grenze zu ziehen ist, richtet sich nach den jeweiligen gesamten Umständen.

Sie liegt eben dort, wo die Voraussetzungen für das Verhalten des Führers völlig außerhalb des Bereichs der gewöhnlichen Erfahrung liegen[8]).

Einzelfälle.

Der Führer verstößt nicht gegen die ihm obliegende Sorgfaltspflicht durch Genuß von Alkohol in so geringen Mengen, daß er noch in der Lage ist, allen an ihn gestellten Forderungen gerecht zu werden[9]).

Der Führer braucht nicht mit dem gleichzeitigen Versagen beider Bremsen rechnen. Die Möglichkeit des Versagens einer Bremse muß er dagegen in Rechnung stellen[10]).

---

[1]) RG 21. 10. 1927 JW 1927, 3053, RdK 1928, 75; BayObLG 18. 2. 1927 RdK 1927, 106; Frankfurt 4. 9. 1928, RdK 1929, 68, Hamburg 5. 1. 1928 RdK 1929, 67, Hamm 14. 11. 1928 RdK 1928, 334.

[2]) RG 7. 7. 1927 DRZ 1927 Nr. 816.

[3]) BayObLG 15. 1. 1929 JW 1929, 2059; Dresden 30. 4. 1929 DAR 1929, 302, JW 1929, 2837; Hamburg 25. 3. 1929 RdK 1929, 292.

[4]) BayObLG 10. 7. 1928 DAR 1929, 73.

[5]) Köhler JW 1927, 2805; vgl. RG 9. 2. 1928 RdK 1928, 70, BayObLG 7. 5. 1929 VerkRdsch 1929, 463; Kiel 8. 8. 1928 RdK 1929, 65.

[6]) KG 14. 10. 1926 RdK 1927, 88.

[7]) Celle 24. 1. 28 RdK 1928, 138, RG 7. 3. 1927 RdK 1927, 150, VerkRdsch 1927, 304.

[8]) BayObLG 21. 1. 1926 RdK 1927, 150.

[9]) Düsseldorf 21. 11. 1926 RdK 1927, 56.

[10]) Kiel 16. 2. 1927 RdK 1927, 102, 122.

Der Führer muß nicht damit rechnen, daß von allen Seiten Personen oder Fahrzeuge grob fahrlässig in seine Fahrbahn kommen[1]).

Der Führer eines wendenden Fahrzeugs darf im allgemeinen damit rechnen, daß die jenseitige Straßenseite bis zur Beendigung der Wendung frei von Hindernissen bleibt. Wird das wendende Fahrzeug vor Beendigung der Wendung auf der rechten Seite von einem anderen Fahrzeug überholt, so ist ein Zusammenstoß für das wendende Fahrzeug ein unabwendbares Ereignis[2]).

Kein Verschulden im Sinne des § 7 Abs. 2 ist gegeben, wenn beim Ankurbeln des Motors in einer Entfernung von 25 m Pferde scheuen und einen Schaden anrichten[3]).

d) **Ursächlicher Zusammenhang zwischen Verletzung der Sorgfaltspflicht und Schaden** ist Voraussetzung für die Verneinung der Haftungsbefreiung wegen Nichtbeachtung jeder nach den Umständen des Falles gebotenen Sorgfalt. Vgl. oben Anm. 3.

Würde der Schaden auch dann eingetreten sein, wenn Halter und Führer jede nach den Umständen des Falles gebotene Sorgfalt beachtet hätten, so ist es gleichgültig, ob diese Sorgfalt tatsächlich beobachtet worden ist oder nicht.

Hat der Halter bei Einstellung eines Führers die erforderlichen Erkundigungen unterlassen, so ist ihm das nicht zur Last zu legen, wenn der Führer zur Zeit des Dienstantrittes noch nicht wegen Verstoßes gegen die Verkehrsvorschriften bestraft war, der Halter also bei Anstellung der Erkundigungen nur Günstiges erfahren haben würde[4]).

Dem Führer, der ein erforderliches Warnungszeichen nicht gegeben hat, kann dies nicht zur Last gelegt werden, wenn sich herausstellt, daß der Verletzte das Warnungszeichen überhaupt nicht vernommen hätte[5]).

14. Beweislast. Der seine Ersatzpflicht bestreitende Halter hat zu beweisen die Verursachung des Unfalls durch ein haftungsbefreiendes unabwendbares Ereignis. Er hat somit nachzuweisen

daß das Ereignis auf das Verhalten des Verletzten
oder eines nicht im Betrieb beschäftigten Dritten
oder eines Tieres zurückzuführen ist
oder in sonstiger Weise das Ereignis unabwendbar war,
und sowohl er wie der Führer des Fahrzeugs jede nach den Umständen des Falles gebotene Sorgfalt beobachtet hat
daß kein nichthaftungsbefreiendes unabwendbares Ereignis vorliegt,
daß der Unfall durch das unabwendbare Ereignis verursacht worden ist. Vgl. Anm. 3 zu Abs. I.

---

[1]) Hamburg 12. 1. 1928 DAR 1928 Nr. 4 S. 8,

[2]) RG 19. 3. 1928 JW 1928, 1724.

[3]) RGZ 69, 614, JW 1904, 356; Braunschweig 2. 4. 1922 Rechtsp. d. OLG 43, 94.

[4]) Celle 4. 11. 1926 RdK 1927, 186.

[5]) RG Recht 1913, 2185 (Taubheit des Verletzten), Hamburg 24. 11. 1927 DAR 1928 Nr. 2 S. 6.

Hat der Halter gegenüber dem Verletzten diesen Nachweis erbracht, so wird er von der Haftung frei; hat er ihn nicht erbracht, so kann er sich deshalb immer noch gemäß § 9 auf ein mitwirkendes eigenes Verschulden des Verletzten berufen, das ihn je nach den Umständen zum Teil oder ganz von der Haftung befreien kann[1]).

Absatz 3.

Unbefugte Benutzung.

Übersicht.

15. Begriff der unbefugten Benutzung. Durch die Novelle v. 21. 7. 1923 wurde die Gefährdungshaftung des Fahrzeughalters dadurch gemildert, daß das Merkmal des „Inbetriebsetzens" durch das Merkmal des „Benutzens" ersetzt wurde. Zwecks Ausschluß der Haftung des Halters kommt es daher jetzt nicht mehr auf die Unerlaubtheit der Inbetriebsetzung, sondern der Benutzung des K an.

Für die Frage der Unerlaubtheit der Benutzung ist sonach jetzt lediglich der Zeitpunkt des Unfalls maßgebend, nicht mehr der früher liegende Zeitpunkt der Inbetriebsetzung.

a) Voraussetzung der Anwendbarkeit des Abs. 3 ist, daß der befugte Halter seine Haltereigenschaft durch die unbefugte Benutzung nicht bereits verloren hat und der unbefugte Benutzer selbst zum Halter geworden ist. Im anderen Falle könnte der befugte Halter schon deshalb nicht in Anspruch genommen werden, weil er zur Zeit des Unfalls nicht mehr Halter war. Wann dies der Fall ist, ist Tatfrage und hängt in erster Linie von der Dauer der unbefugten Benutzung ab. Vgl. einl. Vorbem. Abschn. VII (Begriff des Halters).

b) „Ohne Wissen und Willen" ist gleichbedeutend mit „gegen Wissen und Willen" und nicht als Gegensatz, sondern als einheitlicher Begriff aufzufassen.

Benutzung ohne Wissen und Willen des Halters ist — nicht notwendig schuldhafte — Durchbrechung des Herrschaftswillens des Halters und Gebrauchsanmaßung[2]). Sie liegt vor, wenn entweder schon die Inbetriebsetzung des Fahrzeugs ohne Wissen und Willen des Halters geschah oder wenn zwar die Inbetriebsetzung mit Wissen und Willen des Halters geschah, aber die vom Führer vorgenommene Fahrt im Zeitpunkt des Unfalls einen völlig veränderten Charakter angenommen hat, wenn durch die Abweichung des Führers von den ihm hinsichtlich der Fahrt erteilten Anweisungen der Gesamtcharakter der Fahrt sich ändert, es sich also nicht mehr um Erledigung

---

[1]) RG 92, 38, RG 6. 11. 1919 Recht 1920, 750.
[2]) RG 2. 5. 1912 JW 1912, 808.

des dem Führer gegebenen Auftrags handelt, die Fahrt vielmehr völlig aus dem Rahmen des gegebenen Auftrags herausfällt. Maßgebend ist hierbei, ob die vom Halter gebilligte Benutzung bei verständiger Würdigung seiner Willensmeinung noch als eine mit der tatsächlich ausgeführten Benutzung übereinstimmende erachtet werden kann[1]).

Eine örtliche Abweichung von den Weisungen des Halters ist dann als unbefugt i. S. dieser Bestimmung zu erachten, wenn der Führer das Fahrzeug an ein anderes Ziel fährt oder wenn zwar Ausgangspunkt und Ziel der Fahrt dem Willen des Halters entsprechen, aber ein Weg gewählt wird, der ganz aus der ausdrücklich erteilten Anweisung herausfällt. Dann ist die Fahrt unerlaubt und bleibt es auch insoweit, als vielleicht ein Stück mit dem Weg zusammenfällt, der nach der Anweisung hätte gewählt werden sollen[2]).

Auch bloße, wesentliche, zeitliche Abweichungen von den erteilten Weisungen reichen zu der Annahme aus, daß die Benutzung nicht mehr mit Wissen und Willen des Halters geschieht. Es kommt hier vor allem in Betracht, daß der Führer durch zeitliche Verschiebung der Fahrt in Dunkelheit oder schlechtes Wetter geraten oder übermüdet sein kann, wobei es jedoch nicht darauf ankommt, ob diese gefahrerhöhenden Umstände im einzelnen Fall vorliegen[3]).

Bei Benutzung des Fahrzeugs seitens des vom Halter angestellten Führers ist zu prüfen, ob die Benutzung nicht innerhalb des Kreises der vom Führer nach dem Dienstvertrag auszuführenden Verrichtungen fällt. Der Kreis der Verrichtungen, zu denen der Führer bestellt ist, darf aber nicht zu weit gezogen werden, denn sonst würde auf diese Weise der durch § 7 Abs. 3 gewollte Ausschluß der Haftung des Halters gegenüber seinem eigenen Führer in der Mehrzahl der Fälle illusorisch gemacht werden. Maßgebend ist, ob nach verständiger Auffassung der Beteiligten die unternommene Fahrt als stillschweigend gestattet angesehen werden kann, obwohl zu ihr die Einholung einer ausdrücklichen Erlaubnis unterblieben ist[4]).

Fällt die unternommene Fahrt nicht in den Rahmen der dem Führer vom Halter übertragenen Pflichten, so liegt eine Schwarzfahrt im Sinne des § 7 Abs. 3 G vor.

Vgl. auch G § 16 Anm. 6c.

c) Einzelfälle: Bei einem zur Ausbesserung übergebenen Wagen entspricht eine Probefahrt dem mutmaßlichen Willen des Fahrzeughalters[5]).

Eine Fahrt, die gegen das Verbot verstößt, ein Auto nach Beendigung der Hochzeit zur Rückfahrt zu benutzen, ist eine Schwarzfahrt[6]).

---

[1]) RGZ 119, 347; RG 2. 1. 1928 RdK 1928, 47.

[2]) RG 17. 2. 1926 JW 1927, 922.

[3]) RG 17. 2. 1926 JW 1927, 922.

[4]) RG 11. 10. 1926 JRdsch 1927 Spalte 25, RG 2. 12. 1926 JW 1927, 922, RG 14. 2. 1926 VerkRdsch 1927, 41, RG 8. 12. 1927 Recht 1928, 284, Dresden 19. 12. 1924 JW 1925, 1023.

[5]) RGZ 79, 312.

[6]) Danzig 6. 10. 1927 JRdsch f. d. Privatversicherung 1927, 336.

16. Verschuldete Ermöglichung der unbefugten Benutzung.

a) Da der Führer bei Schwarzfahrten erfahrungsgemäß zu raschem, hemmungslosem Fahren geneigt ist und in vielen Fällen die Sicherheit der Fahrt noch weiter durch den dabei oft vorkommenden Alkoholgenuß des Führers beeinträchtigt wird, ist mit Schwarzfahrten regelmäßig eine erhöhte Betriebsgefahr verbunden.

Die Verkehrssicherheit gebietet, daß der Fahrzeughalter unter Anwendung der größten Sorgfalt die Schwarzfahrten zu verhüten bestrebt sein muß. Mit dem Einwand, er habe von Schwarzfahrten des Führers nichts gewußt, der Geschädigte möge sich an den Führer halten, welcher der Regel nach zur Deckung des leichtsinnig angerichteten Schadens nicht in der Lage ist, kann der Halter nur gehört werden, wenn er bis zur Grenze des unabwendbaren Zufalls alles getan hat, was ihm billigerweise zur Verhütung von Schwarzfahrten zugemutet werden kann[1]).

Was zur Erfüllung dieser Pflicht erforderlich ist, hängt von den Umständen des einzelnen Falles ab. Der Halter darf vor allem nicht günstige Bedingungen für die unerlaubte Benutzung seines Kraftfahrzeugs setzen[2]). Das Verschulden des Halters kann entweder darin liegen, daß er einen unzuverlässigen Führer zur Obhut über den Wagen ausgewählt oder darin, daß er es unterlassen hat, die erforderlichen Vorkehrungen zu treffen, um Schwarzfahrten zu verhindern[3]). Es liegt nahe und ist menschlich verständlich, daß selbst ein als zuverlässig erprobter oder empfohlener Kraftwagenführer, wenn ihm eine allzugroße Freiheit eingeräumt wird, schließlich der Versuchung unterliegt und der Neigung, den Wagen zu selbstsüchtigen Fahrten zu mißbrauchen, nachgibt[4]).

Im allgemeinen ist jedoch zu sagen, daß bei einem älteren, seit Jahren erprobten Führer geringere Anforderungen an die Sorgfaltspflicht des Halters zu stellen sind, als bei einem jungen noch unerfahrenen und unerprobten, der womöglich erst seit kurzem im Besitz des Führerscheins ist[5]).

b) Der Halter genügt der von ihm zu beachtenden Aufsichtspflicht über den Führer nicht, wenn er zwar strenge Vorschriften erläßt, die genaue Befolgung dieser Vorschriften aber nicht kontrolliert[6]).

Kennt der Halter die Zuverlässigkeit seines Chauffeurs nicht aus eigener Erfahrung, so hat er diesen anzuweisen, jedesmal nach der Fahrt den Schlüssel der Garage oder des Anlassers zurückzubringen und die Einhaltung dieser Vorschrift zu überwachen. Gelegentliche telephonische Anrufe des Halters in der Garage reichen in derartigen Fällen nicht aus, um ein

---

[1]) RG 2. 1. 1928 (VI 180/27) JW 1928, 402; RdK 1928, 47.
[2]) RG 20. 2. 1928 RdK 1928, 70.
[3]) KG 15. 2. 1930 RdK 1930, 181.
[4]) RGZ 119, 58.
[5]) RG 2. 1. 1928 aaO.
[6]) Düsseldorf 18. 1. 1926 RdK 1927, 110.

Verschulden des Halters bei unbefugter Benutzung seines Wagens auszuschließen[1]).

Verschärfte Überwachungspflicht des Halters besteht, wenn der Führer aus seinem Dienst tritt. Dies gilt auch dann, wenn es sich um einen Führer handelt, der sich während der Dienstzeit zuverlässig gezeigt hat[2]).

c) Vom Halter kann jedoch nur eine solche Aufsichtspflicht verlangt werden, die nach den tatsächlichen Verhältnissen möglich ist[3]). Ein Verhalten, das das Halten eines Chauffeurs praktisch unmöglich machen würde, kann von ihm nicht verlangt werden.

17. Haftung bei unbefugter Benutzung.

a) Die Haftung des unbefugten Benutzers an Stelle des Halters ist die Gefährdungshaftung des Halters. Er kann daher alle sonst dem Halter zustehenden Einwendungen geltend machen und haftet insbesondere, sofern nicht ein weiterer Haftungsgrund (BGB) gegeben ist, nur im Umfang und bis zu den Höchstsummen des KFG.

b) Das gleiche gilt hinsichtlich der Haftung des unbefugten Benutzers neben dem Halter, wenn dieser die unbefugte Benutzung schuldhaft ermöglicht hat.

c) Haftungsgrund für die Haftung des Halters, der die unbefugte Benutzung schuldhaft ermöglicht hat, ist nicht die fahrlässige Ausübung der Verfügungsmacht sondern, wie im Falle des Abs. 1 der Betrieb des K. Der Sinn der Vorschrift des Abs. 3 Satz 2 ist der, daß der Halter, der die Verfügungsmacht über sein K fahrlässig handhabt, nicht vor demjenigen Halter bevorzugt werden soll, der ihre Ausübung bewußt und gewollt einem andern überträgt[4]).

Halter und unbefugter Benutzer haften dem Geschädigten als Gesamtschuldner. Im Innenverhältnis haften beide, soweit sich aus einem bestehenden Vertragsverhältnis[5]) oder dem Vorliegen einer unerlaubten Handlung (Besitzstörung) nicht anderes ergibt, grundsätzlich zu gleichen Teilen (§ 425 BGB). Jedoch kann die Anwendung des § 254 BGB zu einer anderen Verteilung führen. (Siehe Anm. 2 zu § 17 KFG.)

Neben diese Gefährdungshaftung des unbefugten Benutzers oder Halters tritt die allgemeine Verschuldungshaftung des bürgerlichen Gesetzbuches (BGB §§ 276, 823ff), wenn der durch den Unfall eingetretene Schaden eine ursächliche Folge der Außerachtlassung der verkehrsnotwendigen Sorgfalt seitens des unbefugten Benutzers oder Halters ist. Vgl. G § 16 Anm. 6.

d) Unbefugter Benutzer kann jede Person außer dem Halter sein[6]).

---

[1]) Düsseldorf 30. 5. 1927 RdK 1927, 152, RG 2. 1. 1928 JW 1928, 402, RdK 1928, 47; KG 15. 2. 1930 RdK 1930, 181.

[2]) RG 2. 1. 1928 RdK 1928, 70.

[3]) Dresden 19. 4. 1924 JW 1925, 1023, KG 25. 2. 1925 RdK 1926, 23; LG Hamburg 10. 3. 1926 RdK 1926, 105.

[4]) KG 15. 2. 1930 RdK 1930, 181.

[5]) RGZ 75, 251.

[6]) Kolmar 5. 11. 1911 DJZ 1912, 1192.

18. **Beweislast.** Den Halter trifft die Beweislast, daß eine Schwarzfahrt vorliegt. Er muß nachweisen, daß das Fahrzeug zur Zeit des Unfalls ohne sein Wissen und seinen Willen benutzt worden ist[1]).

Der Verletzte hat zu beweisen, daß der Halter die Schwarzfahrt schuldhaft ermöglicht hat. Auf die Verschuldensvermutung des § 831 BGB kann sich der Verletzte hier nicht berufen[2]). Eine Umkehrung dieser Beweislast tritt aber dann ein, wenn die Umstände mit so hoher Wahrscheinlichkeit für ein Verschulden des Halters an der Ermöglichung der Schwarzfahrt sprechen, daß andere Möglichkeiten daneben völlig zurücktreten. Nunmehr ist es zwar nicht nach § 831 BGB, wohl aber nach den in der Rechtsprechung anerkannten Grundsätzen über die Beweislast, Sache des Halters, Umstände darzutun, welche sein Verschulden auszuschließen geeignet sind[3]).

Bestreitet der beklagte Halter seine Haltereigenschaft, so ist das ein Bestreiten des Klaggrundes, wofür der Verletzte beweispflichtig ist.

Ausschluß der Haftpflicht.

§ 8.

Die Vorschriften des § 7 finden keine Anwendung:

1. wenn zur Zeit des Unfalles der Verletzte oder die beschädigte Sache durch das Fahrzeug befördert wurde oder der Verletzte bei dem Betriebe des Fahrzeugs tätig war;

2. wenn der Unfall durch ein Fahrzeug verursacht wurde, das auf ebener Bahn eine auf 20 Kilometer begrenzte Geschwindigkeit in der Stunde nicht übersteigen kann.

1. **Die Ausschließung der Haftung** des § 7 für die in § 8 genannten Fälle bedeutet, daß in diesen Fällen die Haftungsvorschriften des KFG keine Anwendung finden. Eine Haftung kann daher hier nur nach den allgemeinen Bestimmungen des BGB begründet werden. Vgl. § 16 d. G und die dortigen Anm. Dort auch über **Verzicht auf die Haftung** (Anm. 9 zu § 16).

Eine Besonderheit gilt für die Haftung der Post hinsichtlich der Passagiere der Postautobusse[4]). Nach §§ 11, 12 des Postgesetzes vom 28. 10. 1871 (RGBl S. 347ff) haftet die Post

a) nur für Reisende mit ordentlichen Posten,
b) nur im Falle der körperlichen Beschädigung der Reisenden,
c) nur für die erforderlichen Kur- und Verpflegskosten.

Diese Ansprüche verjähren mit Ablauf von sechs Monaten vom Tage der Beschädigung des Reisenden an gerechnet (§ 14 Postgesetz).

---

[1]) RG 14. 10. 1926 JRdsch 1927, 25.

[2]) RG 3. 1. 1921 JRdsch 1927, 41, RG 10. 11. 1927 JW 1928, 560.

[3]) RG 95, 249; 102, 95; 109, 19; 114, 75; 115, 425; RG 10. 11. 1927 JW 1928, 559, RG 2. 1. 1928 JW 1928, 402, RdK 1928, 47, RG 8. 12. 1927 VerkRdsch 1928, 136.

[4]) RG 12. 3. 1929 RdK 1929, 334, Stuttgart VerkRdsch 1926, 584.

Ist der Unfall erweislich durch höhere Gewalt oder Fahrlässigkeit des Reisenden herbeigeführt worden, so haftet die Post überhaupt nicht.

Hinsichtlich des Verlustes oder der Beschädigung durch die Post beförderter Sachen vgl. Postgesetz §§ 11, 8, 9.

2. **Nr. 1. Zweck dieser Bestimmung** ist, Personen, die die Betriebsgefahren des Kraftfahrzeugverkehrs freiwillig übernommen haben, nicht den Schutz des den Schutz der Öffentlichkeit bezweckenden KFG zu gewähren. Es ist hiebei gleichgültig, ob sich der Betreffende aus beruflichen Gründen z. B. als Begleitmann oder Schaffner, den Gefahren aussetzt oder lediglich unentgeltlich und aus Gefälligkeit[1]). Vgl. auch G § 7 Anm. 12b.

Eine Beförderung durch das Kraftfahrzeug liegt auch dann vor, wenn das Kraftfahrzeug nur die bewegende Kraft zur Verfügung stellt wie z. B. bei Zugmaschinen.

3. **Begriff des Unfalls** vgl. Anm. 4 zu § 7. Für die Anwendbarkeit des § 8 Nr. 1 kommt es nur auf den Zeitpunkt des Unfalls an.

4. **Verletzter** ist nur der an seinem Körper oder seiner Gesundheit unmittelbar Verletzte und zwar auch der tödlich Verletzte.

5. **Durch das Fahrzeug befördert** ist der Verletzte oder die beschädigte Sache, wenn sie sich so im oder am Fahrzeug befindet, daß man den Zweck der Beförderung erkennen kann[2]). Von einer Beförderung durch das Fahrzeug kann daher nicht gesprochen werden, wenn die körperliche Verbindung der Person oder Sache mit dem Fahrzeug überhaupt keine Beförderung möglich macht. Die Beförderung beginnt mit dem Einsteigen des Gastes bzw. dem Aufladen der Sache und endet mit dem Aussteigen des Gastes bzw. Ausladen der Sache.

6. **Beim Betrieb des Fahrzeuges tätig** sind die Personen, die sich auf dem im Betrieb befindlichen Fahrzeug selbst befinden oder deren Tätigkeit an dem im Betrieb befindlichen Fahrzeug ausgeübt wird. Es ist unerheblich, ob der Tätige auf Grund eines Vertrages entgeltlich oder unentgeltlich oder sogar außervertraglich ohne Willen des Kraftfahrzeughalters oder Führers tätig ist[3]).

Da in den Fällen des § 8 die in § 7 Abs. 1 G bezeichneten Ansprüche nicht geltend gemacht werden können, ergibt sich, daß der ganze Schaden nicht ersetzt werden soll, den der Verletzte infolge seiner Tätigkeit beim Betrieb erlitten hat, unbekümmert, ob Körper- oder Sachschaden vorliegt. Eine andere Auslegung würde die unverständliche Folgerung haben, daß das Gesetz durch § 8 den wertvolleren Rechtsgütern des Verletzten, wie z. B. Unversehrtheit und Schutz des Körpers, den Schutz versagen wollte und zu gleicher Zeit den verhältnismäßig weniger wertvolleren Rechtsgütern, wie die vom Verletzten getragenen Kleidungsstücke, den Schutz des Kraftfahrzeuggesetzes zubilligen wollte[4]).

---

[1]) Düsseldorf 14. 11. 1927 RdK 1928, 110.

[2]) Lehner Anm. 3 zu § 8.

[3]) Düsseldorf 14. 11. 1927 RdK 1928, 110.

[4]) Düsseldorf 14. 11. 1927 RdK 1928, 110; a. A. Müller Anm. A II zu § 8 G.

Bez. der Haftung nach den allgemeinen Bestimmungen vgl. G § 16 Anm. 5b. Da das Halten von Kraftfahrzeugen, gleichgültig ob es gewerblich ist oder nicht, der Gewerbeunfallversicherung (RVO § 537 Ziff. 7, 10) unterliegt, haftet für Betriebsunfälle der Angehörigen des Unternehmers (Betriebstätigen), abgesehen vom Fall des § 898 RVO (vorsätzliche Herbeiführung des Unfalls), nicht der Halter, sondern die Berufsgenossenschaft.

7. Nr. 2. Begriff des Fahrzeugs vgl. Vorbem. I.

8. Begrenzung der Geschwindigkeit auf 20 km Stundengeschwindigkeit. Die Beschränkung der Geschwindigkeit kann entweder durch die Bauart oder durch eine Vorrichtung gegeben sein, die der Führer nicht beseitigen kann. Vorrichtungen, z. B. eine Bleiplombierung, die der Führer leicht beseitigen kann, bieten keine Gewähr, daß die Geschwindigkeit von 20 km Stundengeschwindigkeit nicht überschritten wird und genügen daher nicht dem Erfordernis des § 8 Nr. 2[1]). Kann durch Beseitigung von Vorrichtungen die Geschwindigkeit des Fahrzeugs auf über 20 km gesteigert werden, so kommt es nicht darauf an, ob etwas Derartiges wirklich geschehen ist[2]).

9. Beweispflichtig für das Vorliegen der Voraussetzungen des § 8 ist der in Anspruch genommene Halter[3]).

Mitwirkendes Verschulden des Verletzten.

§ 9.

Hat bei der Entstehung des Schadens ein Verschulden des Verletzten mitgewirkt, so finden die Vorschriften des § 254 des Bürgerlichen Gesetzbuchs mit der Maßgabe Anwendung, daß im Falle der Beschädigung einer Sache das Verschulden desjenigen, welcher die tatsächliche Gewalt über die Sache ausübt, dem Verschulden des Verletzten gleichsteht.

1. Nach der Rechtsprechung ist § 254 auch in den Fällen anzuwenden, in denen der in Anspruch Genommene auch ohne Verschulden haftet[4]). § 9 legt diese Rechtsprechung für das Gebiet des Kraftfahrzeuggesetzes noch ausdrücklich fest. Hat sonach bei Entstehung eines Schadens ein Verschulden des Verletzten mitgewirkt, so hängt der Umfang der Ersatzpflicht von der überwiegenden Verursachung des Schadens ab.

2. Voraussetzung der Anwendbarkeit des § 9 ist, daß das zur Entstehung des Schadens mitwirkende Verhalten des Verletzten ein schuldhaftes war.

a) Ein Verschulden des Verletzten (BGB § 276) liegt vor bei Außerachtlassung der im Verkehr erforderlichen Sorgfalt. Der Maßstab für den zur Schadensverhütung anzuwendenden Grad von Umsicht und Sorgfalt

---

[1]) RGZ 86, 72; RG 28. 1. 1929 DAR 1929, 90, DRZ 1929 Nr. 256.
[2]) RG 18. 2. 1926 JRdsch 1926, 1144.
[3]) RG 26. 11. 14 JW 1916, 46 RdK 1927, 110.
[4]) RG 62, 349.

ist ein objektiver. Individuelle Eigenschaften des Einzelnen dürfen nur insoweit berücksichtigt werden, als sie gleichzeitig das Unterscheidungsmerkmal ganzer Gruppen von Menschen sind (z. B. Alter, Bildung)[1]).

Auf die Anschauung eines engeren Verkehrskreises ist bei Bewertung des Verhaltens des Verletzten Rücksicht zu nehmen, soweit es sich nicht um im Verkehr eingerissene Nachlässigkeiten und Unsitten handelt[2]).

Weitere Voraussetzung des Vorliegens eines Verschuldens ist die Zurechnungsfähigkeit des Verletzten (BGB §§ 827, 828). Bei Kindern unter 7 Jahren kann hienach ein mitwirkendes Verschulden überhaupt nicht in Frage kommen, während bei Kindern von 7—18 Jahren ihre Einsichtsfähigkeit entscheidend ist.

b) Verletzter ist auch der Dritte, der den mittelbaren Schaden nach § 10 Abs. 2 G geltend macht.

3. Die Bezugnahme auf § 278 in BGB § 254 besagt, daß der Verletzte es sich unmittelbar zuzurechnen hat, wenn seinem gesetzlichen Vertreter oder demjenigen, dessen er sich zur Erfüllung einer Verbindlichkeit bedient, ein Verschulden zur Last fällt. Voraussetzung der Anwendbarkeit des § 278 ist aber, daß es sich um die Erfüllung einer Verbindlichkeit handelt. Über diese Grenze hinaus, insbesondere bei Schadenszufügungen durch eine unerlaubte Handlung, ist die Anwendung des § 278 nicht zulässig. Dagegen ist BGB § 254 in Verbindung mit § 831 entsprechend anwendbar, wenn ein Verschulden des vom Verletzten zu einer Verrichtung Bestellten bei Entstehung des Schadens mitgewirkt hat[3]). Eine Haftung des Verletzten auf Grund § 831 BGB entfällt aber, wenn er den Nachweis erbringt, daß er bei Auswahl des zur Verrichtung Bestellten die erforderliche Sorgfalt angewendet hat.

4. Schuldausgleichung. Der Richter hat zu prüfen, in welchem Maße die Handlungsweise beider Teile zum Erfolg beigetragen hat, für den Erfolg von ursächlicher Bedeutung geworden ist. War die Betriebsgefährlichkeit im Einzelfall besonders groß, z. B. hohe Geschwindigkeit des Wagens, Schlüpfrigkeit der Straße und dergl., so ist dies dem Halter zur Last zu rechnen. Kommt anderseits die gewöhnliche, nicht erhöhte Betriebsgefahr zur Abwägung mit grobem Verschulden des Verletzten, so wird regelmäßig ein Ersatzanspruch des Verletzten gänzlich zu verneinen sein[4]).

Im allgemeinen wird bei der Ausgleichung davon auszugehen sein, daß eine am Verkehr beteiligte Person, die ein vorgeschriebenes oder übliches Unfallverhütungsmittel anzuwenden unterläßt, im Zweifel schuldhafter als derjenige handelt, der sich auf die Anwendung dieser Mittel seitens der

---

[1]) RG 68, 43; 95, 16, KG 22. 12. 1927 RdK 1928, 183.
[2]) RG 102, 49; 105, 83.
[3]) RG Komm. Anm. 3 zu § 254.
[4]) Müller Anm. D II zu § 9.

übrigen Beteiligten verläßt und infolgedessen durch das unerwartete Auftauchen eines Hindernisses überrascht und verwirrt wird[1]).

Hinter grobem Verschulden des Kraftfahrers tritt geringfügiges Verschulden des Verletzten vollkommen zurück[2]).

5. Einzelfälle:

a) Ein mitwirkendes Verschulden des Verletzten liegt in folgenden Fällen vor:

aa) Der Fußgänger ist verpflichtet, beim Betreten und Überschreiten einer Fahrstraße Umschau zu halten, ob ihn nicht herankommende Fahrzeuge gefährden. Betritt der Fußgänger unter Außerachtlassung der im Verkehr erforderlichen Sorgfalt die Fahrstraße, so hat er den Unfall mitverursacht und mitverschuldet[3]).

Besondere Vorsicht und Aufmerksamkeit ist beim Überschreiten einer belebten Straße in der Großstadt anzuwenden[4]).

Das Überqueren einer Straße kurz vor den Pferden eines die Sicht verdeckenden Wagens ist eine grobe Außerachtlassung der im Verkehr erforderlichen Sorgfalt. Eine derartige Sorgfalt muß auch bei einem elfjährigen Großstadtkinde vorausgesetzt werden[5]).

Unbefugtes Gehen auf einer nur für Kraftfahrzeuge bestimmten Straße ist regelmäßig als ein Mitverschulden zu erachten[6]).

bb) Begibt sich jemand von seinem auf der Straße stehenden Fuhrwerk weg in den Straßengraben und wird er dadurch bei Annäherung eines Kraftfahrzeugs zu eiligem Herausspringen und Handeln gezwungen, so trifft ihn für sein hiebei betätigtes unzweckmäßiges Handeln Mitschuld an dem Unfall[7]).

Nicht vorschriftsmäßiges Beleuchten von Fuhrwerken bei Nacht ist regelmäßig als Mitverschulden im Sinne des § 9 G anzusehen[8]).

cc) War im Einverständnis des Verletzten eine schnelle Fahrt beabsichtigt, so liegt ein Mitverschulden des Verletzten darin, daß er die besonderen Gefahren einer schnellen Fahrt freiwillig auf sich nahm[9]).

dd) Bei Unfällen von Kindern ist auch die Frage zu prüfen, ob nicht die Eltern des Kindes wegen ungenügender Beaufsichtigung des Kindes ein Mitverschulden trifft[10]).

---

[1]) Vgl. RG 18. 1. 1927 JW 1927, 2515, DAR 1928 Nr. 9 S. 7.

[2]) Düsseldorf 7. 2. 1927 RdK 1927, 112.

[3]) Hamm 9. 7. 1926 RdK 1927, 126 VerkRdsch 1927, 94, KG 19. 6. 1927 DAR 1928 Nr. 6 S. 7 (Alte Leute müssen besonders vorsichtig sein), Hamburg 13. 10. 1914 Rechtspr. d. OLG 34, 146.

[4]) RG 12. 1. 1928 JW 1928, 797, Hamburg 9. 11. 1926 RdK 1927, 40,

[5]) KG 22. 12. 27 RdK 1928, 183 DAR 1928 Nr. 8 S. 6, Hamburg 5. 6. 1916 Rechtspr. d. OLG 34, 145.

[6]) RG 3. 12. 1925 JRdsch 1926, 383.

[7]) RGRecht 1915 Nr. 2148.

[8]) München 2. 5. 1914 Rechtspr. d. OLG 43, 148.

[9]) Celle 17. 1. 1928 RdK 1928, 166 DAR 1928 Nr. 9 S. 6.

[10]) RG 4. 1. 1927 VerkRdsch 1927, 39, RdK 1927, 87.

ee) Bei Verletzung und Tötung von Tieren ist davon auszugehen, daß die Fahrbahn in erster Linie für die Fahrzeuge und nicht für das Ausleben der Tiere bestimmt ist[1]). Es gilt dies nicht nur für die Straßen von Großstädten, sondern auch für die freien Landstraßen, soweit sie dem Durchgangsverkehr dienen. Tierbesitzer, die nichts tun, um ihre Tiere von derartigen Straßen fernzuhalten, trifft bei Verletzung oder Tötung von auf der Straße sich herumtreibenden Tieren regelmäßig ein wesentliches Mitverschulden.

b) Mitwirkendes Verschulden braucht der Verletzte nicht gegen sich gelten zu lassen, wenn sein schuldhaftes Verhalten erst durch den Kraftwagen selbst verursacht worden ist[2]).

Handelt der Verletzte bestürzt durch das Erkennen der Gefahr kurz vor dem erfolgten Zusammenstoß unsachgemäß, so kann darin kein Verschulden erblickt werden.

Sprang der Verletzte in Angst und Schrecken zur Erfüllung einer Menschenpflicht einem durch ein Kraftfahrzeug bedrohten Kinde nach, so liegt darin kein Verschulden[3]).

Das Gehen neben einem Lastkraftwagen auf der Landstraße bedeutet noch kein Verschulden[4]). Werden beim Herannahen eines Kraftfahrzeuges die Pferde eines Fuhrwerks unruhig, so kann es dem Kutscher nur beim Vorliegen ganz besonderer Umstände als Verschulden angerechnet werden, wenn er nicht absteigt[5]).

6. Beweislast. Auf dem Boden des § 254 BGB, wie des § 9 KFG ist es anerkannten Rechts, daß die Beweispflicht für die zur Begründung des Einwands des mitwirkenden Verschuldens des Verletzten dienenden Tatsachen dem Haftpflichtigen obliegt[6]).

Haftung bei Tötung.

§ 10.

Im Falle der Tötung ist der Schadensersatz durch Ersatz der Kosten einer versuchten Heilung sowie des Vermögensnachteils zu leisten, den der Getötete dadurch erlitten hat, daß während der Krankheit seine Erwerbsfähigkeit aufgehoben oder gemindert oder eine Vermehrung seiner Bedürfnisse eingetreten war. Der Ersatzpflichtige hat außerdem die Kosten der Beerdigung demjenigen zu ersetzen, dem die Verpflichtung obliegt, diese Kosten zu tragen.

Stand der Getötete zur Zeit der Verletzung zu einem Dritten

---

[1]) Stuttgart 15. 1. 1926 VerkRdsch 1926, 527 RdK 1927, 40 (Hunde.)

[2]) RG 92, 39, RG 10. 12. 1926 RdK 1927, 32, RG 11. 7. 1927 RdK 1927, 220, RG 25. 5. 1927 RdK 1927, 221.

[3]) RG 4. 1. 1927 VerkRdsch 1927, 39.

[4]) Naumburg 6. 1. 1926 VerkRdsch 1926, 172.

[5]) RG 82, 112.

[6]) RG 55, 320; 59, 311, RG 10. 6. 1926 Recht 1926, 1456.

in einem Verhältnisse, vermöge dessen er diesem gegenüber kraft Gesetzes unterhaltspflichtig war oder unterhaltspflichtig werden konnte, und ist dem Dritten infolge der Tötung das Recht auf Unterhalt entzogen, so hat der Ersatzpflichtige dem Dritten insoweit Schadensersatz zu leisten, als der Getötete während der mutmaßlichen Dauer seines Lebens zur Gewährung des Unterhalts verpflichtet gewesen sein würde. Die Ersatzpflicht tritt auch dann ein, wenn der Dritte zur Zeit der Verletzung erzeugt, aber noch nicht geboren war.

1. Allgemeine Vorbemerkungen zu §§ 10 und 11.

a) § 10 Abs. 1 regelt die Ersatzansprüche des Getöteten, § 11 die Ersatzansprüche des Verletzten selbst. Soweit die Kosten der versuchten Heilung sowie des Vermögensnachteils, den der Getötete dadurch erlitten hat, daß seine Erwerbsfähigkeit aufgehoben oder gemindert oder eine Vermehrung seiner Bedürfnisse eingetreten war, gemäß § 11 nicht bereits dem Verletzten selbst ersetzt worden sind, können sie gemäß § 12 nach seinem Tode von den Erben geltend gemacht werden.

b) § 10 Abs. 2 regelt den Ersatzanspruch eines Dritten wegen Entziehung des Rechts auf Unterhalt. Es handelt sich hier, wie im Falle des Abs. 1 Satz 1 um einen reinen Schadensersatzanspruch, nicht um einen Ersatzunterhaltsanspruch (vgl. unten Anm. 7c).

c) Mit den Bestimmungen der §§ 10 und 11 G ist der Umfang des gemäß § 7 G bei Tötung und Körperverletzung zu leistenden Ersatzes erschöpfend geregelt. Neben diese qualitative Haftungsbeschränkung tritt noch die quantitative Haftungsbeschränkung des § 12 G[1]).

Bei Sachschäden besteht nur eine quantitative Haftungsbeschränkung. Der Umfang der qualitativen Haftung richtet sich mangels einer Sonderregelung hier nach den Vorschriften des BGB[1]). Eine weitergehende Haftung besteht beim Nachweis eines Verschuldens. Vgl. G § 16[2]).

2. Umfang der Haftpflicht bei der Tötung nach

BGB	KFG
Kosten der versuchten Heilung (§ 823),	Kosten der versuchten Heilung (§ 10),
Aufhebung oder Minderung der Erwerbsfähigkeit (§ 843),	Aufhebung oder Minderung der Erwerbsfähigkeit (§ 10),
Vermehrung der Bedürfnisse (§ 843),	Vermehrung der Bedürfnisse (§ 10),
Erschwerung des Fortkommens (§ 842),	—
Beerdigungskosten (§ 844),	Beerdigungskosten (§ 10),
Ersatz für entzogenes Unterhaltsrecht (§ 844),	Ersatz für entzogenes Unterhaltsrecht (§ 10).
Ersatz für entgehende Dienste (§ 845),	—

[1]) Hamburg 6. 5. 1924, Rechtspr. d. OLG 45, 178.
[2]) RG 94, 102.

3. Die **Kosten der versuchten Heilung** umfassen alle Kosten, die notwendig und zweckentsprechend erschienen zur Herstellung des Gesundheitszustands des Verletzten, wie er vor dem Unfall bestanden hatte oder zur Vermeidung einer weiteren Verschlechterung. Notwendig und zweckentsprechend können die Kosten der versuchten Heilung auch dann sein, wenn die Heilung nicht erreicht wurde weil sie überhaupt nicht erreicht werden konnte.

4. **Ein Vermögensnachteil wegen Aufhebung oder Minderung der Erwerbsfähigkeit** ist nur dann gegeben, wenn der Getötete vor dem Unfall erwerbsfähig war und von der Erwerbsfähigkeit zur Zeit des Unfalls derart Gebrauch gemacht hat, daß der Arbeitsgewinn ihm selbst zufloß.

Keinen Vermögensnachteil erleidet daher in der Regel die bei gesetzlichem Güterstand arbeitende Ehefrau (BGB § 1356 Abs. 2) oder das Hauskind (BGB § 1617), da in diesen Fällen der Erwerb dem Manne bzw. Vater gehört. Anders bei Güterständen, bei denen der Arbeitsgewinn der Ehefrau dem Gesamtgut zufließt (BGB §§ 1438, 1519, 1449).

5. **Vermehrung der Bedürfnisse** ist — im Gegensatz zu den vorübergehenden Aufwendungen der Heilungskosten — der Mehraufwand von längerer Dauer, der zur Beseitigung oder Minderung der körperlich oder gesundheitlich ungünstigen Folgen des Unfalls angemessen oder gerechtfertigt erscheint[1]).

6. **Beerdigungskosten.** Wem die gesetzliche Verpflichtung obliegt, die Kosten der Beerdigung zu tragen, bestimmen die §§ 1968, 1580 Abs. 3, 1615 Abs. 2, 1713 Abs. 3 BGB. Ob auch eine vertragliche Verpflichtung darunter fällt, ist zwar strittig, aber wie im Falle des BGB § 844 bei der allgemeinen Fassung des § 10 zu bejahen.

7. **Voraussetzung des Ersatzanspruches nach Abs. 2** ist, daß das die Unterhaltspflicht begründende Verhältnis zur Zeit der Verletzung und kraft Gesetzes besteht, daß dem Dritten das Recht auf Unterhalt infolge der Tötung des Unterhaltspflichtigen entzogen worden ist und daß dem Dritten durch die Entziehung ein Schaden entstanden ist.

a) Das Verhältnis muß zur Zeit der Verletzung bestehen. Eine Ausnahme gilt nach Satz 2 des Abs. 2 nur für denjenigen, der zur Zeit der Verletzung des Unterhaltspflichtigen zwar erzeugt, aber noch nicht geboren war.

b) Kraft Gesetzes die Unterhaltspflicht begründende Verhältnisse sind:
die Ehe BGB §§ 1360, 1361 (bestehende), 1578 ff. (geschiedene), 1345 (nichtige), 1351 (anfechtbare),
die Verwandtschaft in gerader Linie BGB § 1601,
besondere Kindschaftsverhältnisse BGB §§ 1699, 1703, 1705, 1715, 1719, 1736, 1757.

c) Eine Entziehung des Rechts auf Unterhalt durch den Tod des Unterhaltspflichtigen ist auch dann gegeben, wenn zwar an Stelle des durch den Unfall Getöteten ein anderer kraft Gesetzes Unterhalt zu gewähren hat, aber die Verpflichtung des anderen, einen neuen, von dem erloschenen, losgelösten Anspruch darstellt (§ 13 Abs. 2 G mit BGB § 843 Abs. 4)[2]).

---

[1]) Müller Anm. B III zu § 10 Abs. 1.
[2]) Müller Anm. B II zu § 10 Abs. 2.

d) Durch die Entziehung muß dem Dritten ein Schaden entstanden sein. Vermögensvorteile, die der Unterhaltsberechtigte dadurch erzielt, daß er durch Veräußerung des durch den Tod des Unterhaltspflichtigen ererbten Vermögens einen Gewinn erlangt, sind dagegen auf den Schadensersatzanspruch nicht anzurechnen, da diese Vermögensvorteile ihren Rechtsgrund nicht in dem Unfalle haben[1]). Vgl. auch Anm. 5 zu § 7.

8. **Umfang des Ersatzanspruches.** Der Anspruch besteht nur für den Zeitraum der mutmaßlichen Dauer des Lebens des Getöteten und innerhalb dieses Zeitraums nur in dem Maße, wie der Getötete selbst verpflichtet gewesen wäre. Die mutmaßliche Dauer des Lebens hat das Gericht nach freiem Ermessen zu ermitteln. Sie muß aber bestimmt und ziffernmäßig begrenzt werden. Die Festsetzung nach einem anderen Maßstabe, z. B. der künftigen Lebensdauer der überlebenden Witwe oder eines gleichaltrigen, in gleichen Verhältnissen lebenden Dritten, ist unzulässig[2]).

Haftung bei Körperverletzung. § 11.

Im Falle der Verletzung des Körpers oder der Gesundheit ist der Schadensersatz durch Ersatz der Kosten der Heilung sowie des Vermögensnachteils zu leisten, den der Verletzte dadurch erleidet, daß infolge der Verletzung zeitweise oder dauernd seine Erwerbsfähigkeit aufgehoben oder gemindert oder eine Vermehrung seiner Bedürfnisse eingetreten ist.

1. Vgl. Anm. 1 zu § 10 (Vorbemerkungen zu §§ 10 und 11).

2. **Umfang der Haftpflicht bei Verletzung des Körpers oder der Gesundheit** nach

BGB	KFG
Heilungskosten (§ 823),	Heilungskosten (§ 11),
Aufhebung oder Minderung der Erwerbsfähigkeit (§ 843),	Aufhebung oder Minderung der Erwerbstätigkeit (§ 11),
Vermehrung der Bedürfnisse (§ 843),	Vermehrung der Bedürfnisse (§ 11).
Erschwerung des Fortkommens (§ 842),	—
Ersatz für entgehende Dienste (§ 845),	—
Schaden, der nicht Vermögensschaden (§ 847).	—

3. **Ersatz der Kosten der Heilung** vgl. G § 10 Anm. 3.

4. **Ersatz wegen Aufhebung oder Minderung der Erwerbsfähigkeit** ist ebenso wie im Falle der Tötung nur in dem Umfang zu leisten, als ein Schaden wirklich entstanden ist. (Vgl. G § 10 Anm. 4)[3]). Entscheidend für

[1]) RG 91, 400.
[2]) RG 14. 4. 1927 Recht 1927, 1479.
[3]) RG 63, 195; 92, 57.

die Zuerkennung und Bemessung der Entschädigung ist daher, ob und wie der Verletzte seine Erwerbsfähigkeit ausgenützt hat und welchen Erwerb er daraus voraussichtlich und nach dem regelmäßigen Lauf der Dinge gezogen haben würde. Der tatsächliche Erwerb unmittelbar vor der Verletzung bildet dafür nur einen mehr oder weniger wesentlichen Anhaltspunkt und den natürlichen Ausgangspunkt[1]).

Auf die ganze Lebenszeit kann eine Rente nur dann zuerkannt werden, wenn nach den persönlichen und Berufsverhältnissen des Beschädigten eine Erwerbstätigkeit bis ins hohe Alter mit Zuverlässigkeit angenommen werden kann[2]).

5. Ersatz wegen Vermehrung der Bedürfnisse vgl. G § 10 Anm. 5.

Haftungshöchstgrenzen.

§ 12.

Der Ersatzpflichtige haftet:

1. im Falle der Tötung oder Verletzung eines Menschen nur bis zu einem Kapitalbetrage von fünfundzwanzigtausend Reichsmark oder bis zu einem Rentenbetrage von jährlich eintausendfünfhundert Reichsmark,

2. im Falle der Tötung oder Verletzung mehrerer Menschen durch dasselbe Ereignis, unbeschadet der in Nr. 1 bestimmten Grenze, nur bis zu einem Kapitalbetrage von insgesamt fünfundsiebzigtausend Reichsmark, oder bis zu einem Rentenbetrage von insgesamt viertausendfünfhundert Reichsmark,

3. im Falle der Sachbeschädigung, auch wenn durch dasselbe Ereignis mehrere Sachen beschädigt werden, nur bis zum Betrage von fünftausend Reichsmark.

Übersteigen die Entschädigungen, die mehreren auf Grund desselben Ereignisses nach Abs. 1 Nr. 1, 3 zu leisten sind, insgesamt die in Nr. 2, 3 bezeichneten Höchstbeträge, so verringern sich die einzelnen Entschädigungen in dem Verhältnis, in welchem ihr Gesamtbetrag zu dem Höchstbetrage steht.

Bei wesentlicher Änderung der wirtschaftlichen Verhältnisse kann die Reichsregierung mit Zustimmung des Reichsrats die Beiträge (Abs.1) anderweitig festsetzen.

1. Die jetzt geltenden Höchstsätze wurden durch Art. I der VO v. 6. 2. 1924 (RGBl S. 42) eingeführt. Art. II der gen. VO enthält auch Bestimmungen über die Anwendung der VO auf Personenschäden, bei denen

---

[1]) RGKomm Anm. 2 zu § 843, RG 63, 195.
[2]) RG 14. 4. 1927 RdK 1927, 221.

das schädigende Ereignis bereits vor Inkrafttreten der VO eingetreten ist.

2. Zweck der Haftungsbeschränkung des § 12 ist, den Kraftfahrzeughaltern die Haftpflichtversicherung gegen bestimmte nicht allzu hoch bemessene Prämiensätze zu ermöglichen.

Eine nach den allgemeinen Bestimmungen begründete, weitergehende Haftung wird durch § 12 nicht berührt. Vgl. G § 16 Anm. 1.

3. Die verhältnismäßige Herabsetzung der Renten, wie sie in Abs. 2 für den Fall der Tötung mehrerer Personen durch dasselbe Ereignis vorgesehen ist, greift auch dann ein, wenn nur eine Person getötet ist, aber mehrere Personen Unterhaltsansprüche aus § 10 Abs. 2 erheben, denn § 12 Abs. 1 Nr. 1 beschränkt die Ersatzpflicht im Falle der Tötung eines Menschen auf den dort genannten Betrag[1]).

Bei mitwirkendem Verschulden des Verletzten findet die Zurückführung auf den Höchstbetrag nur dann statt, wenn der entsprechend dem Mitverschulden geminderte Betrag noch den Höchstbetrag übersteigt[2]).

4. Bei Sachschäden gilt die in Abs. 1 Nr. 3 festgesetzte quantitative Haftungsbeschränkung auch dann, wenn der Verletzte gemäß § 249 BGB die sog. Naturalrestitution wählt[3]).

5. Die Art und Weise des Ersatzes der Heilungs- und Beerdigungskosten, der Personenschäden für die Vergangenheit sowie der Sachschäden richtet sich nach den allgemeinen Bestimmungen des BGB (§§ 249 ff.). Hinsichtlich des Personenschadensersatzes für die Zukunft enthält G § 13 eine Sonderregelung, die den allgemeinen Bestimmungen entspricht (BGB §§ 843 und 844).

Leistung des Personenschadenersatzes.

§ 13.

Der Schadensersatz wegen Aufhebung oder Minderung der Erwerbsfähigkeit und wegen Vermehrung der Bedürfnisse des Verletzten sowie der nach § 10 Abs. 2 einem Dritten zu gewährende Schadensersatz ist für die Zukunft durch Entrichtung einer Geldrente zu leisten.

Die Vorschriften des § 843 Abs. 2 bis 4 des Bürgerlichen Gesetzbuchs und des § 708 Nr. 6 der Zivilprozeßordnung finden entsprechende Anwendung. Das Gleiche gilt für die dem Verletzten zu entrichtende Geldrente von der Vorschrift des § 850 Abs. 3 und für die dem Dritten zu entrichtende Geldrente von der Vorschrift des § 850 Abs. 1 Nr. 2 der Zivilprozeßordnung.

Ist bei der Verurteilung des Verpflichteten zur Entrichtung

---

[1]) RG 12. 3. 1928 JW 1928, 1724 RdK 1928, 115.

[2]) RG 87, 402.

[3]) Hamburg 6. 5. 1924 Rechtspr. d. OLG 45, 178.

einer Geldrente nicht auf Sicherheitsleistung erkannt worden, so kann der Berechtigte gleichwohl Sicherheitsleistung verlangen, wenn die Vermögensverhältnisse des Verpflichteten sich erheblich verschlechtert haben; unter der gleichen Voraussetzung kann er eine Erhöhung der in dem Urteile bestimmten Sicherheit verlangen.

1. Vgl. Anm. 5 zu § 12 G.

2. Aus den gemäß **Abs. 2** entsprechend anzuwendenden Bestimmungen ergibt sich für die Natur des Rentenanspruchs folgendes:

a) Die Rente ist in Geld und zwar regelmäßig 3 Monate im voraus zu entrichten (BGB § 760).

b) Das die Verpflichtung zur Zahlung der Geldrente aussprechende Urteil ist auch ohne Antrag für vorläufig vollstreckbar zu erklären. Eine Ausnahme gilt nur für Rentenansprüche, die über das der Erhebung der Klage vorausgehende letzte Vierteljahr zurückliegen (ZPO § 708 Ziff. 6).

c) Die dem Verletzten zu zahlende Rente ist beschränkt, die dem Dritten wegen Entziehung des Rechts auf Unterhalt zu entrichtende Rente überhaupt nicht der Pfändung unterworfen (ZPO § 850 Abs. 3, Abs. 1 Nr. 2).

d) Möglichkeit der Sicherheitsleistung (BGB § 843 Abs. 2). Der Anspruch auf Sicherheitsleistung ist gleichzeitig mit dem Rentenanspruch geltend zu machen. Im Rahmen des Abs. 3 ist auch noch nachträglich Sicherheitsleistung möglich.

e) Möglichkeit der Kapitalabfindung bei Vorliegen eines wichtigen Grundes (BGB § 843 Abs. 3).

f) Der Anspruch wird nicht dadurch ausgeschlossen, daß ein anderer dem Verletzten Unterhalt zu gewähren hat (BGB § 843 Abs. 4).

3. **Abs. 3** stimmt inhaltlich mit ZPO § 324 überein und ermöglicht die Abänderung eines materiell rechtskräftigen Urteils. Voraussetzung ist aber, daß sich die Vermögensverhältnisse des Verpflichteten wesentlich verschlechtert haben.

Unberührt von § 13 Abs. 2 bleibt ZPO § 323 (Anspruch auf Änderung der Hauptleistung wegen wesentlicher Veränderung der Verhältnisse seit Fällung des Urteils oder Abschluß des Vergleichs).

Verjährung.

§ 14.

Die in den §§ 7 bis 13 bestimmten Ansprüche auf Schadensersatz verjähren in zwei Jahren von dem Zeitpunkt an, in welchem der Ersatzberechtigte von dem Schaden und von der Person des Ersatzpflichtigen Kenntnis erlangt, ohne Rücksicht auf diese Kenntnis in dreißig Jahren von dem Unfall an.

Schweben zwischen dem Ersatzpflichtigen und dem Ersatzberechtigten Verhandlungen über den zu leistenden Schadensersatz, so ist die Verjährung gehemmt, bis der eine oder der andere Teil die Fortsetzung der Verhandlungen verweigert.

Im übrigen finden die Vorschriften des Bürgerlichen Gesetzbuchs über die Verjährung Anwendung.

1. Der kurzen Verjährung des § 14 unterliegen alle durch die §§ 7 bis 13 begründeten Ansprüche auf Schadensersatz, zu denen nach § 18 Abs. 1 Satz 1 auch die Ersatzansprüche gegen den Führer gehören.

a) Ansprüche nach §§ 7—13 sind:
Heilungskosten (§§ 10, 11),
Erwerbsausfälle (§§ 10, 11),
Ersatz für Vermehrung der Bedürfnisse (§§ 10, 11),
Beerdigungskosten (§ 10),
Ersatz für Unterhaltsentziehung (§ 10),
Ersatz für Sachbeschädigung (§ 7 Abs. I),
Anspruch auf Sicherheitsleistung (§ 13, BGB § 843),
Anspruch auf Kapitalabfindung (§ 13, BGB § 843),
Anspruch des Ersatzberechtigten auf Erhöhung der Schadensersatzleistungen gem. § 323 ZPO,
der Ausgleichungsanspruch nach § 17 Abs. 1 Satz 2, wenn der Anspruch des Klägers nur auf § 7 KFG beruht[1]).

b) Keine Ansprüche nach § 7—13 sind:
Die Ausgleichungsansprüche nach § 17, 18, soweit nicht der Anspruch des Klägers im Falle des § 17 Abs. 1 Satz 2 lediglich auf § 7 KFG beruht,
die Regreßansprüche im Innenverhältnisse mehrerer Gesamtschuldner,
die nach anderen reichsrechtlichen Vorschriften, insbesondere dem Bürgerlichen Gesetzbuch, begründeten Ansprüche.

2. **Beginn der Verjährung.** Die kurze Verjährungsfrist (2 Jahre) wird ebenso wie jene des § 852 BGB von dem Zeitpunkt ab berechnet, in welchem Klage erhoben werden konnte, also von dem Zeitpunkt der Kenntnis des Ersatzberechtigten von dem Schaden und der Person des Ersatzpflichtigen. Die lange Verjährungsfrist wird ebenso wie jene des § 852 BGB von dem Zeitpunkt des Unfalls an berechnet und kommt zur Anwendung, solange der Ersatzberechtigte noch keine Kenntnis von dem Schaden und der Person des Ersatzpflichtigen hat.

Bei mehreren Ersatzberechtigten beginnt die Frist jedem gegenüber mit dem Zeitpunkt der Erlangung der Kenntnis durch ihn zu laufen.

Bei mehreren Ersatzpflichtigen kommt es jedem gegenüber auf die Kenntnis von seiner Person an.

a) Kenntnis vom Schaden hat der Ersatzberechtigte, wenn er weiß, daß ihm durch den Unfall ein Schaden entstanden ist. Kenntnis des ganzen Umfangs des Schadens ist nicht erforderlich[2]). Begriff des Schadens vgl. G § 7 Anm. 5. Im Falle des § 323 ZPO läuft die Frist von der Kenntnis

[1]) Müller Anm. H zu § 17.
[2]) JW 1909, 725.

des Eintritts der den Umwandlungsanspruch bedingenden Änderung der Verhältnisse an[1]).

b) Kenntnis von der Person des Ersatzpflichtigen hat der Ersatzberechtigte solange nicht, als über dessen Person noch eine Ungewißheit besteht. Der Kenntnis ist nicht das Kennenmüssen gleichgestellt.

Andererseits kann aber zur Kenntnis auch nicht eine volle Überzeugung, eine unzweifelhafte Gewißheit gefordert werden. Die Kenntnis muß nur soweit reichen, daß der Verletzte in der Lage ist, auf Grund des ihm bekannt gewordenen Materials eine Klage gegen eine bestimmte Person mit Erfolg zu begründen[2]). Dies gilt auch dann, wenn der Ersatzberechtigte eine derartige Mitteilung erst im Laufe eines Prozesses gegen einen Dritten erhält, den er ursprünglich für den Halter gehalten hatte. Der Ersatzberechtigte darf nicht bis zur Erlassung des Urteils zuwarten[3]).

Eine besondere Ermittlungspflicht des Ersatzberechtigten hat das Gesetz nicht geschaffen. Eine fahrlässige Verzögerung der Ermittlung steht der Fristversäumnis nicht gleich[4]). Anderseits darf jedoch der Ersatzberechtigte die Nachforschung nach der Person des Ersatzpflichtigen nicht arglistig verzögern[5]).

c) Berechnung der Frist: BGB §§ 187, 188.

3. Hemmung der Verjährung (Abs. 2). Die Verjährung wird gehemmt durch Verhandlungen, die zwischen dem Ersatzpflichtigen und Ersatzberechtigten zur Klärung des Anspruches gepflogen werden. Das Verhandeln muß in einem Austausch von Meinungen über die Frage der Entschädigung bestehen, es setzt die Erklärung einer Geneigtheit des Ersatzpflichtigen voraus, unter gewissen Bedingungen einen gewissen Ersatz zu leisten. Die Anforderung des Ersatzberechtigten und die Antwort des Ersatzpflichtigen, daß er die Ersatzpflicht bestreite und dem Ersatzberechtigten vorschlage, mit weiterem Vorgehen bis zur Erledigung eines anderen Verfahrens zuzuwarten, stellen kein Verhandeln über den zu leistenden Schadensersatz dar[6]). Durch die Sondervorschrift des § 14 Abs. 2 soll gehindert werden, daß der Ersatzberechtigte durch Vergleichsverhandlungen bis zum Ablauf der Verjährungspflicht hingehalten wird.

Begriff der Hemmung der Verjährung: BGB § 205.

Ausschlußfrist.

§ 15.

Der Ersatzberechtigte verliert die ihm auf Grund der Vorschriften dieses Gesetzes zustehenden Rechte, wenn er nicht spätestens innerhalb zweier Monate, nachdem er von dem

---

1) RG 68, 182.
2) RGZ 124, 111.
3) Hamburg Rechtspr. d. OLG 45, 179 RdK 1927, 6.
4) RG 6. 10. 1919 Recht 1920, 484, BayZ 1920, 53 (zu § 15 G).
5) Hamburg Recht 1919, 823, Hamburg Rechtspr. d. OLG 45, 179 RdK 1927, 6.
6) Stuttgart 13. 4. 1917 Recht 1917, 1150.

Schaden und der Person des Ersatzpflichtigen Kenntnis erhalten hat, dem Ersatzpflichtigen den Unfall anzeigt. Der Rechtsverlust tritt nicht ein, wenn die Anzeige infolge eines von dem Ersatzberechtigten nicht zu vertretenden Umstandes unterblieben ist oder der Ersatzpflichtige innerhalb der bezeichneten Frist auf andere Weise von dem Unfall Kenntnis erhalten hat.

1. **Zweck des § 15** ist, dem Interesse des Verpflichteten zu dienen, das dieser mit Rücksicht auf den in § 7 G zugelassenen Entlastungsbeweis an der baldigen Feststellung des Sachverhaltes hat. Er soll es ihm ermöglichen, sich möglichst bald das erforderliche Verteidigungsmaterial zu sichern, was längere Zeit nach dem Unfall meist mit Schwierigkeiten verbunden ist[1]).

2. **Die Anzeigefrist ist eine Ausschlußfrist** (nicht eine Verjährungsfrist) mit der Wirkung, daß der Ersatzberechtigte bei nicht rechtzeitiger Anzeige die auf dem Kraftfahrzeuggesetz begründeten Ersatzansprüche verliert.

3. **Anzeigepflichtig** ist der ersatzberechtigte Verletzte (§ 7 Abs. 1).

4. **Gegenstand der Anzeigepflicht** ist der Unfall. Begriff des Unfalls vgl. G § 7 Anm. 4. Die Mitteilung des Ersatzberechtigten muß sonach enthalten den bestimmten Betriebsvorgang und den darauf zurückzuführenden feststellbaren Schaden.

Sind durch den gleichen Betriebsvorgang mehrere Schäden entstanden, so liegen mehrere anzeigepflichtige Unfälle vor.

5. **Berechnung der Frist.** BGB §§ 187, 188.

6. **Kenntnis von Schaden und der Person des Ersatzpflichtigen.** Vgl. Anm. 2 zu § 14.

7. **Satz 2. Bei Versäumung der Anzeigefrist** tritt der Rechtsverlust des Satz 1 nicht ein:

a) bei schuldloser Unterlassung der Anzeige. Welche Umstände der die Anzeige unterlassende Ersatzberechtigte zu vertreten hat, ist entsprechend § 276 BGB dahin zu beantworten, daß er für Vorsatz und Fahrlässigkeit einzustehen hat[2]);

b) wenn der Ersatzpflichtige innerhalb der 2 Monatsfrist auf andere Weise von dem Unfall Kenntnis erhalten hat.

Kenntnis des Prokuristen genügt, wenn die durch den Unfall erzeugte Schadensersatzpflicht eine im Betriebe des Geschäfts begründete Verbindlichkeit darstellt[3]).

8. **Beweislast.** Der Ersatzpflichtige, der unter Bezugnahme auf § 15 im Wege der Einrede den Wegfall der Ersatzpflicht geltend macht, muß beweisen, daß und wann der Ersatzberechtigte von dem Schaden und der Person des Ersatzpflichtigen Kenntnis erhalten hat. Sache des Ersatzberechtigten ist es dann darzutun, daß er die Ausschlußfrist von 2 Monaten beachtet hat[4]).

---

[1]) RG 6. 10. 1919 BayZ 1920, 50.
[2]) Müller Anm. C II zu § 15.
[3]) Danzig 23. 12. 1925 RdK 1927, 88.
[4]) RG 1. 3. 1923 Recht 1923, 793, Kolmar Recht 1913, 890.

Weitergehende Haftung. **§ 16.**

Unberührt bleiben die reichsgesetzlichen Vorschriften, nach welchen der Fahrzeughalter für den durch das Fahrzeug verursachten Schaden in weiterem Umfang als nach den Vorschriften dieses Gesetzes haftet oder nach welchen ein anderer für den Schaden verantwortlich ist.

Übersicht.

1. **Die Sondervorschriften des KFG** sollen mit Rücksicht auf die Gefährlichkeit des Kraftfahrzeugbetriebs eine Mindesthaftung auch für solche Fälle sichern, in denen eine Haftung nach den allgemeinen Grundsätzen nicht oder nur mit Schwierigkeiten durchzuführen wäre. Es liegt daher im Sinne des Gesetzes, nicht die Anwendung von Bestimmungen auszuschließen, die, insbesondere beim Nachweis eines Verschuldens, eine weitergehende Haftung des Fahrzeughalters oder Führers oder eine Haftung anderer Personen begründen[1]).

Ist nach reichsrechtlichen Vorschriften eine weitergehende Haftung des Halters oder Führers (G § 18 Abs. 2) begründet, so tritt diese Haftung neben die Haftung aus dem KFG.

Das Gleiche gilt, wenn nach sonstigen reichsrechtlichen Bestimmungen ein anderer für den Schaden verantwortlich ist. Diese Haftung des anderen tritt ebenfalls uneingeschränkt neben die Haftung des Halters und Führers nach dem KFG. Sämtliche für den Schaden Verantwortliche haften gegenüber den Ersatzberechtigten als Gesamtschuldner (BGB § 840). Die Haftung der mehreren Ersatzpflichtigen untereinander richtet sich soweit §§ 17, 18 Abs. 2 KFG nichts anderes bestimmen, nach den allgemeinen Vorschriften des Bürgerlichen Gesetzbuches (BGB §§ 426 Abs. 1, 254, 840 Abs. 2, 3).

2. **Reichsrechtliche Vorschriften** im Sinne des § 16 sind in erster Linie die Bestimmungen des BGB.

Hinsichtlich der Haftung des Staates für seine Beamten vgl. unten Anm. 8.

3. **Als Haftung im weiteren Umfang** gegenüber den Sondervorschriften des KFG kommt in Frage:

[1]) RGZ 94, 102.

a) Haftung gegenüber beförderten oder betriebstätigen Personen und hinsichtlich beförderter Sachen (§ 8 G),
b) unbeschränkte Haftung hinsichtlich des Höchstbetrages (§ 12 G),
c) Haftung für Erschwerung des Fortkommens (BGB § 842),
d) Haftung für Ansprüche, welche ein Dritter für entgehende Dienste im Haushalt und Gewerbe hat (BGB § 845),
e) Haftung für einen Schaden, der nicht Vermögensschaden ist (BGB § 847),
f) Haftung für Schäden, die infolge Benützung des Fahrzeuges wider Wissen und Willen des Halters entstanden sind (§ 7 Abs. 3),
g) Wegfall der kurzen Verjährungsfrist des § 14 und der Ausschlußfrist des § 15.

4. **Der Rechtsgrund für eine Haftung im weiteren Umfang** kann in der Verletzung eines zwischen den Parteien bestehenden Vertragsverhältnisses oder in einer sog. unerlaubten Handlung (insbesondere BGB §§ 823ff.) liegen oder auf einem sonstigen Tatbestande beruhen.

5. **Haftung im weiteren Umfang auf Grund Vertrages.**

Voraussetzung der Haftung „im weiteren Umfang" auf Grund Vertrages ist die Verletzung eines bestehenden Vertragsverhältnisses.

a) **Gegenüber beförderten Personen, wegen beförderter Sachen, bei Überlassung eines Kraftfahrzeuges** ist es für die Frage der Haftung „im weiteren Umfang" auf Grund Vertrages wesentlich, ob die Beförderung von Personen oder Sachen oder die Überlassung des Kraftfahrzeuges gegen Entgelt oder unentgeltlich geschah.

Eine Haftung aus dem KFG ist gegenüber beförderten Personen und wegen beförderter Sachen gemäß § 8 Ziff. 1 G nicht gegeben; vgl. Anm. 2 zu § 8 G.

Bei **unentgeltlicher** Beförderung von Personen oder Sachen oder Überlassung des Kraftfahrzeuges müssen stets besondere Umstände gegeben sein, welche die Annahme rechtfertigen, daß seitens der Parteien eine vertragliche Bindung beabsichtigt ist. Ein Vertragsverhältnis (z. B. Leihe, Auftrag) liegt zwischen den Parteien nur dann vor, wenn der zum Ausdruck gekommene Wille der Parteien in gegenseitiger Übereinstimmung auf die Begründung von Rechten und Pflichten gerichtet ist.

Ist das nicht der Fall, so ist ein reines Gefälligkeitsverhältnis gegeben, das heißt, es bestehen zwischen den Parteien keine vertraglichen Rechte oder Pflichten. Eine Haftung „im weiteren Umfang" kann in solchen Fällen nur nach den Vorschriften über unerlaubte Handlung (BGB § 823ff.) geltend gemacht werden. Vgl. Anm. 6. Versagen auch diese Vorschriften, so besteht bei derartigen Gefälligkeitsverhältnissen gegenüber beförderten Personen oder wegen beförderter Sachen überhaupt keine Haftpflicht (§ 8 Ziff. 1 KFG mit Anm. 1 zu § 8 KFG). Bei Überlassung des Kraftfahrzeugs bleibt die besondere Haftung aus dem KFG, soweit nicht § 8 G einschlägig ist, unberührt.

Wann in einzelnen Fällen von einem Gefälligkeitsverhältnis gesprochen werden muß, vgl. unter Anm. dd (Leihe) und ee (Auftrag).

Zur Frage, wie weit bei Gefälligkeitsverhältnissen ein Haftungsverzicht angenommen werden kann, vgl. unten Anm. 9.

Bei **entgeltlicher** Beförderung von Personen oder Sachen oder Überlassung des Kraftfahrzeugs liegen naturgemäß die Verhältnisse bedeutend klarer. Es kommt hier fast durchwegs einer der im BGB oder HGB festgelegten Vertragstypen zur Anwendung.

Je nach den getroffenen Vereinbarungen können zwischen den Parteien folgende Vertragsverhältnisse bestehen:

aa) **Werkvertrag §§ 631 ff. BGB.** Ein Werkvertrag liegt vor, wenn der eine Teil (Unternehmer) gegen Entgelt zur Herbeiführung eines bestimmten Erfolges mittels des Kraftfahrzeuges verpflichtet ist. Die typische Form eines Werkvertrages ist der sog. Beförderungsvertrag, worin sich der Unternehmer gegen Entgelt zur Beförderung von Sachen oder Personen verpflichtet[1]).

Der Unternehmer (Halter des Kraftfahrzeuges) haftet in diesen Fällen für alle Schäden, die durch mangelnde Erfüllung oder Vernachlässigung der pflichtgemäßen Sorgfalt entstehen. Vgl. auch Anm. bb) Frachtgeschäft (bei gewerbsmäßiger Übernahme der Beförderung von Sachen) und cc) Mietvertrag.

Keinen Werkvertrag begründet die unentgeltliche Mitnahme von Personen oder Sachen. Ob in diesen Fällen überhaupt ein Vertragsverhältnis vorliegt oder es sich nur um einen rein tatsächlichen Vorgang handelt (Mitnehmen nur aus Gefälligkeit) hängt von den Umständen des Falles ab. Vgl. Anm. ee).

Liegt kein Vertragsverhältnis vor, so können Halter und Führer nur aus dem Gesichtspunkt der unerlaubten Handlung (BGB §§ 823ff., 831) zur Haftung herangezogen werden. Vgl. Anm. ee).

bb) **Frachtgeschäft HGB §§ 425 ff.** Die Bestimmungen über das Frachtgeschäft kommen zur Anwendung bei gewerbsmäßiger Übernahme der Beförderung von Sachen. Das Verhältnis zwischen Absender und Frachtführer (Halter des Kraftfahrzeugs) richtet sich in diesen Fällen hinsichtlich der beförderten Sachen nur insoweit nach dem BGB (§§ 631 ff.), als nicht im Handelsgesetzbuch (§§ 425 ff.) etwas besonderes bestimmt ist.

Voraussetzung der Anwendbarkeit der Bestimmungen über das Frachtgeschäft ist, daß der Transportunternehmer (Frachtführer) nicht nur die bewegende Kraft zum Zwecke der Beförderung zur Verfügung stellt, sondern ihm der zu befördernde Gegenstand außerdem zum Zwecke der Beförderung in seine Obhut übergeben ist[2]).

Der Frachtführer haftet für alle Schäden, die durch mangelnde Erfüllung infolge Vernachlässigung der Sorgfalt eines ordentlichen Frachtführers entstehen.

Hinsichtlich der Verantwortlichkeit des Frachtführers wegen Verschulden seiner Leute ist zu beachten, daß der Frachtführer gemäß § 431 HGB im

---

[1]) RG 92, 150; 87, 64 (Beförderung zugunsten Dritter), RG 66, 12 (Verpflichtung des Transportunternehmers für die körperliche Sicherheit der beförderten Sachen zu sorgen). RG 18. 11. 1929 RdK 1930, 100 VerkRdsch 1929, 563.

[2]) RG 67, 10.

Gegensatz zu § 278 BGB auch für ein Verschulden seiner Leute haftet, das nicht die Ausführung der ihnen obliegenden Verpflichtungen betrifft.

cc) **Mietvertrag BGB §§ 535ff.** Wird ein Kraftfahrzeug zur völlig freien Benützung gegen Entgelt überlassen, so liegt ein Mietvertrag vor[1]). Bei entgeltlicher Überlassung eines Kraftfahrzeuges nicht zur völlig freien Benützung ist je nach den getroffenen Vereinbarungen ein Mietvertrag oder Werkvertrag gegeben. Es kommt darauf an, ob der Überlassende zur Herbeiführung eines bestimmten wirtschaftlichen Erfolges mittels des Kraftfahrzeuges verpflichtet ist. Ist das der Fall, so liegt ein Werkvertrag vor, während im anderen Fall ein Mietvertrag gegeben ist.

Wird ein Kraftwagen gegen Entgelt unter Gestellung des Führers zur freien Verfügung überlassen und der Transport von demjenigen ausgeführt, dem der Wagen überlassen ist, so liegt ein Mietvertrag in Verbindung mit einem Dienstverschaffungsvertrag vor[2]).

Bei Vermietung eines Kraftfahrzeuges ist der Vermieter für alle Schäden verantwortlich, die infolge Mängel des Fahrzeugs entstanden sind. Voraussetzung ist dabei aber, daß der Mangel entweder bereits bei Abschluß des Mietvertrages bzw. Überlassung des Fahrzeugs vorhanden ist oder später infolge eines Umstands entsteht, den der Fahrzeughalter als Vermieter zu vertreten hat oder daß der Fahrzeughalter als Vermieter mit der Beseitigung eines Mangels in Verzug ist (BGB § 538).

Bei Überlassung des Kraftwagens unter Gestellung des Führers (Mietvertrag in Verbindung mit Dienstverschaffungsvertrag) haftet der Vermieter nicht für ein Verschulden des gestellten Führers bei Verrichtung der Dienste beim Mieter. Der Vermieter hat mit der Gestellung eines geeigneten Führers seine Pflicht erfüllt. Die Verrichtung der Dienste des Führers berührt nur den Mieter. § 278 BGB kommt daher in diesen Fällen nicht zur Anwendung[3]).

dd) **Leihe BGB §§ 598ff.** Die Leihe besteht im Gegensatz zur Miete in der vertraglichen, unentgeltlichen Überlassung des Gebrauchs eines Kraftfahrzeugs.

Im Einzelfalle ist hier streng zu prüfen, ob die unentgeltliche Überlassung einen Rechte und Pflichten begründenden Leihvertrag darstellt oder außerhalb eines den Gestattenden verpflichtenden Vertragsverhältnisses nur aus Gefälligkeit erfolgte. Im letzteren Falle kann eine Haftung „im weiteren Umfang" nur nach den Vorschriften über unerlaubte Handlung (BGB §§ 823ff.) geltend gemacht werden. Vgl. oben Anm. 5a und unten Anm. 9.

Bei Vorliegen eines Leihvertrages haftet der Verleiher für Vorsatz und grobe Fahrlässigkeit.

ee) **Auftrag BGB §§ 662ff.** Auftrag ist die vertragsmäßige unentgeltliche Übernahme einer Tätigkeit für den Auftraggeber, die in dessen wirtschaftlichem Interesse liegt.

---

[1]) RG 48, 91.

[2]) RG 56, 361; 98, 327.

[3]) Vgl. RG 56, 361 und 98, 327 (Vermietung eines Kahns mit Schiffer), Abhandl. v. Meyer RdK 1928, 161.

Auch hier ist im Einzelfalle streng zu prüfen, ob die unentgeltliche Mitnahme einer Person oder Sache in einem Wagen einen Rechte und Pflichten begründenden Auftragsvertrag darstellt oder außerhalb eines die Mitnahme gestattenden Vertragsverhältnisses nur aus Gefälligkeit erfolgte. Im letzteren Falle kann eine Haftung „im weiteren Umfange" nur nach den Vorschriften über unerlaubte Handlung (BGB §§ 823ff.) geltend gemacht werden. Vgl. oben Anm. 5a.

Einzelfälle:

Das bloße Einräumen eines Platzes in einem Wagen begründet kein Auftragsverhältnis. Nur besondere Umstände können in diesen Fällen die Annahme rechtfertigen, daß eine rechtliche Bindung beabsichtigt ist[1]).

ff) **Erfüllungsgehilfe § 278 BGB.** In allen Fällen der Haftung aus einem Vertragsverhältnis hat der Halter (auch der Führer) ein Verschulden seines gesetzlichen Vertreters und der Personen, deren er sich zur Erfüllung seiner Verbindlichkeit bedient (Erfüllungsgehilfe) in gleichem Umfang zu vertreten wie eigenes.

Das Verschulden des Erfüllungsgehilfen (z. B. des Kraftwagenführers) kann sowohl auf dem allgemeinen Tatbestand des § 823 Abs. 1 BGB wie auf dem Verstoß gegen ein Schutzgesetz (BGB § 823 Abs. 2) beruhen[2]). Vgl. auch unten Anm. 6c.

b) **Gegenüber Betriebstätigen** besteht eine Haftung „im weiteren Umfang" auf Grund Vertrages nach Maßgabe des regelmäßig abgeschlossenen Dienstvertrages (BGB § 611ff.).

Da das Halten von Kraftfahrzeugen, gleichgültig ob es gewerblich ist oder nicht, der Gewerbeunfallversicherung unterliegt (RVO § 537 Ziff. 7, 10) sind jedoch auf den Umfang und die Geltendmachung der Schadensersatzpflicht die Vorschriften der Reichsversicherungsordnung (RVO) von Einfluß. §§ 898, 899 RVO schließen, soweit sie zur Anwendung kommen, Schadensersatzansprüche der Versicherten und ihrer Hinterbliebenen aus[3]). Eine Haftung des Halters (Unternehmers) gegenüber den Betriebstätigen und deren Hinterbliebenen kommt nach den genannten Bestimmungen nur dann in Frage, wenn strafgerichtlich festgestellt worden ist, daß er den Unfall vorsätzlich herbeigeführt hat. Der Halter haftet in diesem Falle den Betriebstätigen und deren Hinterbliebenen für den Betrag, um den der Schaden die von der Berufsgenossenschaft geleistete Entschädigung übersteigt.

Hinsichtlich der Haftung gegenüber Genossenschaften, Krankenkassen usw. vgl. RVO §§ 903ff.

6. Haftung im weiteren Umfang auf Grund unerlaubter Handlung BGB §§ 823ff. Voraussetzung der Haftung „im weiteren Umfang" auf Grund unerlaubter Handlung ist das Vorliegen eines Verschuldens. Ein Verschulden liegt vor, wenn die allgemeine, durchschnittliche, im Verkehr erforderliche Sorgfalt nicht beachtet ist. Wenn auch diese Sorgfaltspflicht

---

[1]) RG LZ 1915, 831, RG 65, 17; 68, 429.
[2]) RG 84, 424.
[3]) RG 84, 415.

nach § 276 BGB geringere Anforderungen an die Aufmerksamkeit des Handelnden stellt als jede nach den Umständen des Falles gebotene in § 7 Abs. 2 KFG, so ist beim Betrieb von Kraftfahrzeugen nur dann die allgemeine, durchschnittliche, im Verkehr erforderliche Sorgfaltspflicht als gegeben zu erachten, wenn die angewandte Sorgfalt der durch die gesteigerten Geschwindigkeitsleistungen der Kraftfahrzeuge erhöhten Gefahr entspricht. Es folgt dies aus dem allgemeinen Grundsatz, daß jeder Teilnehmer am öffentlichen Verkehr bei seinem Tun und Lassen auf die Allgemeinheit die gebührende Rücksicht zu nehmen und Sorge zu tragen hat, daß er nicht Gefahren für andere schafft. Dem Führer eines Kraftfahrzeuges ist diese Verpflichtung in § 17 Abs. 1 VO lediglich noch besonders eingeschärft[1]).

Zum Begriff des Verschuldens ist nicht erforderlich, daß für den Täter alle Einzelheiten des Geschehnisses voraussehbar waren. Es genügt, daß bei der Anwendung der gehörigen Sorgfalt die Gewißheit oder auch nur die Möglichkeit des schädigenden Erfolgs der Handlungsweise im Hinblick auf die Verletzung des betroffenen Rechtsgutes voraussehbar war, wobei sich die Voraussehbarkeit nach den Erfahrungen des täglichen Lebens beurteilt[2]).

Im Einzelnen kommt eine Haftung „im weiteren Umfang" auf Grund unerlaubter Handlung in folgenden Fällen in Frage:

a) **BGB § 823 Abs. 1.** Für den Nachweis eines Verschuldens genügt die Geltendmachung irgendwelcher durch die Rechtsordnung auferlegter Pflichten[3]). Es ist hiebei ohne Bedeutung, ob die durch den Täter verletzte Sorgfaltspflicht auf dem allgemeinen Verkehrsbedürfnis beruht oder durch besondere Vertragsvereinbarungen begründet ist. Im Gegensatz zu BGB § 823 Abs. 2 ist bei Abs. 1 nicht erforderlich, daß ein Verstoß gegen gesetzliche oder polizeiliche Vorschriften gegeben ist. Ein Verschulden liegt insbesondere vor bei Verstoß gegen die einfachsten Vorsichtsmaßregeln, die unabhängig von jeder polizeilichen Regelung zu beachten sind[4]).

aa) Die allgemeine Sorgfaltspflicht des Halters umfaßt den ordnungsgemäßen Zustand des Fahrzeuges sowie die sorgfältige Auswahl und Beaufsichtigung der Betriebsbeschäftigten.

Hinsichtlich der Verantwortlichkeit für den Zustand des Fahrzeuges vgl. G § 7 Abs. 2 Anm. 13a, aa). Für die Haftung aus § 823 genügt es, daß der Halter bei sorgsamer Erwägung erkennen konnte, der schlechte Zustand des Wagens könne für die Verkehrssicherheit Gefahr bringen (RGRKomm. Anm. 3 zu § 823)[5]).

Die Verpflichtung zur sorgfältigen Auswahl und Beaufsichtigung der beim Betrieb verwendeten Personen muß nach allgemeinen Grundsätzen

---

[1]) BayObLG 21. 1. 1926 JW 1927, 1326.

[2]) BayObLG 21. 1. 1926 JW 1927, 1386, BayObLG 18. 10. 1927 GVZ 1928, 74.

[3]) Müller Anm. B III b 1 zu § 16.

[4]) RGStr 30, 25; 57, 112, RG 21. 10. 1927 JW 1927, 3054.

[5]) RG 20. 2. 1928 RdK 1928, 70.

sehr strengen Anforderungen unterstellt werden[1]). Vgl. G § 7 Abs. 2 Anm. 13a, bb), cc).

Eine Haftung wegen Ermöglichung einer Schwarzfahrt besteht nach § 823 BGB dann, wenn zwischen der fahrlässigen Ausübung der Verfügungsmacht und dem eingetretenen Schaden ein adäquater ursächlicher Zusammenhang vorhanden ist. Da Schwarzfahrten erfahrungsgemäß mit einer höheren als der normalen Betriebsgefahr verbunden sind, dürfte der Halter, der diese erhöhte Betriebsgefahr durch seine Fahrlässigkeit verursacht hat, auch nach § 823 BGB für den Schaden haften[2]).

Durch besondere Vertragsvereinbarungen können noch weitergehende Verpflichtungen des Halters begründet sein. Vgl. G § 16 Anm. 5.

Wer einen Beförderungsvertrag abgeschlossen hat, kann vom Beförderungsunternehmer verlangen, daß er ohne Gefährdung von Rechtsgütern ans Reiseziel gebracht wird. Ist der entstandene Unfall auf ein fahrlässiges Verhalten des Unternehmers zurückzuführen, so muß dieser dafür einstehen. Der Transportunternehmer ist verpflichtet, für die körperliche Sicherheit der beförderten Personen zu sorgen[3]).

Einzelfälle: Vgl. G § 7 Abs. 2 Anm. 13a.

Der Halter eines Lastkraftwagens haftet aus eigenem Verschulden, wenn er einen jugendlichen Fahrer nach angestrengtem Tagesdienst noch eine Nachtfahrt durch eine belebte Gegend ausführen läßt[4]).

bb) Der Führer muß sich stets bewußt sein, daß die öffentlichen Verkehrswege für die Allgemeinheit da sind und er auf die Allgemeinheit die gebührende Rücksicht zu nehmen hat. Die gesteigerten Geschwindigkeitsleistungen der Kraftfahrzeuge und die dadurch bedingte erhöhte Gefahr des Zusammenstoßes mit anderen Verkehrsbeteiligten machen es dem Führer zur strengen Pflicht, mit möglichster Sorgfalt auf die Vermeidung der Schädigung von Rechtsgütern bedacht zu sein[5]). Bereits nach allgemeinen Grundsätzen sind an die Sorgfaltspflicht des Führers sehr strenge Anforderungen zu stellen. Bei Vernachlässigung jeder nach den Umständen des Falles gebotenen Sorgfalt (G § 7 Abs. 2) wird in den meisten Fällen zugleich von einem Verschulden im Sinne der §§ 276, 823ff. BGB gesprochen werden müssen. Vgl. G § 7 Abs. 2 Anm. 13b.

cc) Wegen mitwirkendem Verschulden des Verletzten vgl. G § 9 Anm.

dd) Die Beweislast für das Vorliegen eines Verschuldens trifft den Schadenersatz fordernden Verletzten. Eine Umkehrung dieser Beweis-

---

[1]) RG 14. 10. 1926 Recht 1926, 2431, RG 9. 2. 1928 JW 1928, 1721 (1723), RG 8. 3. 1928 JW 1928, 1726, RG 15. 12. 1928 DAR 1929, 197, KG 22. 12. 1927 RdK 1928, 183, Dresden 19. 12. 1924 JW 1925, 1023.

[2]) KG 15. 2. 1930 RdK 1930, 181.

[3]) RG 66, 12; 98, 327.

[4]) Hamm 12. 5. 1927 VerkRdsch 1927, 509, RdK 1928, 62.

[5]) BayObLG 21. 1. 1926 JW 1927, 1326.

last tritt aber nach den von der Rechtsprechung anerkannten Grundsätzen über den Prima facie-Beweis[1]) dann ein, wenn nach Lage der Umstände für die Vernachlässigung der allgemeinen Sorgfaltspflicht durch den Schädiger und deren Mitursächlichkeit für den Unfall ein so hoher Grad von Wahrscheinlichkeit erbracht ist, daß daneben die Möglichkeit, daß der Schaden des Verletzten auch bei Erfüllung jener Pflichten eingetreten wäre, erheblich zurücktritt[2]). Der Kläger hat seiner Beweispflicht genügt, wenn er eine solche Wahrscheinlichkeit dargetan hat, die die Entstehung des Schadens zu erklären geeignet ist. Sache des Gegners ist es dann, andere Umstände als tatsächlich wirksam geworden nachzuweisen[3]).

Eine Umkehrung der Beweislast tritt auch im Falle des § 831 BGB ein (vgl. unten Anm. c, bb).

b) **BGB § 823 Abs. 2.**

aa) Als Schutzgesetz im Sinne dieser Bestimmungen kommen für den Kraftfahrzeugverkehr in Betracht: StGB §§ 222, 230 Abs. 1, 360 Ziff. 11, BGB §§ 858, 1004, ferner das KFG und die auf Grund von § 6 G erlassene VO[4]).

bb) Beweislast. Der Geschädigte hat die Verletzung des Schutzgesetzes zu beweisen, nicht aber das Vorliegen eines Verschuldens. Den Mangel eines Verschuldens dagegen hat der Schädiger darzutun. Dagegen knüpft das Gesetz an die bloße Tatsache der Verletzung eines Schutzgesetzes noch keine Vermutung für das Vorliegen des Kausalzusammenhangs zwischen dem Verstoß und dem Schaden. Der Verletzte muß vielmehr in jedem einzelnen Falle nachweisen, daß der Unfall gerade auf diesen Verstoß zurückzuführen ist[5]). Ist der Unfall durch Umstände herbeigeführt worden, deren Verhütung nicht zu den Zwecken der Verbotsbestimmung des Schutzgesetzes gehört, so kann der Ersatzanspruch nicht auf die schuldhafte Verletzung dieser Vorschrift gestützt werden. Die Regeln des Prima facie-Beweises (vgl. Anm. a, dd) gelten auch hier.

cc) Einzelfälle: Unkenntnis der bestehenden verkehrspolizeilichen Vorschriften entschuldigt nicht[6]).

In dem rücksichtslosen Fahren auf schmutziger Straße, durch das andere Verkehrsbeteiligte ungebührlich mit Schmutz bedeckt werden, kann ein grober Unfug (StrGB § 360 Ziff. 11) und damit die Verletzung eines Schutzgesetzes erblickt werden. In bezug auf den Erfolg der Handlung reicht Fahrlässigkeit aus[7]).

---

[1]) RG 95, 249; 102, 95; 109, 19; 114, 75; 115, 425.

[2]) RG 9. 2. 1928 JW 1928, 1721 (1723), RG 109, 20; 114, 76; 115, 425. Kein Fall des Prima facie-Beweises RG 102, 95.

[3]) RG 95, 249.

[4]) RG 84, 425.

[5]) RG 16. 9. 1929 DAR 1929, 361, RdK 1929, 513 (Nichtbesitz des Führerscheins und ursächlicher Zusammenhang).

[6]) BayObLG 14. 10. 1927 BayZ 1928, 42.

[7]) BayObLG 13. 5. 1927 JW 1927, 2808 RdK 1928, 126, BayObLG 18. 5. 1926 JW 1926, 2765, BayObLG 21. 5. 1926 JW 1926, 2765.

Die Nichtabgabe eines vorgeschriebenen Warnungszeichens kann als Verstoß gegen ein Schutzgesetz (§ 19 VO) Schadensersatzpflicht begründen[1]. Eine Autofirma, die einen Kraftwagen einem Autokäufer zum Zwecke einer Probefahrt herausgibt, ohne sich den Führerschein zeigen zu lassen, verstößt gegen ein Schutzgesetz (G § 24 Abs. 2), die bloße mündliche Versicherung des Besitzes eines Führerscheins genügt nicht[2].

c) **BGB § 831.** Während nach § 278 BGB der Geschäftsherr wirklich für ein Verschulden der Hilfspersonen aufzukommen hat und sein eigenes Verschulden dabei gar nicht in Frage kommt, ist es nach § 831 BGB nicht das unerlaubte Verhalten[2a] des Gehilfen, sondern das eigene Verschulden des Geschäftsherrn, das er zu vertreten hat; die Handlung, für die er einzustehen hat, ist die der Hilfsperson; das Verschulden, das diese Haftung begründet, ist sein eigenes. Dieses Verschulden besteht in der schuldhaft untüchtigen Auswahl der Hilfspersonen oder schuldhaft versäumten Beschaffung der für eine Arbeit der Hilfspersonen erforderlichen Vorrichtungen oder Gerätschaften oder endlich der schuldhaft unterlassenen Leitung einer Verrichtung, die einer Leitung bedürfte[3].

Eine Beaufsichtigung von Verrichtungen schreibt § 831 BGB im allgemeinen nicht vor. Vielmehr ist in der Regel die allgemeine Überwachungspflicht des Geschäftsherrn nur aus § 823 BGB zu folgern und damit ihre Vernachlässigung vom Verletzten zu beweisen[4]. Vgl. oben Anm. a, dd) und unten bb. Unter besonderen Umständen kann jedoch die Pflicht des Geschäftsherrn zur allgemeinen Beaufsichtigung auch aus § 831 BGB abgeleitet werden[5]. Solche besonderen Umstände nimmt nun das RG[6] bei dem KHalter ohne weiters an, wenn er zur Ausführung der Überwachungspflicht örtlich und zeitlich Gelegenheit hat. „Diese Überwachungspflicht wird dadurch erfüllt, daß zunächst der KHalter seinen Führer vor Antritt der Fahrt auf Einhaltung einer mäßigen Geschwindigkeit hinzuhalten hat, sofern nur Umstände vorliegen, die vorsichtiges Fahren als möglich und angebracht erscheinen lassen. Weiterhin muß der Halter sofort einschreiten, wenn trotz des Hinweises bei Beginn der Fahrt der Führer übermäßig schnell fährt."

Wenn die von der Hilfsperson bei Ausführung der ihr aufgetragenen Verrichtung begangene widerrechtliche Handlung zugleich eine Vertragsverletzung in Erfüllung einer vertraglichen Verpflichtung des Geschäftsherrn gegen den anderen enthält, so können sowohl BGB § 278 als auch § 831 zur Anwendung kommen[7]. Vgl. oben Anm. 5 a ff).

aa) Die Haftbarkeit aus § 831 BGB beruht auf dem Gedanken, daß es demjenigen, der einen anderen zu einer Verrichtung bestellt, auch möglich

---

[1]) RG 4. 7. 1927 RdK 1927, 247.

[2]) RG 29. 11. 1926 RdK 1927, 35, 126.

[2a]) nicht notwendig Verschulden (RG 20. 3. 1930 DJZ 1930, 1034).

[3]) RGRKomm. Anm. 1 zu § 831.

[4]) RGRKomm. Anm. 6 zu § 831.

[5]) RG 15. 12. 1928, RdK 1929, 197; RGZ 120, 154.

[6]) RG 21. 2. 1929 DAR 1929, 391.

[7]) RGRKomm. Anm. 1 zu § 831.

sein werde, den Angestellten zu überwachen. Diese Möglichkeit fehlt bei Handlungen, die der Angestellte ohne Wissen und Willen des Geschäftsherrn vornimmt[1]).

Mit dem Begriff einer Schwarzfahrt, also einer solchen, die ohne Wissen und gegen den (ausdrücklichen oder zu vermutenden) Willen des Halters geschieht, ist daher regelmäßig die Annahme unvereinbar, daß dabei der Kraftwagenführer in Ausführung der ihm übertragenen Verrichtungen gehandelt habe. Sobald der Kraftwagenführer ohne Wissen und Willen des Fahrzeughalters den Kraftwagen benützt, hat er die Dienstpflicht verletzt und sich außerhalb seiner Vertragspflichten, auch seiner Obhutspflicht, gestellt.

Schon der Akt der Lossagung von der Obhutspflicht liegt nicht innerhalb des Kreises der Tätigkeiten, welche die Ausführung der dem Führer übertragenen Verpflichtungen darstellen. Durch seine Dienststellung ist dem Führer lediglich Gelegenheit geboten, sich des Fahrzeugs zu unerlaubten Zwecken zu bedienen[2]).

Wann im Einzelnen das Vorliegen einer Schwarzfahrt als gegeben zu erachten ist, vgl. G § 7 Anm. 15, bes. Buchst. b.

bb) Beweislast: § 831 kehrt gegenüber § 823 die Beweislast um. Der Geschäftsherr muß beweisen, daß er bei Auswahl der bestellten Person und, sofern er Vorrichtungen und Gerätschaften zu beschaffen oder die Ausführung von Verrichtungen zu leiten hat, bei der Beschaffung oder der Leitung die im Verkehr erforderliche Sorgfalt beobachtet hat oder der Schaden auch bei Anwendung dieser Sorgfalt entstanden wäre. (Entlastungsbeweis.) Hinsichtlich der beim Betrieb von Kraftfahrzeugen im Verkehr erforderlichen Sorgfalt vgl. Anm. 6 einl. Anm.

Der Geschädigte muß beweisen, daß ihm der erlittene Schaden durch eine Hilfsperson des Geschäftsherrn (Verrichtungsgehilfen) widerrechtlich zugefügt worden ist.

cc) Einzelfälle: Erstreckte sich die Aufsichtspflicht des Kraftfahrzeughalters auf die Erteilung allgemeiner Instruktionen, ohne im einzelnen Vorschriften für den Einzelfall zu geben, so ist der dem Halter obliegende Entlastungsbeweis als geführt zu erachten[3]).

7. Haftung nach § 904 BGB. Hat der Kraftwagenführer zur Rettung eines Menschen sein Kraftfahrzeug zur Seite gelenkt und dadurch nicht absichtlich, aber doch mit Eventualvorsatz eine fremde Sache beschädigt, so haftet er nach § 904 dem Eigentümer unmittelbar. Der Geschädigte braucht sich mit seinen Ersatzansprüchen nicht an den Geretteten verweisen zu lassen.

---

[1]) Karlsruhe 30. 1. 1907 DJZ 1908, 1175.

[2]) RGZ 119, 58, Colmar 5. 10. 1911 DJZ 1912, 1192, RdK 1926, 59, Dresden 19. 12. 1924 JW 1925, 1023 RdK 1926, 59, LG Berlin 8. 5. 1925 RdK 1926, 59, LG Hamburg 10. 3. 1926 RdK 1926, 105, LG Hannover 15. 6. 1926 RdK 1926, 83, Danzig 6. 10. 1927 RdK 1928, 95; a. A. RG 14. 10. 1926 JRdsch 1927, 25, KG 17. 2. 1926 RdK 1926, 44, 59 JW 1927, 921, KG 4. 5. 1927 RdK 1927, 214.

[3]) Düsseldorf 14. 11. 1927 RdK 1928, 110.

8. Haftung eines Anderen. Dieser „andere" können folgende Personen sein:

a) der Führer, § 18 Abs. 2 G,
b) der Eigentümer des Fahrzeugs, sofern er nicht der Halter ist,
c) der Hersteller des Fahrzeugs,
d) der Sachverständige, der die Verkehrssicherheit des Fahrzeugs zu prüfen hatte,
e) der Tierhalter,
f) der Eisenbahnunternehmer,
g) der Staat oder die öffentliche Körperschaft,
h) der Aufsichtspflichtige eines Minderjährigen,
i) der durch seinen verfassungsmäßigen Vertreter Vertretene.

Unter welchen Voraussetzungen die Haftung eines anderen gegeben ist, bemißt sich nach dem BGB und den einschlägigen Sondergesetzen. Hier sei nur auf folgendes hingewiesen:

Zu g[1]). Hinsichtlich der **Haftung des Staates usw.** für seine Beamten sind maßgebend: Art. 131 RVerf, § 1 Gesetz über die Haftung des Reichs für seine Beamten vom 22. 5. 1910 (RGBl S. 798), Art. 60 AGBGB vom 9. 6. 1899 (Beilage zum GVBl 1899 Nr. 28) mit § 839 BGB. Hiebei ist zu unterscheiden zwischen Ansprüchen nach BGB und Ansprüchen nach KFG.

a) Ansprüche nach BGB. Voraussetzung für eine Haftung des Staates usw. nach Art. 131 RVerf mit § 839 BGB ist, daß der Beamte die ihm Dritten gegenüber obliegende Amtspflicht in Ausübung öffentlicher Gewalt schuldhaft verletzt hat. Ein amtliches Handeln liegt nur vor, wenn zwischen der Handlung und dem Dienste ein innerer Zusammenhang besteht[2]). Die dem KFührer obliegende Pflicht, das K unter Beachtung aller für den K-Verkehr getroffenen Bestimmungen zu führen, gehört zu den Amtspflichten des beamteten KFührers, die ihm gegenüber dem auf der Straße verkehrenden Publikum obliegen[3]). Unter den Begriff öffentliche Gewalt fallen alle Handlungen, die in unmittelbarem Zusammenhang mit der Erfüllung öffentlicher Aufgaben stehen[4]). Sind diese Voraussetzungen gegeben, so haftet der Staat usw., unbeschadet des Rückgriffs gegen den schuldigen Beamten auf Grund des Art. 131 RVerf, der nach herrschender Meinung unmittelbar geltendes Recht enthält[5]).

b) Ansprüche nach KFG. Soweit der Staat usw. nicht als Halter des K in Frage kommt, haftet er nach § 7 KFG nicht. Sowohl die Anwendung des Art. 131 RVerf, wie jene des Art. 61 AGBGB ist im vor-

---

[1]) Zu den einschl. Fragen siehe Verfasser in RdK 1930, 230.
[2]) RGZ 108, 366; RG 18. 4. 1929 DAR 1929, 367; vgl. auch RG 7. 1. 1930 DAR 1930, 78, Jellinek 313; a. A. BayVGH 24, 183.
[3]) RGZ 108, 366, RG 18. 4. 1929 DAR 1929, 367.
[4]) RGZ 108, 366, RG 18. 4. 1929 DAR 1929, 367; RG 7. 1. 1930 DAR 1930, 78; a. A. BayVGH 23, 80; 24, 183; 26, 295; 30, 110; vgl. auch Schellhorn, Amtshaftung Berlin 1925 S. 21 und Dyroff 239.
[5]) RGZ 102, 166; 104, 290; 106, 34.

liegenden Falle ausgeschlossen, da es sich um keine Verschuldenshaftung handelt. Dagegen gilt hinsichtlich der Haftung des Staates in den Fällen des § 18 KFG dasselbe wie bei den Ansprüchen nach BGB.

Beweislast. Bemerkenswert ist hier, daß der Geschädigte nur die Verletzung der Amtspflicht, nicht aber auch das Vorliegen eines Verschuldens zu beweisen hat; denn die Dienstvorschrift des Beamten vertritt hier die Funktion des Schutzgesetzes. Siehe im übrigen oben Anm. 6b), bb).

Zu h. Der Aufsichtspflichtige muß gegen den Mißbrauch von Kraftfahrzeugen seitens des zu beaufsichtigenden Minderjährigen jede mögliche Vorsorge treffen, die er erfahrungsgemäß für ausreichend halten kann. Ein bloßes Verbot an den Minderjährigen genügt in der Regel nicht[3].

Zu i. Ist der Halter des K verfassungsmäßiger Vertreter im Sinne des § 31 oder § 89 BGB, so wird eine Haftung des Vertretenen auf Grund des KFG nicht anzunehmen sein; denn der haftungsbegründende Tatbestand — die KHaltung — kann wohl nicht als eine dem verfassungsmäßigen Vertreter zustehende Verrichtung angesehen werden. Wohl aber kann eine solche Haftung für das Verschulden des verfassungsmäßigen Vertreters nach dem BGB als gegeben angesehen werden, wenn diesem eine Verletzung der ihm obliegenden Aufsichtspflicht zur Last fällt. Haftungsgrund ist im Falle des § 31 BGB ja ebenso wie im Falle des § 278 BGB bereits die Bestellung[1]). Eine solche Aufsichtspflicht besteht grundsätzlich zwar nur dann, wenn sie gesetzlich festgelegt ist. Sie kann sich aber auch aus allgemeinen Rechtsgrundsätzen ergeben, insbesondere aus dem Rechtsgrundsatz, daß derjenige, der einen gefährlichen Zustand schafft oder eine gefährliche Tätigkeit vornimmt oder vornehmen läßt, eben hierdurch verpflichtet wird, die zur Abwendung der hieraus entstehenden Gefahr erforderlichen Vorkehrungen zu treffen[2]).

9. Haftungsverzicht. Auf die Haftung des Halters, Führers, sowie etwaiger anderer Personen kann seitens der Mitfahrenden oder der Absender von beförderten Sachen jederzeit verzichtet werden. Da die Gefährdungshaftung des KFG gegenüber beförderten Personen oder wegen beförderter Sachen schon kraft § 8 Abs. 1 G ausscheidet, kommt für einen derartigen Verzicht nur die Schuldhaftung (jedoch nicht für Vorsatz) in Frage.

Wurde vor Beginn der Fahrt kein Vertrag abgeschlossen, was in der Regel bei den sog. Gefälligkeitsfahrten (vgl. oben Anm. 5a, bes. ee) der Fall ist, so kommt es auf die jeweiligen besonderen Umstände an, ob ein stillschweigender Verzicht auf die Schuldhaftung angenommen werden kann oder nicht[4]). Eine allgemeine Vermutung für einen solchen Verzicht besteht auch bei Gefälligkeitsfahrten nicht.

---

[1]) Titze, Schuldrecht S. 128.

[2]) Vgl. die Rechtspr. des RG zu § 823 BGB und RGZ 53, 53.

[3]) KG 15. 3. 1926 RdK 1927, 6 VerkRdsch 1926, 343, zu weit: Hamm 20. 1. 1926 RdK 1928, 12 VerkRdsch 1927, 400.

[4]) RG 11. 11. 1926 RdK 1927, 101.

Nach der Rechtsprechung des Reichsgerichts ist grundsätzlich davon auszugehen, daß eine Person, die in einem Kraftwagen unentgeltlich aus Gefälligkeit befördert wurde, freiwillig die damit verbundene, durch den Kraftfahrzeugbetrieb von selbst gegebene Gefahr übernehmen mag, nicht aber die aus rechtswidriger Handlung des Kraftwagenhalters oder seines Führers entspringende[1]). Ein weitergehender Ausschluß der Haftung könne nur bei Vorliegen besonderer Umstände angenommen werden. Als derartige besondere Umstände wird seitens der Rechtsprechung nicht die bloße Teilnahme an Fahrten mit erhöhter Gefahr wie Rennen, Dauerprüfungsfahrten[2]) erachtet. Als besonderer Umstand gilt auch nicht, wenn der Führer dem Verletzten als „schneller, mutiger" Fahrer bekannt war[3]).

Kenntnis des Mitfahrenden von der bestehenden Haftpflichtversicherung des Halters spricht regelmäßig gegen die Verzichtabsicht[4]).

Im Kraftwagen angebrachte Schilder, nach deren Inhalt die Haftung aus Verschulden ausgeschlossen sein soll, befreien nur dann von der Haftung wegen Fahrlässigkeit, wenn sich der Fahrgast ausdrücklich oder stillschweigend mit ihrem Inhalt einverstanden erklärt. Ein stillschweigendes Einverständnis wird regelmäßig dann angenommen werden müssen, wenn ein reines Gefälligkeitsverhältnis vorliegt und das Schild so angebracht ist, daß es von dem Fahrgast vor dem Einsteigen unbedingt gelesen werden muß[5]).

Ausgleichungspflicht.

§ 17.

Wird ein Schaden durch mehrere Kraftfahrzeuge verursacht und sind die beteiligten Fahrzeughalter einem Dritten kraft Gesetzes zum Ersatze des Schadens verpflichtet, so hängt im Verhältnisse der Fahrzeughalter zueinander die Verpflichtung zum Ersatze sowie der Umfang des zu leistenden Ersatzes von den Umständen, insbesondere davon ab, inwieweit der Schaden vorwiegend von dem einen oder dem anderen Teile verursacht worden ist. Das Gleiche gilt, wenn der Schaden einem der beteiligten Fahrzeughalter entstanden ist, von der Haftpflicht, die für einen anderen von ihnen eintritt.

Die Vorschriften des Abs. 1 finden entsprechende Anwendung, wenn der Schaden durch ein Kraftfahrzeug und ein

---

[1]) RG 65, 17; 67, 434, RG 10. 2. 1921 Recht 1921, 1604, RG 15. 4. 1926 JW 1926, 2534, RG 11. 11. 1926 Recht 1927, 111, siehe auch Abh. von Zimmermann JW 1928, 1717.

[2]) RG 1. 2. 1926 JW 1926, 2534, Recht 1926, 1142.

[3]) RG JW 1911, 28.

[4]) RG 1. 2. 1926 JW 1926, 2534, Recht 1926, 1142.

[5]) Zu dem Problem der Gefälligkeitsfahrt siehe besonders Arndt RdK 1929, 183, JW 1929, 898.

Tier oder durch ein Kraftfahrzeug und eine Eisenbahn verursacht wird.

1. § 17 regelt zwei an sich völlig verschiedene Fragen nach gleichen Gesichtspunkten, nämlich in Abs. 1 Satz 1 den Ausgleich mehrerer einem Dritten gegenüber kraft Gesetzes ersatzpflichtigen Personen untereinander, in Abs. 1 Satz 2 den Entschädigungsanspruch eines bei einem gemeinsam verursachten Unfall geschädigten Halters oder Betriebsunternehmers gegen den anderen.

2. Sind mehrere Halter usw. einem Dritten zum Schadensersatz verpflichtet, so haften sie gemäß § 840 BGB, der nach der ständigen Rechtsprechung des RG auch auf schuldlose zum Schadensersatz verpflichtende Handlungen Anwendung findet, als Gesamtschuldner[1]). Unter sich sind die Gesamtschuldner, soweit nichts anderes bestimmt ist, nach § 426 BGB zu gleichen Anteilen verpflichtet. Das RG hat nun allerdings die Regel des § 254 BGB auch auf den Ausgleich unter Gesamtschuldnern angewendet. § 254 BGB setzt aber ein Verschulden voraus. Daher bedurfte es für die Fälle der Gefährdungshaftung der Sonderbestimmung des § 17 KFG. Dieser schaltet sonach für sein Anwendungsgebiet den Verteilungsgrundsatz des § 426 Abs. 1 Satz 1 BGB aus und setzt an Stelle des allgemeinen Maßstabes der Kopfteile einen besonderen Maßstab, der aus den Umständen des Einzelfalles zu entnehmen ist und der Beteiligung nach dem Maße der Verursachung durch die Betriebsgefahren und deren Erhöhung durch ein Verschulden der beteiligten Betriebspersonen entspricht[2]).

3. Ist einer der beteiligten Halter geschädigt, so findet im Falle des Verschuldens des Geschädigten § 9 KFG mit § 254 BGB Anwendung. Für den Fall aber, daß auf seiten des Geschädigten nur die gewöhnliche Betriebs- bzw. Tiergefahr vorliegt, bedurfte es der besonderen Regelung des § 17.

4. Voraussetzung der Ausgleichspflicht im Falle des Abs. 1 Satz 1.

a) Verursachung eines Schadens
durch[3]) mehrere Kraftfahrzeuge oder
durch ein Kraftfahrzeug und ein Tier oder
durch ein Kraftfahrzeug und eine Eisenbahn.

b) gesetzliche Verpflichtung des Halters gegenüber einem Dritten, im konkreten Fall den verursachten Schaden zu ersetzen.

5. Voraussetzung der Ausgleichspflicht im Falle des Abs. 1 Satz 2.

a) Verursachung eines Schadens (wie im Falle Abs. 1 Satz 1),

b) Verpflichtung des geschädigten Halters zum Schadensersatz im konkreten Fall, falls der Schaden nicht ihn selbst, sondern einen Dritten getroffen hätte[4]).

[1]) Begriff Gesamtschuldverhältnis siehe RGZ 82, 436.
[2]) RGZ 92, 143.
[3]) RG 7. 1. 1929 DAR 1929, 89.
[4]) RGZ 96, 98, RG 28. 2. 1929 RdK 1930, 40.

6. Ausgleichung bei Beteiligung mehrerer Kraftfahrzeuge.

a) **Schädigung eines Dritten.** Dritter kann jede Person außer den beteiligten Kraftfahrzeughaltern (Tierhaltern, Unternehmern) sein.

Eine Schädigung und damit ein Ausgleichungsanspruch besteht nur in den Grenzen, in denen der Ausgleichungskläger schadensersatzberechtigt ist und die Ausgleichungspflicht nur in den Grenzen, in denen Ausgleichungsbeklagter schadensersatzpflichtig ist[1]).

b) **Ersatzpflicht kraft Gesetzes.** Die mehreren Halter müssen „kraft Gesetzes" dem Dritten zum Schadensersatz verpflichtet sein. Die Schadensersatzpflicht kraft Gesetzes braucht aber nicht dem Kraftfahrzeuggesetz entspringen[2]), sondern kann sich auch aus anderen Haftungsvorschriften ergeben, z. B. aus BGB §§ 823, 831, 833, § 1 Haftpflichtgesetz vom 17. Juni 1871[3]).

Im Gegensatz zur gesetzlichen Schadensersatzpflicht steht die vertragliche Schadenshaftung, für die § 17 nicht in Frage kommt. Insoweit eine Ausgleichung verlangt wird von einem auf Grund Vertrags zum Schadensersatz Verpflichteten oder gegen einen solchen, müssen die allgemeinen Bestimmungen des BGB und zwar, da § 840 BGB hiefür nicht anwendbar ist, die Bestimmungen der §§ 426 und 254 zur Anwendung kommen[4]). Erforderlich ist hiebei, daß die aus verschiedenen Schuldgründen Haftbaren nicht ohne jeden inneren Zusammenhang Schuldner geworden sind. Die Ausgleichung selbst erfolgt in gleicher Weise wie die Ausgleichung nach § 17. Grundlage der Ausgleichung ist wie im Falle des § 17 die verschiedene Beteiligung der Haftpflichtigen an der Verursachung des Schadens. Bereits vor dem Inkrafttreten des KFG hatte die Rechtsprechung des Reichsgerichts in entsprechender Anwendung des § 254 BGB den allgemeinen gleichen Verteilungsmaßstab nach § 426 Abs. 1 Satz 1 BGB durch denjenigen der Festsetzung im Einzelfall nach Maßgabe der vorwiegenden Verursachung und Verschuldens ersetzt und die Berechtigung dazu aus dem Nebensatz des § 426 Abs. 1 Satz 1 „soweit nichts anderes bestimmt" abgeleitet[5]).

c) **Durchführung der Ausgleichung.** Die Ausgleichung hat nach der vorwiegenden Verursachung zu geschehen. Das bedeutet, daß einmal die allgemeinen Betriebsgefahren der verschiedenen bei einem Zusammenstoß beteiligten Fahrzeuge, sodann auch die die Betriebsgefahr erhöhenden Umstände, besonders ein verschuldetes aber auch unverschuldetes, aber sachwidriges Verhalten bei der Verursachung des Schadens abzuwägen und danach die Quoten der Ausgleichung zu bestimmen sind[6]). Die umfassende Abwägung aller Umstände gegeneinander, wie sie § 17 im Auge hat, umfaßt die Zustände, unter denen sich der Unfall abspielte, die Vorgänge, von denen er begleitet war, und die Handlungen und Unterlassungen der Beteiligten,

---

1) RGZ 84, 431; 123, 164.
2) RGZ 82, 436; 84, 429; 87, 64.
3) RGZ 90, 290, RG 11. 11. 1929 JW 1930, 1954.
4) RG 75, 251; 82, 436; 84, 415; 84, 430, JW 1912, 71, 196.
5) RG 92, 147.
6) RG 84, 432, RG 28. 3. 2719 JW 1927, 1687.

die für sein Eintreten verursachend mitgewirkt haben, nebst den diesen Personen etwa zur Last fallenden Verfehlungen gegen die im Verkehr erforderliche Sorgfalt[1]).

Grundlage der Ausgleichungspflicht ist die Schadensersatzpflicht der mehreren Halter. (Vgl. Anm. a.) Zu den die Haftung des Beklagten ausschließenden und daher den Ausgleichungsanspruch hindernden Umständen gehören die Beschränkungen des Schadensersatzanspruches durch Erlangung von Vermögensvorteilen, die ihren Rechtsgrund in dem schädigenden Ereignis haben. Vgl. Anm. 5 zu § 7.

Eine gesamtschuldnerische Haftung für den Ausgleichungsanspruch gibt es nicht. Der Ausgleichungsanspruch der §§ 17, 18 KFG (auch der §§ 840, 426, 254 BGB) kann daher nicht auf gesamtschuldnerische Leistung der in Anspruch genommenen Mitverpflichteten gerichtet werden[2]).

7. Ausgleichung bei Beteiligung eines Kraftfahrzeuges und eines Tieres. Voraussetzung der Ausgleichungspflicht ist, daß der Kraftfahrzeughalter und der Tierhalter für den Schaden kraft Gesetzes haften. Vgl. oben Anm. 6b.

Voraussetzung der Haftung des Tierhalters ist, daß der Schaden durch ein Tier in Auswirkung der tierischen Energie verursacht worden ist und der Tierhalter nicht den Entlastungsbeweis aus § 833 Satz 2 BGB führt.

Keine Anwendung findet § 17 Abs. 2 daher, wenn z. B. das Tier nicht aus Mutwillen oder Feindseligkeit auf den Kraftwagen losspringt, sondern nur ihm ausweicht[3]) oder mit seinem Körper als bloßes mechanisches Werkzeug wirkt und dadurch zum Verkehrshindernis wird[4]).

Ebensowenig liegt ein willkürliches Tun des Tieres vor, wenn eine ein solches ausschließende unwiderstehliche Gewalt über das Tier hereinbricht[5]) oder das Tier dem Willen und der Leitung eines Menschen folgt. In letzterem Falle ist der Handelnde der Mensch, nicht das Tier.

Hat ein Haustier den Schaden mitverursacht und wird der Entlastungsbeweis (BGB § 833 Satz 2) geführt, so kommt keine Haftung dem beteiligten Kraftfahrzeughalter gegenüber in Frage und damit auch keine Ausgleichung zwischen den beiden Haltern. Abs. 2 des § 17 hat nicht nur die Bedeutung, den vom Grund der Verursachung abhängigen Verteilungsmaßstab des Abs. 1 auf die Fälle des Abs. 2 zu übertragen, sondern alle Vorschriften des Abs. 1 sollen in den Fällen des Abs. 2 entsprechend gelten, auch die, von denen die Anwendbarkeit des § 17 überhaupt abhängt[6]).

Die Bedeutung des § 17 Abs. 2 liegt im übrigen darin, daß er für die

---

[1]) Recht 1915, 2150.

[2]) RG 84, 432.

[3]) RG 96, 132; 50, 180; 50, 219; 54, 73; 54, 107; 60, 65; 61, 316; 69, 399; 82, 112.

[4]) Hamm 21. 9. 1926 RdK 1927, 116 VerkRdsch 1927, 91.

[5]) RG 54, 73.

[6]) RGZ 82, 112.

Ausgleichungspflicht zwischen Kraftfahrzeug- und Tierhalter den § 840 Abs. 3 BGB nicht zur Anwendung kommen läßt.

Die Durchführung der Ausgleichung findet in gleicher Weise wie bei der Ausgleichung bei der Beteiligung mehrerer Kraftfahrzeuge statt.

Ist der Geschädigte der Tierhalter selbst, der nach § 833 Abs. 1 BGB verantwortlich sein würde, wenn der Schaden einen Dritten getroffen hätte, dann gestaltet sich die Abwägung so, daß auf der einen Seite die Betriebsgefahr des Kraftfahrzeugs und ein etwaiges Verschulden seines Halters oder Führers, auf der anderen Seite die Gefahr, die die tierische Natur des Tieres mit sich bringt und ein etwaiges Verschulden des Tierhalters zu berücksichtigen sind[1]. Begriff der Schädigung vgl. Anm. 6a.

8. Ausgleichung bei Beteiligung eines Kraftfahrzeuges und einer Eisenbahn. Voraussetzung für die Ausgleichungspflicht ist auch hier, daß der Kraftfahrzeughalter und der Unternehmer der Eisenbahn für den Schaden kraft Gesetzes haften[2]. Vgl. oben Anm. 6b.

Der Eisenbahnunternehmer haftet nach § 1 RHaftpflG für Tötung von Menschen oder Körperverletzung, soweit nicht höhere Gewalt oder eigenes Verschulden vorliegt. Für Sachschäden haftet der Unternehmer mangels einer Sonderregelung und, soweit das Landesrecht nichts anderes bestimmt, nur nach den allgemeinen Grundsätzen, also bei Verschulden.

Die Durchführung der Ausgleichung findet in der gleichen Weise wie bei der Ausgleichung bei der Beteiligung mehrerer Kraftfahrzeuge statt[3].

Begriff der Schädigung vgl. Anm. 6a.

9. Ausgleichung bei Beteiligung eines Kraftfahrzeugs und eines Luftfahrzeugs. Maßgebend ist § 27 Abs. 2 mit Abs. 1 des Luft-Verkehrsgesetzes.

10. Verjährung des Ausgleichungsanspruches. Für die Verjährung des Ausgleichsanspruchs im Falle des Abs. 1 Satz 1 gelten die allgemeinen Bestimmungen über Verjährung. Die Verjährung des Ausgleichsanspruchs im Falle des Abs. 1 Satz 2 richtet sich nach der Begründung des Anspruchs (BGB oder KFG[4]).

11. Beweislast. Wird bei dem Zusammenstoß zweier Kraftfahrzeuge der eine mitfahrende Fahrzeughalter verletzt und nimmt er den Führer (§ 18) des anderen Fahrzeugs in Anspruch, so ist aus § 17 Abs. 1 Satz 2 weder eine Befreiung des Beklagten von der ihn nach § 18 Abs. 1 Satz 2 treffenden Beweislast noch von der den §§ 9 KFG, 254 BGB entsprechenden Beweispflicht dafür herzuleiten, inwieweit bei dem Unfall ein Verschulden des Verletzten oder die von seinem Fahrzeug ausgehende Betriebsgefahr mitgewirkt hat[5].

---

[1] RGZ 96, 130, Naumburg 9. 12. 1927 RdK 1928, 176.
[2] Hamburg 10. 12. 1914 Rechtspr. d. OLG 34, 147.
[3] Über erhöhte Betriebsgefahr der Eisenbahn siehe RG 25. 10. 1928 RdK 1930, 14; 17. 10. 1929 JW 1930, 1981, Stuttgart 2. 11. 1928 RdK 1930, 141; 9. 11. 1928 RdK 1930, 146.
[4] RGZ 90, 290.
[5] RGZ 114, 73.

Haftung des Führers. § 18.

In den Fällen des § 7 Abs. 1 ist auch der Führer des Kraftfahrzeugs zum Ersatze des Schadens nach den Vorschriften der §§ 8 bis 15 verpflichtet. Die Ersatzpflicht ist ausgeschlossen, wenn der Schaden nicht durch ein Verschulden des Führers verursacht ist.

Die Vorschrift des § 16 findet entsprechende Anwendung.

Ist in den Fällen des § 17 auch der Führer eines Fahrzeugs zum Ersatze des Schadens verpflichtet, so finden auf diese Verpflichtung in seinem Verhältnisse zu den Haltern und Führern der anderen beteiligten Fahrzeuge, zu dem Tierhalter oder Eisenbahnunternehmer die Vorschriften des § 17 entsprechende Anwendung.

1. **Begriff des Führers** vgl. einl. Vorbem. Abschn. VI.

2. **Haftung des Führers:** Voraussetzung und Umfang der Gefährdungshaftung des Führers entsprechen der Voraussetzung und dem Umfang der Gefährdungshaftung des Halters; die Vorschriften der §§ 7 Abs. 1, 8 bis 15, 16 sind in § 18 auch auf den Führer für anwendbar erklärt.

Nicht anwendbar auf den Führer sind die Bestimmungen § 7 Abs. 2 und 3. An Stelle dieser Bestimmungen ist der Satz 2 des § 18 eingefügt, der besagt, daß die Ersatzpflicht des Führers dann ausgeschlossen ist, wenn der Schaden nicht durch ein Verschulden desselben verursacht worden ist. Der Führer wird von der Haftung frei, wenn er nachweist, daß der Schaden, nicht nur der Unfall, nicht durch sein Verschulden verursacht worden ist. Während der Halter sich nach § 7 nur wegen des Unfalls zu entlasten hat, muß sich der Führer auch wegen der gesamten Folgen des Unfalls, also auch wegen der Folgen einer etwa begangenen Autoflucht (§ 22 KFG), entlasten. Begriff des Schadens vgl. Anm. 5 zu § 7.

3. **Ein Verschulden des Führers** liegt vor, wenn seine im einzelnen Fall angewandte Sorgfalt nicht der durch die gesteigerten Geschwindigkeitsleistungen der Kraftfahrzeuge erhöhten Betriebsgefahr entspricht. Bei Vernachlässigung jeder nach den Umständen des Falles gebotenen Sorgfalt (G § 7 Abs. 2) fällt daher in der Regel dem Führer eine Verletzung der allgemeinen, durchschnittlich im Verkehr erforderlichen Sorgfaltspflicht und damit ein Verschulden im Sinne des § 17 G zur Last. Vgl. G § 7 Anm. 13, bes. Buchstabe b) (Sorgfaltspflicht des Führers), c) (Grenze der Haftung des Führers) und d) (Ursächlicher Zusammenhang).

4. **Haftung des Führers neben dem Halter.**

Nach außen haften Führer und Halter als Gesamtschuldner. BGB § 840.

Nach innen findet die Ausgleichung nach den Vorschriften des BGB §§ 426 mit 254 statt. Es kommt also darauf an, wie sich die von den Einzelnen zu vertretenden Gefährdungsumstände zueinander verhalten.

5. Ausgleichung bei Verursachung des Schadens durch mehrere Kraftfahrzeuge oder durch ein Kraftfahrzeug und ein Tier oder durch ein Kraftfahrzeug und eine Eisenbahn. Abs. 3 dehnt die sich nur auf den Halter bzw. Betriebsunternehmer beziehenden Vorschriften des § 17 auch auf den Führer aus.

6. **Beweislast.** Der Führer muß beweisen[1]), daß ihn kein Verschulden trifft. In dieser Auferlegung der Beweislast liegt die Verschärfung der Haftung des Führers gegenüber den allgemeinen Vorschriften des BGB. Kann anderseits dem Führer gegenüber der Nachweis seines Verschuldens geführt werden, so ist die weitergehende allgemeine Haftung gegeben (§ 16 G).

Sachliche Zuständigkeit in letzter Instanz.

§ 19.

In bürgerlichen Rechtsstreitigkeiten, in welchen durch Klage oder Widerklage ein Anspruch auf Grund der Vorschriften dieses Gesetzes geltend gemacht ist, wird die Verhandlung und Entscheidung letzter Instanz im Sinne des § 8 des Einführungsgesetzes zum Gerichtsverfassungsgesetze dem Reichsgerichte zugewiesen.

§ 8 EGGVG: „Durch die Gesetzgebung eines Bundesstaates, in welchem mehrere Oberlandesgerichte errichtet werden, kann die Verhandlung und Entscheidung der zur Zuständigkeit des Reichsgerichts gehörenden Revisionen in bürgerlichen Rechtsstreitigkeiten einem obersten Landesgerichte zugewiesen werden.

Diese Vorschrift findet jedoch auf bürgerliche Rechtsstreitigkeiten, welche zur Zuständigkeit des Reichs-Oberhandelsgerichts gehören oder durch besondere Reichsgesetze dem Reichsgerichte zugewiesen werden, keine Anwendung, es sei denn, daß für die Entscheidung im wesentlichen Rechtsnormen in Betracht kommen, die in Landesgesetzen enthalten sind."

1. § 19 G ist ein im § 8 Abs. 2 EGGVG genanntes „besonderes Reichsgesetz". Die Zuweisung an das Reichsgericht gilt nur für bürgerliche Rechtsstreitigkeiten, in denen ein auf eine Bestimmung des KFG gestützter Anspruch durch Klage oder Widerklage geltend gemacht wird.

2. **Ansprüche auf Grund der Vorschriften dieses Gesetzes** sind alle Ansprüche, die sich auf eine Bestimmung des KFG stützen.

Örtliche Zuständigkeit.

§ 20.

Für Klagen, die auf Grund dieses Gesetzes erhoben werden, ist auch das Gericht zuständig, in dessen Bezirke das schädigende Ereignis stattgefunden hat.

---

[1]) RGZ 114, 73.

1. Begriff **Klagen (Ansprüche) auf Grund dieses Gesetzes** vgl. Anm. 2 zu § 19.

2. § 20 begründet neben den Gerichtsständen der ZPO § 13ff. noch einen besonderen Gerichtsstand des Ortes des schädigenden Ereignisses. Hat sich das schädigende Ereignis auf mehrere Gerichtsbezirke erstreckt, so ist jedes Gericht zuständig, in dessen Bezirk ein Tatbestandsmerkmal oder eine Einzelhandlung in Erscheinung getreten oder begangen worden ist. Die Zuständigkeit jedes Gerichtes erstreckt sich auf die Ersatzklage im ganzen Umfang[1]).

III. Straf- und Schlußvorschriften.

Vorbemerkung[2]).

1. Die hier in Betracht kommenden Delikte sind mit Ausnahme des § 22 G nicht krimineller, sondern polizeilicher Natur. Sie lassen sich einteilen in Delikte, deren Norm die im Verkehre erforderliche Sorgfalt spezialisiert und in reine Verwaltungsdelikte, die dem Schutze der Verwaltungstätigkeit der Staatsbehörden dienen. Besondere Bedeutung kommt der ersten Deliktsgruppe zu, denn das G und die VO sind ausgesprochene Polizeigesetze mit der Aufgabe, die im K-Verkehr erforderliche Sorgfalt näher zu bestimmen. Stets aber können derartige Vorschriften nur die Sorgfaltspflicht im allgemeinen näher spezialisieren, sie können aber dem Einzelfalle keine Rechnung tragen. Hieraus ergeben sich drei Grundsätze:

a) Ein den Polizeivorschriften entsprechendes Verhalten ist nicht ohne weiteres ein Entschuldigungsgrund, wenn trotzdem ein nach den allgemeinen Strafgesetzen zu beurteilender Erfolg durch ein K herbeigeführt wird[3]). Der Führer, der einen Unfall herbeigeführt hat, kann sich mithin nicht mit Erfolg darauf berufen, er habe sich keine Verfehlung gegen die Verkehrsvorschriften zu schulden kommen lassen; denn der konkrete Einzelfall kann ein Mehr an Sorgfalt von dem Führer fordern, als die notwendig abstrakten Verkehrsvorschriften.

b) Ein den Polizeivorschriften widersprechendes, also regelwidriges Verhalten kann unter Umständen nicht nur erlaubt, sondern sogar geboten sein[4]). Der konkrete Einzelfall kann es erforderlich erscheinen lassen, daß der Führer etwas anderes tut, als was ihm die Verkehrsvorschriften vorschreiben. Wenn die Verletzung von Verkehrsvorschriften das einzige geeignete Mittel

---

[1]) RG 72, 41.

[2]) Vgl. Kraftfahrzeughalter 25.

[3]) RG 20. 6. 1927 RdK 1927, 236; Stuttgart 16. 5. 1928 DAR 1928, 281.

[4]) RG 21. 9. 1925 RGSt 59, 341, JW 1926, 1207; RG 8. 2. 1926 RGSt 60, 84; RG 5. 4. 1927 JW 1927, 2806, RdK 1928, 160; RG 24. 1. 1928 RdK 1928, 66, DAR 1929, 114; RG 5. 3. 1928 JW 1928, 1720, RdK 1928, 288; RG 7. 5. 1928 RGSt 62, 193; RG 6. 12. 1928 DRZ 1929 Nr. 182; KG 7. 1. 1927 RdK 1927, 150; BayObLG 21. 1. 1926 RdK 1927, 150; Hamburg 11. 10. 1926; 30. 5. 1927 DRZ 1927 Nr. 991.

Siehe Arndt JW 1929, 2029.

ist, einen Unfall zu vermeiden, so ist das regelwidrige Verhalten nicht nur nicht strafbar, sondern vielmehr Pflicht des Führers, bei deren Verletzung er sich nicht mit Erfolg auf die Beachtung der Verkehrsvorschriften berufen kann. Dagegen ist die Frage, ob ein Abweichen von Verkehrsvorschriften lediglich aus Zweckmäßigkeitsgründen zulässig ist, bestritten[1]). Es kommen hier insbesondere die Fälle vorschriftswidrigen Verhaltens entgegenkommender oder zu überholender Wegebenutzer in Betracht. Von diesen Fällen, in denen das regelwidrige Verhalten ausnahmsweise seine Rechtfertigung in sich selbst trägt, sind jene Fälle scharf zu unterscheiden, in denen die Rechtswidrigkeit des regelwidrigen Verhaltens erst durch das Vorliegen von Rechtfertigungsgründen ausgeschlossen wird. In den erstgenannten Fällen handelt es sich darum, daß die Verkehrssicherheit die Abweichung von den Verkehrsvorschriften im Interesse der Allgemeinheit fordert, in den letztgenannten Fällen dagegen darum, daß die Verkehrssicherheit als minderwertigeres Rechtsgut gegenüber einem höheren Rechtsgut im Interesse einer Einzelperson zurücktreten muß[2]).

c) Die Feststellung schuldhafter Verletzung von Polizeivorschriften hat mit der Feststellung des subjektiven Verschuldens bei Herbeiführung eines nach den allgemeinen Strafgesetzen zu beurteilenden Erfolges nichts zu tun[3]). Bei den Verfehlungen gegen Polizeivorschriften handelt es sich regelmäßig um Delikte, bei denen der Eintritt eines Erfolges nicht begriffswesentlich ist. Die Schuld braucht hier im Gegensatz zu den Erfolgsdelikten den Erfolg nicht mitzuumfassen.

2. Auch für das Polizeiunrecht gilt nach nunmehr herrschender Anschauung der Grundsatz: keine Strafe ohne Schuld. Wohl aber wird fahrlässiges Verschulden stets für ausreichend erachtet, soferne nicht nach dem Tatbestand ausdrücklich vorsätzliches Verschulden erforderlich ist, oder soferne nicht die Zuwiderhandlung ihrer Natur nach nur vorsätzlich begangen werden kann. Bestritten ist, ob im Verwaltungsstrafrecht die Vermutung für ein fahrlässiges Verschulden spricht, so daß eine „Umkehrung der Beweislast" eintritt und der Täter nur straffrei bleibt, wenn er darzutun vermag, daß ihn kein Verschulden trifft[4]).

3. Zusammentreffen strafbarer Handlungen.

Die Delikte nach §§ 21—25 KFG treffen sehr häufig untereinander, dann mit Vergehen nach §§ 222, 230 StGB sowie mit Steuerdelikten zusammen.

---

[1]) Bejahend RG 20. 5. 1924 JW 1925, 488; 5. 4. 1927 RdK 1928, 160; BayObLG 13. 12. 1927 RdK 1928, 233; 28. 6. 1927 RdK 1928, 22. Verneinend RG 11. 5. 1907 KdA. Abweichen II B 1; Seuffert 72, 943.

[2]) RGSt 61, 254; 62, 137.

[3]) RG 28. 4. 1927 HöchstRR 1927, 277; BayObLG 7. 4. 1925 BayObLGSt 25, 90; RdK 1928, 109; Hamburg 16. 5. 1927 DAR 1929, 95; Dresden 14. 12. 1927 DAR 1928 Nr. 2 S. 6; vgl. auch Dresden 4. 12. 1928 RdK 1929, 112.

[4]) Bejahend Jellinek 337; Stuttgart 7. 9. 1926 RdK 1927, 71; 7. 11. 1928 JW 1929, 71 RdK 1929, 99; verneinend BayObLG 8. 4. 1927 BayVerwBl 1927, 282.

Es entsteht dann die Frage, in welchem Verhältnis diese strafbaren Handlungen zueinander stehen. Nach der ständigen Rechtsprechung des RG[1]) liegt Tateinheit dann vor, wenn die drei Merkmale: natürliche Handlungseinheit, Gemeinsamkeit eines Tatbestandsmerkmals und Einheitlichkeit des Verschuldens gegeben sind.

a) Allgemeines.

aa) Das Merkmal der natürlichen Handlungseinheit ist in der strafbaren Betätigung als KFührer gegeben. Nur wenn durch diese Betätigung mehrere Strafgesetze verletzt werden, liegt Tateinheit vor, nicht dagegen, wenn nur bei Gelegenheit einer derartigen Betätigung mehrere Strafgesetze verletzt werden.

bb) Bei der Frage, ob das Merkmal der Gemeinsamkeit eines Tatbestandsmerkmals vorliegt ist zu beachten, daß nicht alle auf einer Fahrt begangenen strafbaren Handlungen unter dem Gesichtspunkt des „Führens" zu einer Handlung zusammengefaßt werden können, sondern daß bei den das Blankettgesetz des § 21 KFG ausfüllenden Normen der Inhalt der einzelnen Norm maßgebend ist.

cc) Die Feststellung der Einheitlichkeit des Verschuldens ist bei Dauerstraftaten von Bedeutung, wenn die eine strafbare Handlung begrifflich vollendet ist, aber der durch sie geschaffene Zustand tatsächlich noch in dem Zeitpunkt besteht, in dem die andere strafbare Handlung einsetzt. Hier kommt es dann darauf an, ob der Führer noch vor der begrifflichen Vollendung der ersten Straftat mit der zweiten Straftat gerechnet hat. Wenn z. B. jemand nach Ablegung der Führerprüfung aber noch vor Erteilung der Fahrerlaubnis ein K führt und hiebei einen Unfall verursacht, so dürfte Tateinheit zwischen § 24 KFG und § 222 bzw. § 230 StGB nicht vorliegen; denn der Führer konnte bei Antritt der Fahrt nicht mit einem Unfall rechnen. Anders dagegen, wenn er noch in der Ausbildung stand. In letzterem Falle liegt Tateinheit vor.

b) Steuerstrafrecht.

Beim Zusammentreffen von Steuerdelikten mit Kraftfahrdelikten bedarf es außer im Falle des § 377 RAbgO der Prüfung, ob ein Steueranspruch entstanden und fällig geworden und damit eine Verletzung der Steuerpflicht gegeben ist und wer als Täter in Betracht kommt.

aa) Der Steueranspruch entsteht[2]):

1. durch die vor der Benutzung des Fahrzeugs vorzunehmende Steuerfestsetzung (§ 10 KStG),
2. bei Schwarzfahrten durch die widerrechtliche Benutzung (§ 3 Abs. 1 Satz 2 KStG),
3. mit Ablauf der Gültigkeit der Steuerkarte (§§ 1, 11 Abs. 2 KStG).

bb) Der Steueranspruch wird fällig durch die Benutzung des Fahrzeugs. Mit der Benutzung ist, da sie regelmäßig die zum Tatbestand des § 359 RAbgO erforderliche Steuerunehrlichkeit[3]) darstellt, die Verkürzung

---

[1]) RG 55, 110; 59, 317; 59, 359. [2]) Goës 17.

[3]) RGSt 61, 81. Zu beachten § 11 Abs. 2 Satz 1 KStG: Fiktion der Benutzung.

von Steuereinnahmen erfolgt. Die Benutzung des Fahrzeugs, d. h. sein Gebrauch (siehe Einleitung IV) muß daher auch Tatbestandsmerkmal der Verfehlung nach §§ 21, 23—25 KFG sein, wenn Tateinheit zwischen dem Steuerdelikt und einer dieser Verfehlungen in Frage kommen soll.

cc) Steuerschuldner ist:

1. regelmäßig der Eigentümer des K (§ 3 Abs. 2 KStG, §§ 5ff. KVO),
2. der inländische Benutzer (§ 3 Abs. 1 Satz 2 und Abs. 2 Satz 2 KStG),
3. der widerrechtliche Benutzer (§ 3 Abs. 1 Satz 2 KStG),
4. der Probefahrtberechtigte (§ 9 Abs. 2 KStG).

Zu 3. Eine widerrechtliche Benutzung liegt zunächst dann vor, wenn das K ohne Zustimmung dessen, für den es zugelassen ist, benutzt wird. Eine solche Zustimmung wird jedoch vermutet, wenn der Benutzer zu solchen Personen gehört, die zu dem Steuerpflichtigen in einem näheren verwandtschaftlichen oder geschäftlichen Verhältnis steht[1]). Nach der Rechtsprechung des RFH[2]) liegt eine widerrechtliche Benutzung auch dann vor, wenn gegen verkehrspolizeiliche Vorschriften verstoßen wird, die die Vorbedingung für die Benutzung bilden, so z. B. wenn bei einer Probefahrt das K nicht mit den vorgeschriebenen Probefahrtkennzeichen versehen wird, wenn eine gewöhnliche Fahrt unter Verwendung eines Probefahrtkennzeichens vorgenommen oder wenn gegen die Vorschriften über die Zulassung (§ 6 KVO) verstoßen wird.

Die Steuerschuld besteht für den widerrechtlichen Benutzer grundsätzlich ohne Rücksicht darauf, ob das K von dem Eigentümer oder demjenigen, auf den es zugelassen ist, bereits versteuert ist oder nicht, denn es handelt sich um eine persönliche Schuld[3]). Das gleiche gilt bei einem Wechsel in der Person des Steuerschuldners, soferne nicht der Erwerber die Umschreibung der Steuerkarte beantragt (§ 8 Abs. 4 KStG). Die Versäumnis der im § 10 Abs. 1 Satz 2 KStG gesetzten Frist ist jedoch lediglich eine Ordnungswidrigkeit im Sinne des § 377 RAbgO, und hat den Verlust des Rechts auf steuerfreie Umschreibung selbst dann nicht zur Folge, wenn die Benutzung durch den Erwerber sich im Hinblick auf § 6 Abs. 6 KVO als eine widerrechtliche darstellt[4]).

dd) Als Steuerzuwiderhandlungen (§ 356 Abs. 1 RAbgO) kommen insbesondere in Betracht: Steuerhinterziehung (§ 359 RAbgO), Steuergefährdung (§ 367 RAbgO), Steuerhehlerei (§ 368 RAbgO), Steuerbegünstigung (§ 356 Abs. 2 RAbgO) und Ordnungswidrigkeiten (§ 377 RAbgO).

ee) Liegt zwischen einer Verfehlung nach §§ 21, 23—25 KFG und einem Steuerdelikt Tateinheit vor, so ist § 383 RAbgO zu beachten. Trifft eine Ordnungswidrigkeit nach § 377 RAbgO mit einer Übertretung nach § 21 KFG rechtlich zusammen, so ist die Strafe dem § 21 KFG zu entnehmen, da dieser wahlweise Haftstrafe vorsieht.

---

1) RFH 12. 3. 1929 RdK 1930, 57 DAR 1929, 317.

2) RFH 12. 3. 1929 a. a. O.; 17. 9. 1929 RdK 1930, 52 BayObLG 27. 9. 1928 BayObLGSt 28, 197.

3) RFH 4. 1. 1929 RdK 1929, 205; 12. 3. 1929 RdK 1930, 57.

4) RFH 17. 9. 1929 RdK 1930, 52.

Trifft ein Steuerdelikt nach § 359 RAbgO mit einem Vergehen nach §§ 23—25 KFG rechtlich zusammen, so ist die Strafe dem § 359 RAbgO zu entnehmen. Trifft ein Steuerdelikt nach § 367 RAbgO mit einem Vergehen nach §§ 23—25 KFG rechtlich zusammen, so ist die Strafe dem KFG zu entnehmen[1]). Wann Tateinheit und wann Tatmehrheit anzunehmen ist, ergibt sich aus den Ausführungen zu a).

4. Die Strafvorschriften des III. Abschnittes sind Schutzgesetze im Sinne des § 823 Abs. 2 BGB und zwar auch zugunsten der im Kraftwagen beförderten Personen[2]). Vgl. Anm. 6 b zu § 16 G.

5. Die **Einziehung** des K ist nach § 40 StGB zulässig, wenn es zur Begehung eines Verbrechens oder Vergehens gebraucht wurde, also z. B. im Falle des § 22 KFG. Nicht zulässig ist dagegen die Einziehung in den Fällen der §§ 23, 24 und 25 KFG, denn hier ist das K nicht Mittel zur Ausführung der Tat, sondern selbst Gegenstand der strafbaren Handlung.

Strafschutz polizeilicher Anordnungen.

§ 21.

Wer den zur Erhaltung der Ordnung und Sicherheit auf den öffentlichen Wegen oder Plätzen erlassenen polizeilichen Anordnungen über den Verkehr mit Kraftfahrzeugen zuwiderhandelt, wird mit Geldstrafe bis zu einhundertfünfzig Reichsmark oder mit Haft bestraft.

1. Tatbestand. § 21 G stellt ein Blankettgesetz dar. Polizeiliche Anordnungen in seinem Sinne sind nicht nur Polizeiverordnungen, sondern auch Polizeiverfügungen und zwar sowohl Verfügungen für besondere Fälle[3]), wie auch an einzelne Personen[4]). Es besteht sonach ein Gegensatz zu § 366 Nr. 10 StGB, wonach nur Zuwiderhandlungen gegen Polizei**verordnungen** strafbar sind. Der Strafschutz besteht für sie aber nur insoweit, als das G nicht bereits andere Rechtsfolgen an die Zuwiderhandlungen geknüpft hat oder Spezialvorschriften eingreifen.

Die polizeilichen Anordnungen müssen über den Verkehr mit K[5]) und zur Erhaltung der Ordnung und Sicherheit auf den öffentlichen Wegen erlassen sein. Siehe Anm. 2 zu § 6. Hinsichtlich der Strafbestimmungen zum Schutze solcher Ausführungsbestimmungen, die nicht zur Erhaltung von Ordnung und Sicherheit dienen, also z. B. der Bestimmungen der zur Ausführung der §§ 2 und 3 KFG erlassenen VO über Ausbildung von KFührern vom 1. 3. 1921 siehe Anm. 2 zu § 50 VO.

---

[1]) Vgl. BayObLG 27. 9. 1928 JW 1929, 946, BayObLGSt 28, 197.
[2]) RG 29. 11. 1926 DRZ 1927 Nr. 184.
[3]) KG 24. 10. 1924 DJZ 1925, 194; Müller DAR 1930, 33.
[4]) a. A. Conrad 61.
[5]) Dresden 16. 11. 1925 HöchstRR 2, 140; Conrad 62.

Zuwiderhandlungen gegen Polizeiverordnungen über den allgemeinen Fahrverkehr sind nach § 366 Nr. 10 StGB strafbar[1]). Ob Zuwiderhandlungen gegen Polizeiverfügungen über den allgemeinen Fahrverkehr strafbar sind, ist bestritten[2]).

2. Täter.

a) Der Führer trägt eine umfassende Verantwortung und zwar nicht nur für den vorschriftsmäßigen Gebrauch, sondern auch für den vorschriftsmäßigen Zustand des K (§ 16 VO) und zwar sowohl nach den allgemeinen Strafgesetzen, wie auch den besonderen Vorschriften der VO.

b) Der Halter[3]) ist neben[4]) dem Führer für die polizeimäßige Beschaffenheit des K verantwortlich und zwar nach den allgemeinen Strafgesetzen, wie auch nach den besonderen Vorschriften der VO (§ 16 Satz 2 VO). Dagegen besteht eine Verantwortlichkeit des Halters neben dem Führer für den vorschriftsmäßigen Gebrauch des K nur in dem gleichen beschränkten Umfange wie für andere Personen (unten d), da sich die Mehrzahl der auf den Gebrauch bezüglichen Vorschriften ausdrücklich oder ihrer Natur nach ausschließlich an den Führer wendet. Zuwiderhandlungen gegen diese Vorschriften sind Sonderdelikte, da sie voraussetzen, daß der Täter die Führertätigkeit — gleichgültig ob berechtigter oder unberechtigter Weise — ausübt. Es besteht daher auch insoweit keine Rechtspflicht des Halters zur Verhinderung von Zuwiderhandlungen gegen polizeiliche Anordnungen, die sich an den Führer wenden und Formaldelikte darstellen, unbeschadet der Rechtspflicht des Halters, zum Zwecke der Verhütung eines nach den allgemeinen Strafgesetzen zu beurteilenden Erfolgs in die Führung des K einzugreifen[5]). Der Halter kann zwar Nebentäter der fahrlässigen Körperverletzung oder Tötung, nicht aber Täter, Mittäter oder Nebentäter der Zuwiderhandlungen gegen polizeiliche Anordnungen der erwähnten Art sein. Wohl aber ist Anstiftung möglich, die durch die Eigenschaft dieser Delikte als Sonderdelikte nicht ausgeschlossen wird, mittelbare Täterschaft jedoch unmöglich[6]).

---

[1]) BayObLG 26. 10. 1926 BayVerwBl 1927, 101, JW 1927, 2812, BayObLGSt 26, 188; BayObLG 3. 2. 1928 BayObLGSt 28, 29.

[2]) Siehe hiezu Gerstle Anm. 573, 576, Schiedermair Anh. zu Art. 1 Anm. 12, BayObLG 13. 11. 1928 DAR 1929, 93 (bejahend); Dresden 7. 2. 1928 RdK 1928, 117 (bejahend); Frankfurt 19. 6. 1928 RdK 1929, 110 (bejahend).

[3]) Vgl. zu den nachfolgenden Fragen Kraftfahrzeughalter 42, 51 mit weiteren Literaturangaben.

[4]) KG 22. 10. 1926 RdK 1927, 72; 13. 12. 1926 RdK 1927 ,188, DAR 1928 Nr. 3 S. 3.

[5]) KG 29. 4. 1927 RdK 1927, 174; Kiel 25. 3. 1925 HöchstRR 2, 150; Schmidt DAR 1928, 153; May DAR 1929, 147.

a. A. BayObLG 23. 7. 1925 RdK 1927, 125, BayObLGSt 25, 141, HöchstRR 1, 419, DRZ 1926 Nr. 114; BayObLG 22. 3. 1929 BayObL.-GSt 29, 67; 26. 10. 1926, BayVerwBl 1927, 101, BayObLGSt 26, 188; Königsberg 19. 10. 1925 RdK 1926, 34; Karlsruhe 9. 7. 1925 RdK 1927, 8; Düsseldorf 6. 10. 1926 RdK 1927, 24; Sprick DAR 1928 Nr. 5 S. 1.

[6]) a. A. KG 29. 4. 1927 RdK 1927, 174.

c) Die Verantwortlichkeit des Eigentümers für den polizeigemäßen Zustand des K erscheint dadurch ausgeschlossen, das die KVO diese Verantwortung ausdrücklich dem Führer und Halter auferlegt[1]). Hinsichtlich der Verantwortlichkeit des Eigentümers für den polizeigemäßen Gebrauch des K gelten die gleichen Grundsätze wie für den Halter. Besondere Verpflichtungen bestehen nach der VO für die Mitwirkung des Eigentümers bei der Zulassung (im weitesten Sinne), insbesondere zur rechtzeitigen Antragstellung bei Änderungen, die die Zulassung beeinflussen usw.

§ 6 Abs. 3, 4 und 6 VO.

d) Andere Personen, insbesondere Fahrgäste, kommen vorwiegend als Teilnehmer in Betracht. Nur der Abschnitt D der VO enthält Vorschriften, die, wie Überschrift und Inhalt ergeben, auf denjenigen abgestellt sind, der die öffentlichen Wege mit dem K benutzt. Der Benutzer kann aber außer dem Führer, Halter oder Eigentümer jede beliebige andere Person sein.

3. Schuld. Als Schuldformen kommen, wie in der Vorbem. ausgeführt, Vorsatz und Fahrlässigkeit in Frage. Die Begriffe Vorsatz und Fahrlässigkeit ergeben sich aus dem allgemeinen Strafrecht, insbesondere gibt es keine besondere, dem Kraftfahrrecht eigentümliche Fahrlässigkeit. Zwar macht § 17 VO dem Führer ausdrücklich die Anwendung gehöriger Sorgfalt zur Pflicht und stellt die Rechtspr., insbesondere des RG, besonders hohe Anforderungen an seine Sorgfaltspflicht. Es handelt sich hier aber nicht um Besonderheiten des Kraftfahrrechts, sondern nur um Wiederholung des allgemeinen Grundsatzes, daß das Maß der anzuwendenden Sorgfalt der durch die Handlung hervorgerufenen Gefährdung angemessen sein muß.

Ebensowenig kennt das Kraftfahrrecht ihm eigentümliche Rechtfertigungs- und Schuldausschließungsgründe. Es kann daher hier auf das allgemeine Strafrecht verwiesen werden. Jedoch bedarf der vom RG aufgestellte Grundsatz der Güter- und Pflichtenabwägung besonderer Erwähnung, da er auf dem Gebiete des Kraftfahrrechts eine erhebliche Rolle spielt. Das RG führt hiezu aus[2]): „In Lebenslagen, in welchen eine den äußeren Tatbestand einer Verbrechensform erfüllende Handlung das einzige Mittel ist, um ein Rechtsgut zu schützen oder eine vom Recht auferlegte oder anerkannte Pflicht zu erfüllen, ist die Frage, ob die Handlung rechtmäßig oder unverboten oder rechtswidrig ist, an der Hand des dem geltenden Recht zu entnehmenden Wertverhältnis der im Widerstreit stehenden Rechtsgüter oder Pflichten zu entscheiden." Dieser Grundsatz findet jedoch nur Anwendung wenn die Verletzung der geringeren Pflicht nicht auf vorangegangenes Verschulden zurückzuführen ist, denn wer sich schuldhaft in eine Zwangslage versetzt, aus der er sich nur durch Verletzung von Rechtsgütern befreien kann, kann sich nicht damit entschuldigen, daß ihm kein Weg mehr offen gestanden habe, sich dieser Lage ohne Verletzung des einen oder anderen fremden Rechtsgutes zu entziehen[3]).

[1]) Ebenso Müller Anm. C I zu § 21 G; a. A. BayObLG 22. 3. 1929 BayObLGSt 29, 67.

[2]) RG 23. 10. 1925 RGSt 59, 404; 11. 3. 1927 RGSt 61, 254; 20. 4. 1928 RGSt 62, 137. Siehe auch Arndt RdK 1929, 371 und JW 1929, 2029.

[3]) RG 26. 3. 1928 RdK 1928, 148.

4. Irrtum. Ein Irrtum kann auf unrichtiger Auslegung der in Betracht kommenden Vorschriften oder auf Unkenntnis ihrer Gebote oder Verbote beruhen. Nach der Rechtsprechung des RG ist der Irrtum über den Inhalt eines Blankettgesetzes als Tatirrtum anzusehen, der schuldausschließend wirkt, sofern er nicht auf Fahrlässigkeit beruht[1]). Letzteres ist dann der Fall, wenn es der Täter unterläßt, sich die Kenntnis der von ihm zu beachtenden Vorschriften zu verschaffen, obwohl dies von ihm nach seinen persönlichen Verhältnissen und nach den Umständen erwartet werden konnte. Im Gegensatz zum RG sieht das BayObLG den Irrtum über den Inhalt eines Blankettgesetzes in der Regel als nichtschuldausschließenden Strafrechtsirrtum an[2]). Nur ausnahmsweise läßt es die Berücksichtigung eines unverschuldeten Irrtums zu, nämlich dann, wenn besondere Umstände vorliegen, wonach man den Verstoß gegen ein Sondergebiete regelndes Strafgesetz als erlaubtes Handeln ansehen kann, soferne nicht die gebotene und dem Täter zuzumutende Sorgfalt verletzt wurde[3]).

5. Im Falle einer Änderung der Bestimmungen der KVO (**Rechtswechsel**) findet § 2 Abs. 2 StGB keine Anwendung[4]). Es ist sonach diejenige Fassung der KVO anzuwenden, die bei Begehung der Tat in Geltung war, auch wenn die vor der Aburteilung verkündete neue Fassung für den Angeklagten günstiger wäre. Bei wörtlicher Übereinstimmung der Fassungen ist es belanglos, ob die zur Zeit der Tat gültige oder die vor der Aburteilung geänderte Fassung dem Urteil zugrundegelegt wird[5]). Liegt eine fortgesetzte Handlung vor, so ist zu beachten, daß die Tat erst mit der letzten der zu einer strafrechtlichen Einheit zusammengefaßten Einzelhandlungen begangen ist[6]).

6. Verhältnis zu §§ 23—25 KFG und § 366 Nr. 10 StGB. § 21 KFG ist gegenüber den Strafvorschriften der §§ 23—25 KFG subsidiär und findet daher nur insoweit Anwendung, als nicht ein Tatbestand der §§ 23—25 KFG gegeben ist[7]). Gegenüber § 366 Nr. 10 StGB ist § 21 KFG Spezialgesetz. Tateinheit ist daher ausgeschlossen[8]). Siehe im übrigen Anm. 3 der Vorbem. vor § 21 KFG.

7. Die Strafdrohung ist wahlweise Geldstrafe von 1—150 RM oder Haft von 1 Tag bis 6 Wochen.

---

[1]) RGSt 50, 398; 54, 4; 56, 147. Ebenso KG 22. 4. 1926 RdK 1926, 31; Hamburg 26. 1. 1928 RdK 1929, 104; 12. 7. 1928 RdK 1929, 231; Königsberg 13. 12. 1928 RdK 1929, 230; Königsberg 10. 4. 1929 JW 1929, 2841; Conrad 63, Oberländer 329.

[2]) BayObLG 26. 1. 1926 BayObLGSt 26, 32; 11. 5. 1926 RdK 1926, 82, 104; DRZ 1926 Nr. 758; ebenso KG 3. 6. 1926 RdK 1926, 132; Dresden 9. 2. 1926 RdK 1927, 95.

[3]) BayObLG 22. 2. 1926 DRZ 1926 Nr. 531.

[4]) BayObLG 13. 11. 1928 RdK 1929, 348; Hamburg 9. 12. 1926 RdK 1927, 69.

[5]) RG 30. 11. 1928 RdK 1929, 342.

[6]) BayObLG 13. 11. 1928 RdK 1929, 348, JW 1929, 941.

[7]) Conrad 65, Müller 392, BayObLG 21. 6. 1927 RdK 1928, 62, DRZ 1927 Nr. 847.

[8]) RG 18. 12. 1928 DAR 1929, 69.

Autoflucht.

§ 22.

Der Führer eines Kraftfahrzeugs, der nach einem Unfalle (§ 7) es unternimmt, sich der Feststellung des Fahrzeugs und seiner Person durch die Flucht zu entziehen, wird mit Geldstrafe bis zu zehntausend Reichsmark oder mit Gefängnis bis zu zwei Monaten bestraft. Er bleibt jedoch straflos, wenn er spätestens am nächstfolgenden Tage nach dem Unfall Anzeige bei einer inländischen Polizeibehörde erstattet und die Feststellung des Fahrzeugs und seiner Person bewirkt.

Verläßt der Führer des Kraftfahrzeugs eine bei dem Unfalle verletzte Person vorsätzlich in hilfloser Lage, so wird er mit Gefängnis bis zu 6 Monaten bestraft. Sind mildernde Umstände vorhanden, so kann auf Geldstrafe bis zu zehntausend Reichsmark erkannt werden.

1. **Allgemeines.** Der § 22 enthält zwei völlig selbständige Tatbestände:
a) Die Entziehung der Feststellung (Autoflucht im engeren Sinn),
b) Das Verlassen in hilfloser Lage.

2. **Autoflucht im engeren Sinne.** Hiebei ist zu unterscheiden zwischen
a) dem eigentlichen Tatbestand (Abs. 1 Satz 1),
b) der sog. tätigen Reue (Abs. 1 Satz 2).

Zu a. aa) § 22 ist ein Sonderdelikt, das eine bestimmte Eigenschaft des Täters erfordert. Strafbar als Täter ist nur, wer zur Zeit des Unfalles das K tatsächlich führte. Entzieht ein anderer, z. B. ein Begleiter, das Fahrzeug der Feststellung, so kann, falls einverständliches Handeln zwischen bisherigem und neuem Führer vorliegt, auf Seiten des bisherigen Führers mittelbare Täterschaft und auf Seiten des neuen Führers Beihilfe zu einem Vergehen nach § 22 Abs. 1 vorliegen[1]). Letztere kann in Tateinheit mit Begünstigung stehen, wenn die Herbeiführung des Unfalls eine strafbare Handlung ist. Fehlt ein einverständliches Handeln, so kann unter der angegebenen Voraussetzung auf Seiten des neuen Führers Begünstigung vorliegen. Der bisherige Führer ist dann nicht strafbar. Anstiftung und Beihilfe zu einem Vorgehen nach § 22 ist möglich. Im Falle des § 3 Abs. 2 G ist der Fahrlehrer Führer im Sinne des § 22[2]).

bb) Unter Kraftfahrzeugen i. S. des § 22 G sind alle K im Sinne des G, nicht jedoch die Kleinkrafträder zu verstehen. § 8 Nr. 2 G gilt hier nicht[3]).

cc) Unter Unfall ist, wie die Verweisung auf § 7 klarstellt, das mit einem bestimmten Betriebsvorgang in ursächlichem (adäquatem) Zusammenhang stehende, plötzlich eintretende Ereignis zu verstehen, durch das ein Mensch

---

[1]) Oberländer 65, a. A. Müller 396 (Mittäterschaft).
[2]) Müller 395, Oberländer 65.
[3]) Conrad 69, Müller 396, 399.

getötet oder verletzt oder eine Sache beschädigt wird, und zwar im Gegensatz zu § 8 Nr. 1 G auch insoweit es sich um Personen oder Sachen handelt, die vom K befördert werden oder um Personen, die beim Betriebe des K tätig sind. Unerheblich ist, ob ein Schadensersatzanspruch besteht oder sich begründet erweist; unerheblich ist auch, ob der Unfall auf öffentlichen oder nicht öffentlichen Wegen erfolgt ist[1]).

dd) Eine Feststellung des Fahrzeugs muß seitens einer Person beabsichtigt sein. Der Führer muß von dieser Absicht Kenntnis haben. Eine Privatperson genügt. Der Kreis der Personen, die hier in Betracht kommen, darf nicht auf diejenigen beschränkt werden, deren Interessen verletzt wurden. Auch ein beim Unfall völlig Unbeteiligter kann eine Feststellung beabsichtigen[2]).

ee) Entgegen dem Wortlaut „Führung und Person" erachtet es die herrschende Meinung als ausreichend, wenn sich der Führer der Feststellung seiner Person oder seines Fahrzeugs entzieht[3]).

ff) Flucht ist nicht gleichbedeutend mit Eile, wohl aber mit größerer Entfernung. Ein Verstecken in nächster Nähe des Tatorts ist kaum Flucht[4]).

gg) Das Unternehmen umfaßt vollendete Tat und versuchte Tat, nicht dagegen auch Vorbereitungshandlungen[5]).

hh) Schuldform ist Vorsatz. Eine fahrlässige Flucht ist nicht denkbar. Auch dolus eventualis genügt, und zwar sowohl insoweit es sich um die Feststellung des Fahrzeugs wie auch um den Unfall handelt[6]).

Zu b. aa) Im Falle des Abs. 1 Satz 2 liegt keine echte tätige Reue im Sinne des § 46 Nr. 2 StGB vor; denn es liegt kein versuchtes, sondern ein vollendetes Vergehen vor[7]). Vielmehr ähnelt die Bestimmung der Vorschrift des § 310 StGB, von der sie sich aber dadurch unterscheidet, daß es nicht auf die Entdeckung, sondern auf die Anzeige ankommt.

bb) Die Bestimmung des Abs. 1 Satz 2 enthält einen Strafaufhebungsgrund[8]), beseitigt also nur die Strafbarkeit des Führers, nicht auch jene der Teilnehmer.

cc) Die Frist hat nicht die Bedeutung, daß die Strafbarkeit erst nach ihrem Ablauf eintreten würde. Der Führer, der eine Selbstanzeige erstattet hat, kann sich mithin nicht darauf berufen, daß zur Zeit der Feststellung seiner Person und seines Wagens die Frist zur Erstattung der Selbstanzeige noch nicht abgelaufen gewesen sei[9]).

---

[1]) Lechner 117, Oberländer 66.
[2]) Conrad 70, Müller 400, Oberländer 67.
[3]) Conrad 70, Lechner 119, Oberländer 68 a. A., Müller 402.
[4]) Conrad 70, Lechner 119, Müller 402, Oberländer 68.
[5]) Conrad 70, Lechner 118, Müller 400, a. A. Oberländer 68.
[6]) RG 30.10.1930 VerkRdsch 9, 83, DRZ 1929 Nr. 1116, DAR 1929, 396.
[7]) Conrad 72, Oberländer 68, a. A. Celle 21. 11. 1924 HöchstRR 1, 354.
[8]) Oberländer 68, a. A. Conrad 73: Strafausschließungsgrund.
[9]) RG 10. 10. 1927, DRZ 1927 Nr. 1078, DJZ 1927, 1555, RdK 1928, 58, 93, DAR 1928 Nr. 2 S. 2; Conrad 73, Müller 404, Oberländer 69.

dd) Die Anzeige muß bei einer inländischen d. h. deutschen Polizeibehörde erstattet werden. Nach überwiegender — meiner Ansicht nach allerdings zu strenger — Meinung genügt die Anzeige bei einer anderen Behörde, einem Gericht oder der Staatsanwaltschaft oder einem einzelnen Polizeibeamten nicht. Die Anzeige bei einer Gend.-Station, die keine Behörde ist, würde also nicht genügen, wohl aber die Anzeige bei einem Bürgermeister, der Ortspolizeibehörde ist (Art. 51 Abs. 3 GemO). Auf alle Fälle muß es als ausreichend angesehen werden, wenn die unrichtige Stelle die Anzeige innerhalb der vorgeschriebenen Frist an eine Polizeibehörde weitergegeben hat (vgl. § 164 StGB))[1]. Örtlich zuständig ist jede Polizeibehörde, nicht nur die für den Unfallsort zuständige Behörde.

3. Verlassen in hilfloser Lage.

a) § 22 Abs. 2 stellt keine[2]) Rechtspflicht zur Hilfeleistung auf, deren Nichterfüllung unter Strafe gestellt ist. Der Führer, der, ohne dem Verletzten irgendwelche Hilfe zu leisten, an der Unfallstelle bleibt, macht sich sonach nicht strafbar[3]). Insofern weicht der Tatbestand des § 22 Abs. 2 von jenem des § 221 StGB ab, der eine Verletzung der Fürsorgepflicht erfordert.

b) Ein Verlassen in hilfloser Lage liegt vor, wenn das Leben der bei dem Unfall verletzten Person infolge der durch das Verlassen bewirkten Vereinsamung gefährdet ist. Es ist sonach erforderlich

aa) Die Verletzung, d. h. die Körperbeschädigung einer Person[4]). Ein Getöteter kann nicht mehr verletzt werden, die Zerstörung künstlicher Hilfsmittel (Krücken, künstliche Glieder u. dgl.) ist keine Körperbeschädigung[5]).

bb) Der ursächliche Zusammenhang zwischen Unfall und Verletzung[6]).

cc) Ein Verlassen, d. h. ein räumliches Entfernen in der Absicht, sich um die verletzte Person nicht mehr zu kümmern. Der Führer, der die Person in der Absicht verläßt, ihr ärztliche Hilfe zu schicken, macht sich nicht strafbar, selbst wenn sich die Person durch sein Entfernen vorübergehend in hilfloser Lage befindet, ebensowenig derjenige, der erst nachträglich von dem Unfall erfährt und nicht zurückkehrt[7]).

dd) Eine Vereinsamung. Diese liegt nur vor, wenn

α) überhaupt keine anderen Personen am Unfallsort sind, oder

β) solche Personen zwar am Unfallsort sind, aber weder zur Hilfeleistung rechtlich verpflichtet sind, noch auch tatsächlich Hilfe leisten[8]).

Eine Vereinsamung liegt mithin nicht vor, wenn

---

[1]) Conrad 74, Isaac 415; a. A. Müller 404.

[2]) Müller 406, Oberländer 69, a. A. KG 7. 11. 1924 HöchstRR 1, 36.

[3]) Wohl aber hat die Unterlassung der Hilfeleistung für die Schadensersatzpflicht des Führers nach § 18 KFG Bedeutung. (Siehe Anm. 2 dortselbst.)

[4]) Conrad 75, Müller 407.

[5]) Müller 407, Oberländer 62; a. A. Lechner 121, Isaac 416.

[6]) Conrad 75, Müller 406.

[7]) RG 2. 5. 1927 RdK 1927, 176, Recht 1927, 435 DRZ 1927 Nr. 817.

[8]) KG 7. 11. 1924 HöchstRR 1, 36.

α) Personen an der Unfallstelle sind, die zur Hilfeleistung rechtlich verpflichtet sind, oder

β) tatsächlich Hilfe leisten[1]).

ee) Die abstrakte Möglichkeit einer Lebensgefährdung[2]).

ff) Der ursächliche Zusammenhang zwischen dem Verlassen, der Vereinsamung und der Lebensgefährdung[3]).

4. Schuld. Die Straftat des § 22 Abs. 2 erfordert vorsätzliches Handeln. Dolus eventualis genügt: Der Führer, der nur darauf vertraut, es werde eine der anwesenden Personen Hilfe leisten, ohne daß hiefür Anhaltspunkte vorliegen, nimmt die Möglichkeit einer Unterlassung der Hilfeleistung in Kauf und macht sich strafbar. Nimmt der Führer dagegen irrtümlich, wenn auch fahrlässigerweise, an, es werde von den anwesenden Personen Hilfe geleistet, so ist er straflos, da fahrlässige Begehung des Delikts nicht strafbar ist. Ebenso genügt dolus eventualis in bezug auf die Herbeiführung des Unfalls[4]).

5. Die Strafdrohung ist Gefängnis von 1 Tag bis zu 6 Monaten oder Geldstrafe von 3—10000 RM. Einziehung des K ist möglich (§ 40 StGB).

6. Verhältnis zu anderen Strafgesetzen. Tateinheit mit § 221 StGB ist möglich, wenn dem Führer gegenüber der verletzten Person eine Fürsorgepflicht oblag. Siehe im übrigen Vorbem. 3 vor § 21 KFG.

Strafschutz der Zulassung. **§ 23.**

Mit Geldstrafe bis zu zehntausend Reichsmark oder mit Gefängnis bis zu zwei Monaten wird bestraft, wer auf öffentlichen Wegen oder Plätzen ein Kraftfahrzeug führt, das nicht von der zuständigen Behörde zum Verkehre zugelassen ist.

Die gleiche Strafe trifft den Halter eines nicht zum Verkehre zugelassenen Kraftfahrzeugs, wenn er vorsätzlich oder fahrlässig dessen Gebrauch auf öffentlichen Wegen oder Plätzen gestattet.

1. Allgemeines[5]). Voraussetzung für die Anwendbarkeit des § 23 ist, daß es sich um ein Führen oder einen Gebrauch eines nach Reichsrecht zulassungspflichtigen K auf öffentlichen Wegen oder Plätzen handelt, das nicht

---

[1]) RG 19. 2. 1926 HöchstRR 2, 183, DRZ 1926, Nr. 412 BayObLG 28. 1. 1930 DJZ 1930, 976 BayVerwBl 1930, 235, DAR 1930 224, Verk. Rdsch. 9, 267, DRZ 1930, 255.

[2]) Diese liegt auch vor, wenn sich der Verletzte nicht mit eigener Kraft aus der Gefahrzone befreien kann (BayObLG 10. 12. 1929 BayVerwBl 1930, 46, DAR 1930, 224).

[3]) Müller Anm. B II zu § 22 KFG; a. A. Conrad 75, Lechner 122, Oberländer 69: durch den Unfall.

[4]) RG 2. 5. 1927 RdK 1927, 176, Recht 1927, 435, RG. 30. 10. 1929 Verk.-Rdsch 9, 83, DRZ 1929, 490; BayObLG 4. 3. 1924 BayObLGSt 24, 11.

[5]) Kraftfahrzeughalter 27.

von der zuständigen Behörde zugelassen ist, sei es, daß eine Zulassung überhaupt nicht erfolgt ist, sei es, daß sie ungültig geworden ist.

Einzelheiten siehe §§ 5, 6ff. VO und Anm. hiezu.

2. **Abs. 1** bestraft das Führen eines nicht zugelassenen K. Hinsichtlich des Begriffes Führen siehe einl. Vorbem. Abschn. VI[1]), hinsichtlich der übrigen Begriffe siehe einl. Vorbem. Abschn. I, II, V. Täter ist der Führer, wobei es ohne Belang ist, ob er die Fahrerlaubnis besitzt oder nicht. Entscheidend ist nur die Vornahme derjenigen Tätigkeiten, die zum Führerbegriff gehören[2]).

3. **Abs. 2** bestraft die Gestattung des Gebrauchs durch den Halter. Hinsichtlich der Begriffe Gebrauch und Halter siehe einl. Vorbem. Abschn. IV und VII. Unter Gestatten ist nicht nur die ausdrückliche Genehmigung, sondern ebensosehr die Duldung und Nichthinderung des Gebrauchs zu verstehen, wobei aber stets eine auf den Gebrauch bezügliche Willensrichtung, eine Billigung des Gebrauchs, erforderlich ist[3]). Die Ermöglichung des Gebrauchs genügt nicht, daher auch nicht die fahrlässige Verwahrung des Fahrzeugs[4]). Einen zwingenden Grund, in Abweichung vom Wortlaut des Gesetzes, aber in Übereinstimmung mit der herrschenden Meinung ein Gebrauchmachen zur Erfüllung des Tatbestandes als notwendig anzusehen, vermag ich nicht anzuerkennen[5]).

4. **Schuld.** Sowohl im Falle des Abs. 1[6]) wie in jenem des Abs. 2 ist als Schuldart Fahrlässigkeit ausreichend. Es ergibt sich dies aus dem Charakter dieser Delikte als Polizeidelikte. Auch die Gestattung des Gebrauchs des K auf Grund der fahrlässigen Annahme des Halters, daß das K zugelassen sei, genügt.

5. **Strafmaß.** Das Strafmaß der Geldstrafe ist nunmehr 3 bis 10000 Reichsmark (VO über Vermögensstrafen und Bußen v. 6. 2. 1924 RGBl I, 44).

6. **Verhältnis zwischen Abs. 1 und Abs. 2.** Die Bestrafung des Halters ist unabhängig von der Strafbarkeit des Führers nach § 23 Abs. 1 G. Wohl aber kann mit dem Vergehen aus Abs. 2 eine Anstiftung oder Beihilfe zu einem Vergehen nach Abs. 1 konkurrieren. Hier liegt keine Gesetzeskonkurrenz vor; denn nach § 23 Abs. 2 G ist die Gestattung des Gebrauchs, nach § 23 Abs. 1 G dagegen das Führen strafbar.

7. **Verhältnis zu § 21 G.** Neben der Anwendung des § 23 G ist für eine Anwendung des § 21 G kein Raum. Wohl aber können Zuwiderhandlungen in bezug auf die Zulassung, die den Tatbestand des § 23 G

---

[1]) Lechner 124; a. A. Conrad 78: Führen = Inbetriebsetzen, ähnlich BayObLG 21. 6. 1927 DRZ 1928 Nr. 847.
[2]) Müller 416.
[3]) Conrad 79: ausdrücklich oder durch schlüssige Handlungen.
[4]) Lechner 126.
[5]) **a. A. Conrad 79, Lechner 126, Müller 418, Oberländer 584.**
[6]) **Conrad 79, Lechner 124, Müller 418.**

nicht erfüllen, nach § 21 G strafbar sein. (Siehe Anm. 6 zu § 21 G.) Besonderer Erwähnung bedarf hier das Verhältnis von § 23 G zu § 15 VO mit § 21 G a) im Falle der Vornahme von Änderungen im Sinne des § 6 Abs. 3 Satz 1 VO, b) im Falle der Wohnortsverlegung (§ 6 Abs. 4 VO) und c) des Eigentumswechsels (§ 6 Abs. 6 VO). Nach § 15 VO hat der Führer einen ordnungsmäßigen Zulassungsschein mitzuführen. Wird der Zulassungsschein durch Änderungen unrichtig, so ist er im Falle a innerhalb 2 Wochen, in den Fällen b und c unverzüglich zu berichtigen bzw. durch einen neuen Schein zu ersetzen, widrigenfalls neben dem Eigentümer als dem Verpflichteten, auch der Führer und zwar dieser nach § 15 VO mit § 21 G strafbar ist.

8. **Verhältnis zu anderen Strafvorschriften.** Siehe Vorbem. 3 vor § 21 KFG.

Strafschutz der Fahrerlaubnis. **§ 24.**

Mit Geldstrafe bis zu zehntausend Reichsmark oder mit Gefängnis bis zu zwei Monaten wird bestraft:

1. wer ein Kraftfahrzeug führt, ohne einen Führerschein zu besitzen;
2. wer ein Kraftfahrzeug führt, obwohl ihm die Fahrerlaubnis entzogen ist;
3. wer nicht seinen Führerschein der Behörde, die ihm die Fahrerlaubnis entzogen hat, auf ihr Verlangen abliefert.

Die gleiche Strafe trifft den Halter des Kraftfahrzeugs, wenn er vorsätzlich oder fahrlässig eine Person zur Führung des Fahrzeugs bestellt oder ermächtigt, die sich nicht durch einen Führerschein ausweisen kann oder der die Fahrerlaubnis entzogen ist.

1. **Allgemeines**[1]). Der Zweck der Strafvorschrift des § 24 G ist der Schutz der öffentlichen Ordnung und Sicherheit gegen Gefahren, die durch die Führung eines K durch einen mangels erteilter Erlaubnis hiezu Nichtberechtigten drohen. Voraussetzung für die Anwendbarkeit des § 24 G ist sonach, daß eine Fahrerlaubnis erforderlich ist. Einzelheiten siehe § 14 VO und Anm. hiezu. Begriff Führer siehe einl. Vorbem. Abschn. VI.

2. **Abs. 1 Nr. 1.** Strittig ist, ob „Besitzen" soviel bedeutet, wie „die Fahrerlaubnis erhalten haben"[2]), oder ob ein Besitz des Führerscheins im Sinne des bürgerlichen Rechts erforderlich ist[3]). Die Streitfrage ist insbesondere von Bedeutung, wenn der Führerschein verloren, gestohlen oder

---

[1]) Kraftfahrzeughalter 33.

[2]) Eger 505, Heucke 120, Kirchner 344, Seuffert 95.

[3]) So BayObLG 6. 8. 1926, BayObLGSt 26, 167 BayVerwBl 1927, 101, JW 1926, 2768, DRZ 1926 Nr. 984, Conrad 80, Lechner 128, Oberländer 190, Weiß I 163.

sonst abhanden gekommen ist. Für die erstere Auffassung spricht die Erwägung, daß der Nichtbesitz des Führerscheins nur dann eine so schwere und damit die Vergehensstrafe rechtfertigende Verfehlung darstellt, wenn er auf Nichtbesitz der Fahrerlaubnis zurückzuführen ist. Die letztere Auffassung, für die Wortlaut und Entstehungsgeschichte sprechen, läßt sich wohl nur rechtfertigen, wenn man annimmt, daß der Gesetzgeber hier schon die Erschwerung der polizeilichen Überwachung der KFührer als eine die Vergehensstrafe rechtfertigende Verfehlung angesehen hat.

3. Abs. 1 Nr. 2. Siehe hiezu Anm. 11 zu § 4. Hat der Führer Rekurs eingelegt und ist dessen aufschiebende Wirkung nicht ausgeschlossen worden, so darf der Führer bis zur Entscheidung im Rekursverfahren ein K weiterführen. Bei Entziehung auf Zeit ist der Führer erst nach Wiedererteilung des Führerscheins zum Führen eines K berechtigt. Fährt er vorher, so macht er sich strafbar und zwar nach § 15 VO mit § 21 G, nach Ansicht derer, die annehmen, die Erteilung der Fahrerlaubnis schließe die Anwendung des § 24 G aus, dagegen nach § 24 Nr. 1 G nach Ansicht derer, die es auf den zivilrechtlichen Besitz des Führerscheins abstellen.

4. Abs. 1 Nr. 3. Eine Aufforderung zur Ablieferung muß seitens der zuständigen Behörde ergangen sein. Die Aufforderung dürfte erst nach rechtskräftiger Entscheidung über die Entziehung zulässig sein („entzogen hat"). Der Auftrag an einen Polizeibeamten, den Führerschein einzuziehen, ist nicht als derartige Aufforderung anzusehen. Wohl aber kann die Behörde die Aufforderung durch einen Polizeibeamten übermitteln lassen. Die Nichtbefolgung einer wiederholten Aufforderung ist jeweils eine neue Straftat[1]), steht wohl aber meist im Fortsetzungszusammenhang.

5. Abs. 2. Begriff Halter siehe einl. Vorbem. Abschn. VII. Auch wenn man annimmt, daß „besitzen" im Sinne des § 24 Abs. 1 Nr. 1 gleichbedeutend sei mit „die Fahrerlaubnis erhalten haben", erscheint es nicht unbillig, dem Halter eine weitergehende Verantwortung aufzuerlegen. Der Halter darf sich nicht auf die Angabe des Führers, er sei im Besitze der Fahrerlaubnis, verlassen, sondern er muß sich vergewissern, ob diese Angabe auch zutreffend ist. Dies ist aber nur dadurch möglich, daß er sich den Führerschein vorlegen läßt[2]). Allerdings wird sich der Halter, der einen Führer anstellt, darauf beschränken können, nur bei der Einstellung des Führers sich den Führerschein vorlegen zu lassen. Er ist aber zu dieser Prüfung insbesondere auch dann verpflichtet, wenn er eine Person zur Führung bestellt oder ermächtigt, die in keinem dauernden Dienstverhältnis zu ihm steht, oder wenn ihm Tatsachen bekannt geworden sind, die die Vermutung begründen, daß der Besitz des Führerscheins der Rechtslage nicht mehr entspricht, sei es im Falle der Anschaffung eines anderen K, für das eine andere Klasse des Führerscheins vorgeschrieben ist, als für das bisherige, sei es, daß Tatsachen vorliegen, die die Annahme rechtfertigen, daß dem

---

[1]) Conrad 82; a. A. Lechner 130, Müller[4] 429.

[2]) BayObLG 14. 10. 1927 BayObLGSt 27, 221 BayZ 1928, 42, RdK 1928, 93, DRZ 1927 Nr. 1091.

Führer die Fahrerlaubnis entzogen worden sein könnte. Geht sonach die Verpflichtung des Halters weiter, so wird andererseits der Halter, der sich den Führerschein hat vorlegen lassen, einer Prüfung, ob der Führer die Fahrerlaubnis besitzt, enthoben sein[1]), es sei denn, daß ihm Tatsachen bekannt geworden sind, die die Vermutung begründen, daß der Besitz des Führerscheins mit der wirklichen Rechtslage nicht übereinstimmt[2]). Als eine solche Tatsache ist insbesondere die Entziehung der Fahrerlaubnis anzusehen.

Der Halter ist strafbar, wenn er eine Person zur Führung des K vorsätzlich oder fahrlässig bestellt oder ermächtigt, die sich nicht durch einen Führerschein ausweisen kann oder der die Fahrerlaubnis entzogen ist. Eine Bestellung liegt nicht nur dann vor, wenn ein auf die Führung des K sich beziehendes Vertragsverhältnis zwischen Halter und Führer begründet wird[3]), sondern stets dann, wenn der Halter dem Führer die Führung ausdrücklich überträgt, ihn auf Grund einer zum Ausdruck gebrachten Willenserklärung mit der Führung betraut, wenn mithin die Initiative zur unberechtigten Führung vom Halter ausgeht. Die Willensrichtung des Halters ist bei der Bestellung etwa die des Anstifters.

Die Ermächtigung geht weiter, umfaßt an sich auch die Bestellung und ist mit dem Gestatten im § 23 Abs. 2 G nahe verwandt. Die Willensrichtung des Halters kann bei der Ermächtigung auch diejenige des Gehilfen sein. Wenn aber schon das Gestatten stets eine auf den Gebrauch bezügliche Willensrichtung des Halters zur Voraussetzung hat, so gilt dies in erhöhtem Maße von der Ermächtigung. Ohne eine ausdrückliche, wenn auch stillschweigende Einigung zwischen Halter und Führer, ist eine Ermächtigung nicht möglich[4]). Die Duldung allein ist keinesfalls ausreichend[5]), so daß auch hier z. B. fahrlässige Verwahrung des K nicht genügt[6]).

Die Frage, ob eine unbefugte Führung des K auch tatsächlich erfolgt sein muß, ist auch hier aus den oben (bei § 23 Abs. 2 G) näher dargelegten Gründen zu verneinen[7]).

6. Schuld. Sowohl im Falle des Abs. 1 wie in jenem des Abs. 2 ist als Schuldart Fahrlässigkeit ausreichend. Es ergibt sich dies aus dem Charakter dieser Delikte als Polizeidelikte[8]).

7. Strafdrohung. Das Strafmaß der Geldstrafe ist nunmehr 3 bis 10000 RM. (VO über Vermögensstrafen und Bußen vom 6. 2. 1924 RGBl I, 44).

---

[1]) Eger 509, Müller[4] 433.

[2]) Lechner 132.

[3]) Eger 508, Seuffert 95, Lechner 131: „in der Regel".

[4]) Conrad 81, RG 21. 2. 1927 RdK 1927, 164.

[5]) a. A. Eger 508, Isaac 424, Kirchner 346, Lechner 131, Oberländer 87, Weitz I 165.

[6]) Kirchner 346, a. A. Eger 509.

[7]) Lechner 132, Seuffert 95, a. A. Eger 503, Isaac 424, Müller[4] 433, Oberländer 87, 191.

[8]) Conrad 81, Eger 508, Isaac 424.

8. **Verhältnis zwischen Abs. 1 und Abs. 2.** Die Strafbarkeit des Halters ist unabhängig von der Strafbarkeit des Führers nach § 24 Abs. 1 G. Im Gegensatz zu § 23 Abs. 2 G kann indessen mit dem Vergehen nach § 24 Abs. 2 G eine Anstiftung oder Beihilfe zu einem Vergehen nach § 24 Abs. 1 G nicht konkurrieren, denn sowohl § 24 Abs. 1 G wie § 24 Abs. 2 G erfordern als Tatbestandsmerkmal das Führen eines K. Es liegt sonach in diesem Falle Gesetzeskonkurrenz vor.

9. **Verhältnis zu anderen Strafvorschriften.** Siehe Vorbem. 3 vor § 21 KFG.

Strafschutz der Kennzeichnung. § 25.

Wer in rechtswidriger Absicht

1. ein Kraftfahrzeug, für welches von der Polizeibehörde ein Kennzeichen nicht ausgegeben oder zugelassen worden ist, mit einem Zeichen versieht, welches geeignet ist, den Anschein der polizeilich angeordneten oder zugelassenen Kennzeichnung hervorzurufen,
2. ein Kraftfahrzeug mit einer anderen als der polizeilich für das Fahrzeug ausgegebenen oder zugelassenen Kennzeichnung versieht,
3. das an einem Kraftfahrzeuge gemäß polizeilicher Anordnung angebrachte Kennzeichen verändert, beseitigt, verdeckt oder sonst in seiner Erkennbarkeit beeinträchtigt,

wird, sofern nicht nach den Vorschriften des Strafgesetzbuchs eine höhere Strafe verwirkt ist, mit Geldstrafe bis zu zehntausend Reichsmark oder mit Gefängnis bis zu drei Monaten bestraft.

Die gleiche Strafe trifft Personen, welche auf öffentlichen Wegen oder Plätzen von einem Kraftfahrzeuge Gebrauch machen, von dem sie wissen, daß die Kennzeichnung in der im Absatz 1 unter Nr. 1 bis 3 bezeichneten Art gefälscht, verfälscht oder unterdrückt worden ist.

1. **Allgemeines**[1]). Der § 25 G enthält bestimmte strafgesetzliche Tatbestände und dient dem Schutz der Kennzeichnung. Die Kennzeichnung, zu der eines oder mehrere Kennzeichen verwendet werden, ist ein Begriff. Man versteht hierunter die den Vorschriften entsprechende Erkenntlichkeit des K durch die Kennzeichen, mithin einen Zustand, nicht die Kenntlichmachung, eine Handlung. Es folgt dies bei § 25 Abs. 1 Nr. 1 und 2, sowie bei § 25 Abs. 2 G aus dem dort ausdrücklich gebrauchten Worte

[1]) Kraftfahrzeughalter 45.

„Kennzeichnung" ohne weiteres, bei § 25 Abs. 1 Nr. 3 G muß dies daraus geschlossen werden, daß hier nur von dem angebrachten, d. h. eben zum Zwecke der Kennzeichnung angebrachten Kennzeichen die Rede ist, sowie aus § 25 Abs. 2, der auch die Nr. 3 mit einbezieht.

Die Zuwiderhandlungen in bezug auf die Kennzeichnung können, brauchen aber nicht gleichzeitig Zuwiderhandlungen in bezug auf die Kennzeichen sein. Daraus ergibt sich die Berechtigung dieser Unterscheidung. Es kann z. B. sehr wohl ein polizeilich ausgegebenes, d. h. gestempeltes Kennzeichen noch vor seiner Anbringung an einem K gefälscht und einem kontrollierenden Polizeibeamten vorgezeigt werden. Dann liegt Urkundenfälschung, aber kein Vergehen nach § 25 G vor.

Es ergibt sich also, daß die Strafvorschriften des § 25 G nur den Schutz der Kennzeichnung zum Gegenstand haben, während Zuwiderhandlungen in bezug auf die Kennzeichen selbst nach dem allgemeinen Strafrecht zu beurteilen sind. „Das schutzwürdige Interesse ist nicht das .... Zeichen, sondern der Schutz des .... Verkehrs" (Isaac 427).

Zutreffend nehmen Lechner (134) und Müller (438) an, daß nur die reichsrechtlich angeordnete oder zugelassene Kennzeichnung durch § 25 G geschützt ist. Zweifelhaft aber erscheint es, ob § 25 G auch dann Anwendung findet, wenn eine Kennzeichnungspflicht nicht besteht, sei es, daß das K nicht auf öffentlichen Wegen verkehrt[1]), sei es, daß es vom Kennzeichnungszwang freigestellt ist[2]). Diese Frage ist zu verneinen. Ein polizeiliches Interesse an der Kennzeichnung besteht nur insolange, als sich das K im Verkehr auf öffentlichen Wegen befindet und nur insoweit, als ein Kennzeichnungszwang vorgesehen ist. Ist das K außer Verkehr, so bedarf es der Kennzeichnung nicht (§ 7 VO), daher kann § 25 G keine Anwendung finden. Das Gleiche gilt, wenn das K vom Kennzeichnungszwang befreit ist.

2. Kennzeichen im Sinne des § 25 sind:

a) das gewöhnliche Kennzeichen nach § 8 VO,
b) das Probefahrtkennzeichen nach § 37 Abs. 2 VO,
c) die Nationalitätszeichen nach § 6 Abs. 3 Int. VO,
d) das länglichrunde Kennzeichen nach § 11 Abs. 1b Int. VO.

3. Abs. 1 Nr. 1. Die Straftat des § 25 Abs. 1 Nr. 1 G besteht in der Vortäuschung der ordnungsgemäßen Kennzeichnung. Voraussetzung ist sonach, daß für das K ein Kennzeichen von der Polizeibehörde weder ausgegeben noch zugelassen ist[3]). Wann ein Kennzeichen als ausgegeben und wann es als zugelassen anzusehen ist, darüber gehen die Meinungen erheblich auseinander. Im Hinblick auf §§ 6 Abs. 5 und 41 Abs. 3 VO läge es nahe, den Unterschied darin zu suchen, wer das Kennzeichen beschafft hat, ob die Polizeibehörde oder der Eigentümer des Kraftfahrzeugs selbst[4]). Gleichwohl dürfte diese Ansicht nicht zutreffend sein, weil es nicht auf das Kenn-

---

[1]) Bejahend Isaac 427, Müller 438.
[2]) Bejahend Eger 513, Isaac 426, Müller 440.
[3]) Conrad 84.
[4]) Conrad 84, Isaac 426, Lechner 135, 212, Müller 440, Oberländer 342, Weitz II 69.

zeichen als Sache, sondern auf die Kennzeichnung als Vorgang ankommt. Als von der Polizeibehörde ausgegeben sind daher alle diejenigen Kennzeichen anzusehen, die gemäß § 6 Abs. 2 VO einem K zugeteilt sind und zwar von dem Augenblick ihrer Abstempelung ab[1]). Mithin sind ausgegebene Kennzeichen das gewöhnliche Kennzeichen nach § 8 VO, sowie das Probefahrtkennzeichen nach § 37 Abs. 2 VO, nicht ausgegeben sind dagegen sämtliche im internationalen Verkehr verwendeten Kennzeichen, da sie von keiner Polizeibehörde, unter der wohl nur eine inländische zu verstehen ist, sondern von ausländischen Behörden oder der deutschen Zollbehörde ausgegeben sind. Diese Kennzeichen sind vielmehr als zugelassen zu betrachten, denn „von der Polizeibehörde zugelassen" bedeutet nichts anderes, als von ihr anerkannt. Anerkannt aber sind nur die Kennzeichen der dem Internationalen Abkommen beigetretenen Staaten[2]). Dies ergibt sich aus § 11 Abs. 1 b der Int. VO, wonach bei außerdeutschen K ohne internationalen Fahrausweis etwa vorhandene ausländische Kennzeichnung zu entfernen oder zu verdecken sind.

Die Handlung besteht darin, daß ein solches K mit einem Zeichen versehen wird, das geeignet ist, die ordnungsgemäße Kennzeichnung vorzutäuschen. Dieses Zeichen kann ein gültiges (gestempeltes) Kennzeichen sein, das für ein anderes K bestimmt ist[3]), es kann ferner ein gültiges Probefahrtkennzeichen sein[4]), das entgegen der Vorschrift der §§ 37, 41 VO für ein nicht zugelassenes K verwendet wird oder ein noch nicht abgestempeltes Kennzeichen, das entgegen Vorschrift des § 33 VO benützt wird[5]), auch ein Nationalitätskennzeichen eines anderen Landes, schließlich ein Phantasiezeichen, das indessen geeignet sein muß, ein wirkliches Kennzeichen vorzutäuschen[6]).

4. Abs. 1 Nr. 2. Die Straftat des § 25 Abs. 1 Nr. 2 G besteht in dem rechtswidrigen Ersatz[7]) der für ein K ausgegebenen oder zugelassenen Kennzeichnung durch eine andere Kennzeichnung. Wird dagegen die ordnungsgemäße Kennzeichnung z. B. durch Phantasiezeichen ersetzt, so liegt § 25 Abs. 1 Nr. 3 G vor. § 25 Abs. 1 Nr. 1 G kann hier keine Anwendung finden, da im vorliegenden Falle bereits eine Kennzeichnung vorhanden ist, § 25 Abs. 1 Nr. 2 G aber deshalb nicht, weil hier nur von dem Versehen mit einer anderen Kennzeichnung, nicht aber von dem Versehen mit einem

---

[1]) Isaac 427, Lechner 135.

[2]) a. A. Isaac 427.

[3]) Eger 513, Isaac 428, Lechner 135, Müller 440, Oberländer 355, Seuffert 197.

[4]) Conrad 85, Eger 513, Kirchner 350, Müller 440, Oberländer 405, Weitz I 168.

[5]) Oberländer 344; a. A. Heucke 123, der hier Nr. 2 annimmt, Kirchner 350, Weitz II 82, die hier § 21 G annehmen.

[6]) Isaac 428, Kirchner 350, Lechner 135, Oberländer 355, Seuffert 97, BayObLG 24. 7. 1928 BayObLGSt 28, 186.

[7]) Conrad 85, Eger 515, Müller 442, Seuffert 97.

Zeichen die Rede ist[1]). Kennzeichnung aber ist der fachtechnische Ausdruck für die vorgeschriebene ordnungsgemäße Kennzeichnung mittels objektiv richtiger Kennzeichen. Die Anbringung eines zweiten Kennzeichens neben dem ordnungsgemäßen fällt nicht unter Nr. 2, da aus dem Wortlaut auf eine Beseitigung der ordnungsgemäßen Kennzeichnung und deren Ersatz durch eine andere Kennzeichnung geschlossen werden muß[2]).

5. Abs. 1 Nr. 3. Die Straftat des § 25 Abs. 1 Nr. 3 G besteht in der Beeinträchtigung der polizeilich angeordneten Kennzeichnung. Als polizeilich angeordnet ist die Kennzeichnung an allen K anzusehen, für die die Kennzeichnungspflicht besteht. Nicht gemäß polizeilicher Anordnung angebracht ist das deutsche Nationalitätszeichen (§ 5 Int. VO), da zu dessen Führung keine Verpflichtung, sondern nur eine Berechtigung besteht, ferner sind es nicht die ausländischen Kennzeichen an außerdeutschen K ohne internationalen Fahrausweis, da deren Kennzeichen gemäß § 11 Abs. 1 b Int. VO zu entfernen oder zu verdecken sind. Verändert wird ein Kennzeichen durch Entfernen eines Teils des Zeichens oder Hinzufügung neuer Teile[3]). Die Veränderung braucht keine dauernde zu sein. Beseitigt wird ein Kennzeichen durch Wegnahme der Tafel oder durch völlige und dauernde Beseitigung der Aufschrift[4]). Unter Verdecken versteht man eine nur vorübergehende Beeinträchtigung des Kennzeichens ohne Einwirkung auf die Inschrift durch Anbringung eines anderen Körpers vor oder seitlich von dem Kennzeichen[5]). Der Begriff des Beeinträchtigens umfaßt auch die vorerwähnten Handlungen[6]). Er geht aber noch weiter und schließt in sich z. B. das Unterlassen rechtzeitiger Beleuchtung[7]), das vorschriftswidrige Ausschalten der Beleuchtung[8]), das Unterlassen rechtzeitiger Erneuerung des Kennzeichens[9]), das Nichtbeseitigen des Straßenstaubes auf den Kennzeichen[10]), das vorschriftswidrige Anbringen eines zweiten Kennzeichens[11]), oder eines Phantasiekennzeichens, neben dem echten, nicht aber die Nichtanbringung des vorgeschriebenen Kennzeichens[12]).

6. Der Tatbestand des Abs. 1 ist bereits gegeben, ohne daß von dem K Gebrauch gemacht worden ist[13]).

---

[1]) Gordan 179; a. A. Isaac 428, Müller 442.
[2]) Conrad 85, Eger 515, Müller 442; a. A. Isaac 428, Kirchner 351, Lechner 136, Weitz I 168.
[3]) Eger 516, Isaac 426, Kirchner 352, Lechner 137.
[4]) Eger 516, Isaac 429, Kirchner 353, Lechner 137.
[5]) KG 21. 4. 1927, DJZ 1927, 1203, DRZ 1927 Nr. 978.
[6]) Lechner 138.
[7]) Eger 517, Isaac 429, Kirchner 353.
[8]) Krause 226.
[9]) Oberländer 356.
[10]) Isaac 429, Kirchner 353.
[11]) a. A. Isaac 429, Kirchner 351, Müller 442, Weitz I 168.
[12]) Eger 516, Isaac 429.
[13]) Conrad 85, Celle 2. 12. 1924, HöchstRR 1, 357.

7. Die Strafvorschrift des Abs. 1 findet nur Anwendung, wenn die Handlungen in **rechtswidriger Absicht** erfolgt sind. Da der Zweck der Kennzeichnung der K darin besteht, ihre Feststellung zu ermöglichen, handelt in rechtswidriger Absicht, wer bewußt diesen Zweck vereiteln will[1]).

8. **Abs. 2.** Nach Abs. 2 G ist strafbar, wer auf öffentlichen Wegen oder Plätzen von einem K Gebrauch macht, von dem er weiß, daß die Kennzeichnung in der im Abs. 1 Nr. 1—3 bezeichneten Art gefälscht, verfälscht oder unterdrückt worden ist. Das Fälschen, Verfälschen und Unterdrücken bezieht sich nicht auf die Kennzeichen sondern auf die Kennzeichnung. Die Kennzeichnung ist gefälscht, wenn sie falsch angefertigt ist (§ 25 Abs. 1 Nr. 1), sie ist verfälscht, wenn die bereits bestehende Kennzeichnung rechtswidrig verändert worden ist (§ 25 Abs. 1 Nr. 2), sie ist unterdrückt, wenn sie ihrer Bestimmung ganz oder teilweise entzogen worden ist (§ 25 Abs. 1 Nr. 3)[2]). Diese Handlungen müssen nach dem Wortlaut des Gesetzes („worden ist") bereits vor dem Gebrauchmachen erfolgt sein.

Zum Tatbestand ist erforderlich, daß von dem K Gebrauch gemacht wird. Strafbar ist auch der Halter, der eine dem Führer zur Last fallende, ihm bekannte Verfälschung der Kennzeichnung durch den Gebrauch des K genehmigt (Höpfel 481, Hallbauer 57). Dagegen ist ein Gebrauchmachen von der gefälschten, verfälschten oder unterdrückten Kennzeichnung nicht erforderlich[3]). Der Unterschied ist allerdings meist bedeutungslos. Wird aber z. B. die gefälschte oder verfälschte Kennzeichnung durch Verdecken der Kenntnisnahme entzogen, so ist zwar nicht von der Kennzeichnung, wohl aber, soferne eine Fahrt erfolgt, von dem K Gebrauch gemacht und damit der Tatbestand erfüllt.

9. In **subjektiver Hinsicht** erfordert der Tatbestand des Abs. 2 Wissentlichkeit, d. i. das Bewußtsein[4]), daß die Kennzeichnung gefälscht, verfälscht oder unterdrückt worden ist. Nicht erforderlich ist rechtswidrige Absicht[5]), ebensowenig Täuschungsabsicht.

10. **Täter** kann sowohl im Falle des Abs. 1 wie in jenem des Abs. 2 jeder sein, also nicht bloß der Eigentümer, Führer oder Halter[6]).

11. **Strafdrohung.** Das Strafmaß der Geldstrafe beträgt nunmehr 3 bis 10000 RM.

12. **Verhältnis zwischen Abs. 1 und Abs. 2.** Begeht ein und derselbe Täter sowohl die Straftat nach Abs. 1 wie jene nach Abs. 2, so ist er nur nach Abs. 1 strafbar[7]). Dagegen kann Teilnahme an einem Vergehen nach Abs. 1 mit Täterschaft nach Abs. 2 und umgekehrt sachlich zusammentreffen.

---

[1]) Conrad 86: im Rechtsleben Beweis zu erbringen; ähnlich wie oben Eger 512, Heucke 122, Kirchner 349, Lechner 134, Müller 436, Weiß I 167.
[2]) Conrad 86.
[3]) Conrad 86, Eger 519, Isaac 430.
[4]) Eger 520, Lechner 140, Müller 446.
[5]) Eger 520, Isaac 431, Müller 446; a. A. Conrad 87, Seuffert 98, Weiß I 169.
[6]) Conrad 87.
[7]) Conrad 88.

13. Verhältnis zu anderen Strafvorschriften.

a) § 25 G ist gegenüber den allgemeinen Strafvorschriften über Urkundenfälschung subsidiär.

Urkundenfälschung in bezug auf die Kennzeichen ist nur möglich, wenn zur Vortäuschung der ordnungsgemäßen Kennzeichnung ein Kennzeichen fälschlich angefertigt oder verfälscht und von dem Kennzeichen Gebrauch gemacht wird, nicht aber, wenn die Urkundeneigenschaft eines fremden echten Kennzeichens mißbraucht wird, um durch dessen Einfügung in ein anderes K den Anschein der Ausgabe des Kennzeichens hervorzurufen. In diesem Falle ist nur die Kennzeichnung mißbraucht, oder wie § 25 sagt „gefälscht", mithin § 25 G anwendbar. Die gegenteilige Auffassung[1]) verweist vornehmlich auf RGSt 23, 278; indessen zu Unrecht. Dort handelt es sich um die Frage, ob eine Quittungskarte bereits Urkunde ist, noch ehe die Quittungsmarken eingeklebt sind. Eine Rechtsähnlichkeit zwischen diesem Falle und dem Mißbrauch eines Kennzeichens kann ich nicht finden.

Das gestempelte Kennzeichen wird zutreffend allgemein als öffentliche Urkunde angesehen[2]). Das Kennzeichen ist eine verkörperte ihrem gedanklichen Inhalt nach für den Rechtsverkehr bestimmte Erklärung, die von einer öffentlichen Behörde innerhalb des ihr zugewiesenen Geschäftskreises in der vorgeschriebenen Form ausgestellt wird und aus der sich ergibt, daß ein K unter einer bestimmten Erkennungsnummer behördlicherseits zum Verkehr zugelassen ist oder — insoweit es sich um Probefahrtkennzeichen handelt — daß eine bestimmte Person, der Inhaber, zur Ausführung von Probefahrten behördlicherseits ermächtigt ist[3]). Das zwar amtlich ausgegebene, aber nicht abgestempelte Kennzeichen erklärt nichts. Es unterscheidet sich seinem Inhalt nach nicht von dem von einer Privatperson angefertigten Kennzeichen[4]). Auch das Nationalitätszeichen enthält mangels einer behördlichen Abstempelung keine Erklärung[5]).

Der Tatbestand der Urkundenfälschung im Sinne des § 267 StGB erfordert ein fälschliches Anfertigen oder Verfälschen und das Gebrauchmachen in Täuschungsabsicht. Eine Verfälschung setzt, wie erwähnt, eine dauernde Veränderung der Urkunde voraus. Ein Gebrauchmachen liegt vor, sobald der zu täuschenden Person die Urkunde zugänglich gemacht, ihr die Möglichkeit der Kenntnisnahme gewährt ist. Der Personenkreis, der in unserem Falle getäuscht werden soll, beschränkt sich nicht auf Polizeibeamte, sondern umfaßt alle Personen, die ein rechtliches Interesse an der Feststellung des K haben (vgl. § 22 G). Die Kenntnisnahme kann nicht nur durch eine Fahrt, sondern auch in anderer Weise, z. B. Vorzeigen bei einer behördlichen Kontrolle in der Garage ermöglicht werden[6]).

---

[1]) Kirchner 352, Müller 444.

[2]) So die überwiegende Meinung, ebenso BayObLG 24. 7. 1928 JW 1929, 945, BayObLGSt 28, 186; Düsseldorf 30. 8. 1927 RdK 1927, 200.

[3]) Vgl. Allfeld 519, Frank 589.

[4]) Isaac 429, Oberländer 356.

[5]) Isaac 429.

[6]) a. A. Kirchner 351, Weitz I 168.

Außer der einfachen Urkundenfälschung kann auch schwere Urkundenfälschung vorliegen, wenn z. B. die Fälschung in der Absicht der Steuerhinterziehung erfolgt.

Sogenannte intellektuelle Urkundenfälschung ist gegeben, wenn in amtliche Urkunden, Bücher oder Register eine falsche Eintragung bewirkt wird. Eine polizeiliche Anzeige gilt indessen nicht als eine derartige Urkunde. Isaac (430) will mit Recht bereits in der Bewirkung der Abstempelung eines gefälschten Kennzeichens eine intellektuelle Urkundenfälschung erblicken.

Der Fall des § 274 StGB wird nur selten Anwendung finden. Er setzt voraus, daß der Halter nicht auch Eigentümer oder Miteigentümer des Kennzeichens ist und käme wohl im wesentlichen nur zu dem von Isaac (430) angeführten Zweck der Schädigung eines Ersatzberechtigten in Frage[1]).

b) Siehe im übrigen Vorbem. 3 vor § 21 KFG.

Schlußvorschrift. § 26.

Dieses Gesetz tritt hinsichtlich der Vorschriften über die Haftpflicht — Teil II — mit dem 1. Juni 1909, im übrigen mit dem 1. April 1910 in Kraft.

IV. Kleinkrafträder.

§ 27.

Die Vorschriften im Teil I, II, und III gelten nicht für Kleinkrafträder.

Die Reichsregierung erläßt mit Zustimmung des Reichsrats Anordnungen über den Verkehr mit Kleinkrafträdern.

1. Begriff siehe § 47 VO. Kleinkrafträder sind weder K im Sinne des G, noch im Sinne des VO (siehe einleit. Vorbem. Abschn. I, 2). Auf sie finden die Vorschriften des G keine Anwendung.

2. Die Reichsregierung kann zwar mit Zustimmung des Reichsrats Anordnungen über den Verkehr mit KlKR erlassen, sie muß sich hiebei jedoch im Rahmen des Gesetzes halten. Die Reichsregierung konnte weder den Zulassungszwang noch den Fahrerlaubniszwang einführen. Dagegen konnte sie, wie geschehen, den Kennzeichnungszwang anordnen und eine Reihe von Vorschriften der VO auf den Verkehr mit KlKR für anwendbar erklären, insoweit, als sie sich hiebei nicht mit § 27 Abs. 1 G in Widerspruch setzte[2]). Hinsichtlich der Rechtsgültigkeit der in § 50 Abs. 1 VO aufgestellten Strafvorschrift siehe Anm. 2 zu § 50 VO.

---

[1]) a. A. Eger 519, Kirchner 353, Müller 444, da das Recht des Geschädigten nicht auf der Urkunde beruht.

[2]) Vgl. Hamb. 7.12.1925 HöchstRR 3, 48. Bedenklich daher auch § 49 KVO.

Verordnung über Kraftfahrzeugverkehr

Vom 15. Juli 1930 (RGBl. I S. 276).

Erster Abschnitt

Kraftfahrzeuge im allgemeinen

A. Allgemeine Vorschriften

Begriffsbestimmungen. § 1.

Im Sinne dieser Verordnung gelten:

1. als Kraftfahrzeuge Landfahrzeuge, die durch Maschinenkraft bewegt werden, ohne an Bahngleise gebunden zu sein;
2. als Krafträder Kraftfahrzeuge, die auf nicht mehr als drei Rädern laufen, wenn ihr Eigengewicht (vgl. Nr. 6) 350 Kilogramm nicht übersteigt; Anhänger, Bei- oder Vorsteckwagen bleiben bei Feststellung der Fahrzeugart außer Betracht. Als Krafträder gelten außerdem Kraftfahrzeuge mit zwei Laufrädern und zwei seitlichen, nur gelegentlich benutzten Stützrädern ohne Anhänger, Bei- oder Vorsteckwagen, wenn ihr Eigengewicht 350 Kilogramm nicht übersteigt;
3. als Kraftomnibusse Personenkraftwagen mit mehr als acht Sitzplätzen (einschließlich Führersitz);
4. als Zugmaschinen Zugmaschinen ohne Güterladeraum. Sattelschlepper gelten auch dann noch als Zugmaschinen, wenn sie mit einem ein- oder mehrachsigen Anhänger in der Weise verbunden sind, daß ein wesentlicher Teil des Gewichts des Anhängers den Sattelschlepper belastet;
5. als durch Verbrennungsmaschine angetrieben auch solche Kraftfahrzeuge, bei denen die Kraft von der Verbrennungs-

maschine durch Dynamomaschine und Elektromotor auf die Fahrzeugräder übertragen wird;

6. als Eigengewicht eines Kraftfahrzeugs oder Anhängers das Gewicht des betriebsfertigen Fahrzeugs, bei Kraftfahrzeugen mit gefüllten Betriebsstoffbehältern, bei elektrischem Antrieb mit gefüllter Akkumulatorenbatterie. Als Eigengewicht eines Sattelschleppers gilt das Eigengewicht des Schleppers vermehrt um das Eigengewicht des aufgelegten Anhängers, soweit es den Schlepper belastet; werden Anhänger verschiedenen Eigengewichts verwendet, so ist der schwerste Anhänger maßgebend;
7. als zulässiges Gesamtgewicht eines Kraftfahrzeugs oder Anhängers sein Eigengewicht zuzüglich der zulässigen Belastung;
8. als Achsdruck der Druck einer Achse des Kraftfahrzeugs oder Anhängers auf die Fahrbahn; durch die Bestimmungen dieser Verordnung über den zulässigen Achsdruck werden die Vorschriften über das im Höchstfalle zulässige Gesamtgewicht (bei Zugmaschinen über das zulässige Eigengewicht) nicht berührt;
9. als Luftreifen Reifen, bei denen die in einem Schlauche eingeschlossene Luft schon bei unbelastetem Reifen unter Überdruck steht;
10. als Wege auch Plätze, Brücken und Durchgänge;
11. als Wegebenutzer Schienenfahrzeuge, Fuhrwerke, Kraftfahrzeuge (einschließlich Kleinkrafträder), Radfahrer, Reiter, marschierende Abteilungen, Aufzüge sowie getriebene oder geführte Tiere, ausgenommen Hunde;
12. als Dunkelheit in den Monaten April bis September die Zeit von einer Stunde nach Sonnenuntergang bis eine Stunde vor Sonnenaufgang, in den übrigen Monaten die Zeit von einer halben Stunde nach Sonnenuntergang bis eine halbe Stunde vor Sonnenaufgang.

1. Nr. 1. Die Begriffsbestimmung ist nunmehr die gleiche wie in § 1 Abs. 2 G. Sie erleidet jedoch die in den einleitenden Vorbemerkungen (Abschn. I Nr. 3) erwähnten Einschränkungen.

2. Nr. 2. Die Gewichtsgrenzen sind im Hinblick auf § 4 Abs. 1 Nr. 1

KStG bereits durch Art. I Nr. 1 VO vom 16. 3. 1928 von 200 bzw. 300 kg auf 350 kg erhöht worden. Krafträder im Sinne der VO sind nunmehr:

a) Zwei- oder Dreiräder bis 350 kg (Anhänger werden nicht mitgerechnet),

b) Krafträder mit Stützrädern bis 350 kg (nur wenn ohne Anhänger).

Stützräder sind, worauf die Worte „nur gelegentlich benutzten" hinweisen, Räder, die während der Fahrt nicht gebraucht werden, sondern dazu dienen, das haltende Fahrzeug zu stützen. Krafträder, die die Voraussetzungen der Nr. 2 nicht erfüllen, sind als Kraftwagen zu behandeln. Siehe im übrigen §§ 4 Abs. 2; 8 Abs. 4; 11 Abs. 2; 29; 33.

3. Nr. 4. Die seit der VO vom 28. 7. 1926 an sich nicht mehr streitige Frage, ob auf Zugmaschinen ohne Güterladeraum die Vorschriften der VO Anwendung finden, ist nunmehr endgültig in bejahendem Sinne entschieden. Der Unterschied zwischen Kraftwagen und Zugmaschine liegt darin, daß beim Kraftwagen die ganze Traglast den Kraftwagen belastet, während sie bei der Zugmaschine ausschließlich oder wenigstens zum Teil (Sattelschlepper) den Anhänger belastet. Zugmaschinen siehe §§ 2 Abs. 4 Nr. 6; 3 Abs. 5, 6; 5 Abs. 3; 32 a; 36 b; 36 c; 38 Abs. 2; 40 Abs. 1 Satz 2; Sattelschlepper § 32 a Nr. 3, 6.

4. Nr. 5. Die bisher in Ziff. IX der Anw. über die Prüfung von K enthaltene Begriffsbestimmung für Fahrzeuge mit benzinelektrischem Antrieb wurde unverändert in die VO übernommen.

5. Nr. 6. Die bisher in Ziff. VIII der Anw. über die Prüfung von K enthaltene Begriffsbestimmung ist im wesentlichen unverändert in die VO übernommen worden. Bedeutung siehe §§ 2 Abs. 4 Nr. 6, 8; 3 Abs. 5, 6; 4 Abs. 3, 5; 5 Abs. 1 Nr. 6; 8 Abs. 5; 32 Abs. 1 Nr. 8, 32 a Nr. 1, 6; 35 a Abs. 2; 36 b; 40 Abs. 1.

6. Nr. 7. Die Begriffsbestimmung ist neu, übernimmt aber nur den bisherigen Sprachgebrauch in die VO. Eigengewicht siehe oben Nr. 6; Belastung siehe § 3 Abs. 3 VO; Bedeutung siehe §§ 3 Abs. 2, 6; 4 Abs. 5, 7, 9; 5 Abs. 1 Nr. 8; 30 Abs. 2; 32 Abs. 1 Nr. 3, 5, 8; 35 a Abs. 2.

7. Nr. 8. Die Begriffsbestimmung ist neu, übernimmt aber nur den bisherigen Sprachgebrauch in die VO. Der zweite Halbsatz weist darauf hin, daß der „zulässige Achsdruck" nur angibt, welcher Betrag des höchstzulässigen Gesamtgewichts höchstens auf eine Achse treffen darf. Bedeutung: §§ 3 Abs. 4, 6; 4 Abs. 5; 32 Abs. 1 Nr. 4; 32 a Nr. 3.

8. Nr. 9. Bedeutung: § 3 Abs. 7; 18 Abs. 3; 32 Abs. 1 Nr. 2. Ausnahmen: §§ 32 Abs. 1 Nr. 2; 32 a Nr. 1; 36 b; 45 Abs. 2 a.

9. Nr. 10. Vgl. § 1 Nr. 4 StrVerkO.

10. Nr. 11. Vgl. § 1 Nr. 5 StrVerkO. Zu den Wegbenutzern im Sinne des § 1 Nr. 5 VO wie auch des § 1 Nr. 5 StrVerkO rechnen nicht die Fußgänger[1]). § 29 StrVerkO regelt nur das Verhalten der Fußgänger gegenüber den Fahrzeugen, nicht auch umgekehrt. Sondervorschriften für Schienenfahrzeuge siehe §§ 22, 23, 25 Abs. 2, 28 Abs. 1. Begriff Fuhrwerk siehe § 1

[1]) Darmstadt 11. 4. 1928 DAR 1928, 228. Dagegen ist Wegebenutzer ein Radfahrer, der vorübergehend vom Rad abgestiegen ist (RG 17. 6. 1929 DAR 1919, 297; BayObLG 8. 4. 1930 BayVerwBl. 1930, 238).

Nr. 1 StrVerkO[1]). Sondervorschriften für marschierende Abteilungen usw. siehe § 25 Abs. 1.

11. Nr. 12. Die Einfügung einer gesetzlichen Bestimmung des Begriffs Dunkelheit sollte die früheren Auslegungsschwierigkeiten beseitigen. Diesen Zweck hat die Einfügung nicht erfüllt. Es ist nunmehr zwar klargestellt, daß nicht die tatsächlichen Lichtverhältnisse, sondern ausschließlich der Kalender darüber entscheiden soll, ob Dunkelheit im Sinne der Vorschriften der KVO vorliegt[2]). Es ist aber sofort die Streitfrage entstanden[3]), ob die mitteleuropäische Zeit[4]) oder die Ortszeit[5]) maßgebend ist. Die Streitfrage hat praktisch nur Bedeutung in den Fällen der §§ 4 Abs. 1 Nr. 5; 4 Abs. 11; 11; 17 Abs. 3; 28 Abs. 3; 32 Abs. 6; 32a Nr. 7; 38 Abs. 2, nicht aber auch im Falle des § 18 Abs. 2, da für die Frage, ob der Überblick über die Fahrbahn behindert ist, nur die tatsächlichen Lichtverhältnisse ausschlaggebend sind. Die Bedeutung der Streitfrage mindert sich weiter dadurch, daß es bei Verfehlungen gegen die allgemeinen Strafgesetze (insbesondere bei fahrlässiger Tötung oder Körperverletzung) nur darauf ankommt, ob die tatsächlichen Lichtverhältnisse eine Beleuchtung erfordert hätten und die Unterlassung der erforderlichen Beleuchtung kausal für den Unfall war[6]). Der September rechnet wohl zu den Wintermonaten. Es heißt „bis" und nicht „mit" oder „bis einschließlich".

Geltungsbereich. § 2.

(1) Für den Verkehr mit Kraftfahrzeugen gelten sinngemäß die den Verkehr von Fuhrwerken oder von Fahrrädern auf öffentlichen Wegen allgemein regelnden Vorschriften, sofern nicht nachfolgend oder gemäß § 6 Abs. 3 des Gesetzes von der obersten Landesbehörde andere Bestimmungen getroffen werden.

(2) Auf Kraftfahrzeuge, welche im öffentlichen Fuhrgewerbe verwendet werden, sowie auf die Führer dieser Fahrzeuge finden neben den nachstehenden Vorschriften die besonderen Bestimmungen über den Betrieb der dem öffentlichen Fuhrgewerbe dienenden Fuhrwerke Anwendung.

---

[1]) Die Begriffe decken sich aber nicht völlig. Rollstühle, Schubkarren, Kinderwagen usw. sind Fuhrwerke im Sinne der KVO, nicht aber der StrVerkO (vgl. RG 22. 3. 1929 RdK 1929, 339, JW 1929, 2059, DJZ 1929, 1335).

[2]) KG 20. 4. 1929 RdK 1929, 335; Breslau 1. 3. 1927 RdK 1928, 72, DRZ 1927 Nr. 861; Koch RdK 1929, 229; Müller DAR 1928, 333.

[3]) Vgl. Kaiser RdK 1929, 270.

[4]) So Gülde DAR 1929, 107, 341, m. E. zutreffend.

[5]) Vgl. Suhr DAR 1929, 277.

[6]) Düsseldorf 23. 1. 1928 RdK 1928, 91; a. A. KG 20. 4. 1929 RdK 1929, 335.

(3) Wenn neben der befestigten eine unbefestigte Fahrbahn (Sommerweg) vorhanden ist, so gilt jede der beiden Fahrbahnen für die Anwendung der Fahrordnung in den §§ 21 bis 23 — Beurteilung der rechten und der linken Seite — als selbständiger Weg; beim Ausweichen und Überholen darf auch erforderlichenfalls vom Sommerweg auf die befestigte Fahrbahn und umgekehrt übergegangen werden.

(4) Die Vorschriften dieser Verordnung gelten nicht für:

1. Kraftschlitten,
2. selbstfahrende Schneepflüge,
3. Raupenkraftfahrzeuge,
4. Dampfpflüge,
5. selbstfahrende Arbeitsmaschinen; als solche gelten Fahrzeuge, deren Antriebsmaschine überwiegend zur Verrichtung von Arbeiten mit Hilfe einer mit dem Fahrzeug dauernd verbundenen Vorrichtung dient (z. B. Motorpflüge, Motorsägen, Straßenwalzen),
6. Zugmaschinen, deren Eigengewicht 9 Tonnen übersteigt, sofern sie von einer Dampfmaschine angetrieben werden,
7. Kraftfahrzeuge, die von einem zu Fuß gehenden Führer gelenkt werden und auf ebener Bahn eine Geschwindigkeit von 6 Kilometer in der Stunde nicht überschreiten können,
8. selbstfahrende Krankenstühle; als solche gelten für die Führung durch körperlich behinderte Personen besonders eingerichtete Kraftfahrzeuge, deren Eigengewicht 350 Kilogramm nicht übersteigt und die auf ebener Bahn eine Geschwindigkeit von 10 Kilometer in der Stunde nicht überschreiten können.

1. Abs. 1 und 2 gilt auch für Kleinkrafträder (§ 48 VO).

2. Abs. 1. Die Vorschriften, die nicht Verkehrsvorschriften sind, gelten für K ohne weiteres. So z. B. die Vorschriften über die Anordnung von Landdampfkesseln (§ 24 Abs. 4 GewO, Absch. II, 2 Anw. über die Prüfung von K)[1]). Die VO will aber auch den Verkehr mit K nicht erschöpfend regeln. Insoweit Spezialvorschriften nicht vorhanden sind[2]), gelten die allgemeinen Vorschriften über den Fahrverkehr[3]) und zwar sowohl die diesen Verkehr

---

[1]) Ebenso die VO über die Aufstellung und den Betrieb von Verbrennungsmotoren vom 28. 8. 1930 (GVBl 299).

[2]) Vgl. BayObLG 14. 5. 1925 BayObLGSt 25, 121.

[3]) Auf K findet z. B. Anwendung: Verbot des Wendens (Hamburg

unmittelbar, als auch die ihn mittelbar regelnden Vorschriften[1]). Unter den allgemeinen Vorschriften sind Landesgesetze und Polizeiverordnungen, nicht aber Polizeiverfügungen zu verstehen. Andere d. h. Spezialvorschriften gemäß § 6 Abs. 3 G sind in Bayern nur für Straßenlokomotiven und schwere Vorspannlokomotiven, d. s. Zugmaschinen ohne Güterladeraum über 9 Tonnen erlassen. Für diese gelten gemäß Abschn. II, 2 der Bek. vom 18. 5. 1923 und § 32 der oberpolizeilichen Vorschriften vom 17. 9. 1906 (GVBl 729), die oberpolizeilichen Vorschriften vom 7. 5. 1902 (GVBl S. 173)[2]).

3. Abs. 2. Im Gegensatz zu den Vorschriften über den Fahrverkehr, die nur insoweit gelten, als keine Spezialvorschriften Anwendung finden[3]), gelten die auf Grund des § 37 GewO erlassenen Bestimmungen über das öffentliche Fuhrgewerbe ohne Beschränkung. Nach § 37 GewO kann der Betrieb des gesamten Transportgewerbes der ortspolizeilichen Regelung unterworfen werden, namentlich in bezug auf Standplätze, Beschaffenheit der Geräte und Transportmittel, Uniformierung der Leiter der Fuhrwerke, Pflichten der Besitzer und Leiter der Fuhrwerke gegenüber dem Publikum. Die Ortspolizeibehörde kann Vorschriften über die Art der Ausübung der Verkehrsgewerbe erlassen, wie auch über die Zulassung zum Gewerbebetrieb, welche vom Bedürfnis abhängig gemacht werden kann. Die Genehmigung kann auf Zeit, widerruflich oder unter Bedingungen erteilt werden (Steinbach Anm. 1 zu § 37 der GewO)[4]).

Unter §§ 37, 76 GewO fallen nicht nur die der gewerbsmäßigen Beförderung von Personen oder Sachen durch öffentliche Fuhrwerke dienenden Fahrten, die vollständig innerhalb des Weichbildes der Ortschaft ausgeführt werden, sondern auch alle Fahrten im Betriebe der gewerbsmäßigen Beförderung mittels eines öffentlichen Fuhrwerks, die vom Standort des Fuhrwerks und Wohnsitz des Betriebsunternehmers aus beginnen, mag auch das Endziel der Fahrt außerhalb dieser Ortschaft liegen[5]).

---

16. 12. 1926, 20. 12. 1926 RdK 1927, 115 DRZ 1927 Nr. 998), Gebot des Schrittfahrens (BayObLG 6. 7. 1928, BayObLGSt 28, 180, DAR 1928, 254; Hamburg 15. 3. 1926, RdK 1927, 115), Verbot des § 5 StrVerkO (BayObLG 20. 5. 1930 BayVerwBl 1930, 236).

Keine Anwendung: Verbot des Rückwärtsfahrens (BayObLG 15. 6. 1926 RdK 1926, 83); Gebot des Langsamfahrens (BayObLG 26. 4. 1927 BayObLGSt 27, 108).

[1]) Z. B. Eisenbahn-Bau- und Betriebs-Ordnung (RG 15. 3. 1927 RdK 1928, 201; BayObLG 3. 12. 1926 BayObLGSt 26, 264, JW 1928, 2811).

[2]) Siehe hiezu BayObLG 22. 6. 1928 DAR 1928, 251, BayObLGSt 28, 150. In Betracht kommen jetzt nur mehr Zugmaschinen im Sinne des § 2 Abs. 4 Nr. 6.

[3]) Vgl. BayObLG 14. 5. 1925 BayObLGSt 25, 121, RdK 1926, 43.

[4]) Vgl. OVG 29. 4. 1926 DJZ 1926, 967; KG 1. 4. 1927 DJZ 1927, 1107, Dresden 7. 12. 1927 DAR 1928, Nr. 2 S. 5, RdK 1928, 68.

[5]) Vgl. BayObLG 22. 11. 1928 BayVerwBl 1929, 319. Siehe hiezu auch BayObLG 29. 1. 1929 BayVerwBl 1929, 318.

Handelt es sich jedoch um die mit einer gewissen Regelmäßigkeit und Häufigkeit erfolgende gewerbsmäßige Beförderung von Personen oder Sachen mit Kraftfahrzeugen auf bestimmten Strecken über die Grenzen eines Gemeindebezirks hinaus, so findet auf einen derartigen Fuhrbetrieb das Kraftliniengesetz als Spezialgesetz Anwendung.

4. Abs. 3. Sommerwege finden sich in Norddeutschland. In Süddeutschland sind sie nicht bekannt. Die Sommerwege sind für die Landwirtschaft treibende Bevölkerung und ihre Fuhrwerke bestimmt und sind weiche, meist sandige Wege, auf denen Zugtiere und leichtere Fuhrwerke mehr geschont werden. Für K sind sie wegen ihres weichen Bodens ungeeignet und gefährlich. Die Sommerwege gelten als selbständige Fahrbahn[1]).

5. Abs. 4. Die Nr. 2, 4 und 8 sind durch die VO vom 15. 7. 1930, die Nr. 7 ist durch die VO vom 27. 4. 1929 eingefügt, in Nr. 5 und 6 sind die Begriffsbestimmungen durch die VO vom 15. 7. 1930 neu gefaßt worden. Die hier aufgeführten K sind zwar K im Sinne des KFG, nicht aber auch K im Sinne der KVO. Siehe einl. Vorbemerkungen Abschnitt I Nr. 3. Den hier aufgeführten K steht der Gemeingebrauch der öffentlichen Wege nicht kraft Reichsrechts zu. Das Landesrecht ist daher in der Gestaltung der Bedingungen, unter denen diese Fahrzeuge zum Verkehr zugelassen werden, frei.

Gegenüber dem bisherigen Recht ergeben sich folgende Änderungen:

a) Bisher galten die Vorschriften der §§ 1, 2 Abs. 1 mit 3 VO auch für die hier aufgeführten Fahrzeuge; denn es hieß: „Die nachstehenden Vorschriften gelten nicht". Nunmehr finden auch die angeführten Bestimmungen keine Anwendung mehr. Die Änderung bedeutet eine Verschlechterung für diese Fahrzeuge; denn bisher konnten für sie auf Grund des § 2 Abs. 1 VO andere Bestimmungen, als wie sie für den allgemeinen Fahrverkehr gelten, nur durch die oberste Landesbehörde getroffen werden. Dagegen ist die Nichtgeltung des § 2 Abs. 2 VO ohne Bedeutung, da ein Widerspruch zwischen Vorschriften auf Grund des § 37 GewO und den Vorschriften der VO mangels Geltung letzterer nicht möglich ist.

b) Bisher war die Regelung des Verkehrs mit zweiachsigen K über 9 Tonnen und dreiachsigen K über 15 Tonnen Gesamtgewicht der landesrechtlichen Regelung überlassen. Nunmehr ist der Verkehr mit K, insbesondere Kraftomnibussen und Lastkraftwagen, deren Gesamtgewicht die in § 3 Abs. 2 KVO festgesetzte Grenze überschreitet, verboten. Nur soweit es sich um K handelt, die in § 2 Abs. 4 KVO aufgeführt sind, finden die Gewichtsgrenzen des § 3 Abs. 2 KVO keine Anwendung.

---

[1]) RG 7. 5. 1928 RGSt 62, 193: Regel ist, daß auf der benutzten Fahrbahn ohne Hinüberlenken auf die benachbarte Fahrbahn rechts ausgewichen und links überholt wird. Hievon ist im Halbsatz 2 des § 2 Abs. 3 VO zur Erleichterung des Verkehrs und zur Verringerung der Gefahren eine Ausnahme zugelassen. Damit soll nur gesagt sein, bei Erforderlichkeit dürfe der rechts Ausweichende auch die rechts von ihm befindliche zweite Fahrbahn und der links Überholende die links von ihm befindliche Fahrbahn mitbenutzen. Von einer Erlaubnis, über die benachbarte Fahrbahn nach links auszuweichen oder rechts zu überholen ist nichts gesagt. Vgl. auch KG 27. 5. 1926 DJZ 1926, 1785.

B. Das Kraftfahrzeug

a) Beschaffenheit, Ausrüstung und Ladung

Beschaffenheit. § 3.

(1) Die Kraftfahrzeuge müssen verkehrssicher und insbesondere so gebaut, eingerichtet und ausgerüstet sein, daß Feuers- und Explosionsgefahr sowie jede Belästigung von Personen und Gefährdung von Fuhrwerken durch Geräusch, Rauch, Dampf oder üblen Geruch ausgeschlossen ist. Die Abführung der Verbrennungsgase bei Verbrennungsmaschinen und des Dampfes bei Dampfmaschinen hat unter Anwendung ausreichender schalldämpfender Mittel zu geschehen; das Ende des Auspuffrohrs darf nicht nach abwärts gerichtet sein. Die Anbringung von Auspuffklappen und andere Maßnahmen, die es ermöglichen, die Schalldämpfer in ihrer Wirkung abzuschwächen oder auszuschalten, sind verboten.

(2) Das zulässige Gesamtgewicht beträgt im Höchstfalle für zweiachsige Kraftwagen 10,8 Tonnen, für zweiachsige Müll-, Spreng-, Tank- und Fäkalienwagen sowie für zweiachsige Kippwagen mit Kippvorrichtung, die nicht mit Menschenkraft betrieben wird, jedoch 11,8 Tonnen, für dreiachsige Kraftwagen 16 Tonnen.

(3) Die zulässige Belastung entspricht der Tragfähigkeit des Kraftwagens; sofern hiernach die im Abs. 2 festgesetzten Grenzen für das höchstzulässige Gesamtgewicht überschritten würden, gilt als zulässige Belastung ein entsprechend vermindertes Gewicht. Im Höchstfalle beträgt die zulässige Belastung für zweiachsige Kraftwagen 5 Tonnen, für dreiachsige Kraftwagen 10 Tonnen.

(4) Der zulässige Achsdruck im beladenen Zustand beträgt für zweiachsige Kraftwagen 7,5 Tonnen, für zweiachsige Müll-, Spreng- Tank- und Fäkalienwagen sowie für zweiachsige Kippwagen mit Kippvorrichtung, die nicht mit Menschenkraft betrieben wird, jedoch 8 Tonnen, für dreiachsige Kraftwagen 5,5 Tonnen.

(5) Für Zugmaschinen mit Antrieb durch Verbrennungsmaschine beträgt das zulässige Eigengewicht 5 Tonnen, der zulässige Achsdruck 4 Tonnen; für Zugmaschinen anderer Art be-

trägt das zulässige Eigengewicht 9 Tonnen, der zulässige Achsdruck 6 Tonnen.

(6) Falls für Kraftfahrzeuge mit mehr als drei Achsen die Zulassung zum Verkehr auf öffentlichen Wegen beantragt werden sollte, trifft die oberste Landesbehörde mit Zustimmung des Reichsverkehrsministers Anordnung über das höchstzulässige Gesamtgewicht, die höchstzulässige Belastung und den zulässigen Achsdruck, bei Zugmaschinen auch über das zulässige Eigengewicht. Das gleiche gilt, falls Anhänger mit mehr als drei Achsen mitgeführt werden, für diese Anhänger.

(7) Die Kraftfahrzeuge müssen mit Luftreifen versehen sein. Die Radkränze dürfen keine Unebenheiten besitzen, die geeignet sind, die Fahrbahn zu beschädigen.

(8) Ausnahmen:

a) zu Abs. 2 bis 5 vgl. § 36a;

b) zu Abs. 7 vgl. § 36b.

1. Über die Frage der Verantwortlichkeit für den vorschriftsmäßigen Zustand des K siehe Anm. 2 zu § 21 G und Anm. 2—4 zu § 16 VO. § 3 gilt auch für Kleinkrafträder (§ 48 Abs. 1 VO).

2. **Abs. 1.** Über die Beurteilung der Verkehrssicherheit und die Vermeidung von Feuers- und Explosionsgefahr und üblen Geruch und Rauch siehe Anw. über die Prüfung von K Abschnitt I—III. Unter Geräusch ist sowohl das durch die Auspuffgase als auch das durch Ventile und Getriebe erzeugte Geräusch zu verstehen. Als Maßnahme, die die Wirkung der Schalldämpfer abschwächt oder ausschaltet, ist insbesondere die Beseitigung der im Innern des Auspufftopfes angebrachten Vorrichtungen zur Schalldämpfung zu verstehen. Eine Abwärtsneigung des Endes des Auspufftopfes ist zur Vermeidung der Staubentwicklung durch die ausströmenden Gase verboten.

3. **Abs. 2.** Neu eingefügt durch VO vom 15. 7. 1930. Die Gewichtsgrenzen sind von 9 auf 10 bzw. 11,8 Tonnen und von 15 auf 16 Tonnen erhöht worden. Gesamtgewicht siehe § 1 Nr. 7. Der Verkehr mit K, deren Gesamtgewicht die hier festgesetzte Höchstgrenze überschreitet, ist nur zulässig, soweit es sich um K handelt, die unter § 2 Abs. 4 fallen. Siehe Anm. 5b zu § 2. Das Gesamtgewicht darf jedoch höchstens sein: Eigengewicht + zulässige Belastung (§ 3 Abs. 3 Satz 2 VO). Ausnahme § 36a.

4. **Abs. 3.** Neu eingefügt durch VO vom 15. 7. 1930. Regelmäßig entspricht die zulässige Belastung der Tragfähigkeit. Ausnahmen: a) Das in Abs. 2 festgesetzte höchstzulässige Gesamtgewicht darf nicht überschritten werden. Die zulässige Belastung beträgt daher äußerstenfalls höchstzulässiges Gesamtgewicht minus Eigengewicht. b) Die zulässige Belastung darf die in Satz 2 festgesetzte Grenze nicht überschreiten. Siehe auch §§ 4 Abs. 5; Abs. 1 Nr. 7, 16. Ausnahme § 36a.

5. Abs. 4. Der bisherige Absatz 6 des § 4 ist durch VO vom 15. 7. 1930 hier eingefügt worden, jedoch ohne den Zusatz bezüglich des zulässigen Felgendrucks. Dieser Zusatz ist entbehrlich, soweit nur mehr Luftbereifung in Frage kommt. Siehe dagegen §§ 32 Abs. 1 Nr. 6, 32a Nr. 4, 36b Abs. 4 VO. Vgl. auch § 4 Abs. 5 und Anm. hiezu. Ausnahme § 36a.

6. Abs. 5. Neu eingefügt durch VO vom 15. 7. 1930. Eigengewicht siehe § 1 Nr. 6, insbesondere auch Satz 2. Dampfzugmaschinen über 9 Tonnen Eigengewicht fallen nach § 2 Abs. 4 nicht unter die VO. Ausnahme § 36a.

7. Abs. 6. Neu eingefügt durch VO vom 15. 7. 1930. Die Vorschrift bietet die Möglichkeit, der technischen Entwicklung Rechnung zu tragen. Vgl. auch § 5 Abs. 5 VO.

8. Abs. 7. Geändert durch VO vom 15. 7. 1930. Hochelastische Bereifung ist künftig nur mehr zulässig in den Fällen der §§ 32 Abs. 1 Nr. 2, 32a Nr. 1, 36b Abs. 1, 2, 3 VO; nichtelastische Bereifung nur mehr in den Fällen der §§ 32 Abs. 1 Nr. 2 Satz 2, 32a Nr. 1, 36b Abs. 1 VO.

[Gleitschutzvorrichtungen, Schneeketten u. dgl. sind zulässig, sofern sie nach ihrer Beschaffenheit und nach den Verhältnissen, unter denen sie verwendet werden, eine Beschädigung der Fahrbahn ausschließen. Bei Schneeketten ist das Verhältnis zwischen der Dicke der über der Straße liegenden Schnee- oder Eisdecke und der Tiefenwirkung der Schneekette zu beachten[1]).

Übergangsvorschriften. (Art. II Abs. 4 und 7 VO vom 15. 7. 1930.)

1. Die Verwendung hochelastischer Vollgummireifen[2]) ist noch zulässig:

a) bei zweiachsigen K, die vor dem 1. 10. 1930 zugelassen sind und deren Eigengewicht 3 Tonnen übersteigt,

b) bei zweiachsigen Lastkraftwagen, die in der Zeit vom 1. 10. 1930 bis 1. 4. 1931 zugelassen sind und deren Eigengewicht 4 Tonnen übersteigt,

c) bei dreiachsigen K, die vor dem 1. 10. 1930 zugelassen sind und deren betriebsfertiges Gewicht im beladenen oder unbeladenen Zustand 9 Tonnen nicht übersteigt,

d) bei Elektrokarren, die vor dem 1. 1. 1929 zugelassen sind und deren Eigengewicht 1,75 Tonnen nicht übersteigt.

Die Vergünstigung erlischt in den Fällen a mit c nach Ablauf von 8 Jahren von dem im Zulassungsschein vermerkten Tag der erstmaligen Zulassung an gerechnet, jedoch spätestens mit Ablauf des 1. 4. 1935; im Falle d mit Ablauf des 31. 12. 1932.

2. Die Verwendung gewöhnlicher Vollgummireifen ist noch zulässig im Falle 1 d für die gleiche Zeitdauer.

---

[1]) BayObLG 22. 6. 1928 BayObLGSt 28, 150 DAR 1928, 251, DJZ 1929, 110, JW 1928, 3189, RdK 1928, 233, BayVerwBl 1928, 295, DRZ 1928 Nr. 78.

[2]) Begriff hochelastische Vollgummireifen siehe Anw. über die Prüfung von K Abschnitt IV.

Ausrüstung und Ladung. § 4.

(1) Jedes Fahrzeug muß versehen sein:

1. mit einer zuverlässigen Lenkvorrichtung, die gestattet, sicher und rasch auszuweichen; die zur Lenkung benutzten Wagenräder sollen nach beiden Seiten möglichst weit einschlagen, um kurz wenden zu können;
2. mit zwei in ihrer Wirkung voneinander unabhängigen Bremseinrichtungen, von denen jede auf die Räder einer Achse oder kreuzweise auf die Räder verschiedener Achsen gleichzeitig einwirkt. Eine der beiden Bremseinrichtungen muß feststellbar sein. Bei Kraftfahrzeugen mit Kettenantrieb muß eine Bremseinrichtung unmittelbar auf die Räder oder auf Bestandteile, die mit den Rädern fest verbunden sind, einwirken. Jede Bremseinrichtung muß für sich geeignet sein, das Fahrzeug auf kürzeste Entfernung zum Stehen zu bringen;
3. mit einer zuverlässigen Vorrichtung, die beim Befahren von Steigungen die unbeabsichtigte Rückwärtsbewegung verhindert, sofern nicht eine der Bremsen diese Forderung erfüllt;
4. mit einer am Fahrzeug befestigten Hupe zum Abgeben von Warnungszeichen; falls die Hupe mehrtonig ist, müssen die verschiedenen Töne gleichzeitig in einem harmonischen Akkord anklingen; Hupen sind als vorschriftsmäßig zu betrachten, wenn ein klarer, von Nebengeräuschen freier Ton oder Akkord durch Schwingungen von Metallzungen, Platten (Membranen) oder anderen Teilen erzeugt wird. An jedem Fahrzeug muß mindestens eine Hupe vorhanden sein, mit der auch bei stillstehendem Motor Warnungszeichen abgegeben werden können;
5. bei Dunkelheit oder starkem Nebel mit zwei in gleicher Höhe und in gleichem Abstand von der Fahrzeugmitte angebrachten, mit farblosem oder gelblichem Glase versehenen Scheinwerfern; diese müssen in eingeschaltetem Zustande gleich hell brennen und die Fahrbahn derart beleuchten, daß sie vom Führer bei Fahrzeugen, deren Geschwindigkeit auf ebener Bahn 30 Kilometer in der Stunde übersteigen kann,

auf mindestens 100 Meter vor dem Fahrzeug, bei Fahrzeugen mit geringerer Höchstgeschwindigkeit auf mindestens 25 Meter vor demselben, soweit die Sicht nicht durch Nebel beeinträchtigt ist, übersehen werden kann. Die Unterkante des Spiegels der Scheinwerfer darf höchstens 1 Meter über der Fahrbahn liegen. Übermäßig stark wirkende Scheinwerfer und solche elektrische Scheinwerfer, bei denen die während der Abblendung (§ 17 Abs. 3) benutzte Glühlampe in ihrer Lage zum Brennpunkt des Spiegels jederzeit verstellt werden kann, dürfen nicht angebracht werden. Werden stark wirkende elektrische Scheinwerfer verwandt, so muß das Fahrzeug außerdem mit zwei Standlichtern versehen sein; dies gilt ferner bei Verwendung von Scheinwerfern anderer Art, deren Spiegelaußenkante mehr als 40 Zentimeter von der Außenkante des Fahrzeugs entfernt ist, so daß dessen seitliche Begrenzung nicht mehr genügend durch die Scheinwerfer angezeigt wird.

Als Standlichter gelten nach vorn auf die Fahrbahn gerichtete Lichter von geringer Leuchtkraft mit farblosem oder gelblichem Glase, bei denen die Außenkante der leuchtenden Fläche in keinem Falle mehr als 40 Zentimeter von der Außenkante des Fahrzeugs entfernt sein darf. Es können als Standlichter entweder zwei in gleicher Höhe angebrachte besondere Laternen oder besondere, nur als Standlichter dienende Hilfslampen in den Scheinwerfern verwendet werden;

6. mit einer Vorrichtung, die verhindert, daß das Fahrzeug von Unbefugten in Betrieb gesetzt werden kann.

(2) Für Krafträder gelten nicht die Vorschriften über Feststellbarkeit der Bremse (Nr. 2) und Vorrichtungen zur Verhinderung der unbeabsichtigten Rückwärtsbewegung (Nr. 3) und der Inbetriebsetzung durch Unbefugte (Nr. 6); es genügt ein Scheinwerfer der in Nr. 5 bezeichneten Art; wird ein stark wirkender elektrischer Scheinwerfer verwandt, so muß außerdem ein Standlicht der in Nr. 5 bezeichneten Art vorhanden sein; wird von dem Kraftrad ein Beiwagen mitgeführt, so muß ferner auf der dem Kraftrad abgewandten Seite des Beiwagens ein Standlicht der in Nr. 5 bezeichneten Art angebracht sein;

eine auf das Wagenrad des Beiwagens einwirkende Bremse (Nr. 2) ist nicht erforderlich.

(3) Jedes Kraftfahrzeug, dessen Eigengewicht 350 Kilogramm übersteigt, muß so eingerichtet sein, daß es mittels der Maschine oder des Motors vom Führersitz aus in Rückwärtsgang gebracht werden kann.

(4) Die Griffe zur Bedienung der Maschine oder des Motors und der im Abs. 1 bis 3 angeführten Einrichtungen müssen so angebracht sein, daß der Führer sie, ohne sein Augenmerk von der Fahrtrichtung abzulenken, leicht und auch im Dunkeln ohne Verwechselungsgefahr handhaben kann.

(5) Jedes Kraftfahrzeug muß mit einem an einer sichtbaren Stelle des Fahrgestells angebrachten Schilde versehen sein, das die Firma, die das Fahrgestell hergestellt hat, die Fabriknummer des Fahrgestells, die Anzahl der Pferdestärken der Maschine oder des Motors (bei Krafträdern, Personenkraftwagen mit Ausnahme der Kraftomnibusse und bei Lastkraftwagen bis 2,5 Tonnen Eigengewicht, sofern diese Fahrzeuge durch Verbrennungsmaschine angetrieben werden, auch den Hubraum der Maschine) und das Eigengewicht des Fahrzeugs ergibt. Bei Verbrennungsmaschinen muß die Fabriknummer der Antriebsmaschine auf den Zylindern eingeschlagen sein. Bei Kraftfahrzeugen, deren zulässiges Gesamtgewicht 5,5 Tonnen übersteigt, muß sich die Angabe auf dem Schilde auch auf die zulässige Belastung und auf die Achsdrucke im beladenen Zustand erstrecken.

(6) Zum Abgeben von Warnungszeichen außerhalb geschlossener Ortsteile bestimmte Pfeifen (§ 19 Abs. 3) gelten als vorschriftsmäßig, wenn durch sie Pfiffe gleicher Tonhöhe in der Weise erzeugt werden, daß unter Druck stehende verbrannte Gase aus dem Zylinder oder der Auspuffleitung durch die Pfeife entweichen.

(7) Lastkraftwagen, deren zulässiges Gesamtgewicht 3,5 Tonnen übersteigt, müssen an der linken Seite mit einem Spiegel versehen sein, der dem Führer die Beobachtung der Fahrbahn nach rückwärts ermöglicht.

(8) Bei Verwendung eines Schlußlichtes oder einer Einrichtung zur Anzeige der Absicht des Abhaltens oder der be-

absichtigten Änderung der Fahrtrichtung darf nur gelbrotes Licht benutzt werden.

(9) Die zulässige Breite beträgt

a) für Lastkraftwagen, deren zulässiges Gesamtgewicht 9,5 Tonnen übersteigt, und für Kraftomnibusse, deren zulässiges Gesamtgewicht 5,5 Tonnen übersteigt, 2,35 Meter;

b) für Lastkraftwagen, deren zulässiges Gesamtgewicht 5,5 Tonnen, aber nicht 9,5 Tonnen übersteigt, 2,25 Meter;

c) für andere Kraftfahrzeuge 2,15 Meter.

(10) Die zulässige Höhe beträgt für Kraftfahrzeuge 3,8 Meter.

(11) Die Ladung muß so verteilt, verwahrt oder befestigt sein, daß sie weder Personen oder Sachen beschädigen oder verunreinigen, noch starkes Geräusch oder das Umschlagen des Fahrzeugs verursachen kann. Am hinteren Ende des Fahrzeugs weit herausragende Ladungen müssen an den Enden durch Strohkränze, Lappen oder dergleichen besonders kenntlich gemacht sein; bei Dunkelheit oder starkem Nebel muß am Ende der Ladung eine hell brennende Laterne mit gelbrotem Licht so angebracht sein, daß der Lichtschein von hinten leicht zu sehen ist; an Stelle einer solchen Laterne kann auch ein Rückstrahler der für Krafträder und Fahrräder vorgeschriebenen Art verwendet werden, der nicht höher als 1 Meter über der Fahrbahn angebracht sein darf. Die Breite der Ladung darf die für das Kraftfahrzeug zulässige Breite nicht übersteigen; dies gilt nicht für landwirtschaftliche Erzeugnisse, die nach ihrer Beschaffenheit einen großen Laderaum beanspruchen.

(12) Kraftfahrzeuge müssen ferner den Bestimmungen der „Anweisung über die Prüfung von Kraftfahrzeugen" entsprechen. Diese Anweisung erläßt der Reichsverkehrsminister. Er hat davon dem Reichsrat unverzüglich Kenntnis zu geben. Erhebt der Reichsrat innerhalb eines Monats Widerspruch, so hat der Reichsverkehrsminister die beanstandeten Vorschriften aufzuheben.

(13) Ausnahmen:

a) zu Abs. 1 Nr. 4 vgl. § 42 Abs. 2 und § 44;

b) zu Abs. 1 Nr. 5 vgl. § 36c;

c) zu Abs. 5 vgl. § 41 Abs. 8;

d) zu Abs. 9, Abs. 10 (soweit es sich um Kraftomnibusse handelt) und Abs. 11 Satz 3 vgl. § 36a.

1. Allgemeines. Über die Verantwortlichkeit für den vorschriftsmäßigen Zustand des K siehe Anm. 2 zu § 21 G und Anm. 2—4 zu § 16 VO. Abs. 1, 2, 4 und 6 gelten auch Kleinkrafträder (§ 48 VO).

2. Abs. 1. Fahrzeuge sind alle K im Sinne der VO. Ausnahmen von den Vorschriften des Abs. 1 gelten für Krafträder (Abs. 2).

3. Abs. 1 Nr. 1. Siehe Anw. über die Prüfung von K Abschn. V.

4. Abs. 1 Nr. 2. Siehe Anw. über die Prüfung von K Abschn. VI. Die Vorschrift über die Feststellbarkeit der Bremse gilt nicht für Krafträder. Über den Begriff „kürzeste Entfernung" siehe Anm. 3 f zu § 18.

5. Abs. 1 Nr. 3. Siehe Anw. über die Prüfung von K Abschn. VII. Lastkraftwagen haben meist eine Bergstütze. Für Anhängewagen ist diese vorgeschrieben (§ 32 Abs. 1 Nr. 9 b). Abs. 1 Nr. 3 gilt nicht für Krafträder.

6. Abs. 1 Nr. 4. Eine in der Hand gehaltene Hupe genügt nicht. Eine feste Anbringung ist jedoch nicht erforderlich. Ob eine Hupe den Anforderungen entspricht, ist in hohem Maße Gefühlssache. Klaxons sind nicht ohne weiteres unzulässig[1]). Hinsichtlich der Zylinderpfeifen siehe Abs. 6. Mit diesen und den durch Auspuffgase in Wirksamkeit gesetzten Hupen können bei stillstehendem Motor keine Warnungszeichen gegeben werden. Sie genügen als einzige Hupe sonach nicht. Ausnahmen und Besonderheiten siehe §§ 42 Abs. 2, 44 VO, 4 Int. VO.

7. Abs. 1 Nr. 5. Neufassung durch VO vom 15. 7. 1930.

a) Allgemeines.

Es ist nunmehr zu unterscheiden zwischen Scheinwerfern und Standlichtern. Die Scheinwerfer dienen der ausreichenden Beleuchtung der Fahrbahn des in Bewegung befindlichen K. Sie müssen je nach der höchstmöglichen Geschwindigkeit (siehe Anm. 7 zu § 8 KFG) bei nebelfreier Fahrbahn auf 100 m bzw. 25 m wirken. Suchscheinwerfer sind zulässig, gelten jedoch nicht als Scheinwerfer. Auf sie findet ausschließlich § 17 Abs. 4 VO Anwendung. Die Standlichter haben den Zweck, auf offener Strecke die äußeren Abmessungen des Fahrzeugs erkenntlich zu machen, soweit hiezu die Scheinwerfer nicht genügen, in gut beleuchteten geschlossenen Ortsteilen die Scheinwerfer zu ersetzen (§ 17 Abs. 3 VO) und bei stillstehendem Fahrzeug dieses zu beleuchten (§ 28 Abs. 3 VO). Es sind daher Standlichter erforderlich a) wenn Scheinwerfer verwendet werden, deren Spiegelaußenkante mehr als 40 cm von der Außenkante des Fahrzeugs entfernt ist, b) wenn stark wirkende Scheinwerfer verwendet werden. Ausnahmen: § 36 c.

b) Einzelheiten.

Der Begriff Dunkelheit ist § 1 Nr. 12 zu entnehmen. Starker Nebel herrscht, wenn ein deutliches Erkennen von Gegenständen und ein Überblick über die Fahrbahn auf die Entfernung von 100 m bzw. 25 m nicht möglich ist. Auf die Ausdehnung des Nebels kommt es nicht an. Auch ein schmaler Nebelstreifen, der über einem Wasserlauf lagert, den das K zu überqueren

---

[1]) BayObLG 5. 2. 1925 BayObLGSt 26, 41; 19. 2. 1926 RdK 1926, 35.

hat, genügt. Begriff Fahrbahn siehe Anm. 3a zu § 18 VO. Eine ausreichende Beleuchtung liegt nur vor, wenn etwaige Hindernisse in der Fahrbahn bereits beim Eintritt in die 100 m- bzw. 25 m-Grenze deutlich zu erkennen sind. Mondschein und künstliche Beleuchtung entbinden im allgemeinen nicht von der Beleuchtungspflicht[1]). Siehe aber § 17 Abs. 3 vorletzter Satz und § 28 Abs. 3 Satz 2 und 3. Was unter stark wirkenden und übermäßig stark wirkenden Scheinwerfern zu verstehen ist, sagt die Anweisung für die Beurteilung von Scheinwerfern und Standlichtern (RMinBl 1930, 465). Scheinwerfer und Standlichter müssen mit der Kennzeichenbeleuchtung gleichzeitig oder vor dieser erlöschen (§ 11 Abs. 1 Satz 2 letzter Halbs. VO). Beleuchtung von Krafträdern siehe Abs. 2. Strafbar sind Führer und Halter nur dann, wenn ein mit einer vorschriftswidrigen Beleuchtungsanlage versehenes Fahrzeug bei Dunkelheit oder starkem Nebel verwendet wird, nicht auch bei Verwendung eines solchen Fahrzeugs am hellen Tag[2]).

Übergangsvorschriften. (Art. II Abs. 1 VO vom 15. 7. 1930).

Die Verwendung einer zwar den bisherigen, aber nicht den neuen Beleuchtungsvorschriften entsprechenden beleuchtungstechnischen Ausrüstung ist bei K, die vor dem 1. 10. 1930 zum Verkehre zugelassen sind, bis spätestens 1. 4. 1931 zulässig.

8. Abs. 1 Nr. 6. Als solche Vorrichtungen sind z. B. anzusehen:
Schloß zum Festhalten des Schalthebels,
Kette zum Festlegen eines Wagenrads,
herausnehmbarer Kontakt der Zündleitung (bei Verbrennungsmaschinen),
abnehmbarer Griff des Brennstoffleitungsverschlusses,
herausnehmbarer Stromunterbrecher (bei elektr. betriebenen Fahrzeugen).

Es ist auch Vorsorge zu treffen, daß Unbefugte die Vorrichtung nicht ohne weiteres außer Wirksamkeit setzen können. Gilt für Krafträder nicht (Abs. 2).

9. Abs. 2. Neufassung durch VO vom 15. 7. 1930. Auch Krafträder müssen nunmehr mit Standlichtern versehen sein, sofern ein stark wirkender elektrischer Scheinwerfer verwendet wird. Ein Kraftrad mit Beiwagen muß außerdem mit einem Standlicht auf der dem Kraftrad abgewendeten Seite des Beiwagens versehen sein und zwar ohne Rücksicht darauf, ob der Beiwagen auf der linken oder rechten Seite mitgeführt wird[3]).

Übergangsvorschriften siehe Anm. 7.

10. Abs. 3. Jedes K, also nicht nur jeder Kraftwagen, sondern im Gegensatz zu bisher auch Zugmaschinen. Eigengewicht siehe § 1 Nr. 6 VO.

Übergangsvorschriften. Vor dem 1. 10. 1930 zum Verkehre zugelassene Zugmaschinen, deren Eigengewicht 2,75 Tonnen übersteigt und die auf

[1]) RG 25. 11. 1927 DAR 1928 Nr. 4 S. 7; KG 25. 11. 1927 DJZ 1927, 181.

[2]) Jena 11. 2. 1929 DAR 1929, 379.

[3]) Für Krafträder gilt außerdem die VO über die hinteren Leuchtzeichen der zweirädrigen Kraft- und Kleinkrafträder sowie der Fahrräder vom 27. 4. 1929 (RGBl I, 88).

ebener Bahn eine Geschwindigkeit von 8 km Std. nicht übersteigen können, bleiben von der Vorschrift über den Rückwärtsgang befreit.

11. Abs. 5. Neufassung durch VO vom 15. 7. 1930 mit Wirkung ab 1. 10. 1930. In Satz 3 Gesamtgewicht von 5 Tonnen auf 5,5 Tonnen erhöht, Angabe der Felgendrucke in Wegfall gekommen. Eigengewicht § 1 Nr. 6 VO; Gesamtgewicht § 1 Nr. 7 VO; Achsdruck § 3 Abs. 4 VO. Das Firmenschild hat sonach zu enthalten:

a) bei Krafträdern, Personenkraftwagen (ausschl. Kraftomnibussen) und Lastkraftwagen bis zu 2,5 t Gesamtgewicht	b) bei Kraftomnibussen und Lastkraftwagen von 2,5—5,5 t Gesamtgewicht	c) bei Kraftfahrzeugen über 5,5 t Gesamtgewicht
aa) Firmenabgabe	aa) Firmenangabe	aa) Firmenangabe
bb) Fabriknummer des Fahrgestells	bb) Fabriknummer des Fahrgestells	bb) Fabriknummer des Fahrgestells
cc) Pferdestärke des Motors	cc) Pferdestärke des Motors	cc) Pferdestärke des Motors
dd) Hubraum der Verbrennungsmaschine	dd) Eigengewicht	dd) Eigengewicht
ee) Eigengewicht		ee) zuläss. Belastung
		ff) Achsdrucke

Ausnahme: § 41 Abs. 8 der VO. Das Firmenschild stellt eine Urkunde dar[1]).

12. Abs. 6. Diese Pfeifen sind an ihrem hellzwitschernden Ton leicht zu erkennen.

13. Abs. 7. Unter Lastkraftwagen im Sinne dieses Abs. versteht Müller solche zur Lastenbeförderung bestimmte K, die durch Entwicklung starken Geräusches die Beobachtung des Führers nach rückwärts erschweren[2]). Gesamtgewicht § 1 Nr. 7 VO. Die Anbringung des Spiegels muß stets auf der linken Seite erfolgen und unter allen Umständen vom Führersitz aus einen ausreichenden Rückblick ermöglichen. Durch Schutzplanen u. dgl. darf die Beobachtung des Spiegels nicht unmöglich gemacht sein. Über den Begriff Fahrbahn siehe Anm. 3a zu § 18 VO.

14. Abs. 8. Mechanische Vorrichtungen (Fahrtrichtungsanzeiger) sind zulässig. Gelbrotes Licht ist im Hinblick auf § 80 EisenbB. u. BetrO vorgeschrieben, wonach die Nachahmung von Eisenbahnsignalen (rotes Licht) verboten ist.

15. Abs. 9 u. 10. Neu eingefügt durch VO vom 15. 7. 1930. Begriff Lastkraftwagen siehe Anm. 13. Breite der Ladung siehe Abs. 11 letzter Satz. Ausnahme § 36a.

Übergangvorschriften. (Art. II Abs. 3 VO vom 15. 7. 1930).

Auf K, die vor dem 1. 10. 1930 zugelassen sind, finden die Bestimmungen über die Fahrzeugbreite keine Anwendung.

---

[1]) RG 11. 6. 1920 RGSt 55, 39.

[2]) In anderen Fällen ist nicht Gewicht und Größe, sondern die Zweckbestimmung zur Güterbeförderung entscheidend (Hamburg 31. 3. 1930 DRZ 1930, 312).

16. Abs. 11. Neufassung durch VO vom 15. 7. 1930. Vgl. § 2 Abs. 3 StrVerkO. Zu den Sachen im Sinne des Satzes 1 rechnen auch die Wege. Die Verwendung eines Schlußlichts ist in Abs. 8 im allgemeinen freigestellt, jedoch hier zwingend vorgeschrieben, wenn die Ladung am hinteren Ende des Fahrzeugs weit herausragt. Das Schlußlicht muß am Ende der Ladung angebracht sein.

17. Abs. 12. Die bisher in § 5 Abs. 4 VO enthaltene Vorschrift wurde durch VO vom 15. 7. 1930 hier eingefügt, jedoch mit der wichtigen Änderung, daß die Anweisung nunmehr zur Rechtsverordnung geworden ist.

b) Antrag auf Zulassung eines Fahrzeugs

Zulassungsantrag. **§ 5.**

(1) Wenn ein Kraftfahrzeug in Betrieb genommen werden soll, hat der Eigentümer bei der für seinen Wohnort zuständigen höheren Verwaltungsbehörde die Zulassung des Fahrzeugs schriftlich zu beantragen. Der Antrag muß enthalten:

1. Namen, Beruf (Gewerbe) und Wohnort des Eigentümers,
2. die Firma, die das Fahrgestell hergestellt hat, sowie die Fabriknummer des Fahrgestells,
3. die Art des Fahrzeugs (Kraftrad, Personenkraftwagen, Kraftomnibus, Lastkraftwagen, Elektrokarren, Zugmaschine usw.), bei Möglichkeit eines Wechsels in den Aufbauten nähere Angaben hierüber,
4. die Art des Antriebs (Verbrennungsmaschine, Dampfmaschine, Elektromotor),
5. die Anzahl der Pferdestärken der Maschine oder des Motors (bei Krafträdern, Personenkraftwagen mit Ausnahme der Kraftomnibusse und bei Lastkraftwagen bis 2,5 Tonnen Eigengewicht, sofern diese Fahrzeuge durch Verbrennungsmaschine angetrieben werden, auch den Hubraum und die Nummer der Maschine),
6. das Eigengewicht,
7. die zulässige Belastung (in Kilogramm oder Personen einschließlich Führer),
8. bei Fahrzeugen, deren zulässiges Gesamtgewicht 5,5 Tonnen übersteigt, die Achsdrucke und, sofern das Fahrzeug mit hochelastischen Vollgummireifen (§ 36 b) versehen ist, die Drucke auf 1 Zentimeter Felgenbreite — Basis der Gummireifen — im beladenen Zustand,

9. bei Kraftomnibussen mit Antrieb durch Verbrennungsmaschine und bei Lastkraftwagen mit gleichem Antrieb die Angabe, ob alle Räder mit Luftreifen versehen sind,
10. die Angabe der gewerblichen oder landwirtschaftlichen Berufsgenossenschaft, falls der Eigentümer einer solchen angehört;

(2) Dem Antrag ist das Gutachten eines von der höheren Verwaltungsbehörde anerkannten Sachverständigen beizufügen, das die Richtigkeit der Angaben unter Abs. 1 Nr. 3 bis 9 sowie ferner bestätigt, daß das Fahrzeug den nach dieser Verordnung zu stellenden Anforderungen genügt. Das Gutachten hat der Antragsteller auf seine Kosten zu beschaffen.

(3) Die höhere Verwaltungsbehörde kann einer zuverlässigen, ins Handelsregister eingetragenen Firma, zu deren Geschäftsbetrieb die Herstellung von Kraftfahrzeugen gehört und deren Sitz sich im Bezirke der Behörde befindet, auf schriftlichen Antrag nach einer auf Kosten der Firma vorgenommenen Prüfung (Typenprüfung) widerruflich eine Bescheinigung darüber erteilen, daß eine von ihr fabrikmäßig gefertigte Gattung von Kraftfahrzeugen den Anforderungen dieser Verordnung genügt (Typenbescheinigung). Für im Ausland hergestellte Fahrzeuge kann eine solche Bescheinigung einer zuverlässigen, ins Handelsregister eingetragenen Firma, zu deren Geschäftsbetriebe der Handel mit Kraftfahrzeugen gehört und deren Sitz sich im Bezirke der Behörde befindet, auf schriftlichen Antrag ausgestellt werden, wenn der Nachweis erbracht wird, daß die Firma im Deutschen Reiche zum alleinigen Vertriebe von Kraftfahrzeugen der betreffenden Gattung berechtigt ist. Die Typenbescheinigung gilt fürs ganze Reich. Für ein Kraftfahrzeug einer solchen Gattung (Satz 1 und 2) kann die Firma zu einer amtlich beglaubigten Abschrift der Typenbescheinigung mit etwaigen Nachträgen unter laufender Nummer eine Ergänzungsbescheinigung ausstellen, die die Richtigkeit der im Abs. 1 unter Nr. 3 bis 9 vorgeschriebenen Angaben bestätigen muß. Eine solche Firmenbescheinigung (Abschrift der Typenbescheinigung nebst Ergänzungsbescheinigung) ersetzt das Gutachten des amtlich anerkannten Sachverständigen (§ 5 Abs. 2) in allen Fällen mit Ausnahme der des § 6 Abs. 3 Satz 2 und

des § 35 mit der Maßgabe, daß für Kraftomnibusse mit Antrieb durch Verbrennungsmaschine, Lastkraftwagen mit gleichem Antrieb, elektrisch oder mit Dampf angetriebene Kraftfahrzeuge sowie Zugmaschinen ein amtlicher Wiegeschein oder eine Bescheinigung über die unter behördlicher Überwachung vorgenommene Wägung beizufügen ist. Für ein Fahrzeug, das schon einmal zum Verkehr auf öffentlichen Wegen zugelassen war, darf eine Firmenbescheinigung nur dann ausgestellt werden, wenn die Firma das Fahrzeug nochmals geprüft und sich von seiner vorschriftsmäßigen Beschaffenheit überzeugt hat; dies ist in der Bescheinigung zu vermerken. Über die mittels Firmenbescheinigung in den Verkehr gebrachten Fahrzeuge hat die Firma ein Verzeichnis zu führen und auf Verlangen den zuständigen Beamten vorzulegen. Firmenbescheinigungen können unter Mitverantwortung der Stammfirma — bei Fahrzeugen ausländischer Herstellung der Hauptvertretung im Sinne des Satzes 2 — auch von den Zweigniederlassungen, die dann gleichfalls zur Listenführung verpflichtet sind, ausgestellt werden. Im Falle des Widerrufs (Satz 1 und 2) verliert die Typenbescheinigung ihre Gültigkeit und ist nebst allen bereits gefertigten beglaubigten Abschriften der zuständigen höheren Verwaltungsbehörde abzuliefern, soweit die Abschriften nicht als Firmenbescheinigungen in den Verkehr gegeben worden sind.

(4) Für die Prüfungen nach Abs. 2 und 3 gelten die Vorschriften der „Anweisung über die Prüfung von Kraftfahrzeugen" (vgl. § 4 Abs. 12).

(5) Mit Zustimmung der obersten Landesbehörde und des Reichsverkehrsministers können versuchsweise auch Kraftfahrzeuge, deren Beschaffenheit oder Ausrüstung den Vorschriften dieser Verordnung oder der „Anweisung über die Prüfung von Kraftfahrzeugen" nicht entspricht, widerruflich zum Verkehre zugelassen werden.

1. § 5 regelt die Einleitung des amtlichen Zulassungsverfahrens. Er findet auch Anwendung in den Fällen des § 41 Abs. 1, nicht jedoch in jenen des § 41 Abs. 2.

2. Im Zulassungsverfahren sind beteiligt:

a) der Eigentümer des zulassungspflichtigen K[1]). Wer Eigentümer ist,

[1]) Siehe hiezu Meyer in RdK 1927, 98.

beurteilt sich ausschließlich nach bürgerlichem Recht[1]). Dies gilt insbesondere auch bei einer Mehrheit von Eigentümern, bei juristischen Personen sowie bei einem Verkauf unter Eigentumsvorbehalt.

b) die Zulassungsbehörde, d. i. regelmäßig nach § 45 Abs. 1 VO sachlich die höhere Verwaltungsbehörde, in Bayern nach Abschn. I, 1 Bek. vom 18. 5. 1923 die Bezirksverwaltungsbehörde (Bezirksamt, unmittelb. Stadtrat, Polizeidirektion), örtlich die für den Wohnort des Eigentümers zuständige Bezirksverwaltungsbehörde. Als Wohnort kommt hier der Wohnsitz oder gewöhnliche Aufenthalt (vgl. § 3 KStG) in Betracht. Bei juristischen Personen ist als Wohnort der Ort, an dem die Verwaltung geführt wird, bei Eigentümern, die ihren Wohnort im Ausland haben, der Wohnort des inländischen Benutzers (vgl. § 3 KStG) maßgebend.

Ausnahmen: Für K der Reichswehr und Reichspost bestimmen die zuständigen Reichsminister die Dienststellen, welche an die Stelle der Zulassungsbehörden treten (§ 45 Abs. 2 VO).

3. Der Antrag muß in Schriftform eingereicht werden.

4. Die Zulassung muß zeitlich der Inbetriebnahme = Inbetriebsetzung vorausgehen.

5. **Abs. 1.** Nr. 3, 6 und 8 sind durch die VO vom 15. 7. 1930 den Änderungen angepaßt worden. Der Inhalt des Antrags ergibt sich aus Nr. 1 bis 10. Die Angaben in Nr. 1—9 werden in die Zulassungsbescheinigung eingetragen. Hinsichtlich der Nr. 9 vgl. § 4 Abs. 3 KStG.

6. **Abs. 2 und 3.** Zur amtlichen Anerkennung der Sachverständigen sind in Bayern die Regierungen, K.d.J., zuständig (Abschn. I, 2 Bek. vom 18. 5. 1923). Das Sachverständigengutachten hat nunmehr alle erforderlichen Angaben zu enthalten und kann auch hinsichtlich der Angaben in Nr. 5 nicht mehr durch eine Firmenbescheinigung ersetzt sein. Das Gutachten ist aber — außer in den Fällen der § 6 Abs. 3 Satz 2 und § 35 VO — entbehrlich, wenn vorliegt[2]):

a) eine amtlich beglaubigte Abschrift der von einem amtlichen Sachverständigen auf Grund einer Typenprüfung erstellten widerruflichen Typenbescheinigung, die erteilt werden kann an
   aa) eine inländische Kraftfahrzeugfabrik,
   bb) einen zur Alleinvertretung einer ausländischen Kraftfahrzeugfabrik berechtigten Autohändler,
   cc) die Zweigniederlassungen von aa und bb;
b) eine von der Firma ausgestellte Ergänzungsbescheinigung;
c) ein amtlicher Wiegeschein oder eine Bescheinigung der amtlich überwachten Wägung im Hinblick auf § 4 Abs. 1 Nr. 3 und 4 KStG bei
   aa) Kraftomnibussen und Lastkraftwagen[3]) mit Antrieb durch Verbrennungsmaschine,

---

[1]) BayObLG 9. 7. 1926 BayObLGSt 26, 155, RdK 1926, 101, DJZ 1926, 1571, JW 1926, 2768, DRZ 1926 Nr. 985; Celle 18. 3. 1927 HöchstRR 3 251 RdK 1928, 58.

[2]) Siehe hiezu Parisius RdK 1930, 125.

[3]) Ein Kraftwagen, der nach seiner Bauart und Einrichtung sowohl als

bb) elektrisch oder mit Dampf angetriebenen K, sowie Zugmaschinen ohne Güterladeraum.

Die Unterlassung der in Abs. 3 letzter Satz angeordneten Ablieferung der Typenbescheinigung und ihrer Abschriften ist nach § 21 G strafbar. Im übrigen enthält § 5 VO jedoch keinen selbständigen strafrechtlichen Tatbestand[1]).

7. Abs. 4. Geändert durch VO vom 15. 7. 1930. Siehe Anm. 17 zu § 4 VO.

c) Zulassung zum Verkehr und Kennzeichnung

Vorbemerkung.

1. Zulassungspflichtig sind die K im Sinne der VO (siehe Einleit. Vorbem. Abschn. I Nr. 3).

2. Bei der Zulassung ist zu unterscheiden
a) die endgültige Zulassung nach §§ 6ff. VO,
b) die vorläufige Zulassung nach § 41 VO.

3. Für K, die nicht K im Sinne der VO sind, gilt folgendes:
a) Straßenlokomotiven und schwere Vorspannmaschinen werden in Bayern nach den oberpolizeilichen Vorschriften vom 7. 5. 1902 (GVBl 173) zugelassen;
b) für die übrigen in § 2 Abs. 4 VO aufgeführten Fahrzeuge ist die Zulassung weder reichs- noch landesrechtlich einheitlich geregelt.

4. Eine Ausnahme von der Zulassungspflicht besteht für die Prüfungsfahrten des amtlichen Sachverständigen. Hier gilt die Fiktion des § 37 VO.

5. Im internationalen Verkehr ist zu unterscheiden zwischen
a) der Zulassung deutscher K zum internationalen Verkehr (§ 3 Int. VO),
b) der Zulassung außerdeutscher K ohne internationalen Fahrausweis zum innerdeutschen Verkehr (§ 11 Abs. 1, 2 Int. VO),
c) der Zulassung außerdeutscher K ohne internationalen Fahrausweis zum internationalen Verkehr (§ 11 Abs. 3 Int. VO),
d) der Zulassung zur Ausfuhr bestimmter K (§ 15 Int. VO).

6. Kleinkrafträder bedürfen nur im inländischen Verkehr keiner Zulassung.

7. Die Gültigkeit der Zulassung beginnt
a) im Falle der §§ 6, 41 Abs. 1 VO mit der Mitteilung der im Sinne des Antrags lautenden Entscheidung der Behörde an den Antragsteller[2]);
b) im Falle des § 41 Abs. 2 VO mit der Eintragung der Beschreibung des Fahrzeugs in den Zulassungsschein.

Personen- wie als Lastwagen zu verwenden ist, ist auch dann als Personenwagen anzumelden, wenn er nur gelegentlich zur Personenbeförderung dient (RFH 5. 10. 1928 RdK 1929, 204; 1. 3. 1929 RdK 1929, 335).

[1]) BayObLG 21. 6. 1927 RdK 1928, 62.

[2]) Isaac 34, Müller 124, Oberländer 576; a. A. Lechner 125, 210: mit Ausstellung des Zulassungsscheins; Conrad 21, Kirchner 28, Kiel 20. 6. 1925 HöchstRR 2, 67; Königsberg 7. 11. 1927 JW 1928, 1760: mit Aushändigung des Zulassungsscheins.

8. Die Gültigkeit der Zulassung endet
a) im Falle des § 6 Abs. 3 Satz 2 VO mit der erfolgten Änderung,
b) im Falle des § 6 Abs. 5 und 7 VO mit Eingang der Verzichterklärung bei der Behörde[1]),
c) im Falle des § 41 Abs. 1 VO und § 14 Int. VO mit Ablauf der Frist.

9. Dagegen wird die Zulassung nicht ungültig
a) mit Ausschließung des K aus dem Verkehre[2]),
b) mit dem Eigentums- oder Wohnortswechsel[3]),
c) im Falle des § 6 Abs. 5 letzter Satz[4]).

Durchführung des Verfahrens. **§ 6.**

(1) Die höhere Verwaltungsbehörde (§ 5 Abs. 1) entscheidet über den Antrag auf Zulassung des Kraftfahrzeugs zum Verkehr auf öffentlichen Wegen. Die Zulassung gilt für das ganze Reich.

(2) Im Falle der Zulassung hat die höhere Verwaltungsbehörde das Kraftfahrzeug in eine Liste einzutragen, dem Fahrzeug ein polizeiliches Kennzeichen (§ 8) zuzuteilen und hiervon dem Antragsteller Mitteilung zu machen, sowie über die Zulassung und die Eintragung des Kraftfahrzeugs und die Zuteilung des Kennzeichens eine Bescheinigung (Zulassungsschein) auszufertigen. Die Aushändigung des Zulassungsscheins erfolgt durch die für den Ort, wo das Kraftfahrzeug in Betrieb gesetzt werden soll, zuständige Polizeibehörde. Der Zulassungsschein darf erst ausgehändigt werden, wenn den Vorschriften über die Entrichtung der Kraftfahrzeugsteuer genügt ist. Die Muster der Liste und des Zulassungsscheins schreibt der Reichsverkehrsminister vor.

(3) Treten bei einem zum Verkehr auf öffentlichen Wegen bereits zugelassenen Kraftfahrzeug Änderungen ein, die eine Berichtigung der Liste und des Zulassungsscheins erforderlich machen, so hat der Eigentümer unter Vorlegung des Zulassungsscheins die Berichtigungen innerhalb 2 Wochen bei der zuständigen höheren Verwaltungsbehörde zu beantragen; ist eine Berichtigung erforderlich geworden, weil ein Kraftomni-

---

[1]) Müller 437; a. A. Kirchner 29, Lechner 125, Oberländer 584: erst mit Ablieferung des Zulassungsscheins.

[2]) Müller 683; a. A. die überwiegende Meinung.

[3]) Ebenso Dresden JW 1928, 3194, Müller 437; a. A. Lechner 125, KG 12. 4. 1927 RdK 1928, 127.

[4]) a. A. Müller 532, Hamm 13. 9. 1927 RdK 1927, 217.

bus mit Antrieb durch Verbrennungsmaschine oder ein Lastkraftwagen mit gleichem Antrieb an allen Rädern mit Luftreifen statt einer anderen Bereifung versehen worden ist, so hat der Eigentümer den Bereifungswechsel in geeigneter Form nachzuweisen. Bei Änderung der Art des Antriebs, bei Einbau einer stärkeren Maschine oder eines stärkeren Motors, einer in ihrer Bauart oder Übersetzung veränderten Bremse oder Lenkvorrichtung bedarf es einer erneuten Zulassung, die der Eigentümer sofort unter Beifügung eines Gutachtens (§ 5 Abs. 2) bei der zuständigen höheren Verwaltungsbehörde zu beantragen hat.

(4) Verlegt der Eigentümer eines Kraftfahrzeugs seinen Wohnort in den Bezirk einer anderen höheren Verwaltungsbehörde, so hat er bei dieser unverzüglich die Erteilung eines neuen Zulassungsscheins unter Beifügung des bisherigen oder einer beglaubigten Abschrift davon zu beantragen; eines Sachverständigengutachtens (§ 5 Abs. 2, 3) bedarf es in diesem Falle nicht. Dem Fahrzeug wird ein neues Kennzeichen zugeteilt. Bei Aushändigung des neuen Zulassungsscheins ist der bisherige der höheren Verwaltungsbehörde zurückzugeben und von dieser der vordem zuständigen höheren Verwaltungsbehörde unter Angabe des neuen Kennzeichens zu übersenden. Das Kraftfahrzeug ist in die Liste einzutragen.

(5) Soll ein Kraftfahrzeug zum Verkehr auf öffentlichen Wegen nicht mehr verwendet werden, so hat der Eigentümer der zuständigen höheren Verwaltungsbehörde hiervon Mitteilung zu machen und ihr den Zulassungsschein sowie das Kennzeichen abzuliefern; sobald dies geschehen, gilt das Fahrzeug als abgemeldet. Das Kennzeichen ist, sofern es nicht amtlich ausgegeben ist, nach Vernichtung des Dienststempels zurückzugeben. Unterbleibt die Ablieferung, so hat die höhere Verwaltungsbehörde den Zulassungsschein und das Kennzeichen einzuziehen oder, soweit die Einziehung des Kennzeichens nicht zulässig ist, den Dienststempel auf diesem augenfällig zu vernichten. In gleicher Weise ist auf Antrag der Steuerbehörde zu verfahren, wenn eine neue Kraftfahrzeugsteuerkarte nicht rechtzeitig gelöst oder die Kraftfahrzeugsteuer nicht rechtzeitig entrichtet wird.

(6) Geht ein zum Verkehr auf öffentlichen Wegen zugelassenes Kraftfahrzeug auf einen anderen Eigentümer über, der das Fahrzeug weiterbenutzen will, so hat der bisherige Eigentümer den Eigentumsübergang unverzüglich der für seinen Wohnort zuständigen höheren Verwaltungsbehörde unter Angabe von Namen, Wohnort und Wohnung des neuen Eigentümers anzuzeigen; er hat ferner dem neuen Eigentümer den Zulassungsschein gegen Empfangsbestätigung auszuhändigen und diese seiner Anzeige beizufügen. Mit Eingang der Anzeige und der Empfangsbestätigung bei der höheren Verwaltungsbehörde gilt das Fahrzeug in der Person des bisherigen Eigentümers als abgemeldet. Der neue Eigentümer hat unverzüglich bei der für seinen Wohnort zuständigen höheren Verwaltungsbehörde die Erteilung eines neuen Zulassungsscheins unter Beifügung des bisherigen oder einer beglaubigten Abschrift davon zu beantragen; eines Sachverständigengutachtens (§ 5 Abs. 2, 3) bedarf es nicht. War das Fahrzeug bisher von derselben höheren Verwaltungsbehörde zugelassen, so behält es sein Kennzeichen; die Liste ist zu berichtigen. War das Fahrzeug bisher von einer anderen höheren Verwaltungsbehörde zugelassen, so wird es in die Liste eingetragen und ihm ein neues Kennzeichen zugeteilt. War dem Antrag nur eine beglaubigte Abschrift des bisherigen Zulassungsscheins beigefügt, so ist gegen Aushändigung des neuen Zulassungsscheins der bisherige zurückzugeben; dieser ist der etwa vordem zuständigen höheren Verwaltungsbehörde unter Angabe des neuen Kennzeichens zu übersenden. Der neue Zulassungsschein darf erst ausgehändigt werden, wenn den Vorschriften über die Entrichtung der Kraftfahrzeugsteuer genügt ist.

(7) Soll ein Kraftfahrzeug nur bis zur Dauer von acht Monaten zum Verkehr auf öffentlichen Wegen nicht verwendet werden, so gilt Abs. 5 Satz 1 bis 3 mit der Maßgabe, daß die höhere Verwaltungsbehörde nach Eintragung des Tages der Abmeldung in die Liste den Zulassungsschein auf Antrag des Eigentümers bis zur Dauer von acht Monaten aufzubewahren und von einer Zuteilung des Kennzeichens an ein anderes Kraftfahrzeug während dieser Zeit abzusehen hat. Wird bei ihr innerhalb dieser Zeit von dem bisherigen oder einem neuen

Eigentümer die erneute Zulassung beantragt und von dem Antragsteller die Erklärung abgegeben, daß Änderungen im Sinne des Abs. 3 an dem Kraftfahrzeug in der Zwischenzeit nicht eingetreten sind, so kann sie auf das Sachverständigengutachten (§ 5 Abs. 2, 3) verzichten; im Falle erneuter Zulassung ist dasselbe Kennzeichen (Abs. 2) wieder zuzuteilen; dem bisherigen Eigentümer ist der bisherige Zulassungsschein nach Eintragung des Tages der erneuten Zulassung in die Liste, einem neuen Eigentümer ist ein neuer Zulassungsschein nach Berichtigung der Liste auszuhändigen; für die Aushändigung des Zulassungsscheins gilt in beiden Fällen Abs. 2 Satz 2 und 3. Liegt der Wohnort des Eigentümers, der die erneute Zulassung des abgemeldeten Kraftfahrzeugs begehrt, im Bezirk einer anderen höheren Verwaltungsbehörde, so ist der Antrag an diese zu richten; für die erneute Zulassung gilt Abs. 2; auf das Sachverständigengutachten kann verzichtet werden, wenn der Antragsteller erklärt, daß Änderungen im Sinne des Abs. 3 an dem Kraftfahrzeug in der Zwischenzeit nicht eingetreten sind. Die höhere Verwaltungsbehörde hat den bisherigen Zulassungsschein von der früher zuständigen höheren Verwaltungsbehörde einzufordern und dieser nach erfolgter Zulassung unter Angabe des neuen Kennzeichens zurückzusenden; die früher zuständige höhere Verwaltungsbehörde hat ihre Liste zu berichtigen.

(8) Mit Zustimmung der obersten Landesbehörde kann die höhere Verwaltungsbehörde zum Verkehr auf öffentlichen Wegen zugelassenen Kraftfahrzeugen ein anderes Kennzeichen zuteilen. In diesen Fällen haben die Eigentümer die Zulassungsscheine der höheren Verwaltungsbehörde innerhalb 14 Tagen zwecks Berichtigung vorzulegen.

(9) Ausnahme zu Abs. 2 vgl. § 41 Abs. 1.

1. **Abs. 1 und 2.** Mit der Mitteilung der getroffenen Entscheidung an den Antragsteller ist, wenn diese Entscheidung im Sinne des Antrags lautet, das K als zugelassen anzusehen. Dies ergibt sich auch aus den Worten „im Falle der Zulassung" = nach erfolgter Zulassung. Hiemit ist die Tätigkeit der Zulassungsbehörde beendet. Für die nun folgenden Maßnahmen nach § 9 VO und die Aushändigung des Zulassungsscheins ist die Polizeibehörde desjenigen Ortes zuständig, an dem das K in Betrieb gesetzt werden soll. Diese Verschiedenheit der örtlichen Zuständigkeit hat den Zweck, bei Verschiedenheit des Wohn- und künftigen Betriebsortes die Fahrt zwischen

beiden Orten zu vermeiden, einerseits im Interesse des Eigentümers, andererseits im Interesse der Überwachung des Verkehrs, da Fahrten mit dem noch nicht vorschriftsmäßig beschaffenen K tunlichst eingeschränkt werden sollen (vgl. §§ 12, 39 VO). Da es sich bei den der Zulassung nachfolgenden Maßnahmen um solche mehr formaler Natur handelt, was sich schon daraus ergibt, daß hier die Mitwirkung von Sachverständigen unterbleibt, könnten hiezu auch Ortspolizeibehörden für sachlich zuständig erklärt werden. In Bayern sind jedoch auch hierfür die Bezirksverwaltungsbehörden zuständig.

2. Abs. 3. Abs. 3 ist ab 1. 4. 1928 durch Art. I Nr. 13 VO vom 16. 3. 1928 im Hinblick auf § 4 Abs. 2 KStG geändert worden. Es ist zu unterscheiden zwischen Änderungen, die eine Neuzulassung und Änderungen, die nur eine Berichtigung der Liste und des Zulassungsscheins bedingen.

a) Eine Neuzulassung bedingen die hier erschöpfend aufgeführten Änderungen (vgl. § 4 Abs. 1 Nr. 1, 2 und § 5 Abs. 1 Nr. 4, 5 VO).

b) Eine Berichtigung machen erforderlich Änderungen nach § 5 Abs. 1 Nr. 1, 3, 6—10 VO.

Im Falle der Nr. 3 kann es sich indessen nur um länger dauernde Änderungen handeln. Dies ergibt sich schon aus der Festsetzung einer 2wöchigen Frist. Die vorübergehende Benützung eines Lastkraftwagens zur Personenbeförderung fällt nicht hierunter[1]).

Wegen Unterlassung der rechtzeitigen Antragstellung auf Berichtigung ist einmal der Eigentümer als der nach § 6 hiezu Verpflichtete nach § 21 G strafbar[2]), dann aber auch der Führer wegen Nichtmitführens eines ordnungsgemäßen Zulassungsscheins (vgl. Anm. 4 zu § 15 VO).

3. Abs. 4. Die Wohnortsverlegung macht die erteilte Zulassung in keinem Falle ungültig. Es ist zu unterscheiden, ob die Wohnortsverlegung erfolgt a) innerhalb des Bezirks der Zulassungsbehörde oder b) in den Bezirk einer anderen höheren Verwaltungsbehörde. Im ersteren Falle ist nach Abs. 3 Satz 1 innerhalb 2 Wochen die Berichtigung der Liste und des Zulassungsscheins, im letzteren Falle dagegen ein neuer Zulassungsschein zu beantragen. Eine Verlegung des Betriebsorts erfordert dagegen keinerlei An- oder Abmeldung.

4. Abs. 5. Mit Eingang der Verzichtserklärung[3]) (vgl. Abs. 6 Satz 2) bei der Behörde erlischt die Zulassung. Abs. 5 trifft nur die Fälle, in denen eine Weiterverwendung des K überhaupt nicht mehr beabsichtigt ist, nicht dagegen auch die Fälle, in denen z. B. bei einem Verkauf unter Eigentumsvorbehalt zwar der Eigentümer das K nicht mehr für sich verwenden will, wohl aber der Käufer die Weiterverwendung beabsichtigt (§ 6 Abs. 6). Der letzte Satz des Abs. 5 kann infolge seiner Stellung zu Zweifeln Anlaß geben. Die Worte „in gleicher Weise" beziehen sich nur auf Satz 2 und 3. Die Gültigkeit der Zulassung wird durch diese Maßnahmen nicht berührt. § 23 G findet sonach keine Anwendung)[4]. Die Unterlassung der Mitteilung von

[1]) Jena 11. 6. 1926 RdK 1926, 106.
[2]) Jena 11. 6. 1926 RdK 1926, 106.
[3]) Siehe Fußnote 2 zu Vorbem. Ziff. 8.
[4]) a. A. Müller 532, Hamm 13. 9. 1927, RdK 1927, 217.

dem Außerverkehrsetzen des K und die Nichtablieferung von Zulassungsschein und Kennzeichen ist strafbar[1])[2]).

5. Abs. 6. Der Eigentumsübergang macht die erteilte Zulassung nicht ungültig. Insoferne könnte man von einer der gewerberechtlichen Anlagengenehmigung entsprechenden dinglichen Natur der Zulassung sprechen, die an dem Fahrzeug klebt. Ein Eigentumsübergang liegt nur vor, wenn dieser nach den zivilrechtlichen Vorschriften rechtsgültig erfolgt ist, also insbesondere nicht bei Verkauf unter Eigentumsvorbehalt, wohl aber bei Sicherungsübereignung. Der bisherige Eigentümer hat ohne schuldhaftes Verzögern a) dem neuen Eigentümer den Zulassungsschein gegen Empfangsbescheinigung auszuhändigen, b) den Eigentumsübergang unter Beinahme dieser Empfangsbescheinigung der Behörde anzuzeigen. Der neue Eigentümer hat gleichfalls unverzüglich die Erteilung eines neuen Zulassungsscheins zu beantragen. Wird die rechtzeitige Ab- und Anmeldung unterlassen, so ist der bisherige bzw. der neue Eigentümer nach § 6 VO § 21 G strafbar. Außerdem ist der Führer nach § 15 VO § 21 G strafbar wegen Nichtmitführens eines ordnungsgemäßen Zulassungsscheins, weil dieser entweder überhaupt nicht mitgeführt werden kann (wenn er vom bisherigen an den neuen Eigentümer oder von diesem an die Behörde abgegeben wurde) oder weil auf ihm nicht der richtige Eigentümer benannt ist (vgl. Anm. 4 zu § 15 VO)[3]).

6. Abs. 7 schafft die Möglichkeit eines vorübergehenden Verzichts. Er stellt eine Erleichterung gegenüber Abs. 5 auf und gehört sachlich zu diesem. Auch im Falle des vorübergehenden Verzichts erlischt die Zulassung, so daß Zuwiderhandlungen nach § 23 G strafbar sind. Die Bedeutung des Abs. 7 liegt in der Erleichterung der Neuzulassung.

7. Abs. 8. Zuwiderhandlungen gegen Satz 2 sind nach § 21 G strafbar.

Kennzeichnungszwang.

§ 7.

Vorbehaltlich der Vorschrift im § 38 muß jedes auf öffentlichen Wegen verkehrende Kraftfahrzeug das polizeiliche Kennzeichen (§ 8) tragen.

1. Gilt auch für Kleinkrafträder (§ 48 VO).
2. An die Stelle des Kennzeichens nach § 8 tritt
   a) das Probefahrtkennzeichen (§ 37 Abs. 2) und zwar
      aa) bei der Prüfungsfahrt des amtlichen Sachverständigen (§ 37 Abs. 1),
      bb) bei Probe- und Überführungsfahrten nach § 41,
   b) das länglichrunde Kennzeichen bei außerdeutschen K ohne internationalen Fahrausweis (§ 11 Abs. 1 b Int. VO).

---

[1]) Düsseldorf 19. 11. 1926 RdK 1927, 40.

[2]) Wegen der steuerlichen Behandlung siehe RFH 29. 4. 1930 DAR 1930, 204.

[3]) Wegen der steuerlichen Behandlung siehe RFH 17. 9. 1929 DAR 1930, 79.

3. **Neben das Kennzeichen nach § 8 tritt**
das deutsche Nationalitätszeichen nach § 5 Abs. 2 Int. VO.
4. **Kein gestempeltes Kennzeichen ist erforderlich**
im Falle des § 39 VO.
5. **Kein Kennzeichen bedürfen:**
a) Dienstfahrzeuge der Feuerwehr (§ 38 Abs. 1 Nr. 1),
b) Straßenreinigungsfahrzeuge (§ 38 Abs. 1 Nr. 2),
c) Zugmaschinen (§ 38 Abs. 1 Nr. 3). Siehe jedoch § 38 Abs. 2!

Beschaffenheit der Kennzeichen. § 8.

(1) Das von der höheren Verwaltungsbehörde zuzuteilende Kennzeichen besteht aus einem (oder mehreren) Buchstaben (oder römischen Ziffern) zur Bezeichnung des Landes (oder engeren Verwaltungsbezirkes) und aus der Erkennungsnummer, unter der das Fahrzeug in die polizeiliche Liste (§ 6 Abs. 2) eingetragen ist. Die Verteilung der Kennzeichen innerhalb des Reichsgebiets erfolgt nach einem „Plan für die Kennzeichnung der Kraftfahrzeuge", den der Reichsverkehrsminister nach Anhörung der beteiligten obersten Landesbehörden aufstellt. Das Kennzeichen ist an der Vorderseite und an der Rückseite des Fahrzeugs nach außen hin an leicht sichtbarer Stelle anzubringen. Die Fläche des Kennzeichens muß zur Längsachse des Fahrzeugs senkrecht oder annähernd senkrecht stehen. Bei spitz zulaufenden Fahrzeugen kann jedoch das vordere und das hintere Kennzeichen durch je zwei Kennzeichen ersetzt werden; diese müssen beiderseits an jedem spitz zulaufenden Ende des Fahrzeugs auf Flächen angebracht sein, die zur Längsachse des Fahrzeugs schräg, zur Fahrbahn senkrecht oder annähernd senkrecht stehen.

(2) Das vordere Kennzeichen ist in schwarzer Balkenschrift auf weißem, schwarzgerandetem Grunde auf die Wandung des Fahrzeugs oder auf eine rechteckige Tafel aufzumalen, die mit dem Fahrzeug durch Schrauben, Nieten oder Nägel fest zu verbinden ist. Die Buchstaben (oder die römischen Ziffern) und die Nummern müssen in eine Reihe gestellt und durch einen waagerechten Strich voneinander getrennt werden. Die Abmessungen betragen: Randbreite mindestens 10 Millimeter, Schrifthöhe 75 Millimeter bei einer Strichstärke von 12 Millimeter, Abstand zwischen den einzelnen Zeichen und vom Rande

20 Millimeter, Stärke des Trennungsstrichs 12 Millimeter, Höhe der Tafel ausschließlich des Randes 115 Millimeter.

(3) Bei dem an der Rückseite des Fahrzeugs mittels Schrauben, Nieten oder Nägeln fest anzubringenden Kennzeichen sind die Buchstaben (römischen Ziffern) und die Nummer auf einer viereckigen weißen, schwarzgerandeten Tafel in schwarzer Balkenschrift auszuführen. Die Tafel kann Bestandteil einer Laterne sein (vgl § 11). Die Nummer kann unter den Buchstaben (römischen Ziffern) oder durch einen waagerechten Strich getrennt, dahinter stehen. Die Abmessungen betragen: Randbreite mindestens 10 Millimeter, Schrifthöhe 100 Millimeter bei einer Strichstärke von 15 Millimeter, Abstand zwischen den einzelnen Zeichen und vom Rande 20 Millimeter, Höhe der Tafel ausschließlich des Randes bei zweizeiligen Kennzeichen 260 Millimeter, bei einzeiligen Kennzeichen 140 Millimeter, ferner bei einzeiligen Kennzeichen Stärke des Trennungsstrichs 15 Millimeter, Länge des Trennungsstrichs 30 Millimeter. Das hintere Kennzeichen kann auch auf die Wandung des Fahrzeugs aufgemalt werden.

(4) Kraftzweiräder sind von der Führung des hinteren Kennzeichens befreit. Bei ihnen genügt ein beiderseitig beschriebenes Kennzeichen, das an der Vorderseite in der Fahrtrichtung an leicht sichtbarer Stelle anzubringen ist. Das Kennzeichen ist in schwarzer Balkenschrift auf weißem, schwarzgerandetem Grunde auf eine rechteckige, an den Vorderecken leicht abgerundete Tafel aufzumalen, die mit dem Fahrzeug durch Schrauben, Nieten oder Nägel fest zu verbinden ist. Die Buchstaben (oder die römischen Ziffern) und die Nummer müssen in einer Reihe stehen und durch einen waagerechten Strich voneinander getrennt sein. Die Abmessungen betragen: Randbreite mindestens 8 Millimeter, Schrifthöhe 60 Millimeter bei einer Strichstärke von 10 Millimeter, Abstand zwischen den einzelnen Zeichen und vom Rande 12 Millimeter, Stärke des Trennungsstrichs 10 Millimeter, Länge des Trennungsstrichs 18 Millimeter, Höhe der Tafel ausschließlich des Randes 84 Millimeter.

(5) Bei Elektrokarren, deren Eigengewicht 1,75 Tonnen nicht übersteigt, bei anderen Kraftwagen, deren Eigengewicht 0,5 Tonnen nicht übersteigt, und bei Kraftdreirädern können

das vordere und hintere Kennzeichen (Abs. 2 und 3) auch mit den im Abs. 4 angegebenen Abmessungen ausgeführt werden mit der Maßgabe, daß die Höhe der Tafel ausschließlich des Randes bei zweizeiligen hinteren Kennzeichen 156 Millimeter betragen soll.

(6) Die Muster für die Kennzeichen schreibt der Reichsverkehrsminister vor.

(7) Ausnahme vgl. § 37 Abs. 2.

1. Gilt auch für Kleinkrafträder (§ 48). Über die Beschaffenheit der Kennzeichen im internationalen Verkehr siehe §§ 5, 6 Abs. 3, 11 Abs. 1b Int. VO.

2. Abs. 1.

a) Plan für die Kennzeichnung der K siehe RMinBl 1930, 465.

b) Statt Zuteilung eines Kennzeichens sollte es richtiger heißen Zuteilung einer Kennzeichnung, zumal die Fälle, in denen das Kennzeichen selbst, als Sache, von der Behörde zur Verfügung gestellt wird regelmäßig auf die Fälle des § 41 VO beschränkt bleiben.

c) Zuständig zur Zuteilung der Kennzeichen ist die Zulassungsbehörde (siehe § 6 Abs. 2 Satz 1).

3. Abs. 2. Ausnahmen von der Vorschrift der festen Anbringung siehe § 37 Abs. 2.

4. Abs. 3. Die hinteren Kennzeichen können entweder zweizeilig oder einzeilig sein. Kraftzweiräder sind im inländischen Verkehr von der Führung des hinteren Kennzeichens befreit.

5. Abs. 5. Elektrokarren unterscheiden sich von den Elektrowagen durch ihre geringeren Abmessungen. Die „anderen" Kraftwagen brauchen — im Gegensatz zu § 40 Abs. 1 Satz 1 — nicht notwendig elektrischen Antrieb zu besitzen.

Abstempelung der Kennzeichen. § 9.

Die Kennzeichen müssen mit dem Dienststempel der Polizeibehörde (§ 6 Abs. 2 Satz 2) versehen sein. Zum Zwecke der Abstempelung des Kennzeichens hat die Polizeibehörde die Vorführung des Kraftfahrzeugs anzuordnen. Bevor sie die Abstempelung vornimmt, hat sie sich durch sorgfältige Prüfung davon zu überzeugen, daß das Fahrzeug insbesondere auch den Vorschriften der §§ 8, 10 und 11 entspricht. Ausnahmen zu Satz 1 vgl. § 39, zu Satz 2 vgl. § 41 Abs. 2 und 11.

1. Gilt auch für Kleinkrafträder (§ 48 VO).

2. Alle Kennzeichen, sowohl die vorderen, wie die hinteren, wie auch die seitlichen (§§ 8 Abs. 1 letzter Satz, 32 Abs. 6) müssen gestempelt sein; ebenso die Probefahrtkennzeichen (§ 37 Abs. 2). Sie sind alsdann öffentliche Urkunden[1]). Ausnahmen gelten nur

[1]) BayObLG 24. 6. 1928 BayObLGSt 28, 186.

a) im Falle des § 39 VO,
b) im Falle der §§ 5, 6, nicht auch im Falle des § 11b Int. VO.

3. Örtlich zuständig zur Abstempelung ist die Polizeibehörde des Betriebsorts (vgl. § 6 Abs. 2 Satz 2); in Bayern ist sachlich zuständig die Bezirksverwaltungsbehörde.

4. Die schriftliche Aufforderung der Polizeibehörde ersetzt die Zulassungsbescheinigung und befreit von der Pflicht zur Führung eines gestempelten Kennzeichens während der Vorführungsfahrt (§ 39 Satz 1 VO).

5. Die Maßnahmen nach Satz 2 erfolgen nicht im Rahmen des Zulassungsverfahrens, das mit Genehmigung des Zulassungsantrags beendet ist, sondern in einem Nachverfahren, für das eine andere Behörde als die Zulassungsbehörde zuständig sein kann. In Anbetracht des Umstandes daß für dieses Nachverfahren auch eine Ortspolizeibehörde zuständig sein könnte, ist anzunehmen, daß die nachprüfende Behörde nicht die erfolgte Zulassung rückgängig machen kann. Diese Behörde kann mithin nur die Aushändigung der Zulassungsbescheinigung und die Abstempelung des Kennzeichens verweigern und auch dies nur, wenn

a) entweder eine Änderung des bei der Zulassung festgestellten Zustandes des K eingetreten ist oder
b) nach erfolgter Zulassung insbesondere den in den §§ 8—11 enthaltenen Vorschriften oder
c) den Vorschriften über die Entrichtung der K-Steuer nicht genügt ist.

Hat sie im übrigen Bedenken gegen die Verwendung des K im öffentlichen Verkehr, so muß sie das Verfahren nach § 35 Satz 2 VO einleiten oder — falls sie hierzu nicht zuständig ist — anregen.

Anbringung der Kennzeichen. **§ 10.**

Die Kennzeichen dürfen nicht zum Umklappen eingerichtet sein; sie dürfen niemals verdeckt sein und müssen stets in lesbarem Zustand erhalten werden. Der untere Rand des vorderen Kennzeichens darf nicht weniger als 20 Zentimeter, der des hinteren nicht weniger als 45 Zentimeter vom Erdboden entfernt sein.

1. Gilt auch für Kleinkrafträder (§ 48 VO).

2. Kennzeichen im Sinne des § 10 sind alle Kennzeichen, zu deren Führung eine Verpflichtung besteht, also alle Kennzeichen mit Ausnahme jener nach § 5 Abs. 1 Int. VO.

3. Satz 1.

a) Zum Umklappen eingerichtet sind die Kennzeichen nicht nur dann, wenn die Kennzeichentafel selbst umklappbar ist, sondern z. B. auch dann, wenn die hinteren Kennzeichen auf der umklappbaren Bordwand eines Lastkraftwagens angebracht sind[1]).

---

[1]) RG 21. 4. 1927 RdK 1927, 136, DJZ 1927, 1203.

b) Hinsichtlich des Verdeckens siehe Anm. 5 zu § 25 G.

c) Ein lesbarer Zustand liegt vor, wenn die Kennzeichen und zwar alle an einem K vorschriftsgemäß angebrachten Kennzeichen auch während der Fahrt mit normalem Auge ohne besondere Anstrengung entziffert werden können. In unlesbarem Zustand können sich die Kennzeichen entweder dauernd, z. B. infolge Beschädigung, Abnutzung der Farbe usw. oder vorübergehend infolge Verschmutzung befinden. Im ersteren Falle greift auch § 12 VO ein, der sich an den Eigentümer und Halter wendet. Im letzteren Falle ist der Führer allein verantwortlich. Bei der Frage nach dieser Verantwortlichkeit sind die polizeilichen Interessen gegenüber den Interessen des K-Verkehrs abzuwägen. Von dem Führer ist zu verlangen, daß er sich in angemessenen, nach Lage des Einzelfalles unter Berücksichtigung der Witterungs- und Wegeverhältnisse zu bestimmenden Zwischenräumen, namentlich vor der Einfahrt in größere Ortschaften und beim Übergang von schmutzigen auf saubere Fahrstraßen von der ordnungsmäßigen Beschaffenheit der Kennzeichen überzeugt[1]). Insbesondere besteht diese Verpflichtung ferner bei jeder Rast und bedeutet hier keine unbillige Anforderung an den Führer und keine unnötige Hemmung des K-Verkehrs. Auch stehende K müssen leserliche Kennzeichen haben, solange sie sich im Verkehr befinden. Wenn die Unlesbarkeit erst durch Eintrocknen des Schmutzes verursacht ist, haftet der Führer nicht[2]).

4. **Satz 2** schreibt zwar keine bestimmte Stelle für die Anbringung der Kennzeichen, sondern nur die Mindesthöhe vom Erdboden vor. Durch zweckmäßige Anbringung wird aber die Einhaltung der Vorschrift des Satzes 1 erleichtert.

Beleuchtung der Kennzeichen. § 11.

(1) Bei Dunkelheit oder starkem Nebel sind hintere Kennzeichen zu beleuchten, und zwar müssen sie für ein normalsichtiges Auge, wenn die Sicht nicht durch Nebel beeinträchtigt ist, auf eine Entfernung von mindestens 15 Meter noch deutlich erkennbar sein. Beleuchtungsvorrichtungen dürfen die Kennzeichen von keiner Seite verdecken; Vorrichtungen zum Abstellen der Beleuchtung der Kennzeichen vom Sitze des Führers oder vom Innern des Wagens aus sind nur zulässig, wenn alle Lichtquellen, die einen Lichtschein nach vorn auf die Fahr-

---

[1]) So wörtlich BayObLG 29. 3. 1927 HöchstRR 3, 391, BayVerwBl 1927, 281, JW 1927, 2809, RdK 1928, 61, BayObLGSt 27, 97; ähnlich BayObLG 11. 9. 1925 BayObLGSt 25, 197; 10. 11. 1925 JW 1927, 2813, DRZ 1926 Nr. 231; 6. 12. 1927 BayObLGSt 27, 276; 6. 5. 1930 DAR 1930, 202; Dresden 23. 3. 1926 RdK 1926, 35; 14. 6. 1927 JW 1927, 2534 RdK 1928, 64; Stuttgart 10. 8. 1927 RdK 1928, 73.

[2]) BayObLG 19. 7. 1929 DAR 1929, 409, DRZ 1929 Nr. 1012.

bahn werfen können (auch Suchscheinwerfer), gleichzeitig mit der Kennzeichenbeleuchtung oder vor dieser verlöschen.

(2) Bei Kraftzweirädern ist das an der Vorderseite angebrachte Kennzeichen bei Dunkelheit oder starkem Nebel so zu beleuchten, daß es von beiden Seiten (auch bei abgeblendetem Scheinwerfer) unter denselben Bedingungen und auf die gleiche Entfernung wie im Abs. 1 Satz 1 noch deutlich erkennbar ist.

1. Geändert durch VO vom 15. 7. 1930. Die bisherigen Vorschriften wurden insbesondere durch Angabe einer bestimmten Entfernung, auf welche die Kennzeichen deutlich erkennbar sein müssen, genauer gefaßt. Damit ist eine polizeiliche Nachprüfung bei stillstehendem Fahrzeug erleichtert. Die Streitfrage bezüglich der Suchscheinwerfer ist nunmehr entschieden.

2. Gilt auch für Kleinkrafträder (§ 48 VO).

3. Hinsichtlich der Begriffe Dunkelheit und starker Nebel siehe § 1 Nr. 12 und Anm. 7b zu § 4 VO.

4. Kennzeichen im Sinne des § 11 sind alle Kennzeichen, zu deren Führung innerhalb des Deutschen Reiches eine Verpflichtung besteht, nicht also die Kennzeichen nach § 5 Abs. 1 Int.VO.

5. Eine Beleuchtungspflicht besteht für sämtliche hinteren Kennzeichen, im Falle des § 8 Abs. 1 letzter Satz also für beide. Ausnahme siehe § 32 Abs. 6 letzter Satz.

6. Die Kennzeichen müssen in ihrer ganzen Fläche gleichmäßig hell beleuchtet sein. Die Beleuchtungsvorrichtung darf nicht derart angebracht sein, daß sie das Auge des Beschauers derart blendet, daß hierdurch die Erkennbarkeit beeinträchtigt wird.

7. Entsprechend der bisherigen überwiegenden Meinung in Rechtsprechung und Schrifttum ist durch die Neufassung des Satzes 2 nunmehr zweifelsfrei entschieden, daß auch die Suchscheinwerfer spätestens gleichzeitig mit der Kennzeichenbeleuchtung erlöschen müssen. Alle Lichtquellen unterliegen dieser Vorschrift mit Ausnahme der Innenbeleuchtung, zu der wohl auch die sog. Reparaturlampen zu rechnen sind.

8. Hinsichtlich der Kennzeichenbeleuchtung stehender K siehe § 28 Abs. 3 letzter Satz.

9. Hinsichtlich der Verantwortlichkeit siehe Anm. 7c zu § 16 VO.

Erneuerung der Kennzeichen. **§ 12.**

Ist der Dienststempel eines Kennzeichens unkenntlich geworden oder muß ein mit dem Dienststempel der Polizeibehörde versehenes Kennzeichen erneuert werden, so ist das

Kraftfahrzeug wiederum entsprechend der Vorschrift im § 9 der Polizeibehörde vorzuführen; tritt die Notwendigkeit der Erneuerung an einem Orte ein, von dem aus die Polizeibehörde, die die erste Stempelung des Kennzeichens vorgenommen hatte, ohne Zeitverlust nicht erreicht werden kann, so ist das Fahrzeug der nächsten Polizeibehörde vorzuführen, die alsdann den Dienststempel zu erneuern oder das erneuerte Kennzeichen mit dem Dienststempel zu versehen und, daß dies geschehen, in dem Zulassungsschein (§ 6 Abs. 2) ersichtlich zu machen hat.

1. Gilt auch für Kleinkrafträder (§ 48 VO).

2. Während § 11 sich gegen die vorübergehende Beeinträchtigung der Lesbarkeit der Kennzeichen wendet, findet § 12 Anwendung, wenn es sich um eine dauernde Beeinträchtigung handelt[1]). Hier besteht eine Erneuerungspflicht für den Eigentümer. Die Notwendigkeit einer Erneuerung an einem anderen Ort als dem Betriebsort tritt z. B. insbesondere ein, wenn das Kennzeichen unterwegs durch äußere Einwirkung beschädigt worden ist.

Zahl der Kennzeichen. **§ 13.**

Die Anbringung mehrerer verschiedener Kennzeichen ist unzulässig.

1. Gilt auch für Kleinkrafträder (§ 48 VO).

2. Die Vorschrift schließt nicht aus, daß an K mit besonderem Verwendungszwecke (Droschken, Omnibussen, Postwagen, Geschäftswagen u. dgl.) außer dem polizeilichen Kennzeichen der Verwendungszweck dieser Fahrzeuge durch eine entsprechende Bezeichnung (Wagennummer, Firma usw.) ersichtlich gemacht wird. Unerläßliche Voraussetzung ist jedoch, daß Verwechselungen mit den polizeilichen Kennzeichen ausgeschlossen bleiben. Anbringung mehrerer Kennzeichen im Sinne des § 13 der VO liegt auch vor, wenn entgegen der Vorschrift des § 32 Abs. 6 VO sowohl der Kraftwagen als auch der Anhängewagen je ein Kennzeichen tragen und diese beiden Kennzeichen verschieden sind (a. A. Weiß II 174). Ausnahmen siehe §§ 5, 6 Abs. 3 der Int. VO, dagegen § 11 Abs. 1b, Abs. 1 letzter Satz der gleichen VO).

---

[1]) Nach Hamburg 18. 3. 1929 DAR 1930, 9 liegt Unkenntlichkeit nur vor, wenn überhaupt keine Konturen mehr vorhanden sind, nicht aber schon dann, wenn der Dienststempel unleserlich ist. Ebenso Gülde DAR 1930, 149. A. A. mit zutreffender Begründung: Dresden 25. 2. 1930 DAR 1930, 154.

C. Führung von Kraftfahrzeugen.

a) Die Zulassung zum Führen

Fahrerlaubnis. § 14.

(1) Wer auf öffentlichen Wegen ein Kraftfahrzeug führen will, bedarf der Erlaubnis der zuständigen höheren Verwaltungsbehörde. Die Erlaubnis gilt für das ganze Reich; sie ist zu erteilen, wenn der Nachsuchende seine Befähigung durch eine Prüfung dargetan hat und nicht Tatsachen vorliegen, die die Annahme rechtfertigen, daß er zum Führen von Kraftfahrzeugen ungeeignet ist.

(2) Personen unter 18 Jahren ist das Führen von Kraftfahrzeugen nicht gestattet. Ausnahmen können von der höheren Verwaltungsbehörde mit Zustimmung des gesetzlichen Vertreters zugelassen werden.

(3) Den Nachweis der Erlaubnis hat der Führer durch eine Bescheinigung (Führerschein) zu erbringen, deren Muster der Reichsverkehrsminister vorschreibt.

(4) Für die vorzunehmenden Prüfungen gelten die Vorschriften unter Ziff. I bis VII und IX der als Anlage beigefügten „Anweisung über die Prüfung der Führer von Kraftfahrzeugen".

(5) Ausnahmen:
a) zu Abs. 1 vgl. § 40;
b) zu Abs. 4 vgl. § 43.

1. Abs. 1. Neufassung durch VO vom 15. 7. 1930. Die Ausnahmebestimmung hinsichtlich der ausschließlich im inländischen Verkehr benutzten Elektrokarren usw. ist nunmehr in § 40 eingestellt worden.

a) Fahrerlaubnispflichtig ist das Führen von K im Sinne der VO mit folgenden auf § 2 Abs. 1 Satz 1 2. Halbs. G gestützten, auf den inländischen Verkehr beschränkten Ausnahmen (§ 40 Abs. 1):
   aa) der Elektrokarren, deren Eigengewicht 1,75 Tonnen nicht übersteigt,
   bb) der elektrisch angetriebenen K, deren Eigengewicht 0,5 Tonnen nicht übersteigt,
   cc) der ausschließlich im inländischen Verkehr benutzten Zugmaschinen, deren Eigengewicht (§ 1 Nr. 6) 4 Tonnen nicht übersteigt und die auf ebener Bahn eine Höchstgeschwindigkeit von 16 km-Std. nicht überschreiten können.

b) Im Internationalen Verkehr ist zu unterscheiden zwischen
   aa) der Erteilung des Int. Fahrausweises an deutsche oder außerdeutsche Führer (§§ 3, 11 Abs. 3 Int. VO),

bb) der Führung außerdeutscher K auf Grund Int. Fahrausweises (§ 6 Int. VO),

cc) der Führung außerdeutscher K ohne Int. Fahrausweis auf Grund des Anerkennungsvermerkes (§ 11 Abs. 1c Int. VO).

c) Für Kleinkrafträder gilt § 48 Nr. 4 Abs. 1 VO.

d) Im Verfahren beteiligt ist

aa) der Antragsteller, soweit er nach Abs. 2 antragsberechtigt ist,

bb) die sachlich und örtlich zuständige höhere Verwaltungsbehörde. Sachlich zuständig sind in Bayern die Bezirksverwaltungsbehörden und Polizeidirektionen. Örtlich zuständig ist regelmäßig die Behörde, die für den Wohnort des Antragstellers örtlich zuständig ist, ausnahmsweise auch die für den Ort der Ausbildung örtlich zuständige Behörde, nämlich dann, wenn entweder die Wohnortsbehörde zugestimmt hat oder wenn der Antragsteller keinen Wohnort im Deutschen Reiche hat. (Anw. über die Prüfung der Führer von K Abschn. II Abs. 1.)

cc) Ausnahmen gelten nach § 45 Abs. 2b VO und Abschnitt VIII der Anw. für Wehrmacht, Reichspost und Staatspolizei.

e) Schriftform ist für den Antrag nicht vorgeschrieben.

f) Die Fahrerlaubnis ist erst erteilt, wenn der Führerschein ausgehändigt worden ist.

g) Die Fahrerlaubnis wird ungültig

aa) durch Verzicht,

bb) durch Entziehung (siehe §§ 4, 5 G).

h) Weitere Ausführungsvorschriften enthält die Anlage zu § 14 Abs. 4 VO (Anweisung über die Prüfung der Führer von Kraftfahrzeugen).

2. **Abs. 2** ist nach überwiegender Meinung rechtsungültig[1]), da er dem § 4 G widerspricht. Das jugendliche Alter kann, muß aber nicht eine Tatsache sein, die zum Führen ungeeignet macht. Eine generelle Ausschließung der Jugendlichen unter 18 Jahren ist daher unzulässig[2]).

3. **Abs. 3** wiederholt den Wortlaut des § 2 Abs. 2 G.

4. Im übrigen siehe die Anm. zu § 2 G.

b) Besondere Pflichten des Führers und Halters

§ 15.

Ausweise und Ausrüstung des Führers.

(1) Der Führer hat den Führerschein (§ 14 Abs. 3) sowie den Zulassungsschein (§ 6 Abs. 2 und § 41 Abs. 1, 2 und 11) bei der Benutzung des Fahrzeugs auf öffentlichen Wegen bei sich zu

[1]) VG Hamburg 30. 1. 1928 RdK 1928, 259.
[2]) Siehe auch § 40 Abs. 2 Satz 3.

führen und auf Verlangen den zuständigen Beamten vorzuzeigen.

(2) Personen, bei denen die Sehschärfe auf einem Auge ohne oder mit Glas weniger als 1/6 beträgt oder das Sehvermögen auf einem Auge ganz fehlt, müssen beim Führen eines Kraftfahrzeugs mit offenem Führersitz eine staubdicht abschließende Schutzbrille tragen; sie dürfen einen Kraftwagen nur führen, wenn er vor dem Führersitz eine Schutzscheibe mit selbsttätigem Scheibenwischer hat.

(3) Ausnahmen zu Abs. 1 vgl. § 37 Abs. 1.

1. Hinsichtlich der Kleinkrafträder siehe § 48 Nr. 4 Abs. 2 VO.

2. **Abs. 1.**

a) Außer dem Zulassungsschein und dem Führerschein hat der Führer nach § 12 KStG noch die Steuerkarte oder die Bescheinigung über die Steuerfreiheit mitzuführen[1]). Die Pflicht zur Mitführung einer solchen Bescheinigung entfällt jedoch gemäß § 36 der Ausführungsbestimmungen zum Kraftfahrzeugsteuergesetz vom 13. 7. 1928 (RMinBl 397) bei a) steuerfreien Krafträdern (§ 2 Nr. 1 KStG), b) Kraftfahrzeugen der Wehrmacht oder der Polizei (§ 2 Nr. 4 KStG), c) Probefahrtkennzeichen, die amtlich anerkannten Sachverständigen zur Verwendung bei der technischen Prüfung von K zugeteilt werden (§ 9 Abs. 3 KStG), d) Probefahrtkennzeichen für Kleinkrafträder, e) den im Besitze des Reichs, der Länder oder der Gemeinden (Gemeindeverbände) befindlichen K (§ 2 Nr. 3 KStG), sofern die Bauart und die äußere Beschaffenheit der K ihren Verwendungszweck unzweifelhaft erkennen lassen (z. B. Löschgeräte- und Mannschaftswagen der Feuerwehr, Krankenwagen, Straßenreinigungswagen, Straßenwalzen).

b) Führer außerdeutscher K haben entweder den Int. Fahrausweis (§§ 8, 11 Abs. 3 Int. VO) oder Bescheinigungen nach § 11a, c Int. VO mitzuführen. Dagegen ist die Mitführung des für deutsche K ausgestellten internationalen Fahrausweises im Inland nicht erforderlich.

c) Bei Übungs- und Prüfungsfahrten hat der Fahrlehrer außer Zulassungsschein, Führerschein und Steuerkarte auch den Fahrlehrerschein mitzuführen.

d) Bei Mitführen von Anhängern kommen — insoweit die erforderliche Erlaubnis nicht in den Zulassungsschein eingetragen ist — besondere Erlaubnisscheine nach § 32 Abs. 4 und 5 sowie die Bescheinigung nach § 32 Abs. 2 Satz 2 in Betracht und zwar auch im Falle des § 32 a.

e) In den Fällen des § 40 Abs. 1 ist statt des Führerscheins ein Personalausweis mitzuführen. Als solcher wird jede amtliche Bescheinigung anzusehen sein, die mit Lichtbild versehen ist und die Angaben enthält, die für

[1]) Der Führer genügt dieser Pflicht nur, wenn er die Papiere bereit hat, dagegen nicht, wenn sie sich unauffindbar in seinem Fahrzeug befinden. Dresden 23. 4. 1929 DAR 1929, 300, DRZ 1929 Nr. 604.

den Führerschein vorgeschrieben sind (z. B. Reisepaß, Jagdkarte, Fischerkarte, Dienstausweis u. dgl.).

3. Die Verpflichtung zum Vorzeigen (= Einsichtgewähren[1]), nicht Aushändigen) der Papiere besteht nur für den Führer des K. Die Führereigenschaft ist aber keine dauernde, sondern eine vorübergehende, die einer Person nur solange zukommt, als sie eine Führertätigkeit ausübt. Die Vorzeigepflicht besteht also nur vor Beginn oder nach Beendigung der Führertätigkeit sowie während ihrer Ausübung[2]). Unberührt bleibt die Verpflichtung, die Ausweispapiere herauszugeben, wenn und insoweit sie als Beweismittel für eine strafgerichtliche Untersuchung von Bedeutung sind (§§ 94ff. StPO). Liegt der Verdacht des Führens eines unzugelassenen K vor, so kann hienach nur die Herausgabe des Zulassungsscheins verlangt werden. Liegt dagegen der Verdacht unberechtigten Führens vor, so ist Zulassungsschein und Führerschein herauszugeben, da eine Prüfung des Führerscheines nur auf Grund der Angaben in dem Zulassungsschein möglich ist. Über das Anhalten zum Zwecke der Prüfung der Papiere siehe § 27.

4. Der Vorschrift des § 15 ist nur genügt, wenn ordnungsgemäße Papiere mitgeführt werden.

a) Bei dem Zulassungsschein ist sonach insbesondere zu prüfen, ob keine Änderungen eingetreten sind, die eine neue Zulassung, die Erteilung eines neuen Zulassungsscheins oder die Berichtigung des alten Zulassungsscheins erforderlich gemacht haben (vgl. Anm. 2 zu § 6 VO),

b) bei dem Führerschein ist insbesondere zu prüfen, ob das K der Klasse angehört, zu deren Führung der Führer berechtigt ist (vgl. Anm. 3 und 5 zu § 2 G),

c) beim Fahrlehrerschein ist die Zugehörigkeit des Fahrzeugs zu der im Fahrlehrerschein angegebenen Klasse und die Zugehörigkeit des Fahrlehrers zu dem im Fahrlehrerschein angegebenen Ausbildungsunternehmen zu prüfen (vgl. Anm. 2b zu § 3 G).

5. Führt der Führer weder Führerschein noch Zulassungsschein noch Steuerkarte mit, so liegt Tateinheit vor[3]). In diesem Falle ist gemäß § 383 RAbgO die Strafe dem § 21 KFG zu entnehmen.

6. **Abs. 2.** Neu eingefügt durch VO vom 31. 1. 1928 (RGBl I, 14).

§ 16.

Verantwortlichkeit des Führers und Halters.

Der Führer ist dafür verantwortlich, daß das Kraftfahrzeug mit den nach dieser Verordnung vorgeschriebenen Vermerken und polizeilichen Kennzeichen versehen ist, daß das Kenn-

[1]) Für Aushändigen: KG 14. 2. 1929 DRZ 1929 Nr. 429. Flüchtiges Vorzeigen genügt nicht: Hamburg 25. 6. 1928 RdK 1929, 69.

[2]) BayObLG 16. 10. 1925 bei Lechner 240; vgl. auch Rostock 4. 3. 1927 RdK 1928, 144, Verfasser in Bay. Polizei 1928, 37.

[3]) KG 17. 10. 1927 DRZ 1927 Nr. 1100.

zeichen in vorgeschriebener Weise beleuchtet ist, daß das Fahrzeug, etwa mitgeführte Anhänger, Bei- oder Vorsteckwagen und die Ladungen sich in vorschriftsmäßigem Zustand (§§ 3, 4, 32, 32 a 33) befinden, und daß insbesondere die zulässigen Belastungen nicht überschritten werden; er hat sich vor der Fahrt von dem Zustand der Fahrzeuge und ihrer Ladungen zu überzeugen. Der Halter eines Kraftfahrzeuges darf die Inbetriebnahme nicht anordnen oder zulassen, wenn ihm bekannt ist oder bekannt sein muß, daß das Kraftfahrzeug, etwa mitgeführte Anhänger, Bei- oder Vorsteckwagen und die Ladungen den Vorschriften dieser Verordnung nicht entsprechen. Stellen sich Mängel unterwegs ein, so hat der Führer für Abhilfe zu sorgen.

1. Gilt auch für Kleinkrafträder (§ 48 VO).

2. Nach allgemeinen Rechtsgrundsätzen ist der Eigentümer für den polizeimäßigen Zustand seines Eigentums verantwortlich, soweit nicht Sonderregelungen Platz greifen[1]). Eine derartige Sonderregelung enthält § 16. Durch diese Vorschrift ist die Verantwortlichkeit des Eigentümers nur insoweit aufrechterhalten, als nicht Führer und Halter für verantwortlich erklärt sind[2]). Führer und Halter haften nicht im gleichen Umfange nebeneinander.

3. Der Halter ist vielmehr nur verantwortlich für den Zustand des Fahrzeugs bei dessen Inbetriebnahme. Unter Inbetriebnahme kann hier nur der Antritt einer Fahrt, die Ingebrauchnahme (vgl. Einleitung Abschn. IV) verstanden werden[3]). Eine ausdrückliche Verpflichtung, sich vor der Antritt der Fahrt von dem Zustand des K zu überzeugen, besteht für den Halter — im Gegensatz zum Führer — nicht. Die Unterlassung der Prüfung des Fahrzeugs vor Antritt der Fahrt begründet daher für den Halter noch nicht die Vermutung eines Verschuldens. Die bisherige Streitfrage, ob fahrlässige Unkenntnis in bezug auf den mangelhaften Zustand des Fahrzeugs genügt, ist nunmehr mit Einfügung der Worte „oder bekannt sein muß" durch die VO vom 15. 7. 1930 in bejahendem Sinne entschieden. Ebenso ist der Umfang der Verantwortlichkeit nun näher bestimmt worden. Eine sachliche Änderung bedeutet dies nicht, soweit der Zustand des K in Betracht kommt; denn auch bisher war der Halter nach richtiger Ansicht nicht nur für den verkehrssicheren, sondern auch für den ordnungsmäßigen Zustand des K verantwortlich. Dagegen ist es von Bedeutung, daß die Streitfrage, ob der Halter auch für den Zustand der Anhänger, Bei- oder Vorsteckwagen und deren Ladungen verantwortlich ist, nunmehr in bejahendem Sinne entschieden wurde.

---

[1]) Jellinek 426.
[2]) a. A. BayObLG 22. 3. 1929 BayVerwBl 1929, 360.
[3]) Celle 12. 4. 1929 RdK 1929, 251, JW 1929, 1500.

4. Während die Verantwortlichkeit des Halters auf einen bestimmten Zeitpunkt, die Inbetriebnahme, abgestellt ist, ist jene des Führers eine dauernde. Der Führer ist insbesondere auch verpflichtet, sich vor Antritt der Fahrt von dem Zustand des Fahrzeugs zu überzeugen. Er darf sonach nur die Führung eines mangelfreien Fahrzeugs übernehmen und kann nicht mit Erfolg geltend machen, er habe das K in mangelhaftem Zustand übernommen. Der Führer ist weiterhin verpflichtet, unterwegs auftretende Mängel zu beseitigen. (Siehe Anm. 7f.) Bei der Prüfung und Beaufsichtigung des Fahrzeugs hat er die gehörige Sorgfalt (§ 17 Abs. 1) anzuwenden[1]). Hinsichtlich der Verantwortlichkeit für den Zustand der Anhänger, Bei- und Vorsteckwagen gilt das gleiche wie für den Halter.

5. Auf die erfolgte Zulassung kann sich keine der verantwortlichen Personen mit Erfolg berufen, da der Strafrichter an die Feststellung der Zulassungsbehörde, daß das K sich in polizeimäßigem Zustand befindet, nicht gebunden ist[2]), ebensowenig auf veraltete Bauart[3]).

6. Die Verantwortlichkeit ist sowohl für die Strafbarkeit nach den Strafbestimmungen des G wie den allgemeinen Strafgesetzen von Bedeutung. In ersterer Hinsicht erfolgt, soferne nicht der Tatbestand der §§ 23—25 G erfüllt ist, die Bestrafung nach § 21 G in Verbindung mit § 16 VO und jener Vorschrift der VO, gegen die verstoßen wurde. In letzterer Hinsicht, insbesondere bei fahrlässiger Tötung und Körperverletzung bedarf besonderer Prüfung, ob der strafrechtliche Erfolg nach den Regeln über den inadäquaten Kausalzusammenhang durch den mangelhaften Zustand des K schuldhaft verursacht wurde. Siehe Exkurs zu § 17 VO Anm. a).

7. Einzelheiten.

a) Wechselt der Führer während einer Fahrt mit einem Begleiter, so sind beide für den polizeiwidrigen Zustand des K verantwortlich, wenn der Zustand bereits vor dem Wechsel bestanden hat.

b) Vermerke siehe § 4 Abs. 5, § 32 Abs. 1 Nr. 8, wohl auch § 38 Abs. 2; Kennzeichen siehe §§ 7, 9, 10, 11, nicht aber §§ 6 Abs. 3, 11 Abs. 1b Int. VO, da es ausdrücklich heißt „dieser Verordnung".

c) Hat sich der Führer vor Antritt der Fahrt davon überzeugt, daß das Fahrzeug, insbesondere auch die Kennzeichenbeleuchtung in Ordnung ist, so besteht für ihn eine Nachschaupflicht unterwegs nur unter besonderen

---

[1]) BayObLG 24. 1. 1930 DJZ 1930, 840; Frankfurt 23. 8. 1927 RdK 1929, 101; 20. 3. 1928 RdK 1929, 102; 5. 6. 1928 RdK 1929, 102; 3. 7. 1928 RdK 1929, 103.

[2]) BayObLG 29. 9. 1925 JW 1926, 824; 16. 11. 1926 BayObLGSt 26, 215, BayVerwBl 1927, 106, RdK 1927, 27, DAR 1928 Nr. 3 S. 3; KG 15. 12. 1927 DRZ 1928 Nr. 87; Hamburg 25. 4. 1929 RdK 1929, 296; Kiel 11. 5. 1927 HöchstRR 3, 392, Kleffel DAR 1929, 247.

[3]) Dresden 17. 5. 1927 RdK 1927, 222; BayObLG 28. 6. 1929 DRZ 1929, 496.

Umständen, so wenn eine Beschädigung durch äußere Einwirkungen im Bereich der Wahrscheinlichkeit liegt[1]).

d) Hinsichtlich zulässiger Belastung siehe §§ 3 Abs. 3; 4 Abs. 5; 5 Abs. 1 Nr. 7. Die Rechtsprechung hat bisher angenommen, daß unter zulässiger Belastung im Sinne des § 16 VO nicht die Tragfähigkeit des K, sondern die zugelassene, d. h. die in dem Zulassungsschein eingetragene Belastung zu verstehen sei[2]). Diese Auffassung erscheint jetzt angesichts der Vorschrift in § 3 Abs. 3 und § 35a Abs. 2 nicht mehr haltbar. Gegen diese Auffassung spricht auch, daß der Gesetzgeber, dem diese Rechtsprechung bekannt war, keinen Anlaß zu einer Änderung genommen hat. Maßgebend ist daher ausschließlich die Tragfähigkeit des Kraftwagens, soweit § 3 Abs. 3 nichts anderes bestimmt.

e) Unter Ladung versteht man alle Gegenstände, zu deren Beförderung das K im Einzelfalle bestimmt ist. Der Führer haftet, wie durch den Hinweis auf § 4 KVO klargestellt ist, für entsprechende Verteilung, Verwahrung oder Befestigung der Ladung, also für die Art der Beladung[3]). Weiter geht das RG und das BayObLG, die den Führer auch verantwortlich machen, wenn durch den Inhalt der Ladung Mängel der erwähnten Art auftreten[4]).

f) Unter Abhilfe ist nicht notwendig die Wiederherstellung des vorschriftsmäßigen Zustandes zu verstehen. Wenn die Wiederherstellung dieses Zustandes dem Führer billigerweise nicht zugemutet werden kann[5]), wird

---

[1]) Vgl. BayObLG 28. 10. 1924 BayObLGSt 24, 91; 9. 5. 1930 BayVerwBl 1930, 237; 24. 1. 1930 DAR 1930, 154; Kiel 11. 5. 1927 HöchstRR 3, 392, RdK 1928, 260; Dresden 20. 12. 1927 RdK 1928, 67; a. A. 9. 1. 1929 DAR 1929, 145. Weber a. a. O.

[2]) RG 16. 1. 1930 DJZ 1930, 702, VerkRdsch 9, 37, DRZ 1930, 119; BayObLG 24. 1. 1928 BayObLGSt 28, 23, JW 1928, 1749; vgl. RG 16. 12. 1926 RdK 1927, 29, 110; Celle 19. 10. 1928 DAR 1929, 113; Dresden 9. 1. 1929 DAR 1929, 236; vgl. auch Kaiser RdK 1929, 11.

[3]) RG 21. 11. 1929 DAR 1929, 426: Für einen gesunden und regelrechten Verkehr ist es nicht erträglich, wenn eine Gefährdung des Publikums schon dadurch soll eintreten kann, daß ein mit Fässern beladenes Fuhrwerk mit einem starken Ruck zum Stehen gebracht werden muß. BayObLG 19. 4. 1929 DRZ 1929 Nr. 907: Der Führer muß die Befestigung der Ladung so ausführen, wie es die besonderen Verhältnisse der von ihm beabsichtigten Fahrt erfordern.

[4]) RG 21. 2. 1928 JW 1928, 2327, RdK 1928, 255; BayObLG 7. 5. 1929 BayVerwBl 1929, 363, JW 1929, 2830, DAR 1929, 301. Vgl. Verfasser in RdK 1928, 387; Wolf Williger DAR 1929, 329.

[5]) Vgl. BayObLG 2. 2. 1926 RdK 1926, 24. Vorsichtiges Weiterfahren bei Versagen der Beleuchtung ist erlaubt (Dresden 28. 8. 1928 RdK 1929, 99, DAR 1929, 20; Kiel 23. 11. 1927 RdK 1928, 259; Jena 9. 11. 1928 DAR 1929, 44). In diesem Falle muß der Führer aber das Standlicht einschalten, wenn dies möglich ist (BayObLG 1. 10. 1929 DAR 1930, 57, BayVerwBl 1930, 110, DRZ 1929 Nr. 1131). Weiterfahren bei Reifenschäden ist ge

es genügen, wenn er einen Zustand herstellt, durch den die Verkehrssicherheit und Ordnung — wenn auch unter Abweichung von den Vorschriften — gewährleistet ist. Die Vorschrift ist geeignet, in Ausnahmefällen besondere Härten zu vermeiden, die zu einer Lahmlegung des KVerkehrs führen würden. Ein Zurückgreifen auf allgemeine Rechtfertigungsgründe, das oft versagt, wird hierdurch entbehrlich[1]).

g) „Anordnen" entspricht dem „Bestellen" in § 24 Abs. 2 G. „Zulassen" umfaßt auch die Ermöglichung des Gebrauchs. Fahrlässigkeit genügt jetzt. Mängel sind sowohl Mängel in bezug auf den verkehrssicheren wie auch den ordnungsmäßigen Zustand. Siehe Anm. 3.

8. § 16 KVO enthält keinen selbständigen strafrechtlichen Tatbestand. Er stellt nur die verantwortlichen Personen und den Umfang ihrer Verantwortlichkeit fest, die sich aus den einschlägigen Vorschriften ergibt[2]).

Trifft eine Zuwiderhandlung gegen eine nach § 16 KVO dem Führer in bezug auf den Zustand des K obliegende Verpflichtung mit einer Zuwiderhandlung gegen die Verkehrsregeln zusammen, so liegt Tateinheit vor, wenn die Verletzung der Verkehrsvorschriften auf dem mangelhaften Zustand des K beruht, andernfalls ist Tatmehrheit anzunehmen.

Vermeidung von Gefährdungen. § 17.

(1) Der Führer ist zur gehörigen Vorsicht in Leitung und Bedienung seines Fahrzeugs verpflichtet.

(2) Der Führer ist insbesondere dafür verantwortlich, daß eine Belästigung von Personen oder Gefährdung von Fuhrwerken durch Geräusch, Rauch, Dampf oder üblen Geruch in keinem Falle eintritt.

(3) Der Führer hat für die vorschriftsmäßige Beleuchtung des Fahrzeugs zu sorgen. Bei Dunkelheit müssen während der Fahrt die Scheinwerfer und, falls deren Spiegelaußenkante mehr als 40 Zentimeter von der Außenkante des Fahrzeugs entfernt ist, außerdem die Standlichter brennen; bei Krafträdern mit Beiwagen muß auch das auf der dem Kraftrad abgewandten Seite des Beiwagens angebrachte Standlicht brennen. Stark wirkende Scheinwerfer müssen jedoch während der Fahrt innerhalb geschlossener Ortsteile, soweit diese hinreichend be-

---

stattet (Darmstadt 21. 9. 1928 RdK 1929, 66). Versagt die Hupe im Jahrmarktsgewühl, so ist Weiterfahrt nicht erlaubt (BayObLG 12. 4. 1929 BayVerwBl 1929, 364, JW 1929, 2827, DAR 1929, 303). Vgl. auch Wolf Williger DAR 1929, 151, Kramer DAR 1929, 273; Breslau 13. 12. 1929 DRZ 1930, 70.

[1]) Vgl. Verfasser DAR 1926 Nr. 12.

[2]) Hamburg 21. 11. 1927 RdK 1928, 216.

leuchtet sind, ferner überall da, wo es die Sicherheit des Verkehrs erfordert, insbesondere beim Begegnen mit anderen Wegebenutzern, abgeblendet werden; dies gilt auch, wenn das Kraftfahrzeug auf einem Wege längs eines besonderen Bahnkörpers fährt und einem diesen benutzenden Schienenfahrzeuge begegnet; die Ortsbeleuchtung gilt als hinreichend, wenn sie ein Sehen auf mindestens 25 Meter gewährleistet. Nach dem Abblenden dürfen stark wirkende Scheinwerfer erst wieder eingeschaltet werden, wenn die sich Begegnenden auf gleicher Höhe sind. Wenn das Abblenden durch Umschalten auf besondere abgeblendete Scheinwerfer erfolgt, darf auch bei diesen die Unterkante des Spiegels höchstens 1 Meter über der Fahrbahn liegen. Auch die beiden abgeblendeten Scheinwerfer müssen gleich hell brennen und die Fahrbahn derart beleuchten, daß sie vom Führer auf noch mindestens 25 Meter vor dem Fahrzeug, soweit die Sicht nicht durch Nebel beeinträchtigt ist, übersehen werden kann. Während der Fahrt in starkem Nebel sowie innerhalb geschlossener Ortsteile, soweit sie gut beleuchtet sind, genügt es, wenn an Stelle der Scheinwerfer die Standlichter brennen; die Ortsbeleuchtung gilt als gut, wenn sie ein Sehen auf mindestens 50 Meter gewährleistet. Der Reichsverkehrsminister bestimmt, welche Scheinwerfer als übermäßig stark wirkend und welche als stark wirkend gelten, ferner, welchen weiteren Anforderungen das Abblendlicht und die Abblendvorrichtung genügen und welchen lichttechnischen Bedingungen die Standlichter entsprechen müssen; er kann auch Bestimmung darüber treffen, welche Lichter als sogenannte Nebellichter verwendet werden dürfen.

(4) Suchscheinwerfer gelten nicht als Scheinwerfer im Sinne der Vorschriften des Abs. 3, des § 4 Abs. 1 Nr. 5 und des § 28 Abs. 3; sie müssen mit farblosem oder gelblichem Glase versehen sein und dürfen nicht zum Beleuchten der Fahrbahn benutzt werden. Auch zu Suchzwecken ist ihre Benutzung nur vorübergehend zulässig.

1. Gilt auch für Kleinkrafträder (§ 48 KVO).

2. **Abs. 1.** Die Stellung des Abs. 1 im Abschnitt „Besondere Pflichten des Führers und Halters" ist insoferne irreführend, als er die allgemeinste Führerpflicht enthält. Seine Bedeutung ist umstritten.

a) Nach der einen Ansicht soll Abs. 1 eine selbständige, das Blankettstrafgesetz des § 21 KFG ausfüllende Strafrechtsnorm enthalten[1]). Hiegegen spricht, daß dieser Norm die erforderliche Bestimmtheit mangeln würde[2]).

b) Nach einer anderen Ansicht soll Abs. 1 den Grad der vom Führer anzuwendenden Sorgfalt bestimmen[3]). Auch dieser Ansicht vermag ich mich nicht anzuschließen. Nach strafrechtlichen Grundsätzen handelt fahrlässig, wer die ihm durch Rechtssatz oder die Erfordernisse der Verkehrssicherheit gebotene Vorsicht vernachlässigt, obwohl er sie nach seinen persönlichen Verhältnissen und den Umständen hätte anwenden können. So zweifelsfrei es feststeht, daß durch Polizeivorschriften die allgemeine, im Verkehr erforderliche Sorgfalt näher spezialisiert werden kann[4]), so zweifelhaft erscheint es mir, daß durch einen im Verordnungswege erlassenen Rechtssatz die Grundsätze über strafrechtliche Schuld generell abweichend geregelt werden könnten und wollten.

c) Daher möchte ich annehmen, daß die Vorschrift des Abs. 1 nichts anderes enthält, als einen Hinweis[5]) darauf, daß nach allgemeinen Strafrechtsgrundsätzen der Führer jene erhöhte Sorgfalt anzuwenden hat, wie sie die Rücksichtnahme auf die Allgemeinheit in Anbetracht der besonderen Gefährlichkeit seines Tuns erfordert und wie sie nach seinen persönlichen

---

[1]) KG 29. 11. 1926 HöchstRR 3, 156; Dresden 10. 11. 1926 HöchstRR 3, 146; 25. 1. 1927 DRZ 1927 Nr. 446, DAR 1927 Nr. 9 S. 4; 25. 1. 1927 RdK 1928, 217; 1. 11. 1927 RdK 1928, 217; 6. 12. 1927 RdK 1928, 68; 14. 2. 1928 RdK 1928, 117; 20. 3. 1928 RdK 1928, 217; 17. 4. 1928 RdK 1928, 182; 20. 6. 1928 DAR 1929, 200; 4. 7. 1928 RdK 1929, 103; 20. 9. 1928 RdK 1929, 251; 13. 11. 1928 RdK 1929, 251; 14. 11. 1928 RdK 1929, 252; Stuttgart 11. 9. 1924 HöchstRR 2, 150; 9. 5. 1928 RdK 1929, 104.

[2]) So zutreffend RG 10. 7. 1928 RGSt 62, 227; 5. 10. 1928 RdK 1929, 251, DAR 1929, 91; 26. 10. 1928 DJZ 1929, 496; 18. 12. 1928 RdK 1929, 63, DAR 1929, 66; 29. 4. 1929 RdK 1929, 252; 17. 9. 1929 DRZ 1929 Nr. 998; BayObLG 17. 2. 1925 HöchstRR 1, 281; 7. 4. 1925 HöchstRR 1, 392; 17. 5. 1925 BayObLGSt 24, 52; 9. 10. 1928 JW 1929, 945, BayObLGSt 28, 203; KG 17. 4. 1923 ZStW 44, 486; Celle 4. 6. 1926 HöchstRR 2, 355; Darmstadt 25. 11. 1927 RdK 1928, 218; 19. 10. 1929 RdK 1929, 251; Dresden 4. 1. 1926 HöchstRR 2, 234; Düsseldorf 6. 7. 1927 RdK 1927, 186; 26. 9. 1928 RdK 1929, 103; Frankfurt 4. 9. 1928 RdK 1928, 104; Hamburg 6. 1. 1926 DJZ 1926, 1187; 11. 3. 1926 HöchstRR 3, 145, RdK 1927, 244; 27. 6. 1927 RdK 1927, 187, RdK 1928, 215; 26. 8. 1927 RdK 1928, 216; 31. 10. 1927 RdK 1928, 217; 21. 11. 1927 RdK 1928, 216; 6. 2. 1928 RdK 1929, 103; 14. 2. 1929 RdK 1929, 236; Karlsruhe 10. 3. 1927 Recht 1927, 272, RdK 1928, 218; Kiel 6. 3. 1929 RdK 1929, 349. Vgl. auch Zeigermann RdK 1929, 199, Carlebach JW 1928, 3164, Liebers JW 1929, 903.

[3]) So Bezold ZStW 47, 406, John DRZ 1927, 385, RdK 1928, 10.

[4]) Fleiner 363 Anm. 9, Frank 761.

[5]) Köhler JW 1927, 1522.

Verhältnissen und nach den Umständen insbesondere auch unter Berücksichtigung der ihm zuteil gewordenen Ausbildung von ihm erwartet werden kann[1]). Die Bedeutung des Abs. 1 liegt ferner in dem weiteren Hinweis darauf, daß der Führer vom strafrechtlichen Standpunkt aus seiner ihm nach allgemeinen Strafrechtsgrundsätzen obliegenden Sorgfaltspflicht nicht genügt, wenn er lediglich die Verkehrsvorschriften beachtet und somit seine ihm persönlich auferlegten Pflichten erfüllt, sondern daß unter Umständen von ihm ein Mehr an anzuwendender Sorgfalt verlangt wird, so daß er sich, wenn auch nicht nach den Polizeivorschriften, so doch nach den Vorschriften des allgemeinen Strafrechts strafbar macht, wenn er diese weitergehenden Pflichten nicht erfüllt[2]).

d) Zuzugeben ist, daß nach der hier vertretenen Auffassung manche Verkehrsunarten ungestraft bleiben, soweit sie nicht in der KVO besonders verboten sind und soferne sie nicht zu einem nach den allgemeinen Strafgesetzen zu beurteilenden Erfolg geführt haben. Dies ist aber im gewöhnlichen Leben auch der Fall und rechtfertigt den entgegengesetzten Standpunkt nicht. Gegen betrunkene KFührer bietet Art. 82 PolStGB eine Handhabe[3]).

e) Was hier in bezug auf das strafrechtliche Verschulden ausgeführt ist, gilt auch für das zivilrechtliche Verschulden nach §§ 276, 823ff. BGB, jedoch mit der Maßgabe, daß es hiebei nicht auf die persönlichen Verhältnisse des einzelnen Kraftfahrers, dessen Verhalten im konkreten Falle der richterlichen Würdigung unterliegt, ankommt. Bei der Prüfung des zivilrechtlichen Verschuldens ist es vielmehr ausschließlich darauf abzustellen, ob der Führer sich in dem der Entscheidung unterliegenden Fall so verhalten hat, wie es von einem gewissenhaften KFührer erwartet werden muß.

f) Bereits oben (Anm. 13 zu § 7 Abs. 2 KFG) ist darauf hingewiesen, daß nicht jede Vernachlässigung der nach § 7 Abs. 2 KFG gebotenen Sorgfalt auch ein zivilrechtliches Verschulden begründet. Das gleiche gilt auch hinsichtlich des strafrechtlichen Verschuldens. Die Rechtsprechung hat jedoch diese Unterschiede verwischt. Diese Tatsache berechtigt zu einer zusammenfassenden Behandlung der Kasuistik (siehe Anm. 13b, bb) zu § 7 KFG).

---

[1]) Vgl. BayObLG 19. 11. 1929 BayObLGSt 29, 189, DAR 1930, 59: Die Fahrlässigkeit des Täters enthält einen Widerspruch mit seinem Sollen und Können. Der Inhalt und Umfang des Sollens bestimmt sich nach dem Pflichtenkreis, in dem der Täter steht; er ist unabhängig von der besonderen Eigenart des Täters, objektiv umgrenzt. Die Anforderungen an das Sollen eines KFührers sind ohne Ansehung der Person die gleichen. Ob der Täter die Vorstellung vom Erfolge seiner Handlung haben konnte, entscheidet sich nach den subjektiven Fähigkeiten des Täters.

[2]) RG 24. 2. 1927 RdK 1927, 144; 28. 4. 1927 HöchstRR 3, 277; 20. 6. 1927 RdK 1927, 222; 18. 4. 1929 RdK 1929, 392.

[3]) Vgl. BayObLG 20. 5. 1930 BayVerwBl 1930, 236 wonach auch § 5 StrVerkO auf KFührer anzuwenden ist. Dagegen gilt nach BayObLG 9. 10. 1928 JW 1929, 945 BayObLGSt 28, 203 der § 7 Abs. 1 StrVerkO ür KFührer nicht.

Exkurs.

a) Nach **§§ 222, 230 StGB** ist der Führer nur strafbar, wenn zwischen der Verletzung der ihm obliegenden Sorgfaltspflicht und dem eingetretenen Erfolg ein ursächlicher Zusammenhang besteht und der Erfolg voraussehbar ist. Ein ursächlicher Zusammenhang besteht dann, wenn das Verhalten nicht hinweggedacht werden kann, ohne daß der Erfolg entfiele. Eine Ursache hört nicht auf, eine solche zu sein, weil außer ihr noch andere Ursachen mehr oder weniger zur Herbeiführung des Erfolgs beigetragen haben[1]). Voraussehbar ist der Erfolg dann, wenn feststeht, daß der Täter den notwendigen Erfolg, den er bei Anwendung der pflichtgemäßen Sorgfalt hätte voraussehen können, nicht vorhergesehen oder den Eintritt des Erfolgs zwar für möglich gehalten, aber darauf vertraut hat, daß er nicht eintreten werde[2]). Über das Verhältnis zu der Verletzung von Polizeivorschriften und schuldhaftem Verhalten im Sinne der §§ 222, 230 StGB siehe Vorbemerkung vor § 21 KFG. Im übrigen siehe die Ausführungen in Anm. 13 zu § 7 KFG.

Berufsfahrer.

§ 222 Abs. 2 und § 230 Abs. 2 StGB verlangen von demjenigen, zu dessen Amt, Beruf oder Gewerbe das Führen eines K gehört, zwar kein erhöhtes Sollen[3]), sie setzen aber bei ihm eine im Hinblick auf die erworbene Sachkunde erhöhtes Können voraus und verlangen von ihm, daß er für die zur Ausübung seines Amtes, Berufes oder Gewerbes erforderliche Kenntnis, Umsicht und Erfahrung einzustehen hat[4]).

Die Frage, welche Personen als Berufsfahrer anzusehen sind, ist stark umstritten. Die Schwierigkeiten, die einer dem Rechtsempfinden entsprechenden Lösung dieser Frage entgegenstehen, stehen in keinem Verhältnis zu ihrer praktischen Bedeutung, die sich, da das erhöhte Strafmaß in der Praxis nur selten in Erscheinung tritt, auf die Strafantragstellung und die Strafverfolgung (§ 374 Abs. 1 Nr. 3 StPO) beschränkt.

aa) Nach der im Schrifttum herrschenden Meinung ist unter Amt nur ein öffentliches Amt zu verstehen. Das RG folgt hingegen dem allgemeinen Sprachgebrauch, der öffentliche und private Ämter kennt[5]).

---

1) Vgl. RGSt 61, 318, BayObLG 11. 1. 1929 BayObLGSt 29, 7, BayVerwBl 1929, 137; 26. 2. 1929 BayObLGSt 29, 41.

2) RG 14. 6. 1927 RGSt 61, 318; BayObLG 10. 7. 1928 BayObLGSt 28, 177, JW 1929, 945. Vgl. auch RG 7. 10. 1927 RdK 1928, 111; 25. 6. 1928 JW 1928, 2716, DAR 1929, 116; 26. 11. 1928 DJZ 1929, 498; 5. 2. 1929, 18. 2. 1929 DAR 1929, 140.

3) RG 12. 5. 1927 RGSt 61, 299; 23. 2. 1928 DJZ 1928, 940, RdK 1928, 204; 30. 3. 1928 RGSt 62, 122. Siehe zu dieser Frage auch Arndt RdK 1926, 125; Bezold ZStW 47, 403; Gülde RdK 1927, 250; 1928, 130; DAR 1928 Nr. 4 S. 5; Heirich DAR 1928, 341; Lang RdK 1928, 120; Merkel JW 1928, 122; Miaskowski DAR 1928, 329; 1929, 77; Sprick DAR 1928, 221; Weber JW 1929, 2026; 1930, 375; DAR 1929, 209.

4) RG 30. 3. 1928 RGSt 62, 122.

5) Vgl. Frank Anm. II zu § 222; LeipzKomm Anm. 9 zu § 222.

bb) Unter Beruf versteht das RG eine selbstgewählte Tätigkeit, die sich der sie Ausübende als eine dauernde dergestalt vorgesetzt hat, daß sie sein Schaffen und Wirken, wenn auch nicht vollständig und allein, so doch in erheblichem Maße ausfüllt und so, wenn auch nicht den einzigen, so doch immerhin einen Lebenszweck für ihn bildet[1]).

cc) Unter den Begriff Gewerbe fällt jede auf Erzielung eines Erwerbes gerichtete Tätigkeit, die entweder auf eine gewisse Dauer oder doch wenigstens mit der Absicht ihrer Wiederholung vorgenommen wird.

Amt, Beruf und Gewerbe schließen sich nicht gegenseitig aus. Insbesondere wird Beruf und Gewerbe häufig zusammenfallen. Außerdem gibt es auch Nebenämter, Nebenberufe, Nebengewerbe.

Berufsfahrer ist nach der im Schrifttum stark bekämpften Meinung des RG und der ihm folgenden Gerichte auch derjenige, für den das Führen eines K nur eine Hilfs- oder Nebentätigkeit zur Amts-, Berufs- oder Gewerbeausübung darstellt, soweit es nicht nur ausnahmsweise, sondern in regelmäßiger Verbindung mit der Amts-, Berufs- oder Gewerbeausübung vorgenommen wird[2]). Nicht Berufsfahrer ist dagegen derjenige, dessen Betätigung als KFührer nicht als ein Teil der Berufsausübung anzusehen, sondern nur durch den Beruf veranlaßt ist, insbesondere nur die Aufnahme der Berufstätigkeit ermöglichen soll[3]). Ebenso ist nicht Berufs-

---

[1]) RG 23. 4. 1925 JW 1925, 2469.

[2]) RG 19. 6. 1925 RGSt 59, 269; 19. 12. 1927 RdK 1928, 66; 30. 1. 1928 RdK 1928, 131; 24. 9. 1928 RdK 1929, 64, RGSt 62, 122; KG 9. 3. 1929 DJZ 1929, 1213. Dagegen: Dresden 20. 9. 1927 RdK 1927, 250; jedoch später wieder wie RG (24. 7. 1928 DAR 1929, 268).

Einzelfälle: Fabrikbesitzer, der Kunden besucht (RG 19. 5. 1925 RGSt 59, 269); Fabrikdirektor auf Besichtigungsreisen (RG 12. 5. 1926 RdK 1928, 59, DAR 1928 Nr. 3 S. 3, DRZ 1927 Nr. 815); Metzgermeister bei Kundenbesuch (RG 1. 6. 1926 RdK 1926, 44); Krankenkassenkontrolleur auf Kontrollfahrten (RG 25. 6. 1926 JRdsch 1926 Nr. 1783); Architekt (RG 5. 7. 1926 RdK 1926, 108); Installateur bei Geschäftsfahrten (RG 2. 11. 1926, JRdsch 1926 Nr. 84); Versicherungsagent auf Geschäftsfahrten (RG 12. 3. 1928 RdK 1928, 148); kaufm. Agent bei Kundenbesuch (RG 30. 3. 1928 RGSt 62, 122); Reichswehrsoldat (RG 30. 11. 1928 RdK 1929, 65, DJZ 1929, 444); Bezirksdirektor einer Versicherungsgesellschaft (RG 18. 12. 1928 RdK 1929, 63); Fabrikant beim Kundenbesuch (RG 22. 3. 1929 DAR 1929, 220); Inhaber einer Reparaturwerkstätte (KG 5. 10. 1927 RdK 1928, 131, DJZ 1928, 323); Gewerbetreibender beim Kundenbesuch (Breslau 12. 2. 1926 JW 1927, 194, RdK 1927, 80); Arzt (Dresden 24. 8. 1927 RdK 1928, 131); Volontär, der K bei Probefahrten vorführt (Dresden 9. 2. 1926 RdK 1928, 106); Ausfuhrgeschäftsinhaber (Dresden 24. 7. 1928 DAR 1929, 268); kaufmännischer Angestellter (Dresden 4. 12. 1928 JW 1929, 956); Klempner bei Kundenbesuch (Düsseldorf 11. 5. 1928 RdK 1928, 333); Generalvertreter bei Kundenbesuch (Stuttgart 16. 5. 1928 JW 1928, 3010, RdK 1929, 63).

[3]) RG 19. 6. 1925 RGSt 59, 269; Dresden 12. 9. 1928 RdK 1929, 62, DAR 1929, 33; 30. 1. 1929 RdK 1929, 293.

fahrer, wer nur im Notfalle ausnahmsweise und aushilfsweise ein K führt, auch wenn dies zu beruflichen oder gewerblichen Zwecken geschieht[1]).

Ein Unterschied zwischen Handlungen, die in Ausübung des Amtes oder Berufes vorgenommen werden und solchen Handlungen, die außeramtlich oder -beruflich erfolgen, wird vom RG nicht gemacht. Der Berufsfahrer bleibt stets Berufsfahrer, solange bis er seinen Beruf endgültig, nicht nur vorübergehend aufgibt. Ob auch Handlungen, die außerhalb der Gewerbeausübung vorgenommen werden, den in Gewerbeausübung erfolgenden Handlungen gleichzustellen sind, ist strittig[2]).

Die Berufsfahrereigenschaft beginnt mit Vollendung der Ausbildung[3]) und endet mit der dauernden — nicht schon mit der vorübergehenden[4]) — Aufgabe der Amts-, Berufs- oder Gewerbetätigkeit.

Der Besitz der Fahrerlaubnis ist an sich unerheblich, aber doch insoferne nicht ganz ohne Bedeutung, als ein Kraftradfahrer, dem zwar als Kraftwagenführer die Berufsfahrereigenschaft zukommt, nicht aber als Kraftradfahrer, nicht Berufsfahrer ist[5]). Dagegen lehnt das RG eine weitere Unterscheidung auf Grund der Führerscheinklassen ab[6]).

b) Für die Strafbarkeit nach **§ 316 StGB** kommt es nicht auf den wirklichen Verlauf des Ereignisses, sondern nur auf die Schaffung eines Zustandes an, in welchem nach den obwaltenden Umständen der Eintritt eines Schadens als wahrscheinlich gelten kann, die Wahrscheinlichkeit eines solchen naheliegt[7]). Über ursächlichen Zusammenhang und Vorhersehbarkeit siehe die Ausführungen unter a[8]). In letzterer Hinsicht stellt die Rechtsprechung sehr hohe Anforderungen an den K-Führer[9]). Nähert er sich einem Bahnübergang, so muß er auch bei geöffneten Schranken mit verminderter Geschwindigkeit fahren; denn er muß sowohl damit rechnen, daß die Schranken plötzlich geschlossen werden[10]), wie auch damit, daß durch die durch zu schnelles Fahren über die Gleise verursachten Erschütterungen Gegenstände aus seinem Wagen auf die Bahngleise fallen[11]). Nähert sich der Führer einem durch

---

[1]) RG 17. 10. 1929 DAR 1930, 14.

[2]) Bejahend RG 25. 10. 1927 RdK 1928, 110.

[3]) RG 12. 11. 1926 RdK 1927, 69.

[4]) BayObLG 30. 10. 1928 BayObLGSt 29, 225.

[5]) RG 4. 1. 1929 DAR 1929, 94, DRZ 1929 Nr. 181, RdK 1929, 494.

[6]) RG 25. 6. 1929 DAR 1929, 351, DRZ 1929 Nr. 880, RdK 1929, 496.

[7]) RG 4. 7. 1927 HöchstRR 3, 282 RdK 1928, 109; 12. 12. 1927 DRZ 1928 Nr. 167, DAR 1928 Nr. 7 S. 6; Braunschweig 6. 2. 1928 DAR 1928, 327; Hamburg 4. 2. 1929 DAR 1929, 270; Kiel 12. 12. 1928 DAR 1929, 174, JW 1929, 958; Leipz. Komm. Anm. 9 zu § 315.

[8]) Über den Bereich der gewöhnlichen Erfahrung siehe RG 18. 4. 1929 DAR 1929, 269.

[9]) RG 12. 1. 1928 RdK 1928, 202. Siehe auch Gülde RdK 1928, 86; Koch DAR 1928 Nr. 1 S. 1, DAR 1929, 295; Schläger DAR 1929, 245; RdK 1929, 10; Arndt RdK 1930, 202.

[10]) Dresden 2. 5. 1928 RdK 1928, 285, DAR 1928, 321.

[11]) Dresden 2. 5. 1928, a. a. O.

Schranken gesicherten Bahnübergang, so muß er, wenn die Schranken geschlossen sind, unbeschadet der Vorschrift des § 79 Eisenbahn-Bau- und -Betriebs-Ordnung (vgl. Anm. 2 zu § 2 KVO), mit größter Vorsicht an die Schranken heranfahren und sein Fahrzeug unter allen Umständen vor diesen zum Stehen bringen[1]). Dagegen darf der Führer, der, wie er weiß, sich einem mit Schranken versehenen Bahnübergang nähert, damit rechnen, daß die Schranken bei Annäherung eines Zuges ordnungsgemäß geschlossen sind[2]). Eine ganz besondere Vorsicht muß der Führer an den Tag legen, wenn er sich einem unübersichtlichen, ungesicherten Bahnübergang nähert[3]), vor allem, wenn auch die Wahrnehmung der Zugsignale durch die Geländebeschaffenheit, durch Wind oder Motorlärm u. dgl. beeinträchtigt ist. In einem solchen Falle muß der Führer gegebenenfalls sogar vor dem Bahnübergang anhalten und den Motor abstellen, wenn dies nötig ist, um die Annäherung eines Zuges festzustellen. Zu weit geht dagegen die bisweilen aufgestellte Forderung, der Führer müsse in einem derartigen Falle auch von seinem Fahrzeug absteigen und sich durch Nachschau davon überzeugen, ob ein Zug sich nähert[4]). Diese Forderung ist auch zwecklos, denn gerade an unübersichtlichen Stellen kann in der bis zum Wiederbesteigen des Fahrzeugs verstreichenden Zeit sich ein Zug nähern.

Eine Transportgefährdung liegt auch vor, wenn der Führer eines K die Weiterfahrt eines fahrenden Straßenbahnwagens dadurch behindert, daß er plötzlich vor ihm sich auf die Straßenbahngleise setzt[5]), nicht aber, wenn er sein Fahrzeug noch zum Stehen bringt, bevor er in den vom Straßenbahnwagen bestrichenen Raum gelangt[6]).

3. Abs. 2. Nach § 16 VO ist der Führer für den vorschriftsmäßigen Zustand des K, mithin auch dafür verantwortlich, daß keine Belästigung von Personen und Gefährdung von Fuhrwerken durch Geräusch, Rauch usw. eintritt. § 17 Abs. 2 trifft nun diejenigen Fälle, in denen trotz vorschriftsmäßiger Beschaffenheit des K infolge unsachgemäßer oder nachlässiger Bedienung, also durch den Gebrauch des K, eine unzulässige Einwirkung

---

[1]) Insbesondere bei schlechtem Wetter oder Dunkelheit (RG 15. 4. 1926 RdK 1927, 87).

[2]) RG 4. 3. 1929 DAR 1929, 195.

[3]) RG 25. 11. 1927 RdK 1928, 48; 28. 6. 1928 RdK 1928, 283, DJZ 1928, 1184; BayObLG 7. 12. 1928 DAR 1929, 66, JW 1929, 1485.

[4]) RG 10. 7. 1928 RdK 1930, 138; 16. 11. 1928 VerkRdsch 8, 458; 17. 2. 1930 DRZ 1930, 154, DAR 1930, 192; BayObLG 7. 12. 1928 JW 1929, 1485, BayVerwBl 1929, 366, DAR 1929, 66, BayObLGSt 28, 265; 31. 5. 1929 BayObLGSt 29, 102; Stuttgart 14. 8. 1928 DAR 1929, 23.

[5]) RG 26. 11. 1928 DAR 1929, 140; 18. 4. 1929 VerkRdsch 8, 569; BayObLG 11. 1. 1927 BayObLGSt 27, 14, HöchstRR 3, 199, JW 1927, 2807.

[6]) BayObLG 24. 5. 1929 DAR 1929, 287, JW 1929, 2059; vgl. auch Dresden 1. 12. 1926 HöchstRR 3, 102.

eintritt[1]). Bei der Prüfung des objektiven Tatbestandes darf die Frage der Vermeidbarkeit einer Belästigung oder Gefährdung durch Geräusch[2]), Rauch usw. nicht aufgeworfen werden, da die KVO davon ausgeht, daß nach dem heutigen Stand der Technik eine Belästigung oder Gefährdung objektiv vermeidbar ist[3]). Wohl aber muß festgestellt sein, daß die Geräusch, Rauch- usw. Entwicklung eine Belästigung bzw. Gefährdung darstellt; denn völlig geruch- und geräuschlos kann ein K kaum fahren[4]). Maßgebend für die Beurteilung ist bei der Belästigung das Durchschnittsempfinden eines normalen Menschen[5]), bei der Gefährdung das normale Verhalten eines an den Verkehr gewohnten Zugtiers. Nicht erforderlich ist die Feststellung, daß im Einzelfalle auch tatsächlich Personen belästigt oder Fuhrwerke gefährdet worden sind. Es genügt, daß die Möglichkeit hiezu bestand[6]). Wohl aber ist die Frage des Verschuldens zu prüfen[7]).

Einzelfälle: Verwenden schlechten Öls, ungenügende Instandhaltung des Motors (undichte Kolbenringe), ungenügende Reinigung des Motors, unnötiges Laufenlassen des Motors u. dgl.[8]). Strafbar ist der Führer auch

---

[1]) BayObLG 13. 1. 1925 HöchstRR 1, 285; 29. 9. 1925 JW 1926, 824; KG 13. 12. 1926 HöchstRR 3, 155, RdK 1927, 29, DAR 1928 Nr. 3 S. 3; Darmstadt 30. 4. 1926 HöchstRR 2, 353.

[2]) Das Geräusch braucht nicht notwendig durch den Motor, es kann auch durch die Ladung erzeugt werden (§ 3 Abs. 1 Satz 1 und § 4 Abs. 11 KVO).

[3]) RG 28. 5. 1927, 15. 12. 1927 DAR 1928 Nr. 4 S. 7; KG 15. 12. 1927 RdK 1929, 33; Dresden 3. 7. 1928 RdK 1929, 33; BayObLG 12. 4. 1929 JW 1929, 2830.

[4]) Vgl. BayObLG 20. 9. 1927 BayObLGSt 27, 202, RdK 1929, 31. A. A. Kiel 25. 7. 1928 RdK 1929, 32. Es ist nur bedingt richtig, daß die jetzige Fassung nur eine Verschärfung darstelle. Hiebei übersieht das OLG, daß das Tatbestandsmerkmal der Belästigung in der alten Fassung fehlte.

[5]) Dresden 24. 5. 1927 RdK 1928, 23, JW 1927, 2067.

[6]) BayObLG 8. 4. 1927 BayObLGSt 27, 100, BayVerwBl 1927, 282, HöchstRR 3, 331, DAR 1928 Nr. 3 S. 4; 22. 3. 1927 JW 1927, 2810, RdK 1929, 33; 11. 4. 1929 DAR 1929, 302. Jena 18. 2. 1927 HöchstRR 3, 153.

[7]) BayObLG 8. 4. 1927 BayObLGSt 27, 100, BayVerwBl 1927, 282, HöchstRR 3, 331; 22. 3. 1927 JW 1927, 2810, RdK 1929, 33; 12. 4. 1929 DAR 1929, 302, BayVerwBl 1929, 364; Dresden 20. 2. 1929 RdK 1929, 390, DAR 1929, 235; 27. 2. 1929 RdK 1929, 391; Hamburg 22. 3. 1928 RdK 1929, 33. Jena 22. 4. 1927 RdK 1928, 24, JW 1927, 2070 und Stuttgart 7. 9. 1926 RdK 1927, 71 stellen jedoch den Satz auf, der Richter dürfe ein Verschulden des Führers annehmen, soferne nicht besondere Umstände geltend gemacht werden oder sich ergeben, die sein Verschulden ausschließen. Diese Auffassung erscheint nicht unbedenklich.

[8]) Zu weit gehend: Dresden 18. 5. 1927 RdK 1927, 174: Stehenlassen in der Kälte; Hamburg 15. 3. 1926 RdK 1927, 115: Überflüssiges Hin- und Herfahren in einer Straße. RG 30. 10. 1929 DJZ 1930, 706 nimmt hier zutreffend § 360 Nr. 11 StGB an.

dann, wenn das K auf einem Privatgrundstück steht und von dort aus eine belästigende Einwirkung auf die öffentliche Straße möglich ist.

4. Abs. 3. Neufassung durch VO vom 15. 7. 1930.

a) Nach § 16 VO ist der Führer dafür verantwortlich, daß die technischen Beleuchtungseinrichtungen den Vorschriften der VO entsprechen. Durch § 17 Abs. 3 Satz 1 ist ihm zur Pflicht gemacht, von diesen Beleuchtungseinrichtungen den vorschriftsmäßigen Gebrauch zu machen.

b) Auf offener Strecke müssen bei Dunkelheit (§ 1 Nr. 12) die Scheinwerfer und in dem angegebenen Falle auch die Standlichter brennen (Satz 2). Bei Krafträdern mit Beiwagen muß außerdem das auf der dem Kraftrad abgewandten Seite des Beiwagens angebrachte Standlicht brennen. Nur bei starkem Nebel (Satz 7) genügen die Standlichter allein. Vgl. Anm. 7b zu § 4.

c) Während der Fahrt durch gut beleuchtete geschlossene Ortsteile genügen die Standlichter allein (Satz 7). Begriff geschlossener Ortsteil siehe Anm. 4a zu § 18 VO. Als gut beleuchtet gilt ein Ortsteil dann, wenn die Ortsbeleuchtung (Straßenlaternen) ein Sehen auf mindestens 50 m gewährleistet, d. h. wenn die Fahrbahn auf diese Entfernung so beleuchtet ist, daß auf ihr befindliche Hindernisse zuverlässig erkannt werden. Es kommt nicht darauf an, ob die Straßenbeleuchtung im allgemeinen diesen Anforderungen entspricht, sondern darauf, ob dies im Einzelfalle unter Berücksichtigung der Witterungsverhältnisse der Fall ist.

d) Ein Abblenden der Scheinwerfer ist, wenn stark wirkende Scheinwerfer verwendet werden, erforderlich innerhalb ausreichend beleuchteter geschlossener Ortsteile, beim Begegnen mit anderen Wegebenützern und mit Schienenfahrzeugen auf besonderem Bahnkörper, sowie überall dort, wo die Sicherheit des Verkehrs es erfordert. Das Abblenden muß so rechtzeitig erfolgen, daß eine Gefährdung des begegnenden Wegebenutzers nicht eintritt[1]). Die Dauer des Abblendens bestimmt Satz 4.

aa) Stark wirkende Scheinwerfer siehe Anw. für die Beurteilung von Scheinwerfern und Standlichtern[2]). Nähere Vorschriften enthalten Satz 5 und 6 sowie die erwähnte Anweisung[3]).

---

[1]) RG 7. 4. 1930 DAR 1930, 155: in dem Zeitpunkt, in dem der andere Wegebenutzer in den Lichtkegel der Scheinwerfer gelangt. Vgl. BayObLG 13. 11. 1928 JW 1929, 2059, BayVerwBl 1929, 29, BayObLGSt 28, 238: auch für den augenblicklich anhaltenden K-Führer besteht die Verpflichtung zum Abblenden. BayObLG 29. 1. 1929 JW 1929, 2060, BayVerwBl 1929, 136, DAR 1929, 201, BayObLGSt 29, 26: auf 300 m braucht noch nicht abgeblendet zu werden, wohl aber auf 60 m. BayObLG 25. 9. 1928 JW 1929, 946, DAR 1929, 37, BayObLGSt 28, 191: der K-Führer darf nicht damit rechnen, daß ihn das entgegenkommende K durch Blinksignale zum Abblenden auffordert.

[2]) Die Anweisung (RMinBl 1930, 465) enthält eine erschöpfende Regelung. Dresden 9. 3. 1927 RdK 1928, 23; 4. 10. 1927 RdK 1928, 112; Gülde DAR 1929, 247. A. A. Hamm 4. 2. 1928 RdK 1929, 101: der Richter kann auf Grund freier Beweiswürdigung feststellen, ob die Scheinwerfer stark wirkend waren. Ebenso Dresden 22. 11. 1928 DAR 1929, 249.

[3]) Zur Feststellung des objektiven Tatbestandes ist es erforderlich und

bb) Geschlossener Ortsteil siehe Anm. 4a zu § 18. Als hinreichend beleuchtet gilt ein Ortsteil dann, wenn die Ortsbeleuchtung ein Sehen auf mindestens 25 m gewährleistet. (Siehe hiezu oben Anm. c).

cc) Der Begriff Wegebenutzer ist § 1 Nr. 11 zu entnehmen. Da Schienenfahrzeuge, die sich auf dem gleichen Wegekörper wie das K fortbewegen (also insbes. Straßenbahnen), unter den Begriff Wegebenutzer fallen, bedurfte es einer besonderen Bestimmung nur für das Begegnen mit Schienenfahrzeugen, die auf einem parallel zu der vom K benutzten Straße laufenden besonderen Bahnkörper verkehren. Die Vorschrift dient insbesondere der Sicherung des Eisenbahnverkehrs.

dd) Die Sicherheit des Verkehrs erfordert das Abblenden, wenn durch die Scheinwerferwirkung Personen und Tiere, insbesondere Fahrzeuglenker und Zugtiere, derart geblendet werden, daß sie möglicherweise Handlungen vornehmen, die die Gefahr eines Unfalls mit sich bringen.

5. Abs. 4. Siehe Anm. 7 zu § 4 VO. Die Streitfrage über die Verwendung der Suchscheinwerfer ist durch diese durch VO vom 15. 7. 1930 neu eingefügte Bestimmung im Sinne der in Schrifttum und Rechtsprechung überwiegenden Ansicht entschieden.

6. Übergangsvorschriften (Art. II Abs. 1 Satz 2 VO vom 15. 7. 1930). Soweit bei K, die vor dem 1. 10. 1930 zum Verkehr zugelassen sind, die Beleuchtungseinrichtungen den durch die Neufassung vorgeschriebenen Anforderungen noch nicht entsprechen, gelten für die Beleuchtung der K die bisherigen Vorschriften und zwar bis zu dem Zeitpunkt, in dem die Umänderung der Beleuchtungsanlagen erfolgt ist, jedoch nicht über den 1. 4. 1931 hinaus.

§ 18.

Fahrgeschwindigkeit.

(1) Die Fahrgeschwindigkeit ist so einzurichten, daß der Führer in der Lage bleibt, seinen Verpflichtungen Genüge zu leisten.

(2) Ist der Überblick über die Fahrbahn behindert, die Sicherheit des Fahrens durch die Beschaffenheit des Weges beeinträchtigt, oder herrscht lebhafter Verkehr, so muß so langsam gefahren werden, daß das Fahrzeug auf kürzeste Entfernung zum Stehen gebracht werden kann.

---

ausreichend, wenn erwiesen ist, daß die in der Anweisung angegebenen Grenzen überschritten sind. Aus welchen Umständen oder Tatsachen der Tatrichter diese Überzeugung gewinnt, ist Sache seiner freien Beweiswürdigung. Jedoch ist die bloße Tatsache, daß ein Zeuge in einer bestimmten Entfernung vor dem Fahrzeug eine Blendwirkung empfand, kein ausreichender Beweis (BayObLG 16. 11. 1926 BayObLGSt 26, 215; 16. 7. 1929, BayVerwBl 1929, 362). Siehe jedoch RG 24. 2. 1930 DAR 1930, 155: die Anweisung stellt nur eine Mindestforderung dar. Hiegegen mit Recht Bergmann DAR 1930, 181.

(3) Die höchstzulässige Fahrgeschwindigkeit beträgt:

a) innerhalb geschlossener Ortsteile für Kraftfahrzeuge mit Anhänger
 1. wenn Kraftfahrzeug und Anhänger nicht an allen Rädern mit Luftreifen versehen sind, 16 Kilometer in der Stunde;
 2. wenn Kraftfahrzeug und Anhänger an allen Rädern mit Luftreifen versehen sind, 25 Kilometer in der Stunde;

b) innerhalb geschlossener Ortsteile für Kraftfahrzeuge ohne Anhänger
 1. wenn nicht alle Räder mit Luftreifen versehen sind, 25 Kilometer in der Stunde; die höhere Verwaltungsbehörde kann hier für Kraftomnibusse Geschwindigkeiten bis zu 30 Kilometer in der Stunde zulassen;
 2. wenn alle Räder mit Luftreifen versehen sind, 30 Kilometer in der Stunde; die höhere Verwaltungsbehörde kann hier Geschwindigkeiten bis zu 40 Kilometer in der Stunde zulassen;

c) außerhalb geschlossener Ortsteile für Kraftfahrzeuge mit und ohne Anhänger, wenn die Fahrzeuge nicht an allen Rädern mit Luftreifen versehen sind, 25 Kilometer in der Stunde.

(4) Ausnahmen vgl. § 44.

1. Gilt auch für Kleinkrafträder (§ 48 VO).

2. a) Ob **Abs. 1** einen genügend festumrissenen, selbständigen strafrechtlichen Tatbestand enthält oder nicht, ist strittig. Wird diese Frage bejaht, so ist der Führer, der sich durch Anwendung zu hoher Geschwindigkeit außer Stand setzt, den ihm nach Lage des Einzelfalles obliegenden Verpflichtungen Genüge zu leisten, auch dann strafbar, wenn keiner der in Abs. 2 und 3 besonders geregelten Fälle vorliegt[1]). Wird die Frage verneint[2])

---

[1]) RG 25. 1. 1928 RdK 1929, 105; 30. 3. 1928 RGSt 62, 122; 10. 7. 1928 RGSt 62, 227, RdK 1929, 104; 5. 10. 1928 DAR 1929, 91; 17. 9. 1929 DRZ 1929, 442; BayObLG 19. 11. 1929 BayObLGSt 29, 180, DRZ 1930, 70 unter Aufgabe seiner bisherigen Ansicht; KG 13. 12. 1926 RdK 1927, 29; 5. 3. 1928 RdK 1928, 178; 29. 10. 1928 RdK 1928, 395; Celle 8. 3. 1929 RdK 1929, 252; Dresden 30. 10. 1925 HöchstRR 2, 148; 10. 11. 1926 RdK 1927, 224; 20. 3. 1928 RdK 1928, 217; 2. 5. 1928 DAR 1928, 321; Düsseldorf 17. 2. 1926 RdK 1929, 104; Stuttgart 20. 4. 1927 RdK 1927, 188, 200; 9. 5. 1928 RdK 1929, 104, JW 1928, 1760.

[2]) BayObLG 7. 4. 1925 BayObLGSt 25, 90, HöchstRR 1, 392; 23. 12.

so liegt die Bedeutung des Abs. 1 lediglich darin, daß sich der Führer nicht mit Erfolg darauf berufen kann, die Fahrgeschwindigkeit habe ihm nicht erlaubt, seine allgemeinen (§ 17 Abs. 1) oder besonderen Pflichten[1]) zu erfüllen. Insbesondere versagt der Einwand der Nichtüberschreitung der höchstzulässigen Fahrgeschwindigkeit[2]). Grundsatz ist eben, daß sich der Führer keinem Punkt der vor ihm liegenden Fahrbahn so schnell nähern darf, daß er ein dort auf ihr befindliches Hindernis erst in dem Augenblick bemerken kann, wo er ihm nicht mehr auszuweichen vermag[3]). Allerdings braucht der Führer nur das Auftreten solcher Hindernisse in Betracht zu ziehen, mit denen er nach der allgemeinen Erfahrung oder den besonderen Umständen als möglich rechnen kann[4]).

b) Die Einrichtung der Fahrgeschwindigkeit ist Sache des Führers als desjenigen, der das K lenkt. Wegen der Rechtspflicht des mitfahrenden Eigentümers und Halters siehe Anm. 2b, c zu § 21 KFG. Der Führer haftet keinesfalls selbständig für die Überschreitung der Fahrgeschwindigkeit durch den die Führung des K übernehmenden Eigentümer oder Halter[5]). Dagegen ist Anstiftung natürlich möglich.

c) Bei der Beurteilung der Fahrgeschwindigkeit werden die Beschaffenheit des Fahrzeugs (Gewicht, Bremsen usw.) und die allgemeine wie auch die besondere physische und psychische Beschaffenheit des Führers zu berücksichtigen sein.

3. Abs. 2. a) Unter Fahrbahn ist nicht nur die vor dem Fahrzeug zwischen den verlängerten Außenkanten gelegene Fläche, sondern in erweiterter Auslegung des Begriffes der engere Gefahrenbereich des Fahrzeugs zu verstehen[6]).

1927 JW 1928, 1657, RdK 1928, 218; 30. 10. 1928 RdK 1929, 435; 26. 11. 1928 BayVerwBl 1929, 76; Darmstadt 25. 11. 1927 RdK 1928, 218; Düsseldorf 26. 9. 1928 RdK 1929, 103; Hamburg 27. 6. 1927 RdK 1927, 187; 21. 11. 1927 RdK 1928, 216; 6. 2. 1928 RdK 1929, 103; Karlsruhe 10. 3. 1927 Recht 1927 Nr. 272, RdK 1928, 218.

[1]) So z. B. die Pflicht nach § 20 KVO (BayObLG 7. 4. 1925 BayObLGSt 25, 90, HöchstRR 1, 392) oder § 21 Abs. 1 KVO (BayObLG 21. 2. 1928 Auto 1928, 205).

[2]) KG 13. 11. 1926 DAR 1928 Nr. 2 S. 6, RdK 1929, 74.

[3]) RG 3. 10. 1927 DRZ 1927 Nr. 956, RdK 1928, 111, DJZ 1928, 320; May DAR 1928 Nr. 7 S. 6.

[4]) KG 12. 5. 1928 RdK 1929, 287.

[5]) BayObLG 14. 5. 1926 RdK 1926, 131.

[6]) RG 15. 11. 1927 RdK 1929, 73; 7. 10. 1927 RdK 1929, 73; 28. 10. 1927 RdK 1929, 73; BayObLG 19. 11. 1929 BayObLGSt 29, 180; Dresden 20. 9. 1927 RdK 1929, 73; 2. 1. 1929 RdK 1929, 287; Frankfurt 24. 7. 1928 RdK 1929, 287; Stuttgart 20. 2. 1929 RdK 1929, 255; enger Celle 24. 6. 1927 RdK 1929, 73: Fahrbahn ist nur der von dem K während der Fahrt bestrichene Raum; Breslau 26. 7. 1928 RdK 1929, 73: Unter Fahrbahn ist nur die in der Fahrtrichtung verlaufende Straße zu verstehen. Mangeln-

b) **Die Behinderung des Überblicks über die Fahrbahn** kann bestehen in unübersichtlichen Wegstellen oder in vorübergehenden Hindernissen.

aa) **Unübersichtliche Wegstellen** sind solche Teile eines Wegs, an denen durch die örtliche Beschaffenheit der Überblick dauernd behindert ist[1]). Eine solche dauernde Behinderung des Überblicks kann bestehen in natürlichen oder künstlichen Anpflanzungen, in Bauwerken u. dgl. oder auch in der Art der Straßenführung im Gelände (so z. B. besteht eine Unübersichtlichkeit an starken Steigungen, wenn der Scheitel bei der Bergfahrt nicht überblickt werden kann). Kurven, Straßenkreuzungen und Bahnübergänge sind für sich allein noch keine unübersichtlichen Wegestellen[2]).

bb) **Vorübergehende Hindernisse** sind einerseits Sachen, die sich auf der Fahrbahn befinden (z. B. Fahrzeuge, insbes. hochbedeckte Wagen, wie Möbelwagen, Heuwagen u. dgl.)[3]), anderseits Verhältnisse, so vor allem Dunkelheit und starker Nebel, insoweit hiegegen durch die zulässigen Scheinwerfer nicht Abhilfe geschaffen wird oder werden kann[4]), dann Blendung

---

der Einblick in eine Seitenstraße ist keine Behinderung des Überblicks über die Fahrbahn.

[1]) Die Unübersichtlichkeit ist eine objektiv festzustellende Tatsache, die unabhängig ist von zufälligen und im Einzelfalle verschiedenen Eigenschaften derjenigen Fahrzeuge, deren Führer ihr Verhalten auf die Unübersichtlichkeit einzurichten haben sowie von der wiederum mit der Fahrgeschwindigkeit wechselnden Bremsstrecke eines K (Dresden 30. 10. 1928 DAR 1929, 201, RdK 1929, 254); a. A. BayObLG 11. 1. 1929 BayObLGSt 29, 7.

[2]) RG 17. 12. 1928 RdK 1929, 255, JW 1929, 1033: Nicht jede Kurve ist eine Gefahrstelle im Sinne des § 18 Abs. 2. BayObLG 7. 10. 1927 BayObLGSt 27, 215, BayVerwBl 1927, 429: „es ist **festgestellt**, daß bei der Straßenkreuzung der Überblick über die Fahrbahn behindert ist". Dresden 17. 7. 1928 RdK 1929, 74: „... vielmehr müßte festgestellt werden, daß der Überblick über die Fahrbahn an der Straßenkreuzung behindert war". A. A. RG 11. 7. 1927 RdK 1927, 220; 1928, 59: Das Einbiegen in eine andere Straße bringt **immer** besondere Gefahren für den übrigen Straßenverkehr mit sich. Ähnlich RG 15. 11. 1927 RdK 1929, 73, JW 1928, 1748; Düsseldorf 28. 1. 1925 RdK 1929, 73. Über das Verhalten des Führers bei Täuschung über das Heranfahren an eine gefährliche Wegstelle vgl. BayObLG 27. 1. 1925 BayObLGSt 25, 30.

Über das Verhalten des Führers an Bahnübergängen siehe Exkurs zu § 17 KVO.

[3]) RG 17. 6. 1925 VerkRdsch 1926, 56 (Straßenbahnwagen); RG 1. 6. 1926 RdK 1926, 61 (Planwagen); BayObLG 6. 5. 1927 DAR 1927 Nr. 16 S. 3; 23. 12. 1927 BayObLGSt 27, 293, BayVerwBl 1928, 93 (stehende Fahrzeuge); Hamburg 5. 5. 1927 DRZ 1927 Nr. 990.

[4]) RG 14. 2. 1927 RdK 1928, 67: Der Kraftfahrer darf nicht schneller fahren, als die Reichweite seiner Scheinwerfer es gestattet; 3. 10. 1927 DJZ 1928, 320; 27. 10. 1927 RdK 1928, 59, DAR 1928 Nr. 4 S. 7; 23. 1. 1928 RdK 1928, 66; 22. 3. 1929 DAR 1929, 220, DJZ 1929, 1335, DRZ 1929

durch die Wirkung der Scheinwerfer entgegenkommender K[1]), schließlich Straßenstaub, der durch Wind oder Fahrzeuge aufgewirbelt wird[2]).

c) Bei der Frage, ob die Sicherheit des Fahrens durch die Beschaffenheit des Wegs beeinträchtigt ist, ist sowohl die dauernde, wie die vorübergehende Beschaffenheit des Wegs in Betracht zu ziehen. Eine dauernde Beeinträchtigung liegt z. B. vor bei übermäßiger Straßenwölbung oder bei Überhöhungen der Straßendecke u. dgl.[3]), oder auf nicht ausreichend befestigten z. B. sandigen Straßen. Eine vorübergehende Beeinträchtigung liegt vor bei Schlüpfrigkeit der Straße infolge Regen, Schnee oder Eis, bei frischer Schotterung oder Teerung u. dgl.[4]).

d) Lebhafter Verkehr herrscht, wenn dieser tatsächlich stattfindet, nicht wenn er nur stattzufinden pflegt[5]). Lebhafter Verkehr herrscht aber nur dort, wo ein reger in verschiedener Richtung sich abwickelnder Verkehr statt-

---

Nr. 400: Ist der Überblick über die Fahrbahn durch Dunkelheit behindert, so verstößt gegen die Bestimmung grundsätzlich jede Fahrgeschwindigkeit die einen Bremsweg bedingt, der größer ist als die Sehweite des Führers. Ebenso RG 10.1.1930 DAR 1930, 60; BayObLG 21.3.1930 DRZ 1930, 256.

[1]) RG 21. 10. 1927 JW 1927, 3053, RdK 1928, 175: Der Kraftfahrer muß mit der Möglichkeit rechnen, daß er geblendet wird. Ebenso RG 10. 10. 1927 RdK 1928, 60; 18. 2. 1927 DRZ 1927 Nr. 335; 16. 11. 1928 RdK 1929, 69; BayObLG 18. 1. 1927 BayObLGSt 27, 51; Düsseldorf 23. 1. 1928 RdK 1928, 79; Dresden 19. 9. 1928 RdK 1928, 68; Hamburg 25. 9. 1928 RdK 1929, 68; vgl. Dresden 31. 7. 1929 DRZ 1929, 453: erforderlichenfalls anhalten.

[2]) RG 15. 12. 1927 RdK 1928, 47; 4. 6. 1929 RdK 1929, 430.

[3]) RG 15. 2. 1927 JW 1928, 1748, RdK 1929, 74: abschüssige und nasse Straßen. Ebenso RG 27. 2. 1928 RdK 1929, 74; 27. 4. 1928 RdK 1928, 197. Nach Dresden 27. 11. 1928 RdK 1929, 254 ist in S-Kurven die Sicherheit des Fahrens stets beeinträchtigt. Dresden 19. 9. 1928 RdK 1929, 65: Schleudern bei glatten Straßen. LG Hof 28. 9. 1928 RdK 1929, 286: Wegen der bloßen Möglichkeit, daß im Frühjahr infolge des Wechsels zwischen Frost und Auftauen sich die Straßendecke aufziehen kann und dadurch sich Unebenheiten bilden können, kann man einem Motorradfahrer noch nicht zumuten, auf einer öffentlichen Bezirksstraße, die erkennbar frisch instandgesetzt ist, ein langsames Tempo zu fahren.

[4]) BayObLG 23. 12. 1927 DAR 1928 Nr. 7 S. 6, RdK 1929, 75, DRZ 1928, 87. BayObLGSt 27, 293 nimmt an, daß die Beschaffenheit des Weges auch dann beeinträchtigt ist, wenn Hindernisse sich auf der Fahrbahn befinden, z. B. stehende Fahrzeuge, die den Weg z. T. versperren oder durch die Art und Weise ihrer Aufstellung den freien Raum der Durchfahrt dermaßen schmälern, daß diese schwierig und gefährlich wird. BayObLG 30. 10. 1928 RdK 1929, 435: vereiste Straßen.

[5]) BayObLG 5. 10. 1926 DAR 1927 Nr. 1 S. 3; BayObLG 19. 11. 1929 BayObLGSt 29, 180, DAR 1930, 63: Nur lebhafter Verkehr auf dem Fahrdamm kommt hier in Frage.

findet. Die Vorschrift findet keine Anwendung, wenn den auf einer Straße sich bewegenden Fahrzeugen keine in der Querrichtung sich bewegenden Wegebenutzer in die Fahrbahn kommen können, sei es, weil dies durch die örtlichen Verhältnisse, sei es durch polizeiliche Verkehrsregelung ausgeschlossen ist[1]). Eine wörtliche Auslegung der Vorschrift würde zu dem Ergebnis führen, daß auf Großstadtstraßen, auf denen regelmäßig lebhafter Verkehr herrscht, stets nur ganz langsam gefahren werden dürfte.

e) Die Vorschrift des § 4 Nr. 2 KVO verlangt, daß das K nach seiner technischen Beschaffenheit auf kürzeste Entfernung zum Halten gebracht werden kann. Hiefür ist der Führer bereits nach § 16 KVO verantwortlich. § 18 Abs. 2 verlangt demgegenüber, daß das K im Einzelfalle auch auf kürzeste Entfernung zum Halten gebracht wird. Dabei spielen aber neben technischen auch psychologische Momente mit. Es ist Erfahrungstatsache, daß das K in der, wenn auch noch so kurzen Zeit zwischen der Wahrnehmung der zum Halten verpflichtenden Tatsachen durch den Führer und der Bedienung der Bremsen immer noch eine kleine Strecke weiterläuft und ein sofortiges Halten sonach nicht nur technisch, sondern auch psychologisch unmöglich ist. Hiebei kommt es wesentlich auf die allgemeine wie auch die besondere Fähigkeit des Führers zu geistesgegenwärtigem Handeln an. Die sog. Schrecksekunde, wie das psychologische Moment deshalb nicht ganz zutreffend bezeichnet wird, weil es sich nur um Bruchteile einer Sekunde handelt, ist nur ein ungefähres Mittelmaß, das dem Führer zuzubilligen ist[2]). Die „kürzeste Entfernung" im Sinne des § 18 Abs. 2 setzt sich sonach zusammen aus dem psychologischen Moment der Schrecksekunde und dem technischen Moment des Bremswegs[3]).

---

[1]) Vgl. BayObLG 1. 3. 1929 RdK 1929, 293: Wird nun an einer Straßenkreuzung durch den zur Regelung des Verkehrs aufgestellten Polizeibeamten oder durch eine mechanische Vorrichtung die Fahrtrichtung auf der Hauptverkehrsstraße gesperrt, so wird im Erfolg die Kreuzung der beiden Straßen aufgehoben, der Verkehr kann sich nur auf der einen, nicht gesperrten Straße abspielen und diese wird zur durchgehenden Straße; den auf ihr verkehrenden Fahrzeugen können keine in der Querrichtung sich bewegende Wegebenutzer in die Fahrbahn kommen. Deshalb besteht auch kein Anlaß, von diesen Fahrzeugen die Einhaltung von Schrittgeschwindigkeit zu verlangen. Ebenso KG 14. 4. 1930 DAR 1930, 157. A. A. Hamburg 2. 7. 1928 DRZ 1928 S. 349, RdK 1929, 73: Kreuzungen, an denen ein Verkehrsposten steht, sind als Stellen lebhaften Verkehrs i. S. des § 18 Abs. 2 anzusehen.

[2]) RG 29. 4. 1929, RdK 1929, 248 will die Schrecksekunde dem Führer nicht in allen Fällen zugutekommen lassen. Richtig dagegen BayObLG 6. 7. 1928 RdK 1929, 76: Auch der gewandte Fahrer braucht beim plötzlichen Auftauchen eines Hindernisses mindestens einen starken Bruchteil einer Sekunde, um die Notwendigkeit des Haltens zu erkennen und dieser Erkenntnis entsprechend sich zu entschließen und zu handeln.

[3]) Hamburg 6. 2. 1928 RdK 1929, 75: einen gewissen Bremsweg braucht naturgemäß jedes Auto. Ähnlich Dresden 15. 1. 1929 RdK 1929, 253.

f) Die Geschwindigkeit muß unter Berücksichtigung der vorstehend erläuterten Gesichtspunkte derart bemessen werden, daß das Fahrzeug noch innerhalb der „gefahrfreien Zone", d. h. bevor es auf ein in seiner Fahrbahn auftauchendes Hindernis auftrifft, zum Stehen kommt[1]). Ein bestimmtes Maß für die kürzeste Entfernung läßt sich sonach nicht angeben, denn sie ist eben abhängig von den in jedem Einzelfalle verschieden gelagerten Verhältnissen[2]).

g) Die Vorschrift des § 18 Abs. 2 ist zwingend. Der Führer darf sein vermeintlich besseres Wissen nicht über den Willen des Gesetzgebers stellen oder im Vertrauen auf seine Geschicklichkeit eine Fahrgeschwindigkeit einhalten, die ihm ein Anhalten auf kürzeste Entfernung nicht gestattet[3]). Ebensowenig ersetzt die Abgabe vermehrter Warnungszeichen[4]) oder die Annahme, die übrigen Wegebenutzer seien durch das Scheinwerferlicht genügend gewarnt, die dem Führer nach § 18 Abs. 2 obliegende Verpflichtung. Der Führer darf aber auch nicht bis an die hienach im äußersten Falle noch zulässige Höchstgrenze der Fahrgeschwindigkeit gehen. Vielmehr muß er einen gewissen Sicherheitskoeffizienten in Rechnung stellen.

h) Das BayObLG[5]) verlangt vom Führer außerdem, daß er unter allen Umständen langsam fahren muß, ohne Rücksicht darauf, ob die Einrichtung der Bremsen ein Halten auf kürzeste Entfernung gestatten. Mit Recht betont das ObLG besonders, daß es bei dem Anhalten auf kürzeste Entfernung nicht nur auf den Bremsweg, sondern auch auf die sog. Schrecksekunde ankommt und das K bei einer Geschwindigkeit von 20 km während dieser Schrecksekunde eine Wegstrecke zurücklegt, die in kritischen Lagen ein rechtzeitiges Anhalten nicht mehr gewährleistet. Die Auffassung, daß

[1]) BayObLG 20. 4. 1928 RdK 1929, 75; Dresden 26. 6. 1928 RdK 1929, 76; 6. 11. 1928 RdK 1929, 254, DAR 1929, 202.

[2]) RG 15. 6. 1928, 3. 12. 1928 DJZ 1929, 496, 497, DAR 1929, 91, RdK 1929, 255: der Begriff kürzeste Entfernung ist nicht unter allen Umständen derselbe, bestimmt sich vielmehr nach der Beschaffenheit der Örtlichkeit und den sonstigen besonderen Verhältnissen des Einzelfalles. Ebenso BayObLG 22. 9. 1925, BayObLGSt 25, 171, DJZ 1925, 1813, JW 1926, 825; 18. 1. 1927 BayObLGSt 27, 25, BayVerwBl 1927, 106, DAR 1928 Nr. 3 S. 4; 22. 7. 1927 RdK 1928, 63, DRZ 1927 Nr. 851; 20. 4. 1928 DAR 1928, 253 RdK 1929, 75; Hamburg 6. 2. 1928 RdK 1929, 75; Dresden 15. 1. 1929 RdK 1929, 253; 25. 1. 1928 RdK 1928, 117.

RG 15. 11. 1927 RdK 1929, 76: eine Geschwindigkeit von 15—20 km kann noch erlaubt sein; BayObLG 6. 7. 1928 RdK 1929, 76, JW 1929, 945: eine Geschwindigkeit von 20 km ist zu groß; Frankfurt 17. 3. 1927 RdK 1929, 76: kürzeste Entfernung = 2—3 m.

[3]) BayObLG 7. 7. 1925 BayObLGSt 25, 144, BayVerwBl 1926, 24, JW 1925, 2792.

[4]) RG 12. 1. 1928 RdK 1928, 47.

[5]) BayObLG 6. 4. 1926 BayObLGSt 26, 75, HöchstRR 2, 357, DJZ 1926, 755; 6. 7. 1928 BayObLGSt 28, 168, JW 1929, 945, DAR 1928, 253, RdK 1929, 76; 11. 1. 1929 BayVerwBl. 1929, 137.

schnelles Fahren deshalb verboten sei, weil es in den in der Vorschrift erwähnten Fällen eine Unsicherheit unter den übrigen Wegebenutzern hervorrufen würde und somit zu Verkehrsgefährdungen führen könnte, findet allerdings in dem Wortlaut der Vorschrift keine ausreichende Stütze[1]).

4. Abs. 3. a) Der Begriff „geschlossener Ortsteil" ist leider auch in die neue VO übernommen worden. Dieser Begriff entzieht sich jeder genauen rechtlichen Bestimmung. Das RG[2]) gibt folgende Begriffsbestimmung: Der Begriff Ortschaft setzt Baulichkeiten voraus und reicht regelmäßig nur soweit, wie diese Baulichkeiten selbst. Die Geschlossenheit des Ortsteils verlangt darüber hinaus jedenfalls für die Regel eine Vielheit von Bauwerken, die so zueinander liegen, daß ihre örtliche Zusammengehörigkeit nach außen sichtbar ist, so daß sie sich gerade durch diesen räumlichen Zusammenschluß von einzelnen zerstreut liegenden Baulichkeiten unterscheiden.

Nach der ständigen Rechtsprechung des BayObLG ist ein Ortsteil dann als geschlossen zu erachten, wenn Gebäude nicht als Einzelsiedelungen an den die Feldmark durchziehenden Straßen liegen, sondern wenn sie in örtlicher Zusammengeschlossenheit stehen und wenn die Zusammengehörigkeit auch nach außenhin allgemein erkennbar ist[3]). Eine ununterbrochene Bebauung ist keinesfalls erforderlich, einseitige Bebauung genügt. Durch Unterbrechung der Häusergruppen durch Gärten, Parks usw. verliert der Ortsteil nicht den Charakter der Geschlossenheit, wenn diese Gärten usw. städtisches Gepräge haben. Nicht entscheidend ist, ob die Straße mit Bürgersteigen usw. versehen ist. Es kommt vielmehr wesentlich darauf an, wie sich ein Stadtteil sichtbar darstellt, ob schon als Teil der städtischen Straße oder als Gegend, die erst einmal Stadt werden soll und kann. Der gehäufte Verkehr ist nur gesetzgeberisches Motiv, nicht Tatbestandsmerkmal[4]).

b) Die nunmehr durch VO vom 15. 1. 1930 festgesetzten Höchstgeschwindigkeiten weichen von der bisherigen Regelung stark ab. Das Gesamtgewicht des K ist nunmehr auf die Höchstgeschwindigkeit ohne Einfluß. Diese ist nun allein abhängig von der Bereifungsart. Für luftbereifte K ist außerhalb geschlossener Ortsteile ohne Rücksicht auf ihr Gewicht und ohne Rücksicht darauf, ob sie Anhänger mit sich führen oder nicht, überhaupt keine Höchstgeschwindigkeit mehr vorgeschrieben. Hinsichtlich der Höchstgeschwindigkeiten von Zugmaschinen siehe § 32a Nr. 1 Satz 2.

c) Die Beobachtung des Geschwindigkeitsmessers enthebt den Führer nicht von der Verpflichtung, daß er an das Fahrtempo auch den

---

1) So auch Müller in DAR. 1928, 305.

2) RG 14. 1. 1930 DJZ 1930, 764, DAR 1930, 187.

3) BayObLG 28. 12. 1928 BayVerwBl 1929, 137, JW 1929, 2060, BayObLGSt 28, 294; 11. 1. 1929 BayVerwBl 1929, 137, BayObLGSt 29, 10. Ebenso Dresden 18. 3. 1925 HöchstRR 1, 285; 25. 11. 1925 HöchstRR 2, 151; 9. 6. 1926 HöchstRR 2, 358; 10. 1. 1928 DRZ 1928 Nr. 244; Hamburg 13. 2. 1922 ZStW 44, 171; JW 1925, 1538 Jena 26. 2. 1926 RdK 1926, 35; Kiel 19. 9. 1925 HöchstRR 2, 149; 9. 1. 1926 RdK 1926, 99.

4) Dresden 2. 12. 1925 HöchstRR 2, 151; a. A. anscheinend Jena 26. 2. 1926 RdK 1926, 35.

Maßstab der eigenen, durch die vorgeschriebene Ausbildung und Übung geschärften Erfahrung anlegt[1]).

d) Die Feststellung der Fahrgeschwindigkeit mittels Stoppuhren kann grundsätzlich nur dann als zuverlässig angesehen werden, wenn von 2 Beamten, von denen jeder mit einer Stoppuhr ausgerüstet ist, auf einer Strecke von mindestens 200 m gestoppt wird. Zur Ausschaltung von technischen und persönlichen Fehlern empfiehlt es sich, von der errechneten Fahrgeschwindigkeit 10% abzurechnen.

e) Die Vorschriften des Abs. 3 sind zwingend und zwar sowohl für den Kraftfahrer, der sie nicht überschreiten darf, auch wenn auf der Straße keinerlei Verkehr herrscht[2]), als auch für die Polizeibehörden, die — von der Ausnahme in Abs. 3 Buchst. b Ziff. 1 und 2 abgesehen — keine höhere, sondern nur nach Maßgabe des § 30 Abs. 2 VO eine geringere Höchstgeschwindigkeit festsetzen dürfen. Der Kraftfahrer kann sich aber auf sie nicht berufen, wenn besondere Umstände vorliegen, die es ihm zur Pflicht machen, unter dieser oberen Grenze zu bleiben[3]).

5. Wird Abs. 1 als ein selbständiger strafrechtlicher Tatbestand angesehen, so liegt beim Zusammentreffen von Zuwiderhandlungen nach Abs. 1 einerseits und nach Abs. 2 oder 3 andererseits nicht Tateinheit vor, denn Abs. 1 ist gegenüber Abs. 2 oder 3 subsidiär[4]). Im übrigen ist Tateinheit möglich mit Verfehlungen nach §§ 20, 21 Abs. 1 Satz 3 und Abs. 2, 22, 23, 24, 27 Abs. 1 KVO, wenn gerade durch die Überschreitung der nach Abs. 2 oder 3 zulässigen Höchstgeschwindigkeit die Erfüllung der dem Führer nach diesen Vorschriften obliegenden Verpflichtungen unmöglich wird. Siehe weiterhin Vorbem. 3 vor § 21 KFG.

Warnungszeichen. **§ 19.**

(1) Der Führer hat überall dort, wo es die Sicherheit des Verkehrs erfordert, durch deutlich hörbare Warnungszeichen rechtzeitig auf das Nahen des Kraftfahrzeugs aufmerksam zu machen.

(2) Das Abgeben von Warnungszeichen ist sofort einzustellen, wenn Pferde oder andere Tiere dadurch unruhig oder scheu werden.

(3) Innerhalb geschlossener Ortsteile dürfen Warnungszeichen nur mit der im § 4 Abs. 1 Nr. 4 vorgeschriebenen Hupe abgegeben werden; die Warnungszeichen müssen kurz, ihre

---

[1]) BayObLG 31. 3. 1925 BayObLGSt 25, 88, DJZ 1925, 1198, HöchstRR 1, 418; milder KG 13. 9. 1926 RdK 1926, 132; 29. 4. 1929 DAR 1929, 332.

[2]) Dresden 6. 12. 1927 DAR 1928 Nr. 2 S. 5.

[3]) RG 30. 1. 1930 DAR 1930, 159.

[4]) So RG 10. 7. 1928 RdK 1929, 104.

Klangfarbe und Klangstärke so beschaffen sein, daß im Gefahrbereich befindliche Personen gewarnt, im weiteren Umkreis befindliche Personen aber nicht belästigt werden. Außerhalb geschlossener Ortsteile darf auch eine Pfeife benutzt werden. Die Benutzung von Signalinstrumenten zur Abgabe von anderen als Warnungszeichen, insbesondere von Rufzeichen, ist innerhalb geschlossener Ortsteile verboten.

(4) Das Abgeben langgezogener Warnungszeichen, die Ähnlichkeit mit Feuersignalen haben, und die Anbringung und Verwendung anderer als der im Abs. 3 genannten Signalinstrumente ist verboten.

(5) Ausnahmen zu Abs. 3 vgl. § 42 Abs. 1 und § 44.

1. Gilt auch für Kleinkrafträder (§ 48 VO).

2. **Abs. 1**[1].

a) Die Sicherheit des Verkehrs erfordert die Abgabe von Warnungszeichen, wenn durch die Unterlassung des Warnungszeichens eine Gefährdung des Verkehrs eintreten würde. Die Pflicht zur Abgabe von Warnungszeichen kann bei übersichtlicher Fahrbahn bestehen, wenn die Verkehrslage die Abgabe fordert, sie kann trotz unübersichtlicher Fahrbahn fehlen, wenn eine Gefährdung anderer Wegebenutzer, als die auch deren Beschmutzung[2]) anzusehen ist, nicht zu besorgen ist[3]). Lichtschein der Scheinwerfer und Geräusch können die Warnungszeichen ersetzen[4]), ebenso, wie sich aus § 19 Abs. 2 mit 20 VO ergibt, langsames Fahren. Niemals ersetzt aber die Abgabe von Warnungszeichen die Verpflichtung nach § 18 oder § 20 VO. Straßenkreuzungen als solche erfordern zwar regelmäßig, aber nicht immer

---

[1]) Abs. 1 enthält einen strafrechtlichen Tatbestand (RG 5. 10. 1928 DAR 1929, 91, RdK 1929, 251; 25. 10. 1928 RdK 1929, 105) und regelt die Abgabe von Warnungszeichen erschöpfend (Hamburg 14. 2. 1929 DAR 1929, 285).

[2]) BayObLG 13. 5. 1927 BayObLGSt 27, 127, DRZ 1927 Nr. 852, BayVerwBl 1927, 283, RdK 1928, 63; a. A. Dresden 30. 10. 1925 HöchstRR 2, 148.

[3]) BayObLG 22. 2. 1927 BayObLGSt 27, 55, RdK 1927, 140, JW 1927, 2814; 4. 3. 1927 BayVerwBl 1927, 283; 18. 10. 1927 GemVZ 1928, 121; 9. 11. 1928 RdK 1929, 256, DAR 1929, 221; Braunschweig 22. 3. 1929 DAR 1929, 139; Hamburg 14. 6. 1927 RdK 1927, 115; 12. 1. 1928 RdK 1928, 75; 19. 3. 1929 DAR 1929, 13; Celle 27. 1. 1928 DAR 1928 Nr. 9 S. 7: nur die Lage des Einzelfalls entscheidet.

[4]) Celle 3. 2. 1925 HöchstRR 1, 363; a. A. RG 20. 6. 1927 RdK 1927, 222; BayObLG 13. 5. 1927 BayObLGSt 27, 127, BayVerwBl 1927, 283; Frankfurt 16. 12. 1927 RdK 1928, 56. Vgl. aber BayObLG 13. 11. 1928 BayVerwBl 1929, 29: das beste Erkennungsmittel eines entgegenkommenden Fahrzeugs ist in der Nacht dessen Licht.

die Abgabe von Warnungszeichen[1]). Die Sicherheit des Verkehrs erfordert Warnungszeichen auch dann nicht, wenn der Führer sich die auf Tatsachen, nicht nur auf Vermutungen gegründete Überzeugung verschafft hat, daß die zu warnenden Personen das Nahen seines Fahrzeugs bemerkt haben[2]). Die Sicherheit des Verkehrs erfordert die Unterlassung der Warnungszeichen, wenn durch ihre Abgabe eine größere Gefährdung als durch ihre Unterlassung hervorgerufen würde[3]).

b) Die Abgabe der Warnungszeichen muß rechtzeitig, d. h. so frühzeitig erfolgen, daß Personen oder Fahrzeuge die erforderlichen Maßnahmen treffen können[4]).

c) Die Warnungszeichen müssen zwar deutlich wahrnehmbar, d. h. nach Klangfarbe und Klangstärke so beschaffen sein, daß im Gefahrenbereich befindliche Personen gewarnt werden[5]), sie dürfen aber nicht zu einer unnötigen Belästigung im weiteren Umkreis befindlicher Personen führen (Abs. 3 Satz 1 2. Halbs.).

3. Abs. 2. Dem Sinne der Vorschrift entspricht es, unter Tieren nur solche zu verstehen, deren Scheuen die Sicherheit des Verkehrs gefährdet, also insbesondere Pferde, Rindvieh u. dgl. Das Scheuen muß hier im Gegensatz zu § 20 VO seinen Grund in dem Abgeben der Warnungszeichen haben. Das Scheuen kann alsdann, auch wenn die Voraussetzungen des § 20 nicht vorliegen, im Hinblick auf das Verbot der Abgabe weiterer Warnungszeichen zum Langsamfahren nötigen.

4. Abs. 3.

a) Der Begriff geschlossene Ortschaft ist derselbe wie bei § 18 Abs. 3 VO (siehe Anm. 4 zu § 18 VO).

b) Auch die fahrlässige Benutzung der Zylinderpfeife ist strafbar[6]). Die Benützung der Zylinderpfeife ist jedoch erlaubt, wenn die Hupe versagt, da eine Pflicht zur Mitführung einer Ersatzhupe nicht besteht[7]).

c) Übermäßiges und unnötiges Hupen, insbesondere von K, die vor einem Hause halten, zu dem Zwecke, um dadurch Leute aus dem Hause herbeizurufen, ist innerhalb geschlossener Ortsteile verboten. Er-

---

[1]) RG 24. 10. 1927 RdK 1928, 19; 30. 5. 1927 RdK 1927, 137; Breslau 30. 11. 1926 RdK 1927, 88; Dresden 16. 1. 1929 DAR 1929, 333; a. A. Braunschweig 22. 12. 1926 RdK 1927, 234; Oldenburg 17. 1. 1927 RdK 1927, 116, BayObLG 18. 6. 1929, RdK 1929, 488: unübersichtliche Straßeneinmündung erfordert Abgabe von Warnungszeichen, wenn sie zur Zeit lebhaften Verkehrs befahren wird.

[2]) Vgl. BayObLG 7. 3. 1930 BayVerwBl 1930, 237.

[3]) RG 28. 3. 1929 DAR 1929, 219.

[4]) Dresden 12. 7. 1927 RdK 1928, 64.

[5]) Dresden 2. 1. 1929 DAR 1929, 333: Wenn der Führer merkt, daß das Warnungszeichen überhört worden ist, muß er es fortsetzen, bis der Erfolg da ist.

[6]) BayObLG 22. 5. 1925 BayObLGSt 25, 124.

[7]) BayObLG 7. 10. 1923 BayObLGSt 24, 80.

laubt ist es, die den Verkehr regelnden Beamten auf das Nahen des K aufmerksam zu machen.

5. Abs. 4. Das Verbot des Abs. 4 kann sich nur auf in Bewegung befindliche K beziehen. Ausnahmen §§ 42, 44 VO.

6. Versagen der Hupe siehe Anm. 7f zu § 16 VO.

Gefahrabwendung. **§ 20.**

Merkt der Führer, daß ein Pferd oder ein anderes Tier vor dem Kraftfahrzeuge scheut oder daß sonst durch das Vorbeifahren mit dem Kraftfahrzeuge Menschen oder Tiere in Gefahr gebracht werden, so hat er langsam zu fahren sowie erforderlichenfalls anzuhalten und die Maschine oder den Motor außer Tätigkeit zu setzen.

1. Gilt auch für Kleinkrafträder (§ 48 VO).

2. Im Gegensatz zu § 18 Abs. 2 VO, der eine nur abstrakte Gefahr voraussetzt, ist hier das Vorliegen einer konkreten Gefahr Voraussetzung. Dabei ist es strittig, ob unter Gefahr nur eine Gefahr für Leib und Leben oder auch eine Gefahr für das Eigentum zu verstehen ist. Die Frage ist von Bedeutung insbesondere beim Beschmutzen durch vorbeifahrende K[1]). Es kann nicht die Absicht des Gesetzes sein, bei der Gefahr des Beschmutzens dem Führer die Pflicht zum Langsamfahren oder gar zum Anhalten aufzuerlegen. Daher ist nur eine Gefahr für Leib und Leben Tatbestandsmerkmal des § 20. Zweifelhaft mag sein, ob auch die Tötung oder Verletzung wilder Tiere unter § 20 fällt, sicher ist, daß Haustiere aller Art hieher zählen.

3. Der Grundgedanke der Gefahrenabwehr ist auch bei der Frage des Scheuens von Tieren festzuhalten und diese Frage zu entscheiden wie bei § 19 Abs. 2 VO (vgl. Anm. 3 zu § 19 VO). Das Scheuen hat hier seinen Grund im K selbst und zwar in seiner Geschwindigkeit, dem Motorengeräusch, seinem äußeren Aufbau (Wagen mit Reklameaufbauten z. B. in Form von Zigaretten, Staubsaugern u. dgl.).

4. Die Gefahr muß durch das Vorbeifahren, also durch das in Bewegung befindliche K erzeugt sein[2]).

5. Ob der Führer langsam zu fahren, anzuhalten oder auch die Maschine oder den Motor abzustellen hat, ist Tatfrage im Einzelfalle. Mit zunehmender Gefahr ist auch das wirkungsvollere Mittel anzuwenden.

---

[1]) BayObLG nimmt hier § 360 Nr. 11 StGB an (BayObLG 26. 1. 1926, 18. 5. 1926 JW 1926, 1995, HöchstRR 3, 21; 21. 5. 1926 BayObLGSt 26, 111, JW 1926, 2750; 13. 5. 1927 BayObLGSt 27, 127, BayVerwBl 1927, 283; vgl. auch KG 29. 11. 1926 HöchstRR 3, 156; Dresden 30. 10. 1925 HöchstRR 2, 148.

[2]) BayObLG 7. 10. 1924 BayObLGSt 24, 82; vgl. aber Breslau 15. 3. 1930 DRZ 1930, 71: auch vorzeitiges Anfahren nach dem Halten.

6. Merken kann der Führer nur eine Sinneswahrnehmung, die ihm zum Bewußtsein gekommen ist. Insoferne ist die Annahme richtig, daß die Übertretung nur vorsätzlich und nicht fahrlässig begangen werden kann[1]).

7. Durch örtliche Polizeivorschriften können strengere Anforderungen hinsichtlich der Sorgfaltspflicht gestellt werden. § 20 legt nur das Mindestmaß fest[2]).

Rechtsfahren, Einbiegen. **§ 21.**

(1) Der Führer hat mit seinem Kraftfahrzeuge, soweit nicht besondere Umstände entgegenstehen, die rechte Seite des Weges einzuhalten und darf die linke Seite nur beim Überholen oder beim Anhalten an links liegenden Grundstücken — soweit dies örtlich **nicht** verboten ist — benutzen. Langsam fahrende Kraftfahrzeuge haben innerhalb geschlossener Ortsteile möglichst die äußerste rechte Seite einzuhalten. Beim Durchfahren von scharfen oder unübersichtlichen Wegekrümmungen ist stets die rechte Seite einzuhalten.

(2) Beim Einbiegen in einen andern Weg hat der Führer nach rechts in kurzer Wendung, nach links in weitem Bogen zu fahren.

1. Gilt auch für Kleinkrafträder (§ 48 VO); vgl. § 10 StrVerkO.

2. **Abs.** 1 enthält den Grundsatz des Rechtsfahrens, der nur[3]) durchbrochen wird

a) beim Überholen § 23 VO,

b) beim Anhalten an links liegenden Grundstücken[4]),

c) beim Vorliegen besonderer Umstände.

Das Schneiden der Kurven ist unzulässig[5]), gleichgültig ob sie übersichtlich sind oder nicht.

---

[1]) RG 30. 11. 1928 DJZ 1929, 497; BayObLG 14. 1. 1927 BayObLGSt 27, 22; 23. 2. 1927 RdK 1928, 205; 23. 12. 1927 BayObLGSt 27, 293; KG 8. 7. 1926 RdK 1927, 39. Vgl. jedoch BayObLG 14. 1. 1930 BayVerwBl 1930, 238, DAR 1930, 156: „Auf breiten Straßen, die dem großen Automobildurchgangsverkehr dienen, ist die Annahme berechtigt, daß der Fuhrwerkverkehr sich auf den KVerkehr eingestellt hat und der Fuhrwerklenker den KFührer durch Zeichen aufmerksam macht, wenn die Vorbeifahrt des K das Scheuen der Zugtiere befürchten läßt." Hier nimmt das ObLG anscheinend an, daß im Falle des § 20 Fahrlässigkeit ausreichend sei.

[2]) KG 16. 3. 1927 RdK 1928, 64, DRZ 1927 Nr. 858.

[3]) Vgl. Hierlmeier DAR 1930, 51 betr. Bergstraße in Landsberg am Lech.

[4]) Siehe hiezu BayObLG 3. 12. 1929 DAR 1930, 63, DRZ 1930, 164.

[5]) BayObLG 21. 2. 1928 DAR 1928, 206; Stuttgart 14. 3. 1928 RdK 1929, 78.

Auch auf Einbahnstraßen ist die rechte Seite einzuhalten[1]). Sommerwege (§ 2 Abs. 3 VO) und Bankette (§ 29 Satz 3 VO) gelten als selbständige Fahrbahnen im Sinne des § 21 VO.

Ob ein Platz, in dessen Mitte sich ein Rondell befindet, direkt von Straße zu Straße durchfahren werden kann oder ob das Rondell nach rechts zu umfahren ist, entscheidet sich mangels Regelung durch eine Polizeivorschrift durch die von der Verkehrspolizei geleitete oder gebilligte Verkehrsübung[2]).

3. Besondere Umstände im Sinne des § 21 sind noch nicht ohne weiteres anzunehmen, wenn die rechte Straßenseite sich in schlechterem Zustand befindet als die linke. Dem Verkehrserfordernis entspricht nur eine strenge Auslegung des Begriffs. Besondere Umstände werden nur dann anzunehmen sein, wenn das Fahren auf der rechten Seite eine Gefährdung des allgemeinen Verkehrs befürchten läßt[3]), insbesondere dann, wenn diese z. B. frisch beschottert, sehr schlüpfrig oder vereist ist, wodurch die Gefahr des Schleuderns entsteht. Nur äußere, durch örtliche Verhältnisse bereitete Hindernisse kommen in Betracht[4]).

4. Hinsichtlich des Überholens siehe § 23 VO.

5. Das Anhalten an links liegenden Grundstücken kann entweder durch Vorschriften über den allgemeinen Fahrverkehr oder durch Vorschriften nur über den KVerkehr verboten werden. Nur letzteren Fall hat § 21 Abs. 1 im Auge, da hinsichtlich der Vorschriften über den allgemeinen Fahrverkehr § 2 Abs. 1 VO gilt.

6. Das Gebot des Abs. 1 Satz 2 trägt den Bedürfnissen des Großstadtverkehrs Rechnung, der die Verlegung des Schnellverkehrs in die Straßenmitte, des Langsamverkehrs in die Straßenseiten erfordert. Langsamfahrende K sind nicht nur solche, die nach ihrer technischen Einrichtung nicht schnell fahren können (vgl. Anm. 8 zu § 8 KFG), sondern auch solche, die nach dem Willen des Führers auf einer nicht ganz unerheblichen Strecke langsam fahren, ohne daß dies nach den einschlägigen Vorschriften erforderlich wäre[5]).

---

[1]) BayObLG 15. 2. 1927 BayObLGSt 27, 46, BayVerwBl 1927, 284, HöchstRR 3, 249, DAR 1928 Nr. 2 S. 3, DRZ 1927 Nr. 336; KG 27. 9. 1928 RdK 1929, 435; 21. 8. 1929 VerkRdsch 8, 466; Dresden 31. 1. 1928 RdK 1928, 152; Hamburg 7. 11. 1927 RdK 1928, 152, DRZ 1928 Nr. 245; a. A. KG 24. 3. 1927 RdK 1927, 85; Düsseldorf 14. 1. 1929 RdK 1929, 387.

[2]) BayObLG 15. 1. 1929 BayVerwBl 1929, 138, RdK 1929, 343, DAR 1929, 220, BayObLGSt 29, 11.

[3]) BayObLG 18. 10. 1927 BayVerwBl 1927, 478, RdK 1928, 93, DAR 1928 Nr. 1 S. 8, DRZ 1927 Nr. 1092; milder Dresden 8. 1. 1929 RdK 1929, 339, DAR 1929, 333, DRZ 1929 Nr. 447; 19. 2. 1929 DRZ 1929 Nr. 541; Rostock 17. 2. 1928 RdK 1928, 254. Vgl. auch die unter Geltung des früheren Rechts ergangene Entsch. BayObLG 11. 5. 1926 BayObLGSt 26, 92.

[4]) BayObLG 5. 8. 1927 RdK 1928, 63, DRZ 1927 Nr. 853.

[5]) BayObLG 6. 7. 1928 BayVerwBl 1929, 30, BayObLGSt 28, 174, DAR 1928, 254, JW 1929, 946; KG 29. 11. 1928 Auto 1929 Nr. 2. Das

7. Abs. 1 Satz 3 enthält eine Verschärfung[1]) des in Abs. 1 Satz 1 bereits enthaltenen Gebots. Eine Abweichung von diesem Gebot ist nicht schon dann zulässig, wenn besondere Umstände vorliegen, sondern kann nur insoweit als zulässig angesehen werden, als nach allgemeinen Rechtsgrundsätzen eine Abweichung von der Befolgung der Polizeivorschriften gestattet ist. (Vgl. Vorbem. 1 zu § 21 G.) Gleichzeitig enthält Satz 3 ein Verbot des im Falle des Satzes 1 zulässigen Überholens und Anhaltens an links liegenden Grundstücken.

8. **Abs. 2.** Auch dieser Absatz enthält nur eine Verschärfung des in Abs. 1 ausgesprochenen Gebots[2]) und einen Ausschluß der „besonderen Umstände" sowie ein Verbot des Überholens und Anhaltens an links liegenden Grundstücken.

Beim Einbiegen nach rechts ist jedoch § 29 Satz 2 KVO zu beachten[3]). Beim Einbiegen nach links nimmt der Führer dann den vorgeschriebenen weiten Bogen, wenn er ungefähr den Kreis beschreibt, an dem die nach seiner Fahrtrichtung rechten Begrenzungslinien der beiden Straßen als Tangenten anliegen[4]).

Ausweichen.

§ 22.

(1) Der Führer hat entgegenkommenden andern Wegebenutzern rechtzeitig und genügend nach rechts auszuweichen oder, falls dies die Umstände oder die Örtlichkeit nicht gestatten, zu halten, bis der Weg frei ist. Jedoch hat der Führer entgegenkommenden Schienenfahrzeugen nach links auszuweichen, wenn der Abstand zwischen dem Schienenfahrzeug und dem rechten Wegerand ein Rechtsausweichen nicht zuläßt.

(2) Soweit bei Begegnung mit andern Wegebenutzern ein Ausweichen unmöglich ist, hat der Führer nötigenfalls umzukehren oder rückwärts zu fahren, wenn ihm dies nach den Umständen des Einzelfalls am leichtesten fällt.

(3) Ausnahmen vgl. § 44.

1. Gilt auch für Kleinkrafträder (§ 48 VO); vgl. § 11 StrVerkO. Ausnahmen § 44 VO.

2. **Abs. 1** enthält die Regelung des Ausweichens und setzt voraus, daß die am Ausweichvorgang Beteiligten sich in Bewegung befinden, zum mindesten, daß der entgegenkommende Wegebenutzer seine Vorwärtsbe-

„möglichst" bezieht sich auf „äußerste rechte Seite" nicht auf „einhalten" (BayObLG 2. 2. 1928 BayObLGSt 28, 42).

[1]) BayObLG 21. 2. 1928 Auto 1928 Nr. 8 S. 205.

[2]) RG 7. 5. 1926 RdK 1926, 131.

[3]) Dresden 10. 1. 1928 RdK 1928, 263.

[4]) BayObLG 14. 2. 1928 RdK 1928, 263, DAR 1928, 206; 7. 5. 1929 DAR 1929, 303; 26. 4. 1929 DRZ 1930, 165.

wegung nur ganz vorübergehend unterbrochen hat[1]). Begriff Wegebenutzer siehe § 1 Nr. 11 VO. Das Ausweichen muß rechtzeitig, d. h. so frühzeitig erfolgen, daß der entgegenkommende Wegebenutzer in seiner Vorwärtsbewegung nicht beeinträchtigt wird[2]). Es muß ferner genügend erfolgen, so daß eine Gefährdung, insbesondere ein Streifen des anderen Fahrzeugs ausgeschlossen ist. Ein Fahrzeug hat keinen Anspruch darauf, daß ihm die halbe Straßenseite zur Benützung zur Verfügung steht. Bei Fahrzeugen mit verschiedener Breite muß das schmälere dem breiteren Raum auch über die Straßenmitte hinaus freigeben, wenn das erforderlich ist, um das Ausweichen zu ermöglichen[3]).

Dagegen kann dem Führer nicht zugemutet werden, zum Zwecke des Ausweichens die Straße zu verlassen[4]). In Fällen, in denen ein Ausweichen auf der Straße unmöglich ist, findet vielmehr Abs. 2 Anwendung. Gleichzeitiges Überholen und Ausweichen ist nicht schlechthin unzulässig, aber nur dann erlaubt, wenn es mit keinerlei Gefahr verbunden ist[5]).

In Satz 2 ist es zweifelhaft, wie der Zwischenraum (nicht Abstand) zu messen ist. Es ist anzunehmen, daß in diesem Falle § 29 Satz 2 VO nicht gilt, da der Zwischenraum vom Wegerand zu messen ist.

3. Linksausweichen ist nach der Rechtsprechung[6]) gestattet bei vorschriftswidriger Benutzung der falschen Straßenseite durch den entgegenkommenden Wegebenutzer. (Vgl. § 23 VO Anm. 12.)

4. **Abs. 2.** Zweifelhaft ist, ob der Satz „wenn ihm dies..." so auszulegen ist, daß der Führer die Wahl hat zwischen Umkehren oder Rückwärtsfahren oder ob der Führer nur dann umzukehren oder rückwärtszufahren hat, wenn ihm dies leichter fällt, als dem anderen Wegebenutzer. Letztere Auffassung verdient den Vorzug[7]).

Überholen.

§ 23.

(1) Der Führer hat eingeholte andere Wegebenutzer auf der linken Seite zu überholen. Schienenfahrzeuge hat er jedoch

---

[1]) BayObLG 23. 12. 1927 BayVerwBl 1928, 93, DRZ 1928 Nr. 238, JW 1928, 1750, DAR 1928 Nr. 7 S. 7.

[2]) RG 8. 2. 1926 RGSt 60, 84, DRZ 1926 Nr. 413.

[3]) BayObLG 4. 6. 1925 BayObLGSt 25, 130, BayZ 1925, 253.

[4]) Karlsruhe 24. 5. 1928 JW 1928, 3196, RdK 1929, 60. Siehe jedoch § 2 Abs. 3 VO.

[5]) RG 17. 6. 1929 DAR 1929, 297.

[6]) RG 19. 11. 1926 RdK 1927, 126; 5. 4. 1927 DAR 1928 Nr. 2 S. 8; BayObLG 28. 6. 1927 BayVerwBl 1927, 430; DRZ 1927 Nr. 834, DAR 1928 Nr. 3 S. 4.

[7]) Vgl. hiezu BayObLG 16. 11. 1928 RdK 1928, 492: „Ist die Straße an sich so schmal, daß zwei Fahrzeuge im Fahren nicht aneinander vorbeikommen können, so ist jeder Führer zum Anhalten verpflichtet, damit eine Einigung über das Weiterfahren getroffen werden kann." Die gesetzliche Regelung ist ungenügend, denn es ist nicht bestimmt, wer mangels einer Einigung das Recht zur Weiterfahrt hat.

rechts zu überholen, es sei denn, daß der Abstand zwischen dem Schienenfahrzeug und dem rechten Wegerand ein Rechtsüberholen nicht zuläßt. Schnelleren Wegebenutzern, welche die Absicht zu überholen kundgeben, hat er dies durch sofortiges Rechtshalten zu ermöglichen.

(2) An einer Haltestelle haltende Schienenfahrzeuge dürfen auf der Seite, auf der die Fahrgäste ein- und aussteigen, nur in Schrittgeschwindigkeit und nur in einem solchen seitlichen Abstand überholt werden, daß die Fahrgäste nicht gefährdet werden.

(3) Nach dem Überholen darf sich der Führer erst wieder nach rechts wenden, wenn der überholte Wegebenutzer dadurch nicht gefährdet wird.

(4) An unübersichtlichen Wegestellen und an Stellen, an denen die Fahrbahn durch andere Wegebenutzer oder in sonstiger Weise verengt ist, ist das Überholen verboten.

(5) Ausnahmen vgl. § 44.

1. Gilt auch für Kleinkrafträder (§ 48 VO). Vgl. § 12 StrVerkO. Ausnahme § 44 VO.

2. **Abs. 1** enthält die bereits in § 21 Abs. 1 Satz 1 VO erwähnte Ausnahme von dem Grundsatze des Rechtsfahrens und regelt das Überholen erschöpfend, so daß landesrechtliche Vorschriften hierüber ungültig sind[1]. Dies schließt nicht aus, daß auf Grund und im Rahmen des § 30 KVO örtliche Überholungsverbote erlassen werden[2].

3. Unter Überholen versteht man jene Fahrbewegung, die ein in Bewegung befindliches Fahrzeug vornimmt, um sich zum Zwecke der Fortsetzung seiner Fahrt vor ein in derselben Fahrtrichtung vorwärts strebendes Fahrzeug zu setzen. Ein Überholen liegt auch dann vor, wenn das vordere Fahrzeug ganz vorübergehend, insbesondere aus Verkehrsrücksichten seine Vorwärtsbewegung unterbrochen hat[3], denn trotz dieser Unterbrechung kann es immer noch ein vorwärtsstrebendes Fahrzeug sein, es kann sich immer noch im Strome des Verkehrs befinden. Erst wenn es aus

---

[1] Dresden 1. 3. 1927 RdK 1927, 140, DAR 1928 Nr. 4 S. 2; 17. 11. 1927 RdK 1928, 67; Hamburg 16. 6. 1927 HöchstRR 3, 334; 17. 10. 1927 RdK 1928, 110; 26. 10. 1927 RdK 1928, 157. A. A. KG 2. 4. 1928 RdK 1928, 232.

[2] BayObLG 24. 5. 1927 BayObLGSt 27, 152, JW 1927, 2232; 31. 5. 1927 RdK 1928, 61.

[3] BayObLG 13. 12. 1927 BayObLGSt 27, 287, BayVerwBl 1928, 94, JW 1928, 1750, RdK 1928, 233; Dresden 27. 6. 1927 RdK 1928, 72; Hamburg 20. 10. 1927 DAR 1928, 159.

diesem ausgeschieden ist, kommt ein Überholen nicht mehr in Frage, sondern nur mehr ein Vorbeifahren, auf das nicht die Vorschriften des § 23, sondern jene der §§ 18, 20 KVO Anwendung finden.

4. Der Grundsatz des Linksüberholens erleidet nur gegenüber Schienenfahrzeugen eine Ausnahme[1]). Da Satz 2 vom Wegerand spricht, ist anzunehmen, daß hier § 29 Satz 2 VO nicht gilt.

5. Abs. 1 Satz 3 enthält das Verbot, das Überholen unmöglich zu machen. Schneller ist ein Wegebenutzer, wenn er im konkreten Fall in zulässiger Weise schneller fährt[2]).

6. Abs. 2 dient dem Schutze der Fahrgäste der Schienenfahrzeuge. Er findet daher keine Anwendung, wenn der Schutz der Fahrgäste durch Verkehrsinseln gewährleistet ist[3]). In diesen Fällen kann jedoch §§ 18 Abs. 2, 20 KVO zur Anwendung kommen. Absatz 2 enthält zwei Gebote[4]): Das Gebot, haltende Schienenfahrzeuge nur in Schrittgeschwindigkeit[5]) zu überholen und das Gebot, sie nur in ausreichendem Zwischenraum (der von der VO gebrauchte Ausdruck Abstand ist sprachlich unrichtig) zu überholen. Nicht erforderlich ist, daß das Schienenfahrzeug bereits völlig zum Stillstand gelangt ist. Auch die Auslaufbewegungen rechnen zum Halten[6]). Unerheblich ist, ob ein Ein- oder Aussteigeverkehr tatsächlich stattfindet. Es genügt die abstrakte Gefährdungsmöglichkeit[7]).

7. Abs. 3 legt eine in der Rechtsprechung bereits entwickelte Pflicht des Führers des überholenden Fahrzeugs fest[8]). Dieser Pflicht des Überholenden steht die Pflicht des Überholten gegenüber, das Überholen zu ermöglichen[9]) und das Einbiegen des Überholenden in die vorgeschriebene rechte Straßenseite nicht zu erschweren[10]).

8. Abs. 4 enthält eine Ergänzung des in § 21 Abs. 1 Satz 3 und Abs. 2 enthaltenen Verbots des Überholens. Unübersichtliche Wegstellen sind

---

[1]) Strenge Auslegung geboten (KG 21. 3. 1929 DJZ 1929, 1348).

[2]) Spengruber, Münchn. Neueste Nachr. 8. 7. 1928 Nr. 184.

[3]) Stuttgart 20. 2. 1929 RdK 1929, 255; 26. 7. 1929 RdK 1929, 423; a. A. KG 20. 6. 1929 RdK 1930, 98, VerkRdsch 9, 266.

[4]) Naumburg 24. 10. 1928 DRZ 1929 Nr. 555, DAR 1929, 114.

[5]) BayObLG 11. 9. 1928 BayObLGSt 28, 188, JW 1929, 945: 5 bis 6 km-Std. Ebenso Köln 6. 12. 1928 JW 1929, 953.

[6]) Dresden 16. 6. 1927 RdK 1928, 64; 18. 1. 1928 RdK 1928, 244; 11. 6. 1929 RdK 1929, 426; Düsseldorf 19. 10. 1927 JW 1929, 2063; Hamburg 16. 6. 1927 DRZ 1927 Nr. 996; 17. 10. 1927 RdK 1928, 96; a. A. KG 27. 3. 1928 RdK 1928, 248, DAR 1928 Nr. 7 S. 6.

[7]) BayObLG 24. 5. 1927 BayObLGSt 27, 152, BayVerwBl 1927, 284.

[8]) Vgl. BayObLG 17. 2. 1925 HöchstRR 1, 281, BayObLGSt 25, 52; 2. 7. 1929 BayVerwBl 1929, 364.

[9]) BayObLG 31. 12. 1929 BayObLGSt 29, 222.

[10]) BayObLG 18. 1. 1927 BayObLGSt 27, 26, BayVerwBl 1927, 107, DAR 1928 Nr. 4 S. 2.

solche, an denen dauernd[1]) durch die örtliche Beschaffenheit der Überblick behindert ist. Ob Straßenkreuzungen als unübersichtliche Wegestellen anzusehen sind, ist Tatfrage[2]).

9. Andere Wegebenutzer sind solche, die am Überholungsvorgang selbst nicht beteiligt sind.

10. In sonstiger Weise verengt ist die Fahrbahn z. B. durch außer Verkehr befindliche Wegebenutzer, Straßenbaumaterial usw. Eine Verengung liegt vor, wenn das Überholen nicht oder nur unter Gefährdung der Sicherheit[3]) möglich wäre. Hiebei hat die Rechtsprechung das Erfordernis aufgestellt, daß zwischen den beiden am Überholungsvorgang beteiligten Fahrzeugen bei der Überholung selbst ein ausreichender Zwischenraum eingehalten werden muß[4]).

11. § 23 KVO gilt auch für Einbahnstraßen[5]).

12. Das Überholen von Fußgängern ist durch § 23 KVO nicht geregelt, da diese nicht Wegebenutzer im Sinne der KVO sind[6]).

13. Das Überholen auf der rechten Straßenseite ist nur zulässig, wenn die Einhaltung der Vorschrift unmöglich ist und dem Führer ein Verzicht auf sein Überholungsrecht nicht zugemutet werden kann[7]). Durch bloße Vereinbarung mit dem zu Überholenden kann sich der Führer jedoch von der Pflicht des Rechtsüberholens nicht befreien[8]). Siehe auch Vorbem. Ziff. 1b zu § 21 G. Vgl. auch Anm. 3 zu § 22.

[1]) BayObLG 31. 5. 1927 BayObLGSt 27, 158, BayVerwBl 1927, 430, RdK 1928, 63, DRZ 1927 Nr. 855; 11. 1. 1929 BayObLGSt 29, 7, RdK 1929, 256, DAR 1929, 203, JW 1929, 2828; Dresden 18. 12. 1928 JW 1929, 949; a. A. RG 4. 10. 1929 RdK 1930, 89, DAR 1929, 382, VerkRdsch 9, 173, DRZ 1929, 443.

[2]) Siehe Anm. 3b aa zu § 18 VO.

[3]) RG 10. 7. 1928 RGSt 62, 223; 30. 11. 1928 RdK 1929, 342, JW 1929, 940; KG 8. 12. 1927 Recht 1928 Nr. 373; Dresden 12. 2. 1929 DRZ 1929 Nr. 544.

[4]) RG 22. 9. 1927 RdK 1928, 80: eine halbe Wagenbreite; RG 9. 4. 1929 DAR 1929, 221: bei Kraftrad Zwischenraum von 2 m ausreichend. BayObLG 18. 10. 1927 RdK 1928, 235: bei Kraftrad mindestens 1 m. BayObLG 1. 6. 1928 RdK 1928, 231: 50 cm zu gering; Jena 3. 5. 1929 JW 1929, 2067: 1 m zu gering; vgl. auch Dresden 20. 11. 1928 DAR 1929, 114; Hamburg 15. 10. 1928 DAR 1929, 91; Jena 16. 8. 1928 DAR 1929, 92; Stuttgart 31. 8. 1927 RdK 1928, 256.

[5]) KG 11. 10. 1928 DJZ 1929, 316, RdK 1929, 435.

[6]) Siehe hiezu Blumenreich RdK 1929, 24; a. A. Chemnitz 25. 6. 1928 DAR 1929, 115: Begleitpersonen von Fuhrwerken sind Wegebenutzer.

[7]) BayObLG 13. 12. 1927 BayObLGSt 27, 287, BayVerwBl 1928, 94, JW 1928, 1750, DRZ 1928 Nr. 239; Karlsruhe 6. 12. 1926 Recht 1927 Nr. 112.

[8]) RG 4. 11. 1926 RdK 1927, 80.

13. Auch der Versuch des Überholens auf der falschen Straßenseite ist strafbar[1]).

14. Auch insoweit dem Führer nach diesen Bestimmungen ein Überholungsrecht zusteht, können der Ausübung dieses Rechts die Pflichten nach §§ 18, 20 KVO entgegenstehen.

15. Wird beim Überholen zu rasch gefahren, so stehen die Übertretungen nach § 18 und § 23 KVO regelmäßig zueinander im Verhältnis von Tateinheit[2]).

Vorfahrtsrecht. **§ 24.**

An Kreuzungen und Einmündungen von Wegen hat, unbeschadet der von Polizeibeamten im Einzelfalle zu treffenden Anordnungen, das auf einem Hauptverkehrswege sich bewegende Kraftfahrzeug die Vorfahrt gegenüber dem aus einem Seitenwege kommenden Fahrzeug; im übrigen hat das von rechts kommende Fahrzeug die Vorfahrt. Ausnahmen vgl. § 44.

1. Gilt auch für Kleinkrafträder (§ 48 VO).

2. Von einer Vorfahrt im Sinne des § 24 kann nur gesprochen werden, wenn bei einer Weiterfahrt in der bisherigen Fahrtrichtung die Fahrbahnen der beiden an der Kreuzung oder Einmündung eintreffenden Fahrzeuge aufeinandertreffen würden. Dies ergibt sich daraus, daß im § 24 das auf einem Hauptverkehrsweg sich bewegende Fahrzeug dem aus einem Seitenweg kommenden Fahrzeug gegenübergestellt ist. Ein Vorfahrtsrecht kommt mithin nicht in Frage, wenn ein auf einer Straße sich bewegendes K, die Fahrbahn entgegenkommender Fahrzeuge querend, in eine Straße einbiegt[3]). Gegen die Annahme, daß auch in diesem Falle ein Vorfahrtsrecht im Sinne des § 24 gegeben sei, spricht auch die Erwägung, daß alsdann das querende K bis zur Vorbeifahrt des entgegenkommenden Fahrzeugs die Straße längere Zeit sperrt, da es erneut anfahren muß[4]). In einem solchen Falle erfordert das Verkehrsinteresse vielmehr, daß das querende Fahrzeug sobald als möglich, jedoch selbstverständlich unter Beachtung der erforderlichen Sorgfalt, die bisher befahrene Straße verläßt und daß das ihm entgegenkommende Fahrzeug diese Bewegung ermöglicht. Kein Vorfahrtsfall liegt auch vor, wenn Fahrzeuge an einer Grundstücks-Aus-

---

[1]) KG 15. 7. 1927 RdK 1927, 211, DAR 1928 Nr. 4 S. 2.

[2]) BayObLG 9. 12. 1927 RdK 1928, 235.

[3]) Ebenso Miaskowski DAR 1928, 169; 1929, 183. Jena 29. 10. 1928 VerkRdsch 8, 172, RdK 1929, 472; 15. 4. 1929 JW 1929, 2832. A. A. KG 4. 10. 1929 RdK 1930, 183, DRZ 1929, 491; BayObLG 6. 11. 1928 JW 1929, 2827, BayVerwBl 1929, 31, BayObLGSt 28, 228. Die in diesem Urteil angeführte erste Alternative erscheint die richtigere; Breslau 19. 11. 1929 DRZ 1930, 165.

[4]) Hierauf weist Naumann DAR 1929, 251 zutreffend hin.

bzw. Einfahrt zusammentreffen[1]). Im übrigen setzt das Vorfahrtsrecht voraus, daß die beteiligten Fahrzeuge ungefähr gleichzeitig an der Kreuzung oder Einmündung zusammentreffen[2]), so daß die Gefahr eines Zusammenstoßes besteht, wenn sie beide unverändert weiterfahren würden. Hiebei ist nicht nur die räumliche Entfernung vom Schnittpunkt der beiden Fahrbahnen, sondern auch die beiderseitige Fahrgeschwindigkeit zu berücksichtigen[3]). Die Voraussetzungen des Vorfahrtsfalles sind rein objektiv zu prüfen. Ob der Führer erkannt hat, daß für ihn ein Vorfahrtsfall gegeben war, ist unerheblich. Ihm obliegt vielmehr die Pflicht, sich hierüber zweifelsfreie Gewißheit zu verschaffen[4]).

3. Regel ist das Vorfahrtsrecht des von rechts kommenden Fahrzeugs. Ausnahmen sind

a) das Vorfahrtsrecht des auf einem Hauptverkehrsweg sich bewegenden Fahrzeugs,

b) das Vorfahrtsrecht des von links kommenden Fahrzeugs auf besondere Anordnung im Einzelfalle.

4. Fahrzeuge im Sinne des § 24 sind Schienenfahrzeuge, Kraftfahrzeuge (einschl. Kleinkrafträder), Radfahrer. Auch den Schienenfahrzeugen steht ein besonders Vorfahrtsrecht gegenüber K nicht zu[5]). Dies ergibt sich schon daraus, daß § 24 im Gegensatz zu §§ 22, 23, 25, 28 keine Sondervorschriften über Schienenfahrzeuge enthält. Polizeivorschriften, die den Straßenbahnen ein Vorfahrtsrecht einräumen, haben nach § 33 StrVerkO allerdings fortdauernd Geltung für den allgemeinen Fahrverkehr[6]), nicht aber auch für K, da § 24 das Vorfahrtsrecht der K erschöpfend regelt. Auch Verkehrsgewohnheiten, die der gesetzlichen Regelung entgegenstehen, sind unbeachtlich[7]). Siehe auch Anm. 3 zu § 25 VO.

5. Der Begriff Hauptverkehrsweg ist ein Rechtsbegriff[8]). Maßgebend für die Beurteilung eines Weges als Hauptverkehrsweg ist seine

---

[1]) KG 14. 5. 1928 RdK 1928, 178.

[2]) BayObLG 20. 4. 1928 DAR 1928, 253; KG 6. 2. 1928 RdK 1928, 69; Breslau 5. 2. 1928 RdK 1929, 389; Dresden 8. 2. 1927 DAR 1928 Nr. 4 S. 3; 29. 9. 1927 RdK 1928, 137; 7. 2. 1928 RdK 1928, 137, DAR 1928 Nr. 8 S. 8; Hamburg 12. 1. 1928 DAR 1928 Nr. 9 S. 8.

[3]) RG 8. 7. 1929 RGZ 125, 203, JW 1929, 2816; 3. 2. 1930 JW 1930, 1967; BayObLG 8. 1. 1929 DAR 1929, 222, BayObLGSt 29, 1, BayVerwBl 1929, 138, JW 1929, 2060; KG 25. 5. 1929 JW 1929, 2066.

[4]) BayObLG 2. 11. 1928 JW 1929, 2828, BayVerwBl 1929, 30, BayObLGSt 28, 227; 26. 4. 1929 JW 1929, 2830, DRZ 1929 Nr. 218; Hamburg 21. 1. 1929 DAR 1929, 304.

[5]) Siehe die ausführliche Darstellung von Heucke RdK 1930, 215.

[6]) BayObLG 11. 1. 1927 BayObLGSt 27, 14, BayVerwBl 1927, 185; Karlsruhe 13. 4. 1927 Recht 1927, 1749.

[7]) Dresden 6. 3. 1928 RdK 1928, 118, DAR 1928, 160: kein Vorfahrtsrecht des bergauffahrenden K.

[8]) BayObLG 7. 10. 1927 RdK 1928, 139, DAR 1928 Nr. 5 S. 7; Rostock 15. 6. 1928 DAR 1928, 468.

Verkehrsbedeutung, die abhängt von der durchschnittlichen Verkehrsstärke. Bei gleicher Verkehrsstärke ist entscheidend, ob der Weg Durchgangsverkehr zwischen wichtigen Verkehrsmittelpunkten vermittelt. Auch Straßenbahnverkehr und andere verkehrstechnische — jedoch nicht straßenbautechnische — Gesichtspunkte können bei der Beurteilung herangezogen werden[1]), so z. B. die Tatsache, daß an zwei sich kreuzenden Straßen die eine für den gesamten Fahrverkehr freigegeben, die andere dagegen für den K-Verkehr gesperrt ist[2]). Wenn in Polizeivorschriften eine Straße als Hauptverkehrsweg bezeichnet ist, so hat dies nur die Bedeutung einer widerlegbaren Vermutung dafür, daß diese polizeiliche Regelung den tatsächlichen Verkehrsverhältnissen entspricht[3]). Die Polizei kann einer Straße die Eigenschaft als Hauptverkehrsweg weder verleihen noch absprechen[4]).

Im Zweifel hat das von rechts kommende Fahrzeug die Vorfahrt[5]).

6. Das Vorfahrtsrecht gibt dem Führer indessen nicht die Befugnis, sein Recht unbekümmert um das Verhalten des anderen beteiligten Fahrzeugs auszuüben. Er muß damit rechnen, daß der andere Fahrzeugführer ihm das Vorfahrtsrecht pflichtwidrig nicht einräumt[6]) und insbesondere die übrigen Verkehrsvorschriften, vor allem § 18 VO beachten[7]).

Bevorrechtete Wegebenutzer. § 25.

(1) Für Fahrzeuge der Polizei und Feuerwehr, die sich durch besondere Zeichen kenntlich machen, ist schon bei ihrer Annäherung freie Bahn zu schaffen. Ferner ist Kranken- und Rettungswagen und in Tätigkeit befindlichen Spreng- und Kehrmaschinen Platz zu machen. Truppenkörper, geschlossene

---

[1]) RG 8. 7. 1929 RdK 1929, 424, RGZ 125, 203; BayObLG 17. 12. 1926, BayObLGSt 26, 284, RdK 1927, 127, DAR 1928 Nr. 4 S. 3.

[2]) Dresden 27. 11. 1928 DAR 1929, 139.

[3]) RG 31. 1. 1930 DAR 1930, 91, DRZ 1930, 120.

[4]) Siehe hiezu Alexander RdK 1928, 132; Bezold DAR 1929, 369; Groeben RdK 1928, 69; Keffel VerkRdsch 9, 181, 239; Koch RdK 1929, 280; 1930, 226; DAR 1929, 311; 1930, 131; Gülde RdK 1929, 404. A. A. KG 6. 2. 1928 RdK 1928, 69; Hamburg 24. 1. 1929 DAR 1929, 304; Kiel 20. 2. 1929 JW 1929, 1602, DRZ 1930, 118: Die Befugnis zur Festlegung des Begriffes Hauptverkehrsweg ergibt sich aus § 2 Abs. 1 VO.

[5]) RG 11. 5. 1928 RdK 1928, 195.

[6]) RG 3. 11. 1927 RdK 1928, 48; 27. 6. 1929 DRZ 1929 Nr. 999; BayObLG 8. 2. 1929 BayObLGSt 29, 35, DAR 1929, 287, RdK 1929, 472; Dresden 18. 4. 1928 RdK 1928, 182; Düsseldorf 31. 8. 1928 RdK 1929, 464.

[7]) RG 8. 7. 1929 JW 1929, 2816, RdK 1929, 424, DAR 1929, 334; BayObLG 18. 1. 1929 BayObLGSt 29, 18, BayVerwBl 1929, 139, JW 1929, 2060, VerkRdsch 1929, 171, RdK 1929, 286, DAR 1929, 202; KG 9. 1. 1929 DJZ 1929, 777; Dresden 17. 4. 1928 RdK 1928, 180; 27. 11. 1928, DAR 1929, 172; 14. 5. 1929 RdK 1929, 430.

Verbände der Polizei, Leichenzüge und Prozessionen dürfen nur durch die im Feuerwehrdienste begriffenen Fahrzeuge unterbrochen oder sonstwie in ihrer Bewegung gehemmt werden.

(2) Kraftfahrzeuge, die sich auf Schienengleisen befinden, haben diese bei Annäherung von Schienenfahrzeugen unverzüglich zu räumen.

1. Gilt auch für Kleinkrafträder (§ 48 VO).

2. Besondere Zeichen siehe § 44 VO und Bek. vom 14. 8. 1930 (MABl 52) über Kenntlichmachung der K der staatlichen Polizei.

3. Für die Frage, ob ein Fahrzeug der Polizei oder Feuerwehr sich nähert, ist nicht allein die räumliche Entfernung maßgebend, sondern auch andere Umstände, insbesondere die Fahrzeugart (z. B. schwerer lenkbare Fahrzeuge)[1].

4. Zu den Truppenkörpern im Sinne des Abs. 1 Satz 2 ist auch eine Kraftwagenkolonne der Reichswehr zu rechnen[2].

5. Eine Unterbrechung liegt dann vor, wenn der Zusammenhang des Ganzen zerrissen wird. Eine Hemmung liegt vor, wenn die geordnete Fortbewegung aufgehalten oder gehindert wird. Auch die Hemmung nur eines einzelnen Gliedes des Truppenkörpers wird sich, sofern sie von einiger Bedeutung und Schwere ist, als eine Hemmung des ganzen Truppenkörpers in seiner geordneten Bewegung darstellen[2].

In dem Hineindrängen eines K in eine Prozession unter fortdauerndem Hupen erblickt das BayObLG[3] den Tatbestand des groben Unfugs.

6. Das Verbot des Satzes 2 gilt nicht für sonstige Aufzüge, wie Vereinsaufzüge, Demonstrationszüge u. dgl. Insoweit können weitergehende landesrechtliche Vorschriften erlassen werden[4].

7. **Abs. 2.** Den Schienenfahrzeugen steht, wie in Anm. 4 zu § 24 ausgeführt, an sich kein besonderes Vorfahrtsrecht gegenüber den K zu. Wohl aber kann die Ausübung des dem K nach § 24 zustehenden Vorfahrtsrechts dadurch unmöglich werden, daß der Vorschrift des Abs. 2 nicht genügt werden kann. Das dem K zustehende Vorfahrtsrecht entbindet hier ebensowenig wie in allen anderen Fällen (vgl. Anm. 6 zu § 24) von der Beachtung der übrigen Verkehrsregeln.

Eine Zuwiderhandlung gegen Abs. 2 erfüllt den Tatbestand einer Transportgefährdung nur dann, wenn nach den obwaltenden Umständen der Eintritt eines Schadens wahrscheinlich, die Möglichkeit eines solchen naheliegend ist[5]. Siehe auch Exkurs zu § 17 VO.

[1]) RG 18. 4. 1929 DRZ 1929 Nr. 583.

[2]) BayObLG 24. 12. 1929 BayVerwBl 1930, 239, DJZ 1930, 708, BayObLGSt 29, 219.

[3]) BayObLG 21. 12. 1928 BayVerwBl 1929, 139, DAR 1929, 222 BayObLGSt 28, 292.

[4]) A. A. Jena 26. 10. 1928 DAR 1929, 69, RdK 1929, 114.

[5]) RG 10. 10. 1929 VerkRdsch 1929, 508, DAR 1929, 44.

Zeichen des Führers. **§ 26.**

Der Führer hat andern Personen die Absicht des Stillhaltens durch senkrechtes Hochhalten des Armes, die Absicht des Umwendens und des Verlassens der bisher verfolgten Fahrtrichtung durch waagerechtes Halten des Armes in der Richtung des Wechsels rechtzeitig zu erkennen zu geben; zum Abgeben der Zeichen kann auch eine mechanische Einrichtung benutzt werden.

1. Gilt auch für Kleinkrafträder (§ 48 VO).

2. Die zur Aufrechterhaltung eines gefahrlosen Verkehrs erlassene und zur Vermeidung von Unglücksfällen unbedingt nötige Bestimmung duldet keine Ausnahme aus dem Grunde, weil das einzelne Fahrzeug infolge seiner Beschaffenheit eine Zeichenabgabe erschwert oder überhaupt ausschließt[1]). Die Zeichenabgabe ist jedoch entbehrlich, wenn das K auf völlig verkehrsloser Straße fährt und sich weder vorwärts noch seitwärts noch insbesondere auch rückwärts des Fahrzeugs Personen befinden, die an der Zeichenabgabe ein berechtigtes Verkehrsinteresse haben. Sie kann auch unterbleiben, wenn der nach der jeweiligen Verkehrslage die auf die Absicht der Fahrtrichtungsänderung oder des Anhaltens aufmerksam zu machenden Verkehrsteilnehmer bereits mit einer nach den gegebenen Umständen bestehenden Gewißheit diese Absicht erkannt haben[2]).

3. Bei Gabelung der Straße ist es Tatfrage, welche der entstehenden neuen Straßen die Fortsetzung der bisherigen Straße ist und bei welcher die Abweichung von der Fahrtrichtung ein Verlassen der bisherigen Fahrtrichtung darstellt[3]).

4. Keine Änderung der Fahrtrichtung liegt vor bei Verlegung der Fahrtlinie innerhalb der gleichen Straßenseite[4]), auch nicht beim Überholen[5]), dagegen aber beim Anhalten an links liegenden Grundstücken.

5. Der Führer muß das Zeichen so rechtzeitig geben, daß sich die übrigen Verkehrsteilnehmer auf die Änderung der Fahrtrichtung oder das Anhalten einstellen können. Er darf es weder zu früh noch zu spät geben und genügt seiner Verpflichtung auch nur dann, wenn er es solange gibt, bis er die

---

[1]) BayObLG 30. 11. 1928 BayObLGSt 28, 245, BayVerwBl 1929, 31, JW 1929, 2060, RdK 1929, 414, DRZ 1929 Nr. 220; 5. 4. 1929 BayVerwBl 1929, 250; Hamburg 6. 6. 1929 RdK 1929, 414, 431. Ausnahmen nur für Turmwagen der Straßenbahn (KG 15. 10. 1928 DAR 1929, 139).

[2]) BayObLG 8. 4. 1930 BayVerwBl 1930, 240.

[3]) BayObLG 8. 11. 1927 RdK 1928, 264; 24. 5. 1929 DAR 1929, 204, DRZ 1929 Nr. 807.

[4]) BayObLG 2. 7. 1929 BayVerwBl 1929, 365, RdK 1929, 385.

[5]) RG 21. 11. 1929 DAR 1930, 11.

Absicht der Änderung der Fahrtrichtung usw. ausgeführt hat[1]). Hat jedoch der Führer das Zeichen vorschriftsmäßig und deutlich sichtbar[2]) gegeben, so kann er nicht dafür verantwortlich gemacht werden, wenn ein anderer Verkehrsteilnehmer infolge von Umständen, die vom Willen des Führers unabhängig waren, das Zeichen nicht wahrgenommen hat[3]).

6. In Verkehrsnotfällen ist der Führer nach den allgemeinen Grundsätzen über den übergesetzlichen Notstand (vgl. Anm. 3 zu § 21 KFG) von der Abgabe des Zeichens befreit.

7. Genügt der Fahrtrichtungsanzeiger im Einzelfalle nicht, so ist das Zeichen mit der Hand zu geben[4]). Der Führer ist auch verpflichtet, den Fahrtrichtungsanzeiger wieder rechtzeitig zurückzustellen[5]).

Zeichen der Polizeibeamten. **§ 27.**

(1) Den Weisungen und Zeichen der Polizeibeamten ist Folge zu leisten. Insbesondere hat der Führer auf den Haltruf oder das Haltzeichen eines als solcher kenntlichen Polizeibeamten sofort anzuhalten. Zur Kenntlichmachumg eines Polizeibeamten ist das Tragen einer Dienstmütze ausreichend. Den zur Regelung des Verkehrs aufgestellten Polizeibeamten hat der Führer auszuweichen. Die von diesen Beamten gegebenen Zeichen bedeuten:

1. Winken in der Fahrtrichtung „Freie Fahrt".
2. Hochheben eines Armes „Achtung, Halten".
3. Seitliches Ausstrecken eines oder beider Arme „Halt".

(2) Werden Lichtzeichen verwendet, so bedeutet grünes Licht „Freie Fahrt", gelbes Licht „Achtung, Halten", rotes Licht „Halt", Blinklicht „Langsamfahren".

(3) Unberührt bleibt die nach § 129 des Vereinszollgesetzes vom 1. Juli 1869 (Bundesgesetzbl. des Norddeutschen Bundes S. 317) dem Führer obliegende Verpflichtung, im Zollgrenzbezirke den Anordnungen der Zollbeamten Folge zu leisten. Die Zollbeamten bedienen sich derselben Haltzeichen wie die Polizeibeamten. In bürgerlicher Kleidung Dienst verrichtende Zollbeamte zeigen beim Haltruf oder beim Geben des Haltzeichens eine grüne Armbinde mit Messingschild.

---

[1]) KG 20. 1. 1928 I S 1143/27 Auto 1928, 507.
[2]) BayObLG 2. 7. 1929 BayVerwBl 1929, 364.
[3]) KG 1. 11. 1928 DJZ 1929, 317, DAR 1929, 70.
[4]) BayObLG 2. 7. 1929 BayVerwBl 1929, 364.
[5]) BayObLG 10. 1. 1928 BayVerwBl 1928, 95, JW 1928, 1751, BayObLGSt 28, 10.

1. Gilt auch für Kleinkrafträder (§ 48 VO).

2. Abs. 1. a) Es ist eine Streitfrage, ob unter Polizeibeamten im Sinne des Abs. 1 nur die — meist durch besondere Abzeichen gekennzeichneten — Verkehrspolizeibeamten, die an bestimmten Punkten zum Zwecke der Verkehrsregelung stationiert sind, zu verstehen sind. Es wird dies aus Satz 4 geschlossen. Indessen ist es sehr zweifelhaft, ob Satz 4 angesichts der Vorschrift des Satzes 2 und 3 auch auf Satz 1 bezogen werden kann. Ein zwingender Grund für diese Annahme liegt jedenfalls nicht vor. Unter Polizeibeamten im Sinne des Satzes 1 mit 3 sind daher zu verstehen alle Polizeibeamten, zu deren Dienstaufgabe auch die Überwachung des Verkehrs gehört, insbesondere also alle Beamten der Sicherheitspolizei. Nur Satz 4 und 5 beziehen sich ausschließlich auf Verkehrsposten[1]).

b) Die Vorschrift ermächtigt einen sachlich und örtlich zuständigen Polizeibeamten zur Erteilung eines Polizeibefehls. Auf die Streitfrage, ob es zulässig ist, in Verordnungen die Ermächtigung zu Polizeibefehlen zu erteilen, kann hier nicht eingegangen werden[2]). Im Gegensatz zur abstrakten Polizeiverordnung setzt der Polizeibefehl ein konkretes Vorkommnis, einen bestimmten Einzelfall voraus[3]). Ein solches konkretes Vorkommnis ist hier die Verkehrslage. Das Haltzeichen als Polizeibefehl dient mithin in erster Linie der Verkehrsregelung, so auch z. B. der abweichenden Regelung des Vorfahrtrechts (§ 24). Es ist aber auch zulässig zur Durchführung der Verkehrskontrolle, hier aber nicht auf Grund des § 27, sondern auf Grund der allgemeinen Aufgaben der Polizei[4]). Nicht zulässig ist ein Haltbefehl zu fiskalischen Zwecken, insbesondere nicht zum Zwecke der Prüfung, ob der Steuerpflicht Genüge geschehen ist. Eine Ausnahme gilt nur für den Grenzbezirk. Jedoch ist die Nachprüfung der Steuerkarte selbstverständlich zulässig, wenn das K aus polizeilichen Gründen angehalten wurde.

c) Kein Polizeibefehl liegt vor, wenn durch das Haltzeichen nur auf ein bestehendes Verbot hingewiesen wird[5]).

d) Strittig ist, ob ein Polizeibefehl zu befolgen ist, der eine Abweichung von den Vorschriften der KVO von dem Führer verlangt. Diese Frage möchte ich — abgesehen von dem Falle des § 24 KVO — verneinen. Gerade aus § 24 KVO ergibt sich mittels Umkehrschlusses, daß in anderen Fällen ein Abweichen von Verkehrsvorschriften von einem Polizeibeamten nicht rechtswirksam angeordnet werden kann[6]).

e) Über die Dauer der Zeichengebung spricht sich das BayObLG wie folgt aus: Als vernünftiger Wille der Vorschrift gilt, daß das Zeichen, wenn

---

[1]) a. A. anscheinend Gülde „Kraftfahrer und Polizei" DAR 1928 Nr. 1.

[2]) Bejahend Rechtsprechung und Praxis in Bayern, Schiedermair Anh. Ziff. 12 zu Art. 1; a. A. Gerstle Ann. 1917, 576. Vgl. auch Jellinek 415.

[3]) Gerstle Ann. 1917, 567.

[4]) Vgl. Gerstle Ann. 1917, 578; um einen bewehrten Polizeibefehl handelt es sich alsdann wohl nicht.

[5]) Gerstle Ann. 1917, 564; KG 24. 2. 1927 RdK 1927, 138.

[6]) A. A. Hamburg 5. 3. 1928 RdK 1928, 264, DAR 1928, 215.

es einmal durch Ausstrecken eines oder beider Arme gegeben ist, auch wenn die Arme herabgesenkt werden, solange in seiner Wirkung fortdauert, als sich aus der Gesamthaltung des das Zeichen gebenden Polizeibeamten für die Verkehrsteilnehmer dessen Willen es aufrechtzuerhalten und fortbestehen zu lassen, deutlich und erkennbar ergibt[1]).

f) Eine Notbremsung erfordert § 27 nicht; wohl aber muß der Führer unverzüglich das Anhalten in die Wege leiten.

g) Auch fahrlässiges Nichterkennen des Polizeibeamten macht strafbar[2]). Insbesondere hat ein Kraftfahrer, der weiß, daß er mit einem nicht vorschriftsmäßig ausgerüsteten K fährt, vermehrten Anlaß, einen Haltruf oder ein Haltzeichen zu beachten und mit der Möglichkeit zu rechnen, von einem Polizeibeamten gestellt zu werden. Er handelt fahrlässig, wenn er von der bestehenden Möglichkeit des Erkennens keinen Gebrauch macht[3]).

h) Das von einem Polizeibeamten gegebene Freifahrtszeichen befreit den Führer nicht von der Verpflichtung, auch seinerseits zu prüfen, ob er seine Fahrt fortsetzen darf[4]).

Aufstellen von Fahrzeugen. **§ 28.**

(1) Der Führer eines zum Stillstand gelangenden Kraftfahrzeugs hat dieses so aufzustellen, daß es den Verkehr nicht behindert. Insbesondere ist die Aufstellung an engen Stellen, Wegekreuzungen und scharfen Wegekrümmungen sowie an Haltestellen der Straßenbahnen und Kraftomnibusse verboten.

(2) Der Führer darf von dem Fahrzeug nicht absteigen, solange es in Bewegung ist, und darf sich von ihm nicht entfernen, solange die Maschine oder der Motor läuft. Er darf das Fahrzeug nur verlassen, nachdem er die erforderlichen Maßnahmen getroffen hat, um Unfälle und Verkehrsstörungen zu vermeiden; insbesondere muß er, falls er sich von dem Fahrzeug entfernt, die Vorrichtung (§ 4 Abs. 1 Nr. 6) in Wirksamkeit setzen, die verhindern soll, daß ein Unbefugter das Fahrzeug in Betrieb setzt.

(3) Wenn bei Dunkelheit oder starkem Nebel ein Kraftfahrzeug zum Stillstand gelangt ist, das nach § 4 mit Standlichtern

---

[1]) BayObLG 23. 4. 1929 BayVerwBl 1929, 256, DJZ 1929, 1350, DAR 1929, 334, DRZ 1929 Nr. 810, JW 1929, 2830.

[2]) BayObLG 7. 10. 1927 BayObLGSt 27, 215, BayVerwBl 1927, 430, JW 1928, 567, RdK 1928, 94, DRZ 1927 Nr. 1093; Hamburg 6. 12. 1928 DAR 1929, 71.

[3]) BayObLG 2. 2. 1926 RdK 1926, 124.

[4]) Celle 27. 4. 1928 DAR 1929, 116; Stuttgart 23. 2. 1927 Auto 1927, 843; 10. 8. 1927 RdK 1928, 157.

ausgerüstet sein muß, müssen diese eingeschaltet werden oder eingeschaltet bleiben und die Scheinwerfer ausgeschaltet werden; bei anderen Kraftfahrzeugen müssen die Scheinwerfer abgeblendet werden; in beiden Fällen muß das hintere Kennzeichen beleuchtet sein. Wenn auf Droschkenhalteplätzen mehrere Kraftdroschken hintereinander halten, genügt es, wenn bei der vordersten die Standlichter brennen und bei der hintersten das hintere Kennzeichen beleuchtet ist. Auf Parkplätzen, die von öffentlichen Wegen leicht erkennbar abgetrennt und beleuchtet sind, und auf ebensolchen Droschkenhalteplätzen, sowie überall dort, wo zuverlässige fremde Lichtquellen eine ausreichende Beleuchtung des stillstehenden Fahrzeugs gewährleisten, bedarf es keiner eigenen Beleuchtung des Kraftfahrzeugs (auch keiner Beleuchtung des hinteren Kennzeichens).

(4) Ausnahmen vgl. § 44.

1. Gilt auch für Kleinkrafträder (§ 48 VO).

2. **Abs. 1 Satz 1.** Stillstand ist der Gegensatz zu Bewegung, nicht zu Betrieb. Es ist also gleichgültig, ob der Motor oder die Maschine läuft oder nicht. Ein K kann zum Stillstand gelangen zum Zwecke des Anhaltens, des Aufstellens oder des Hinterstellens. Der Unterschied zwischen diesen Begriffen liegt in der Zeitdauer des Stillstands. Ein Anhalten kann entweder durch die augenblickliche Verkehrslage geboten sein (vgl. § 20 VO) oder dem Zwecke des Absetzens oder Aufnehmens von Fahrgästen dienen. Ein Aufstellen liegt vor, wenn das K für eine nicht ganz unerhebliche Benutzungspause zum Stillstand gelangt[1]). Ein Hinterstellen ist dagegen anzunehmen, wenn das K für eine erhebliche Zeitdauer aus dem Verkehr genommen wird. (Vgl. einl. Vorbem. Abschn. II.) Eine verkehrshindernde Aufstellung liegt vor, wenn diese Art der Straßenbenutzung nach Art oder Umfang über die verkehrsmäßige und verkehrsübliche Straßenbenutzung hinausgeht und dadurch den allgemeinen Verkehr auf der Straße in höherem Maße beeinträchtigt, als dies bei regelmäßigem Verkehr der Fall ist[2]). Der Eintritt einer Verkehrsbehinderung ist nicht erforder-

---

[1]) BayObLG 25. 10. 1927 BayObLGSt 27, 239, BayVerwBl 1927, 478, JW 1928, 566, RdK 1928, 94; 2. 11. 1928 DAR 1929, 71; 13. 11. 1928 BayObLGSt 28, 232, JW 1929, 41; 1. 3. 1929 DJZ 1929, 1216, DAR 1929, 335, BayVerwBl 1929, 365, BayObLGSt 29, 48; 19. 11. 1929 DAR 1930, 92; Hamburg 7. 10. 1929 DAR 1930, 93; Jena 5. 6. 1929 DAR 1929, 335. Vgl. Koch und Neukirch RdK 1928, 212, 213.

[2]) BayObLG 28. 1. 1929 RdK 1929, 339; KG 18. 10. 1928 RdK 1928, 214. Nach Hamburg 25. 4. 1927 JW 1927, 2069, RdK 1928, 23, DAR 1928 Nr. 4 S. 3 kann durch örtliche Polizeivorschriften näher bestimmt

lich; es genügt, wenn die abstrakte Möglichkeit einer Verkehrsbehinderung besteht[1]).

Abs. 1 regelt das Aufstellen von im Verkehr befindlichen K erschöpfend[2]). Landesrechtlich kann das Aufstellen von K sonach nur verboten werden

a) wenn es sich um K handelt, die sich außer Verkehr befinden, da auf diese die Vorschriften der VO keine Anwendung finden,

b) im Rahmen des § 30 Abs. 1 VO, da auch das Aufstellen von im Verkehr befindlichen K zum „Verkehr mit K" zu rechnen ist[3]).

3. Abs. 1 Satz 2. In diesen Fällen gehört die Verkehrsbehinderung nicht zum gesetzlichen Tatbestand. Eine Aufstellung an den hier bezeichneten Orten gilt als verkehrshindernde Aufstellung[4]).

4. Abs. 2 Satz 1 verbietet

a) das Absteigen (Abspringen) von dem in Bewegung befindlichen K,

b) das Entfernen von dem zwar nicht in Bewegung, wohl aber in Betrieb befindlichen K.

Unter Entfernen ist eine räumliche Trennung des Führers vom Fahrzeug zu verstehen, bei der er nicht mehr imstande ist, eine drohende Gefahr sogleich wahrzunehmen und die zu ihrer Abwendung gebotenen Vorkehrungen zu treffen[5]). Auch das Fernhalten von dem durch einen nicht im Besitze der Fahrerlaubnis befindlichen Dritten mit Willen des Führers in Betrieb gesetzten K ist hienach verboten[6]). Das Maß des Entfernens richtet sich nach den Verkehrsverhältnissen und wird auf freier Landstraße größer sein dürfen, als auf einer belebten Ortsstraße. Hier werden schon wenige Meter genügen.

5. Abs. 2 Satz 2 verbietet das Verlassen des K, d. h. eine räumliche nicht ganz unerhebliche Trennung vom Fahrzeug, ohne Vorkehrung der erforderlichen Maßnahmen. Während Abs. 1 das verkehrsstörende Aufstellen

---

werden, was als verkehrshindernd anzusehen ist. Nach Hamburg 3. 2. 1927 RdK 1928, 72; 24. 10. 1927 RdK 1928, 60 entscheidet die Verkehrssitte.

[1]) BayObLG 5. 6. 1928 RdK 1928, 215, BayObLGSt 28, 139; 1. 3. 1929 JW 1929, 2060; KG 1. 1. 1927 RdK 1927, 216; Dresden 13. 3. 1929 RdK 1929, 293, DRZ 1929 Nr. 542; Hamburg 13. 1. 1927 RdK 1928, 73; 27. 2. 1928 RdK 1928, 215.

[2]) KG 17. 1. 1929 DAR 1929, 222; 11. 3. 1929 DJZ 1929, 1213; a. A. KG 29. 4. 1927 RdK 1927, 187, DAR 1928 Nr. 4 S. 3: nur subsidiärer Natur; 2. 4. 1928 RdK 1928, 179.

[3]) BayObLG 19. 2. 1926 BayObLGSt 26, 44; 25. 3. 1927 RdK 1927, 211, DRZ 1927 Nr. 432; 10. 6. 1927 DRZ 1927 Nr. 856; Karlsruhe 23. 5. 1929 JW 1929, 2630.

[4]) BayObLG 5. 6. 1928 BayVerwBl 1928, 296. Vgl. auch BayObLG 10. 5. 1929 BayVerwBl. 1929, 365, DAR 1929, 335, JW 1929, 2830: auch eine Aufstellung in unmittelbarer Nähe einer scharfen Wegekrümmung ist verboten.

[5]) Hamburg 10. 6. 1926 HöchstRR 3, 145, RdK 1927, 224; Rostock 30. 4. 1926 HöchstRR 2, 354.

[6]) BayObLG 26. 1. 1926 DJZ 1926, 755, DRZ 1926 Nr. 422.

des K durch den Führer verbietet, wendet sich Abs. 2 Satz 2 dagegen, daß das K durch selbsttätige Bewegung oder durch Bewegung seitens Unbefugter Verkehrsstörungen herbeiführt. Die Maßnahme nach § 4 Abs. 1 Nr. 6 VO genügt, worauf durch „insbesondere" hingewiesen ist, nicht immer. Der Führer muß z. B. bei Aufstellen des K auf abfallenden Straßen durch Anziehen der Bremsen, Eindrehen der Vorderräder und Einrücken eines Ganges, Unterlegen von Steinen usw. auch eine Selbstbewegung des Fahrzeugs verhindern. Auch muß er Vorsorge treffen, daß ein Unbefugter, soweit dies zu verhindern ist, die Vorrichtungen nicht wieder außer Kraft setzen kann. (Abziehen des Kontaktschlüssels.) Der Führer genügt seiner Verpflichtung nicht, wenn er eine Person zur Bewachung des K zurückläßt, die nicht ebenfalls im Besitze der Fahrerlaubnis ist[1]).

6. Abs. 3. Die Streitfrage, wie aufgestellte K zu behandeln sind, ist nunmehr durch die Neufassung durch VO vom 15. 7. 1930 entschieden. Die Fassung „zum Stillstand gelangt" darf nicht zu der Meinung Veranlassung geben, daß die Vorschrift in jedem Falle, in dem ein K anhält. zur Anwendung kommen müßte. Aus ihrer Stellung im § 28 ergibt sich vielmehr, daß sie nur in den Fällen gilt, in denen ein K zum Zwecke der Aufstellung zum Stillstand gelangt ist. Die Frage, ob ein Parkplatz von einem öffentlichen Weg (§ 1 Nr. 10) leicht erkennbar abgetrennt ist, dürfte nach den gleichen Gesichtspunkten zu entscheiden sein, wie die Frage, ob im Falle des § 29 ein Bankett vorliegt (vgl. Anm. 4c zu § 29). Als zuverlässige Lichtquelle wird im allgemeinen die Straßenbeleuchtung anzusehen sein. Jedoch wird der Kraftfahrer damit rechnen müssen, daß in kleineren Städten in vorgerückter Nachtstunde ein Teil der Straßenlaternen ausgelöscht wird. Die Beleuchtung von Geschäftshäusern, insbes. die Schaufensterbeleuchtung, wird während der üblichen Geschäftszeit gleichfalls als zuverlässige Lichtquelle zu erachten sein. Soweit jedoch im übrigen die Beleuchtung nicht Selbstzweck ist, wird sich der Kraftfahrer vergewissern müssen, ob die Beleuchtung seines Fahrzeugs durch die fremde Lichtquelle für die Dauer der Aufstellung des K gesichert ist. Ausreichend ist die Beleuchtung durch eine fremde Lichtquelle nur, wenn sie die Eigenbeleuchtung des Fahrzeugs vollkommen ersetzt, wenn also die Abmessungen des Fahrzeugs und sein hinteres Kennzeichen leicht erkennbar ist.

Auf K, die sich nicht mehr im Verkehr befinden (vgl. Einleitung Abschnitt II) findet die Vorschrift keine Anwendung, da für solche K das KFG keine Geltung hat.

D. Die Benutzung öffentlicher Wege.

Wegebenutzung.

§ 29.

Der Verkehr mit Kraftfahrzeugen ist auf die hierfür bestimmten Fahrwege beschränkt. Wo keine erkennbaren Fußwege vorhanden sind und die Breite der Fahrbahn es zuläßt, haben die Kraftfahrzeuge mindestens ein Meter Abstand vom

[1]) BayObLG 26. 1. 1926 a. a. O.

Straßenrande zu halten. Auf Radfahrwegen und auf Fußwegen, die für Fahrräder freigegeben sind, ist der Verkehr mit Kraftzweirädern mit besonderer polizeilicher Genehmigung zulässig.

1. Gilt auch für Kleinkrafträder (§ 48 KVO).

2. Satz 1. a) Fahrwege im Sinne des § 29 KVO sind öffentliche Wege, die dem allgemeinen Fahrverkehr gewidmet sind[1]) oder diesem offenstehen und polizeilich für den KVerkehr freigegeben sind. Ob ein öffentlicher Weg dem allgemeinen Fahrverkehr gewidmet ist, bestimmt sich bei rechtlich öffentlichen Wegen nach dem Inhalt der Widmung. Über diese und über Verkehrsbeschränkungen im Wege der Widmung siehe Einleitung V. Ob ein Weg dem allgemeinen Fahrverkehr offensteht, bestimmt sich bei tatsächlich öffentlichen Wegen nach den bestehenden tatsächlichen Verhältnissen. Die Beschaffenheit des Weges kann ein Anzeichen für seine Bestimmung sein, ist aber keinesfalls ausschlaggebend. Es sind auch die Verkehrsgewohnheiten und der Verkehrsgebrauch, wie er sich im Laufe der Zeit herausgebildet hat, bei der Beurteilung der Frage mit heranzuziehen[2]). Ob ein öffentlicher Weg dem KVerkehr freigegeben ist, bestimmt sich danach, ob die zuständige Polizeibehörde von dem ihr zustehenden Recht zur Anordnung eines Verkehrsverbotes Gebrauch gemacht hat oder nicht. Es ist anerkannten Rechts, daß ein solches Verbot auch zu Ungunsten desjenigen wirkt, dem eine privatrechtliche Befugnis zur Wegebenützung zukommt[3]).

b) Zuwiderhandlungen gegen § 29 Satz 1 KVO können demnach entweder darin bestehen, daß ein öffentlicher Weg mit einem K benutzt wird, der dem allgemeinen Fahrverkehr weder gewidmet ist, noch diesem offensteht oder der polizeilich für den KVerkehr nicht freigegeben ist.

c) Dagegen ist das Befahren von Privatwegen nach § 368 Nr. 9 StGB strafbar, jedoch nur dann, wenn sie durch Warnungstafeln geschlossen sind[4]).

3. Satz 2. Die Vorschrift dient, wie aus dem Hinweis auf die Fußwege ersichtlich ist, dem Schutze des Fußgängerverkehrs. Hinsichtlich der Erkennbarkeit siehe unten Anm. 4c.

4. Satz 3. a) Die Frage, ob ein Weg ein öffentlicher Radfahrweg oder öffentlicher Fußweg ist, bestimmt sich wiederum nach dem Inhalt der Widmung oder den bestehenden tatsächlichen Verhältnissen. Wenn ein öffentlicher Weg dem allgemeinen Radfahrverkehr gewidmet ist, so können

---

[1]) Vgl. BayObLG 11. 1. 1927 BayObLGSt 27, 11, BayVerwBl 1927, 104; Dresden 6. 3. 1928 RdK 1928, 118, DAR 1928, 181; 27. 11. 1929 DAR 1930, 93.

[2]) Vgl. BayObLG 1. 12. 1926 BayObLGSt 26, 255, BayVerwBl 1927, 102.

[3]) Vgl. BayObLG 1. 12. 1926 BayObLGSt 26, 255, BayVerwBl 1927, 102; 13. 11. 1928 BayVerwBl 1929, 27, RdK 1929, 342; Dresden 15. 6. 1927 RdK 1928, 78.

[4]) Frankfurt 16. 8. 1927 RdK 1929, 110.

nach den Ausführungen in Abschnitt V 4 der Einleitung Kraftzweiräder nicht im Wege der Widmung von dem Befahren solcher Wege ausgeschlossen werden. Jedoch sind diese Wege grundsätzlich dem Verkehr mit Kraftzweirädern nicht freigegeben; denn § 29 Satz 3 KVO enthält ein Verbot, solche Wege mit K zu befahren, von dem jedoch allgemein, wie auch zugunsten einzelner Personen Befreiung erteilt werden kann. Zuständig zur Erteilung einer solchen Befreiung ist die Ortspolizeibehörde[1]).

b) Fußwege sind Wege, die dem Fußgängerverkehr gewidmet sind oder ihm tatsächlich dienen. Das Befahren solcher Wege mit Fahrzeugen ist sonach nur zulässig, wenn und insoweit zu deren Gunsten eine Erweiterung der Widmung vorliegt. Voraussetzung dafür, daß die Polizeibehörde einen Fußweg dem Verkehr mit Kraftzweirädern freigeben darf, ist nach dem Grundsatz der gesetzmäßigen Verwaltung mithin, daß der Verkehr mit solchen Fahrzeugen als gesteigerter Gemeingebrauch durch die Widmung zugelassen ist.

c) Bildet der Radfahr- oder Fußweg baulich einen Teil der Fahrstraße, so spricht man von einem Bankett. Ein Bankett gilt wie der Sommerweg in § 2 Abs. 3 VO in Ansehung der Verkehrsregeln als selbständiger Weg und darf in beiden Richtungen befahren werden[2]). Ein selbständiger Weg ist in diesem Falle indessen nur anzunehmen, wenn sich der für den Fußgänger- usw. Verkehr bestimmte, d. h. ihm gewidmete Randstreifen der Fahrstraße von dieser äußerlich erkennbar abhebt, sei es durch verschiedene Beschotterung oder auch nur dadurch, daß dieser Streifen deutlich erkennbare Spuren trägt, die anzeigen, daß sich auf ihm der Fußgängerverkehr abzuwickeln pflegt. Dagegen ist eine Erhöhung oder Abgrenzung durch Grasstreifen usw. nicht erforderlich[3]).

Verkehrsbeschränkungen. **§ 30.**

Vorbemerkung.

A. Allgemeines.

1. Unter Verkehrsbeschränkungen versteht man

a) Beschränkungen hinsichtlich der Benutzung der öffentlichen Wege (Fahrbeschränkungen),

b) Beschränkungen hinsichtlich der Fahrgeschwindigkeit (Geschwindigkeitsbeschränkungen).

2. Verkehrsbeschränkungen können ergehen

a) als Anordnungen über den allgemeinen Fahrverkehr, die gemäß § 2 Abs. 1 VO auch auf den KVerkehr Anwendung finden,

---

[1]) Nicht der Wegeeigentümer BayObLG 5. 2. 1929 BayVerwBl 1929, 140, DAR 1929, 222, DRZ 1929 Nr. 416, BayObLGSt 29, 34.

[2]) RG 10. 1. 1929 DAR 1929, 92, HöchstRR 1929 Nr. 938; BayObLG 10. 3. 1927 BayObLGSt 27, 70, BayVerwBl 1927, 186. Unerheblich ist, ob nur ein oder zwei Bankette vorhanden sind.

[3]) BayObLG 19. 2. 1926 BayObLGSt 26, 49, JW 1926, 1235, RdK 1926, 28; 2, 5. 1930 VerkRdsch 9, 310.

b) als Anordnungen, die nur für den KVerkehr Geltung haben.

3. Verkehrsbeschränkungen können erlassen werden

a) durch allgemeine polizeiliche Vorschriften (ober-, bezirks- oder ortspolizeiliche Vorschriften),

b) durch besondere, für den einzelnen Fall getroffene polizeiliche Anordnungen (Polizeiverfügungen).

B. Besonderes.

1. Fahrbeschränkungen.

a) Fahrbeschränkungen für den allgemeinen Fahrverkehr.

Diese können von allen Polizeibehörden, also auch den Ortspolizeibehörden auch mit Geltung für den KVerkehr erlassen werden[1]).

b) Fahrbeschränkungen nur für den KVerkehr.

aa) Voraussetzungen für die Zulässigkeit sind:

α) der Zustand der Wege oder anliegender Gebäude,

β) die Eigenart des Verkehrs, insbesondere Rücksichten auf den Fußgängerverkehr,

γ) andere besondere Verhältnisse für bestimmte Örtlichkeiten.

bb) Nach dem Anwendungsbereich ist zu unterscheiden zwischen

α) Fahrbeschränkungen für alle Arten von K,

β) Fahrbeschränkungen nur für bestimmte Arten von K (z. B. für Lastkraftwagen).

Ausnahmen zugunsten einzelner Fahrzeughalter (z. B. Ärzte, Anlieger usw.) sind zulässig.

cc) Zuständig zur Erlassung solcher Fahrbeschränkungen sind

α) auf Durchgangsstraßen[2]) das StMdJ und die Regierungen, KdJ,

β) auf anderen öffentlichen Wegen

α[1]) im Falle der Voraussetzungen unter aa) α) und β) alle Polizeibehörden, also auch die Ortspolizeibehörden,

β[1]) im Falle der Voraussetzungen unter aa) γ) nur die Bezirkspolizeibehörden und die ihnen vorgesetzten Stellen.

2. Geschwindigkeitsbeschränkungen.

a) Geschwindigkeitsbeschränkungen durch Anordnungen für den allgemeinen Fahrverkehr können zwar von allen Polizeibehörden erlassen werden, jedoch bedürfen ortspolizeiliche Vorschriften, die

aa) die Fahrgeschwindigkeit von K auf Durchgangsstraßen beschränken oder

bb) für K bis zu 5,5 Tonnen Gesamtgewicht eine Höchstgeschwindigkeit von weniger als die in § 18 Abs. 3 festgesetzten Geschwindigkeiten vorschreiben, der Zustimmung

der Regierung, KdJ, insoweit es sich um eine fortdauernd geltende Anordnung handelt,

der Bezirkspolizeibehörde in den übrigen Fällen.

---

[1]) Siehe aber Fußnote 2 zu Anm. 3.

[2]) Vgl. Anm. 5 zu § 5a G.

b) aa) Geschwindigkeitsbeschränkungen durch Anordnungen, die nur für den KVerkehr gelten, können erlassen werden, wenn die in vorstehender Ziff. 1 b aa aufgeführten Voraussetzungen vorliegen.

bb) Zuständig zur Erlassung dieser Geschwindigkeitsbeschränkungen sind:

α) insoweit es sich um eine Beschränkung der Geschwindigkeit von K bis zu 5,5 Tonnen auf weniger als im § 18 Abs. 3 festgesetzt ist, handelt, in allen Fällen das StMdI,

β) im übrigen: auf Durchgangsstraßen das StMdI und die Regierungen, KdI, auf anderen öffentlichen Wegen die Bezirkspolizeibehörden.

γ) Ausnahmen: Geschwindigkeitsbeschränkungen auf Brücken und Eisenbahnübergängen können, und zwar auch auf Durchgangsstraßen, von allen Polizeibehörden, also auch den Ortspolizeibehörden, erlassen werden.

(1) Ein Verbot (auch für eine bestimmte Fahrtrichtung) oder eine zeitliche Beschränkung des Verkehrs mit Kraftfahrzeugen überhaupt oder mit einzelnen Arten auf bestimmten Wegen kann von den Polizeibehörden durch allgemeine polizeiliche Vorschriften oder für den einzelnen Fall angeordnet werden, soweit der Zustand der Wege oder anliegender Gebäude oder die Eigenart des Verkehrs, insbesondere Rücksichten auf den Fußgängerverkehr, es erfordern. Soweit das Verbot oder die zeitliche Beschränkung nach Satz 1 für bestimmte Örtlichkeiten mit Rücksicht auf andere besondere Verhältnisse geboten ist, steht die gleiche Befugnis den höheren Verwaltungsbehörden zu. Für Wegestrecken, die dem Durchgangsverkehre dienen, steht die Befugnis nach Satz 1 und 2 der obersten Landesbehörde zu; sie kann diese auf die höheren Verwaltungsbehörden übertragen.

(2) Die Fahrgeschwindigkeit von Kraftfahrzeugen kann von Ortspolizeibehörden nur im Rahmen von Vorschriften für den allgemeinen Fuhrwerksverkehr (§ 2 Abs. 1) beschränkt werden; soll hierbei für Kraftfahrzeuge bis zu 5,5 Tonnen Gesamtgewicht eine Höchstgeschwindigkeit, die unter den im § 18 Abs. 3 festgesetzten Grenzen liegt, vorgeschrieben werden, so ist die Zustimmung der höheren Verwaltungsbehörde erforderlich, sofern nicht schon durch Landesrecht die Genehmigung der obersten Landesbehörde vorgeschrieben ist. Die Fahrgeschwindigkeit von Kraftfahrzeugen kann im übrigen von den höheren Verwaltungsbehörden unter den im Abs. 1 Satz 1 und 2 angegebenen Voraus-

setzungen beschränkt werden, für Kraftfahrzeuge bis zu 5,5 Tonnen Gesamtgewicht auf weniger, als im § 18 Abs. 3 festgesetzt ist, jedoch nur mit Zustimmung der obersten Landesbehörde. Für die Beschränkung der Fahrgeschwindigkeit von Kraftfahrzeugen auf Wegestrecken, die dem Durchgangsverkehre dienen, ist die Zustimmung der obersten Landesbehörde erforderlich; diese kann im Falle des Satzes 1 die Befugnis zur Erteilung der Zustimmung auf die höheren Verwaltungsbehörden übertragen; im Falle des Satzes 2 kann sie den höheren Verwaltungsbehörden die Zustimmung allgemein erteilen, soweit es sich nicht um eine Beschränkung der Geschwindigkeit von Kraftfahrzeugen bis zu 5,5 Tonnen Gesamtgewicht auf weniger als im § 18 Abs. 3 festgesetzt ist, handelt. Die Bestimmungen dieses Absatzes gelten nicht für Geschwindigkeitsbeschränkungen auf Brücken und Eisenbahnübergängen.

(3) Auf Verbote und Beschränkungen nach Abs. 1 und 2 ist durch Warnungstafeln hinzuweisen.

(4) Das Anbringen von Tafeln, die zu Verwechslungen mit den von der Polizeibehörde angebrachten Tafeln Anlaß geben können, ist verboten.

(5) Ausnahmen vgl. § 44.

1. Gilt auch für Kleinkrafträder (§ 48 VO).

2. Die Rechtsgültigkeit des § 30 ist insoweit zweifelhaft, als er die Zuständigkeit auch anderer Behörden als der Landeszentralbehörden zur Erlassung solcher polizeilicher Anordnungen begründet, die ausschließlich den Verkehr mit K betreffen. (Siehe Anm. 2c zu § 6 KFG.)

3. Abs. 1 enthält die Fahrbeschränkungen[1]), die nur für K Geltung haben. Daneben finden nach § 2 Abs. 1 VO die polizeilichen Vorschriften, sowie die insbesondere auf Grund des § 7 Bek. vom 4. 1. 1872 (RegBl 73) erlassenen Polizeiverfügungen über den allgemeinen Fahrverkehr auch auf K Anwendung[2]).

---

[1]) Hierunter fallen auch Teilverbote, so z. B. die Erklärung von Straßen zu Einbahnstraßen, Überholungsverbote (vgl. Anm. 2 zu § 23 KVO), Verbot des Aufstellens von K an bestimmten Stellen (vgl. Anm. 2b zu § 28 KVO) u. dgl.

[2]) Siehe Anm. 1 Abs. 3 zu § 21 KFG. Ebenso BayObLG 26. 2. 1925 BayObLGSt 25, 65; 13. 11. 1928 BayVerwBl 1929, 141, DAR 1929, 93. Der Auffassung in BayObLG 10. 1. 1928 BayVerwBl 1928, 159, daß die Zuständigkeit der Polizeibehörden zur Erlassung von Fahrbeschränkungen, die durch Vorschriften über den allgemeinen Fahrverkehr erfolgen, durch § 30 KVO eine Einschränkung erfahren habe, insoferne, als sie nur dann

Sachliche Voraussetzung für eine Beschränkung ist:

a) daß sie nur bestimmte Wege betrifft. Ein generelles Verbot des K-Verkehrs, z. B. eine Sperrung aller Wege eines Bezirkes oder einer Ortschaft für K wäre unzulässig.

b) daß der Zustand der Wege oder anliegender Gebäude oder die Eigenart des Verkehrs oder andere besondere Verhältnisse die Beschränkung erfordern. Da § 6 Abs. 1 Nr. 2 G nur solche Anordnungen zuläßt, die zur Erhaltung der Ordnung und Sicherheit erforderlich sind, sind Anordnungen, die anderen Zwecken dienen, rechtsungültig. So wären Beschränkungen in Rücksicht auf die Schonung von Baudenkmälern oder die Erhaltung des Landschaftsbildes unzulässig, wie auch Verkehrsbeschränkungen aus Gründen der Volksgesundheit zum Schutze des Sonntagsausflugverkehrs, insoweit hierbei an die Staubplage gedacht ist, schwerlich mit § 6 Abs. 1 Nr. 2 G zu vereinbaren sind[1]).

Formelle Voraussetzung für eine Beschränkung ist:

a) daß sie von einer Polizeibehörde, einer höheren Verwaltungsbehörde (in Bayern Bezirksverwaltungsbehörde oder Regierung, KdJ) oder der obersten Landesbehörde (in Bayern StMdJ) erfolgt. § 7 Abs. 2a Bek. vom 4. 1. 1872 gilt daher für K insoweit nicht, als dort auch die einschl. Baubehörden zur Wegesperrung für zuständig erklärt sind,

b) daß die Beschränkung durch eine allgemeine polizeiliche Vorschrift, also eine orts-, bezirks- oder oberpolizeiliche Vorschrift oder durch eine solche Polizeiverfügung, die sich aus Anlaß eines Einzelfalles, d. h. eines bestimmten einzelnen Vorkommnisses als Allgemeinverfügung an einen unbestimmten Personenkreis richtet, erfolgt.

Die Bedeutung des Abs. 1 liegt darin, daß die Zuständigkeit der örtlichen Polizeibehörden zur Erlassung von Polizeiverordnungen oder Polizeiverfügungen[2]), die nur für den KVerkehr gelten, beschränkt ist. Örtliche Polizeibehörden oder die in § 7 Abs. 2a Bek. vom 4. 1. 1872 erwähnten Baubehörden können den KVerkehr nur durch Anordnungen, die zugleich für den allgemeinen Fahrverkehr gelten, beschränken[3]).

---

auch für K Geltung haben sollen, wenn die in § 30 Abs. 1 KVO angegebenen Voraussetzungen erfüllt sind und daß alsdann die Strafvorschrift des § 21 KFG Anwendung fände, kann nicht beigetreten werden. Sie steht auch im Widerspruch mit der sonstigen Rechtsprechung dieses Gerichts. In der Entscheidung vom 13. 11. 1928 führt das ObLG zutreffend aus, daß sich § 30 Abs. 1 KVO ausschließlich mit solchen Beschränkungen befaßt, die den KVerkehr allein betreffen. Bei Geschwindigkeitsbeschränkungen ist die Rechtslage eine andere (siehe unten Anm. 4). Ebenso Dresden 23. 10. 1928 DAR 1929, 256.

[1]) Vgl. Anm. 2a zu § 6 KFG.

[2]) A. A. KG 20. 10. 1925 DJZ 1926, 753, HöchstRR 2, 234, DRZ 1926 Nr. 125; 20. 2. 1926 RdK 1928, 61: bei Erlassung von Polizeiverfügungen unterliegen die Polizeibehörden nicht den Beschränkungen des § 30 KVO.

[3]) Vgl. BayObLG 12. 8. 1927 BayVerwBl 1927, 479, RdK 1928, 222; Dresden 6. 3. 1928 DAR 1928, 181.

4. Abs. 2 enthält die Geschwindigkeitsbeschränkungen. Ein wesentlicher Unterschied gegenüber den Fahrbeschränkungen (Abs. 1) liegt darin, daß durch Abs. 1 die Gültigkeit der Polizeiverordnungen und -verfügungen über den allgemeinen Fuhrwerkverkehr nicht berührt wird, während nach Abs. 2 Satz 1 derartige Anordnungen auf K nur dann Anwendung finden, wenn sie von Polizeibehörden erlassen sind und die erforderliche Zustimmung vorliegt[1]), nicht auch, wenn sie von den Baubehörden erlassen sind[2]) oder die erforderliche Zustimmung mangelt. In der nach Art. 6 PolStGB erforderlichen Vollziehbarkeitserklärung dauernd geltender Vorschriften liegt gleichzeitig die nach Abs. 2 Satz 1 notwendige Zustimmung.

5. Bei Erlassung der KVO bereits bestehende, für vollziehbar erklärte Vorschriften behalten ihre fortdauernde Gültigkeit insoweit, als durch die KVO keine Veränderung in der Zuständigkeit eingetreten ist und sie in gleicher Weise neu hätten erlassen werden können[3]). Fortdauernd gültig ist insbesondere § 1 der oberpol. Vorschriften vom 4. 1. 1872 RegBl 73, der Schrittfahren auf Brücken, die ganz oder teilweise aus Holz oder Eisen hergestellt sind, anordnet.

6. Ausnahmen von den Verkehrsbeschränkungen zugunsten einzelner Personen sind zulässig. Solche Ausnahmen kommen insbesondere zugunsten der Anlieger[4]) sowie zugunsten bestimmter Personen bei Ausübung ihrer im öffentlichen Interesse gelegenen Tätigkeit (z. B. bei Ärzten)[5]) in Betracht.

7. Abs. 3. Es ist sehr bestritten, ob die Anbringung von Warnungstafeln (= Sperrschildern) Strafbarkeitsbedingung ist oder nicht, ob mithin im Falle des Fehlens eines Sperrschildes überhaupt keine strafbare Handlung vorliegt[6]) oder ob das Fehlen des Sperrschilds nur für die Schuldfrage

---

[1]) Die Befugnis, ortspolizeilichen Vorschriften die Zustimmung zu erteilen, entbindet die höhere Verwaltungsbehörde nicht von der Verpflichtung, für die von ihnen selbst erlassenen Vorschriften über den allgemeinen Fahrverkehr die Zustimmung der ihnen vorgesetzten Behörde einzuholen. (BayObLG 27. 6. 1930, DAR 1930, 268). Soweit eine Zustimmung der Regierung, KdJ, erforderlich ist, ist diese Zustimmung mit der Vollziehbarkeitserklärung erteilt (BayObLG 6. 7. 1928 BayVerwBl 1929, 27, RdK 1929, 111, BayObLGSt 28, 180).

[2]) BayObLG 12. 8. 1927 BayVerwBl 1927, 479.

[3]) Vgl. BayObLG 26. 4. 1927 BayObLGSt 27, 108; 17. 2. 1928 Auto 1928, 509.

[4]) Ohne besondere Erlaubnis steht den Anliegern das Recht zum Befahren gesperrter Straßen nicht zu (KG 14. 1. 1929 DJZ 1929, 859). Ist ein Weg für die Anlieger freigegeben, so steht seine Benutzung auch Personen offen, welche die Anlieger aufsuchen müssen (KG 7. 1. 1929 DAR 1929, 139; Dresden 13. 11. 1928 DAR 1929, 199; Stuttgart 30. 3. 1928 RdK 1928, 238). Vgl. aber Dresden 13. 8. 1929 DAR 1930, 95.

[5]) Aber auch nur zur Ausübung ihrer beruflichen Tätigkeit (BayObLG 5. 2. 1929 BayObLGSt 29, 32, BayVerwBl 1929, 140, DAR 1929, 256).

[6]) KG 26. 6. 1925 DJZ 1925, 1812; 10. 2. 1926 RdK 1927, 95, DJZ

von Bedeutung ist[1]). Nach bay. Landesrecht ist durch Art. 11 PolStGB vorgeschrieben, daß und wie Polizeivorschriften zu verkünden sind. Mit der Verkündung der Vorschrift ist sie rechtsgültig. Es ist nicht anzunehmen, daß durch § 30 Abs. 3 VO diese landesrechtlichen Vorschriften außer Kraft gesetzt werden sollten. Wäre dies gewollt, so hätte dies in der VO ebenso deutlich ausgesprochen werden müssen, wie in Abs. 2 zum Ausdruck gekommen ist, daß landesrechtliche Vorschriften über den allgemeinen Fahrverkehr, insoweit sie Geschwindigkeitsbeschränkungen enthalten, für den K-Verkehr nicht ohne weiteres Geltung haben sollen. Es ergibt sich sonach, daß das Fehlen eines Sperrschildes nur für die Schuldfrage von Bedeutung ist (siehe Anm. 4 zu § 21 G).

Wettfahrten usw.

§ 31.

(1) Das Wettfahren und die Veranstaltung von Wettfahrten auf öffentlichen Wegen sind verboten.

(2) Für Zuverlässigkeitsfahrten und ähnliche Veranstaltungen zu Prüfungszwecken ist die Genehmigung der zuständigen Behörde erforderlich; soweit mit ihnen Geschwindigkeitsprüfungen verbunden sind, ist die Genehmigung der obersten Landesbehörde erforderlich, die im Einzelfalle die Bedingungen festsetzt; sie kann die Befugnis zur Erteilung der Genehmigung auf die höheren Verwaltungsbehörden übertragen.

1. Gilt auch für Kleinkrafträder (§ 48 VO).

2. **Abs. 1.**

a) Ein Wettfahren liegt vor, wenn dem Fahren die Absicht zugrunde liegt, die möglichst hohe Geschwindigkeit des eigenen K mit der Geschwindigkeit eines andern, sich gleichzeitig in der gleichen Richtung schnell fortbewegenden Gegenstandes zu messen. Ein solcher Wettbewerb lenkt durch Beobachtung des Vergleichsgegenstandes die Aufmerksamkeit des Führers von der Beobachtung der Fahrbahn ab und reizt überdies besonders zur Nichtbeachtung der Verkehrsvorschriften. Er ist daher verboten. Der Vergleichsgegenstand braucht kein K sein, er braucht sich auch nicht auf derselben Straße fortbewegen. Ein Wettfahren liegt auch vor, wenn Bahn und Straße parallel liegen und ein K sich mit dem Eisenbahnzug zu messen sucht. Enger

---

1926, 966; 5. 4. 1927 RdK 1927, 107; 12. 4. 1927 RdK 1928, 127; Braunschweig 29. 10. 1925 HöchstRR 2, 73; Dresden 20. 2. 1924 ZStW 45, 384; 24. 3. 1926 HöchstRR 2, 358, RdK 1928, 61; 17. 5. 1927 RdK 1928, 60, JW 1927, 2440.

[1]) BayObLG 22. 5. 1925 bei Lechner 326; 5. 2. 1929 BayObLGSt 29, 32; KG 22. 4. 1926 RdK 1926, 18; 16. 11. 1926 RdK 1927, 29; 7. 3. 1927 DJZ 1927, 1107; 15. 12. 1927 RdK 1928, 76; 23. 1. 1928 Auto 1928 Nr. 9 S. 252; 31. 1. 1928 JW 1928, 1751; 9. 10. 1928 DAR 1929, 92. Vgl. auch Dresden 12. 3. 1929 DAR 1929, 268; Frankfurt 28. 2. 1928 RdK 1929, 110.

KG (13. 11. 1913 DJZ 194, 444): Wettfahren ist das Fahren mindestens zweier Kraftfahrzeuge auf derselben Strecke im Kampf um ein bestimmtes Ziel und in dem Bestreben, eine möglichst hohe Geschwindigkeit zu entfalten.

b) Der Unterschied zwischen Wettfahren und Wettfahrt liegt darin, daß ein Wettfahren unvorbereitet, eine Wettfahrt vorbereitet erfolgt[1]).

c) Veranstalter der Wettfahrt ist, wer die Wettfahrt vorbereitet. In dem Verbot der Vorbereitung der Wettfahrt ist auch das Verbot ihrer Ausführung enthalten.

3. Abs. 2[2]).

a) Zuverlässigkeitsfahrten dienen dazu, die Dauerhaftigkeit und Betriebssicherheit der Fahrzeuge zu erproben.

b) Geschwindigkeitsprüfungen unterscheiden sich von den Wettfahrten dadurch, daß der gleichzeitig in gleicher Richtung sich schnell fortbewegende Vergleichsgegenstand fehlt[3]). Die Ablenkung des Führers von der Beobachtung der Fahrbahn fällt in diesem Fall als sicherheitsgefährdendes Moment weg. Der Vergleich der Geschwindigkeiten erfolgt hier durch Zeitberechnung.

c) Zuständig zur Erteilung der Genehmigung sind in Bayern diejenigen Regierungen, KdJ, in deren Bezirke die Fahrt beginnen oder von einem außerbayerischen Orte zuerst auf das bay. Staatsgebiet übertreten soll. Sind mehr als drei Regierungsbezirke beteiligt, so entscheidet das StMdJ.

E. Mitführen von Anhängern.

Vorbemerkung.

Abschnitt E, der durch die VO vom 15. 7. 1930 wesentlich umgestaltet wurde, enthält ein Verbot des Mitführens von Anhängern durch zulassungspflichtige K, d. h. durch K im Sinne der VO, sofern diese Anhänger nicht bestimmten Bedingungen genügen. Es ist strittig, ob unter Anhängern nur typische, d. h. ihrer Bauart nach zum Anhängen an K bestimmte Fahrzeuge oder angehängte Fahrzeuge aller Art zu verstehen sind. Im ersteren Falle wäre das gelegentliche Mitnehmen von Fahrzeugen, die den Bedingungen nicht genügen, z. B. eines auf der Straße liegen gebliebenen Pferdefuhrwerks, durch die KVO verboten. Aus dem Wortlaut der Vorschriften des Abschnitts E kann diese Frage nicht zweifelsfrei beantwortet werden. Allerdings spricht die Tatsache, daß die VO nunmehr in § 32 ganz allgemein von Anhängern, nicht mehr von Anhängewagen spricht, sowie die Tatsache, daß auch in der Neufassung der VO die Bestimmungen über das Abschleppen von K unverändert beibehalten worden sind, dafür, daß — von den Fällen des § 34 abgesehen — auch das gelegentliche Mitnehmen von Fahrzeugen,

---

[1]) Vgl. hiezu Hamm 7. 5. 1928 RdK 1929, 352.

[2]) Siehe hiezu Ringel DAR 1929, 49.

[3]) Anders KG 20. 12. 1928 DAR 1929, 139, DRZ 1929 Nr. 226: Der Unterschied liegt darin, ob den „Zuverlässigkeitsumständen" eine wesentliche Bedeutung zukommt oder nicht.

die den Bedingungen der §§ 32—33 nicht genügen, verboten ist[1]). Wesentlicher als diese formalen Erwägungen erscheint aber, daß es für die Gefährdung der Verkehrssicherheit auf den öffentlichen Wegen ohne Belang ist, ob es sich um ein gelegentlich von einem K mitgenommenes Fuhrwerk oder um einen typischen Autoanhänger handelt. Auch die nur gelegentlich mitgenommenen Fahrzeuge fallen daher unter den Begriff Anhänger im Sinne des Abschnitts E. Das Verbot des § 32 bezieht sich nunmehr auf alle Fahrzeuge (Begriff siehe Einleitung I 1 a), nicht mehr ausschließlich auf Räderfahrzeuge. Dies ergibt sich aus dem Ersatz des Wortes „Anhängewagen" durch „Anhänger." Das Anhängen von Skifahrern an K fällt jedoch nicht unter das Verbot des Abschnitts E, denn die Skier sind nur Fortbewegungsmittel, aber keine Fahrzeuge. Auf diese Art Sport finden daher nach § 2 Abs. 1 VO die Vorschriften über den allgemeinen Fahrverkehr Anwendung. Da die StrVerkO kein Verbot dieser sportlichen Betätigung enthält, ist diese erlaubt, soweit nicht gemäß § 33 StrVerkO gegenteilige polizeiliche Vorschriften erlassen sind.

Die Anhänger sind, da sie nicht durch Maschinenkraft fortbewegt werden, kein K im Sinne des G (siehe Einleitung I 1 b).

Das Mitführen von Anhängern durch Kraftwagen ist in § 32, das Mitführen von Anhängern, Bei- oder Vorsteckwagen durch Krafträder in § 33, das Mitführen von Anhängern durch Zugmaschinen in § 32a und der Verkehr mit Schleppzügen in § 34 geregelt.

Anhänger an Kraftwagen. **§ 32.**

(1) Ein zum Verkehr auf öffentlichen Wegen zugelassener Kraftwagen darf Anhänger nur unter folgenden Bedingungen mitführen:

1. Anhänger müssen verkehrssicher sein und dürfen nicht mehr als 3 Achsen haben;
2. Anhänger müssen mit Luftreifen oder hochelastischen Vollgummireifen versehen sein; die Radkränze dürfen keine Unebenheiten besitzen, die geeignet sind, die Fahrbahn zu beschädigen. Beim Verkehr innerhalb von Fischereihäfen können jedoch nach näherer Anweisung der obersten Landesbehörde auch Eisenreifen zugelassen werden;
3. das zulässige Gesamtgewicht beträgt im Höchstfalle, wenn alle Räder des Anhängers mit Luftreifen versehen sind, für einachsige Anhänger 5,5 Tonnen, für zweiachsige Anhänger 10 Tonnen, für dreiachsige Anhänger 15 Tonnen,

---

[1]) Ebenso BayObLG 24. 2. 1927 JW 1927, 1713; KG 3. 3. 1925 DJZ 1925, 1196; 24. 6. 1926 RdK 1926, 97; Celle 23. 4. 1926 HöchstRR 3, 150; Hamburg 24. 2. 1927 RdK 1927, 61; a. A. Düsseldorf RdK 1926, 6.

andernfalls für einachsige Anhänger 4 Tonnen, für zweiachsige Anhänger 7,5 Tonnen, für dreiachsige Anhänger 10,5 Tonnen;

4. der zulässige Achsdruck im beladenen Zustande beträgt bei einem Anhänger, falls alle Räder mit Luftreifen versehen sind, 5,5 Tonnen, andernfalls 4 Tonnen;

5. bei dreiachsigen Anhängern, deren zulässiges Gesamtgewicht 7,5 Tonnen übersteigt, müssen die beiden vorderen Achsen mindestens 4 Meter voneinander entfernt sein. Wird ein solcher Anhänger von einem Kraftwagen mitgeführt, dessen zulässiges Gesamtgewicht 9 Tonnen übersteigt, so muß der Abstand der letzten Achse des Kraftwagens von der vorderen Achse des Anhängers mindestens 4,5 Meter betragen. Wird ein einachsiger Anhänger mit einem zulässigen Achsdruck von mehr als 4 Tonnen oder ein zweiachsiger Anhänger mit einem zulässigen Gesamtgewichte von mehr als 7,5 Tonnen von einem Kraftwagen mitgeführt, dessen zulässiges Gesamtgewicht 9 Tonnen übersteigt, so muß die letzte Achse des Kraftwagens von der unmittelbar nachfolgenden Achse des Anhängers einen Abstand von mindestens 4 Meter haben. Dieser Mindestabstand vergrößert sich bei zweiachsigen Anhängern um das Maß, um welches die Achsen des Anhängers etwa weniger als 3,5 Meter voneinander entfernt sind, jedoch nicht auf mehr als 6 Meter;

6. der Druck auf 1 Zentimeter Felgenbreite — Basis der Gummireifen — darf, wenn hochelastische Vollgummireifen verwendet werden, bei keinem Anhänger auch bei höchstzulässigem Gesamtgewicht 100 Kilogramm übersteigen;

7. die Breite der Anhänger (einschließlich Ladung) darf die für den Kraftwagen, an den sie angehängt sind, oder dessen Ladung zulässige Breite nicht übersteigen;

8. Anhänger müssen von außen sichtbar ein mit Nieten befestigtes Schild haben, das in leicht lesbarer Schrift eine Unterscheidungsnummer, Eigengewicht, zulässiges Gesamtgewicht sowie bei Verwendung hochelastischer Vollgummireifen den Felgendruck auf 1 Zentimeter Felgenbreite —

Basis der Gummireifen — bei höchstzulässigem Gesamtgewicht angibt;

9. zwei- und dreiachsige Anhänger müssen versehen sein:
   a) mit einer sicher wirkenden Bremse,
   b) mit einer zuverlässigen auf die Fahrbahn wirkenden Vorrichtung, die in Steigungen die unbeabsichtigte Rückwärtsbewegung verhindert (Bergstütze);
10. die Verbindung zwischen zwei- und dreiachsigen Anhängern und Kraftwagen muß so beschaffen sein, daß die Räder des Anhängers auch in Krümmungen möglichst auf den Spuren des Kraftwagens laufen;
11. Anhänger müssen ferner den Bestimmungen über die Bereifung in der „Anweisung über die Prüfung von Kraftfahrzeugen" entsprechen (§ 4 Abs. 12).

(2) Wenn die Bremse eines zwei- oder dreiachsigen Anhängers nicht vom Führersitze des Kraftwagens aus bedient werden kann, so muß auf dem Anhänger ein Bremser mitfahren und eine Verständigung zwischen diesem und dem Führer möglich sein; dies gilt nicht, wenn der Anhänger eine selbsttätige Bremse hat, die ihn auch bei der Lösung der Verbindung mit dem Kraftwagen zum Stehen bringt, und der Führer des Kraftwagens eine Bescheinigung eines amtlich anerkannten Sachverständigen mit sich führt, in der unter Angabe der Fabriknummer des Anhängers bestätigt wird, daß dessen selbsttätige Bremse ausreichend betriebssicher ist.

(3) Die höhere Verwaltungsbehörde kann allgemein für ihren Bezirk von der Einhaltung der Bestimmung des Abs. 1 Nr. 9 Befreiung gewähren.

(4) Das Mitführen eines einachsigen Anhängers ist, wenn die Entfernung des vorderen Endes des Kraftwagens, an den er angehängt ist, von dem hinteren Ende des Anhängers oder einer etwa nach hinten überstehenden Ladung 18 Meter überschreitet, nur mit Erlaubnis der Polizeibehörde und nur für deren Bezirk zulässig; das gleiche gilt für das Mitführen von Anhängern, wenn den Bedingungen in Abs. 1 Nr. 8, 9 (es sei denn, daß hinsichtlich Nr. 9 nach Abs. 3 allgemein Befreiung gewährt wurde) oder 10 nicht genügt ist. Im Falle polizeilicher

Erlaubnis ist der Erlaubnisschein bei der Fahrt mitzuführen und den zuständigen Beamten auf Verlangen vorzuzeigen.

(5) Das Mitführen von zwei Anhängern ist nur mit Erlaubnis der Polizeibehörde und nur für ihren Bezirk zulässig. Im Falle der Erlaubnis ist der Erlaubnisschein bei der Fahrt mitzuführen und den zuständigen Beamten auf Verlangen vorzuzeigen. Auf dem zweiten Anhänger muß ein Bremser mitfahren, sofern keine durchgehende Saug- oder Luftdruckbremse vorhanden ist; die Polizeibehörde kann für ihren Bezirk Befreiung gewähren. Das Mitführen von mehr als zwei Anhängern ist verboten.

(6) Bei Mitführen von Anhängern muß außer dem vorderen Kennzeichen nach § 8 Abs. 2 das gleiche Kennzeichen nach § 8 Abs. 3 entweder an der Rückseite des letzten Fahrzeugs oder auf beiden Seitenwänden des Kraftwagens angebracht sein. Im letzteren Falle muß bei Dunkelheit oder starkem Nebel eine am hinteren Ende des letzten Fahrzeugs angebrachte Laterne gelbrotes Licht nach hinten werfen; die Laterne kann fortfallen, wenn Innenlampen des letzten Fahrzeugs durch ein ausreichend großes Fenster genügend nach hinten leuchten; einer Beleuchtung der seitlichen Kennzeichen bedarf es nicht.

(7) **Ausnahmen zu Abs. 1 Nr. 3, 4, 5 und 7 vgl. § 36a.**

1. **Abs. 1** regelt das Mitführen von Anhängern durch Kraftwagen. Kraftwagen sind nicht
   a) die in § 2 Abs. 4 VO aufgeführten K, auch soweit sie begrifflich Kraftwagen sind, da auf sie die VO und damit auch § 32 keine Anwendung findet,
   b) Krafträder,
   c) Zugmaschinen.

Für die unter a aufgeführten K gilt Landesrecht (vgl. § 6 Abs. 2 StrVerkO), für Krafträder gilt § 33, für Zugmaschinen § 32a.

Das Mitführen von Anhängern, jedoch keinesfalls von mehr als zwei, ist in der Regel ohne besondere polizeiliche Erlaubnis gestattet, sofern die Anhänger den in § 32 enthaltenen Bedingungen genügen.

Ausnahmen: Einer besonderen Erlaubnis der Polizeibehörde bedarf das Mitführen von
   a) zwei Anhängern (Abs. 5 Satz 1),
   b) eines einachsigen Anhängers im Falle des Abs. 4 Satz 1,
   c) Anhängern, die den Bedingungen in Abs. 1 Nr. 8, 9 oder 10 nicht entsprechen, sofern nicht hinsichtlich der Nr. 9 gemäß Abs. 3 allgemeine Befreiung erteilt wurde (Abs. 4 Satz 1 letzter Halbs.).

Zuständig zur Erteilung der polizeilichen Erlaubnis sind in Bayern die Bezirkspolizeibehörden bezw. Polizeidirektionen.

Die Gültigkeit der polizeilichen Erlaubnis ist im Gegensatz zur Zulassung (§ 6 Abs. 1 VO) und der Fahrerlaubnis (§ 2 G) auf den Bezirk der die Erlaubnis erteilenden Behörde beschränkt. Als Nachweis der im Einzelfalle erteilten Erlaubnis gilt ein Erlaubnisschein oder eine Eintragung auf Seite 3 der Zulassungsbescheinigung.

Hinsichtlich der Verantwortlichkeit für die Beschaffenheit der Anhänger siehe § 16 VO.

2. Abs. 1 Nr. 3. Gesamtgewicht § 1 Nr. 7. Ausnahme § 36a.

3. Abs. 1 Nr. 4. Achsdruck § 1 Nr. 8. Ausnahme § 36a.

4. Abs. 1 Nr. 5: a) Satz 1 regelt den Abstand der beiden vorderen Achsen eines dreiachsigen Anhängers, b) Satz 2 regelt den Abstand der hinteren Achse eines Kraftwagens von mehr als 9 Tonnen Gesamtgewicht von der vorderen Achse eines dreiachsigen Anhängers, c) Satz 3 regelt den Abstand der hinteren Achse eines Kraftwagens von mehr als 9 Tonnen Gesamtgewicht von der vorderen Achse eines einachsigen Anhängers mit einem Achsdruck von mehr als 4 Tonnen und d) den Abstand der hinteren Achse eines Kraftwagens von mehr als 9 Tonnen Gesamtgewicht von der vorderen Achse eines zweiachsigen Anhängers mit einem Gesamtgewicht von mehr als 7,5 Tonnen, e) Nach Satz 4 vergrößert sich im Falle d) der Abstand von 4 m um den gleichen Betrag, um welchen die Achsen des Anhängers weniger als 3,5 m voneinander entfernt sind. Beispiel: Entfernung der Anhängerachsen voneinander 2,5 m, dann Abstand 4 + (3,5 — 2,5) = 5 m. Ausnahme § 36a.

5. Abs. 1 Nr. 6. Vgl. Anm. 5 zu § 3 VO.

6. Abs. 1 Nr. 7. Vgl. § 4 Abs. 9, 11 letzter Satz VO. Ausnahme § 36a.

7. Abs. 1 Nr. 8. Vgl. § 4 Abs. 5 VO.

Übergangsvorschrift (Art. II Abs. 2 VO vom 15. 7. 1930). Die Vorschrift tritt am 1. 10. 1930 in Kraft.

8. Abs. 1 Nr. 11. Siehe Ziff. IV der Anlage 1 zur Bek. v. 15. 7. 1930 (RMinBl. 431).

9. Abs. 2. Siehe auch Abs. 5 Satz 3.

Der Bremser ist nicht Führer eines K. Er bedarf daher keines Führerscheins und ist weder für Zustand[1]) noch Gebrauch[2]) des K verantwortlich. Er kann ersetzt werden durch die selbsttätige Bremse, wenn diese den hier gestellten Anforderungen genügt. In diesem Falle ist eine besondere Bescheinigung mitzuführen.

10. Abs. 3. Zuständig zur Erteilung der Erlaubnis sind in Bayern die Bezirksverwaltungsbehörden bzw. Polizeidirektionen.

11. Abs. 6. Eine Beleuchtung der seitlichen Kennzeichen ist nicht erforderlich. Die seitlichen Kennzeichen genügen indessen nur, wenn Anhänger mit-

---

[1]) RG 16. 2. 1926; KG 18. 12. 1926 JW 1927, 926, RdK 1927, 110, DAR 1928 Nr. 4 S. 3.

[2]) RG 15. 12. 1927 DRZ 1928 Nr. 161, RdK 1928, 126.

geführt werden; andernfalls bedarf der Lastkraftwagen des ordnungsgemäß beleuchteten hinteren Kennzeichens. Im Falle der Anbringung des hinteren Kennzeichens an der Rückseite des letzten Fahrzeuges ist § 13 VO zu beachten. (Siehe Anm. 2 zu § 13 VO.)

Durch Satz 2 ist nunmehr statt bisher weißem Licht gelbrotes Licht und außerdem der Platz, an dem die Laterne anzubringen ist, vorgeschrieben worden.

Übergangsvorschrift (Art. II Abs. 1 VO vom 15. 7. 1930). Die Neuerung tritt am 1. 10. 1930 in Kraft.

Anhänger an Zugmaschinen. **§ 32a.**

Für das Mitführen von Anhängern durch eine zum Verkehr auf öffentlichen Wegen zugelassene Zugmaschine gelten die Bestimmungen über das Mitführen von Anhängern durch einen zum Verkehr auf öffentlichen Wegen zugelassenen Kraftwagen entsprechend mit folgender Maßgabe:

1. wenn ausschließlich im inländischen Verkehre benutzte Zugmaschinen, deren Eigengewicht 4 Tonnen nicht übersteigt und die auf ebener Bahn eine Geschwindigkeit von 8 Kilometer in der Stunde nicht überschreiten können, in einem land- oder forstwirtschaftlichen Betriebe verwendet werden, so findet auf Anhänger, die von ihnen mitgeführt werden, § 32 Abs. 1 Nr. 2 Satz 1 erster Halbsatz über Bereifung keine Anwendung. § 32 Abs. 1 Nr. 2 Satz 1 erster Halbsatz gilt auch nicht für Möbel-, Wohn- und Schaustellerwagen, die von einer ausschließlich im inländischen Verkehre benutzten Zugmaschine beliebiger Art befördert werden unter der Voraussetzung, daß bei der Beförderung eine Geschwindigkeit von 8 Kilometer in der Stunde nicht überschritten wird, und daß die Beförderung nur zwischen dem Lade-, Entlade-, Fest- oder Abstellplatz einerseits und dem nächstgelegenen Bahnhof andererseits oder zwischen dem Lade-, Entlade- oder Festplatz einerseits und einem in der Nähe gelegenen Abstellplatz andererseits stattfindet;
2. die Vorschriften des § 32 Abs. 1 Nr. 3 und 4 finden keine Anwendung auf das Mitführen von Wohn- und Schaustellerwagen und fahrbaren Maschinen und Geräten zu landwirtschaftlichen und gewerblichen Zwecken;
3. das gesamte Gewicht eines Sattelschleppers und eines mitgeführten Anhängers im beladenen Zustande darf 16 Ton-

nen nicht übersteigen; dabei darf der Achsdruck nur bei einer der Achsen bis zu 7,5 Tonnen, im übrigen höchstens 5,5 Tonnen betragen; hierüber hinausgehende Ausnahmen vgl. § 36a;

4. der Druck auf 1 Zentimeter Felgenbreite darf, wenn gewöhnliche Vollgummi- oder Eisenreifen verwendet werden, bei keinem Anhänger auch bei höchstzulässigem Gesamtgewichte 150 Kilogramm übersteigen;
5. die Vorschrift des § 32 Abs. 1 Nr. 7 findet keine Anwendung auf das Mitführen von Möbel-, Wohn- und Schaustellerwagen, fahrbaren Maschinen und Geräten zu landwirtschaftlichen und gewerblichen Zwecken und solchen Anhängern, die mit ihrer Beschaffenheit nach einen großen Laderaum beanspruchenden landwirtschaftlichen Erzeugnissen beladen sind; hierüber hinausgehende Ausnahmen vgl. § 36a;
6. die Vorschriften des § 32 Abs. 1 Nr. 8, 9b und 10 und des Abs. 2 erster Halbsatz finden keine Anwendung auf Anhänger von Zugmaschinen, deren Eigengewicht 4 Tonnen nicht übersteigt und die auf ebener Bahn eine Geschwindigkeit von 8 Kilometer in der Stunde nicht überschreiten können; die Vorschrift des § 32 Abs. 2 erster Halbsatz findet auch keine Anwendung auf Anhänger von allen Sattelschleppern;
7. eine Zugmaschine, die Anhänger mit sich führt, von denen der erste oder dessen Ladung seitlich mehr als 40 Zentimeter über die Spiegelaußenkante ihrer Scheinwerfer vorsteht, muß eine Laterne mit sich führen, die bei Dunkelheit oder starkem Nebel einen Lichtschein so nach rückwärts wirft, daß die seitliche Begrenzung des ersten Anhängers und seiner Ladung für entgegenkommende Fahrzeuge leicht erkennbar ist, es sei denn, daß an dem Anhänger selbst Laternen angebracht sind, die seine seitliche Begrenzung und die seiner Ladung anzeigen;
8. für das Mitführen von zwei Anhängern ist eine Erlaubnis der Polizeibehörde nicht erforderlich. Das Mitführen von mehr als zwei Anhängern ist verboten.

Neu eingefügt durch VO vom 15. 7. 1930.

Das Mitführen von Anhängern durch Zugmaschinen war bisher sehr unklar geregelt und hat zu Zweifeln Anlaß gegeben, zumal die Meinungen darüber auseinandergingen, ob die Zugmaschinen als Kraftwagen anzusehen sind oder nicht. Der Gesetzgeber hat sich nunmehr der im Schrifttum vorherrschenden Meinung angeschlossen, daß die Zugmaschinen keine Kraftwagen sind. Gleichwohl finden die Vorschriften über das Mitführen von Anhängern durch Kraftwagen auch auf das Mitführen von Anhängern durch Zugmaschinen Anwendung, soweit nicht § 32a Abweichendes bestimmt. Auf Zugmaschinen, deren Eigengewicht (§ 1 Nr. 6) 9 Tonnen übersteigt und die von einer Dampfmaschine angetrieben werden, finden diese Vorschriften keine Anwendung (§ 2 Abs. 4 Nr. 6).

Die **Unterschiede** gegenüber § 32 sind folgende:

1. Bereifung: Die Anhänger an Kraftwagen müssen mit Luft- oder hochelastischen Vollgummireifen versehen sein (§ 32 Abs. 1 Nr. 2). Die Anhänger von ausschließlich im inländischen Verkehr benutzten Zugmaschinen sind von dieser Vorschrift befreit, wenn entweder

a) das Eigengewicht der Zugmaschine 4 Tonnen nicht übersteigt, die Zugmaschine eine Geschwindigkeit von 8 km-Std. nicht überschreiten kann (vgl. Anm. 8 zu § 8 KFG) und sie in einem land- oder forstwirtschaftlichen Betrieb verwendet wird (siehe § 36b Anm. 1) oder wenn

b) an eine Zugmaschine beliebiger Art Möbel-, Wohn- oder Schaustellerwagen angehängt werden und bei der Beförderung, die nur zwischen bestimmten Plätzen stattfinden darf, eine Geschwindigkeit von 8 km-Std. nicht überschritten wird (§ 32a Nr. 1).

2. Gesamtgewicht: Die an Zugmaschinen angehängten Wohn- oder Schaustellerwagen und fahrbaren Geräte zu landwirtschaftlichen oder gewerblichen Zwecken sind von den Vorschriften über das zulässige Gesamtgewicht (§ 32 Abs. 1 Nr. 3) befreit (§ 32a Nr. 2). Für Sattelschlepper gelten die besonderen Vorschriften der Nr. 3. Ausnahme § 36a.

3. Achsdruck: Hier gilt dasselbe wie hinsichtlich des Gesamtgewichts (§§ 32 Abs. 1 Nr. 4, 32a Nr. 2).

4. Zulässige Breite: Die Vorschrift des § 32 Abs. 1 Nr. 7 findet keine Anwendung auf das Mitführen von Möbel-, Wohn- oder Schaustellerwagen, fahrbaren Maschinen und Geräten zu landwirtschaftlichen und gewerblichen Zwecken und solchen Anhängern, die mit ihrer Beschaffenheit nach einen großen Laderaum beanspruchenden landwirtschaftlichen Erzeugnissen beladen sind (§ 32a Nr. 5). Für Kraftzüge dieser Art gelten die besonderen Vorschriften in Nr. 7, die gemäß Art. II der VO vom 15. 7. 1930 am 1. 10. 1930 in Kraft treten. Ausnahme § 36a.

5. Die Vorschriften über das Fabrikschild, die Bergstütze, die Einhaltung der Spur (§ 32 Abs. 1 Nr. 8, 9b, 10) finden keine Anwendung auf Anhänger von Zugmaschinen, deren Eigengewicht 4 Tonnen nicht übersteigt und die auf ebener Bahn eine Geschwindigkeit von 8 km-Std. nicht übersteigen können. Vgl. Anm. 8 zu § 8 KFG (§ 32a Nr. 6).

6. Die Vorschriften über das Mitfahren eines Bremsers (§ 32 Abs. 2) gelten nicht für Anhänger von Zugmaschinen der in Anm. 5 bezeichneten Art, sowie für die Anhänger von Sattelschleppern aller Art (§ 32a Nr. 6).

7. Während Kraftwagen nach § 32 Abs. 5 erster Satz zum Mitführen von zwei Anhängern einer besonderen Erlaubnis bedürfen, ist eine solche bei Zugmaschinen nicht erforderlich. Jedoch darf auch eine Zugmaschine nicht mehr als zwei Anhänger mitführen (§ 32a Nr. 8).

Anhänger an Krafträder. § 33.

Ein zum Verkehr auf öffentlichen Wegen zugelassenes Kraftrad darf Anhänger, Bei- oder Vorsteckwagen nur mitführen, wenn sie verkehrssicher und mit Luftreifen versehen sind und die Radkränze keine Unebenheiten besitzen, die die Fahrbahn beschädigen könnten; auch muß der Anhänger, Bei- oder Vorsteckwagen mit dem Kraftrad in zuverlässiger Weise gekuppelt sein.

1. Neufassung durch VO vom 15. 7. 1930.

2. Gilt auch für Kleinkrafträder (§ 48 VO).

3. Anhänger sind, wie sich aus dem Worte „Radkränze" ergibt, nur Räderfahrzeuge und zwar ein- oder mehrachsige. Bei- oder Vorsteckwagen sind, wie oben ausgeführt, begrifflich keine Anhänger; sie werden in § 33 diesen aber gleichgestellt. Das Anhängen eines Gefährtes mittels Stricken u. dgl., insbesondere auch von Fahrrädern, ist verboten. Hinsichtlich der Frage des Anhängens eines Kraftrades an ein anderes Kraftrad siehe Anm. 2 zu § 34.

Schleppzüge. § 34.

Die Bestimmungen des § 32 finden mit Ausnahme der des Abs. 6 Satz 2, erster Halbsatz keine Anwendung auf angehängte Kraftfahrzeuge, die sich nicht mit eigener Kraft fortbewegen. Solche Schleppzüge müssen besonders vorsichtig fahren; geschleppte Kraftfahrzeuge müssen mit je einem Begleiter besetzt sein, der Bremsen und Lenkvorrichtung bedient.

1. Gilt nicht für Kleinkrafträder.

2. § 34 enthält die einzige Ausnahme von der Regel, daß Kraftwagen nur solche Anhänger mitführen dürfen, die den Bedingungen des § 32 genügen. Zweifelhaft ist, ob und inwieweit § 34 auch auf Krafträder Anwendung findet. Da § 34 ganz allgemein von Kraftfahrzeugen spricht, muß man annehmen, daß auch ein Kraftrad durch einen Kraftwagen geschleppt werden darf. Dagegen möchte ich die Frage, ob ein Kraftrad ein anderes Kraftrad schleppen darf, verneinen[1]), und zwar einmal deshalb, weil § 34 nur die Anwendung des § 32, nicht aber auch die Anwendung des § 33 aus-

---

[1]) A. A. Oberländer DAR 1927 Nr. 8 S. 3.

schließt und dann auch deshalb, weil die Vorschrift des § 34 auf Kleinkrafträder keine Anwendung findet. Satz 2 weist mit den Worten „besonders vorsichtig" auf die erhöhte Gefährlichkeit des Schleppens hin (vgl. Anm. 2c zu § 17 VO). Aus welchem Grunde das geschleppte K sich nicht mit eigener Kraft fortbewegen kann, ist hier — im Gegensatz zu § 41 Abs. 10 letzter Satz — belanglos.

F. Nachprüfung und Untersagung des Betriebs.

Fahrzeugprüfung. **§ 35.**

Die Polizeibehörde kann jederzeit auf Kosten des Eigentümers eine Untersuchung darüber veranlassen, ob ein Kraftfahrzeug oder Anhänger, Bei- oder Vorsteckwagen den nach Maßgabe dieser Verordnung zu stellenden Anforderungen entspricht. Genügt das eine oder andere dieser Fahrzeuge diesen Anforderungen nicht, so kann seine Ausschließung vom Befahren der öffentlichen Wege durch die höhere Verwaltungsbehörde verfügt werden. Ausnahmen zu Satz 1 und 2 vgl. § 42 Abs. 1.

1. Gilt auch für Kleinkrafträder (§ 48 VO).

2. **Abs. 1.** Durch VO vom 15. 7. 1930 ist die Befugnis der Polizeibehörde zur Untersuchung und Ausschließung von Fahrzeugen aus dem Verkehr auf Anhänger, Bei- oder Vorsteckwagen ausgedehnt worden. Unter Polizeibehörde ist weder die Zulassungsbehörde, noch die Prüfungsbehörde (§ 9 VO), sondern jede Polizeibehörde, in deren Bereich sich das K gerade befindet, zu verstehen. In Bayern sind die Bezirksverwaltungsbehörden bzw. Polizeidirektionen zuständig. Der Eigentümer und Halter ist, abgesehen von dem Falle des § 12 VO, nur zu einem Dulden, nicht auch zu einem Handeln verpflichtet. Die Kosten der Untersuchung trägt der Eigentümer. Im Weigerungsfalle sind Eigentümer und Halter nach § 21 G strafbar, außerdem kann die Polizeibehörde auf Grund des Art. 20 PolStGB die Untersuchung erzwingen.

3. **Abs. 2.** Bestritten ist, ob durch die Ausschließung vom Befahren öffentlicher Wege die Zulassung ihre Gültigkeit verliert. Dies wird zumeist angenommen, erscheint aber doch nicht zweifelsfrei. Die gegenteilige Ansicht kann sich darauf stützen, einmal, daß hier im Gegensatz zu den vorerwähnten Fällen eine Rückgabe der Zulassungsbescheinigung nicht angeordnet ist, insbesondere aber darauf, daß im § 35 VO eine dem § 36 Satz 2 VO entsprechende Bestimmung fehlt. Hieraus muß, da Ausnahmebestimmungen wie die vorgenannte grundsätzlich eng auszulegen sind, geschlossen werden, daß die Ausschließung nur für den Bereich der ausschließenden Behörde gilt. Die Wiederverwendung des K ist hienach nach Beseitigung der Mängel ohne erneute Zulassung gestattet, da die Zulassung nicht außer Kraft getreten ist. Eine Zuwiderhandlung gegen das Verbot wäre nur nach § 21 G strafbar (vgl. Vorbem. 9a zu § 6 VO).

4. Ausnahmen § 42 Abs. 1 VO.

Gewichtsprüfung. **§ 35 a.**

(1) Der Führer eines beladenen Lastkraftwagens ist verpflichtet, auf Verlangen eines Polizeibeamten, wenn die Einhaltung des zulässigen Gesamtgewichts nicht auf andere Weise glaubhaft gemacht werden kann, das Fahrzeug nach näherer Weisung des Beamten auf einen Achsdruckmesser oder eine Waage, die, wenn sie nicht in der Fahrtrichtung liegt, nicht weiter als 3 Fahrkilometer entfernt sein darf, zu fahren und wägen zu lassen. Im Falle der Feststellung eines Übergewichts fallen die Kosten der Wägung dem Halter des Fahrzeugs zur Last; in einem solchen Falle kann der Polizeibeamte eine dem Übergewicht entsprechende Entladung fordern, für die der Halter die Kosten trägt, wenn dem Polizeibeamten nicht aus besonderen Gründen eine Duldung der Weiterfahrt ohne Entladung angezeigt erscheint. Nach der Wägung ist dem Führer eine Bescheinigung zu erteilen, aus der das Gewicht des weiterfahrenden Fahrzeugs einschließlich Ladung hervorgeht.

(2) Bei besetzten Personenkraftwagen kann die Einhaltung des zulässigen Gesamtgewichts durch Zählung der mitfahrenden Personen geprüft werden; hierbei sind dem aus der Zulassungsbescheinigung ersichtlichen Eigengewicht des Fahrzeugs für jede Person über 10 Jahre 65 Kilogramm, für jede Person bis zu 10 Jahren 30 Kilogramm zuzurechnen.

(3) Abs. 1 und 2 gelten entsprechend für die Feststellung des Gewichts eines von einem Kraftwagen oder einer Zugmaschine mitgeführten Anhängers.

1. **Abs. 1 Satz 1.** Die Vorschrift ist neu eingefügt durch VO vom 15. 7. 1930 und gibt dem einzelnen Polizeivollzugsbeamten weitgehende Befugnisse zur Feststellung, ob das zulässige Gesamtgewicht eines K nicht überschritten ist. Begriff Polizeibeamter siehe Anm. 2a zu § 27 VO. Begriff Lastkraftwagen siehe Anm. 13 zu § 4 VO. Hinsichtlich der Anhänger siehe Abs. 3.

Die Befugnisse sind folgende:

a) Die Anordnung der Nachwägung. Sie ist nur zulässig, wenn für diese Maßnahme ein dringender polizeilicher Grund vorliegt und das Gesamtgewicht nicht auf andere Weise (also z. B. durch Gewichtsangabe auf den einzelnen Frachtstücken) glaubhaft gemacht werden kann. Zweifelhaft erscheint, ob der Führer verpflichtet ist, den Polizeibeamten auf dem Fahrzeug mitfahren zu lassen. Die Frage wird zu bejahen sein, wenn und insoweit die Mitfahrt erforderlich ist, um die Nachwägung sicherzustellen.

b) Die Anordnung der Entladung. Eine vollständige Entladung kann der Polizeibeamte nicht verlangen, sondern nur die Beseitigung des Übergewichts. Der Polizeibeamte darf die Weiterfahrt dulden, wenn der Eingriff in die persönliche Freiheit, den die Anordnung darstellt, nicht in angemessenem Verhältnis zu dem Nachteil steht, der durch die Überlastung möglicherweise eintreten kann.

2. Abs. 1 Satz 2. Nur im Falle der Feststellung eines Übergewichts hat der Halter die Kosten für die Nachwägung und die Entladung zu tragen. Wird kein Übergewicht festgestellt, so obliegt die Tragung der Kosten dem Träger der Polizeigewalt. Im Verhältnis zu den Personen, die die Nachwägung oder Entladung vornehmen, ist, wenn der Polizeibeamte das Tätigwerden dieser Personen veranlaßt, zivilrechtlicher Schuldner der Träger der Polizeigewalt, der durch den Polizeibeamten als seinen Vertreter den Vertrag über die Wägung oder Entladung des Fahrzeugs abschließt. Die Kosten dürften als Auslagen im Sinne des Art. 163 Nr. 6 des bayer. Kostengesetzes vom 16. 2. 1921 (GVBl 134) anzusehen sein. Art. 3 Nr. 1 dieses Gesetzes findet keine Anwendung, soweit ein Verschulden des Halters (§ 16 VO) vorliegt. Die Kostenfestsetzung hat durch die Bezirksverwaltungsbehörden bzw. Polizeidirektionen zu erfolgen. Die Beitreibung regelt sich nach Art. 184, 185 KostenG, Art. 4, 6, 7 AusfG zur ZPO u. KO in der Fassung vom 26. 6. 1899 (GVBl 401). Im übrigen beurteilt sich die Kostenerstattung nach zivilrechtlichen Grundsätzen.

3. Abs. 2. Die neue Vorschrift beseitigt die Zweifel, die entstanden sind, wenn auf einem K mehr Personen, insbesondere Kinder mitgenommen werden, als in dem Zulassungsschein vermerkt ist. Man kann aber aus ihr auch schließen, daß für die Feststellung des Gesamtgewichts dem Zulassungsschein nicht mehr ausschlaggebende Bedeutung zukommt (siehe Anm. 7d zu § 16 VO).

Ausschluß der Führer.

§ 36.

(1) Werden Tatsachen festgestellt, die die Annahme rechtfertigen, daß eine Person zum Führen von Kraftfahrzeugen ungeeignet ist, so kann ihr die Fahrerlaubnis dauernd oder für bestimmte Zeit durch die für ihren Wohnort zuständige höhere Verwaltungsbehörde entzogen werden; nach der Entziehung ist der Führerschein der Behörde abzuliefern. Die Entziehung der Fahrerlaubnis ist für das ganze Reich wirksam. Im Falle der Entziehung der Fahrerlaubnis für bestimmte Zeit kann deren Wiedererteilung von der nochmaligen Ablegung einer Prüfung oder der Erfüllung sonstiger Bedingungen abhängig gemacht werden.

(2) Personen, die nur während eines vorübergehenden Aufenthalts in dem Gebiete des Deutschen Reichs ein Kraftfahr-

zeug führen, kann aus Gründen, die nach Abs. 1 die Entziehung der Fahrerlaubnis rechtfertigen, die Führung des Kraftfahrzeugs durch Verfügung der zuständigen höheren Verwaltungsbehörde jederzeit untersagt werden. Die Untersagung ist für das ganze Reich wirksam.

1. **Abs. 1.** Vgl. Anm. zu § 4 KFG. Bei einem Entzug der Fahrerlaubnis auf bestimmte Zeit lebt die Berechtigung zum Führen eines K nach Zeitablauf von selbst wieder auf, ohne daß es einer Wiedererteilung der Fahrerlaubnis bedürfte. Die höhere Verwaltungsbehörde kann sich aber auch die Wiedererteilung der Fahrerlaubnis ausdrücklich vorbehalten und diese Wiedererteilung von der nochmaligen Ablegung einer Prüfung oder von der Erfüllung sonstiger Bedingungen abhängig machen. In der Auswahl solcher Bedingungen ist die Behörde im allgemeinen frei, jedoch sind nur solche Bedingungen zulässig, die im Zusammenhang mit den Erfordernissen stehen, die nach dem Gesetz Voraussetzung für die Erteilung der Fahrerlaubnis sind[1]). Unzulässig wäre z. B. die Wiedererteilung der Fahrerlaubnis unter der Bedingung der Zahlung einer Buße an den bei einem Unfalle Verletzten. Nach dem Wortlaut der Vorschrift könnte man annehmen, daß nur solche Bedingungen zulässig sind, die vor der Wiedererteilung der Fahrerlaubnis erfüllt sein müssen. Da die Behörde jedoch berechtigt ist, die Fahrerlaubnis dauernd zu entziehen, dürften keine Bedenken gegen die Annahme bestehen, daß die Wiedererteilung der Fahrerlaubnis auch unter Auflagen erfolgen kann. Die Erteilung der Fahrerlaubnis unter Auflagen ist dem Gesetz nicht fremd, wie sich aus Abschnitt VII Abs. 2 Satz 3 der Anlage zu § 14 Abs. 4 KVO ergibt. So erscheint es mir z. B. zulässig, daß einem Führer, der sich infolge von Mängeln des Sehvermögens ungeeignet erwiesen hat, ein K bei Nacht zu führen, die Fahrerlaubnis nur unter der Auflage wiedererteilt wird, daß er das Fahrzeug nur bei Tag führen darf.

Die Auferlegung von Bedingungen kann nicht im Rekursverfahren angefochten werden. Wohl aber steht dem Betroffenen die Beschwerde nach Art. 14 PolStGB zu. Dies schließt jedoch nicht aus, daß mit der Entscheidung im Rekursverfahren zugleich auch über die Beschwerde entschieden wird, da zur Entscheidung in beiden Fällen die Regierung, KdJ, zuständig ist und der Beschwerdeführer durch den erhöhten Rechtsschutz, den das verwaltungsrechtliche Verfahren gewährt, nicht beeinträchtigt ist[2]).

2. **Abs. 2.** Die Untersagung der Führung von K durch Ausländer, die im Besitze eines von einer ausländischen Behörde ausgestellten internationalen Fahrausweises sind, erfolgt nach Maßgabe der Vorschrift des § 9 Abs. 3 der Int. KVO, nicht nach § 36 Abs. 2 KVO. Dagegen findet § 36 Anwendung, wenn einem ausländischen Führer auf Grund des § 11 Abs. 3 der Int. KVO von einer deutschen Behörde ein internationaler Fahrausweis ausgestellt worden ist, sowie wenn es sich um einen Führer handelt,

---

[1]) PrOVG 16. 5. 1929 JW 1929, 2845.
[2]) Vgl. Dyroff 255.

der ein K auf Grund eines mit Anerkennungsvermerk versehenen ausländischen Zeugnisses führt (§ 11 Abs. 1 Int. KVO). Gegen die Untersagung steht dem Betroffenen nicht der Rekurs, sondern nur die Beschwerde nach Art. 14 PolStGB zu. Führt der Führer nach der Untersagung das Fahrzeug weiter, so macht er sich nicht nach § 24 KFG, sondern nur nach § 21 KFG strafbar.

G. Ausnahmen.

Fahrzeuge.

§ 36 a.

Die höhere Verwaltungsbehörde kann auf Antrag unter Vorbehalt jederzeitigen Widerrufs Ausnahmen von den Vorschriften des § 3 Abs. 2 bis 5, des § 4 Abs. 9, des § 4 Abs. 10 (soweit es sich um Kraftomnibusse handelt), des § 4 Abs. 11 Satz 3 und des § 32 Abs. 1 Nr. 3, 4, 5 und 7 sowie auch über § 32 a Nr. 3 und 5 hinausgehende Ausnahmen zulassen. Hierbei müssen für diejenigen Kraftfahrzeuge, für welche die Ausnahme gelten soll, bestimmte Verkehrsgebiete oder bestimmte Verkehrswege, die aber nicht über den Bezirk der höheren Verwaltungsbehörde hinausreichen dürfen, festgesetzt werden. Vor Erteilung der Ausnahmebewilligung bedarf es der Anhörung des Wegeunterhaltungspflichtigen. Ferner gilt folgendes: Die Kraftfahrzeuge mit Ausnahme der Kraftomnibusse, die von der Vorschrift des § 4 Abs. 10 befreit wurden, müssen an beiden Seiten in schwarzer Balkenschrift auf weißem, rotgerandetem Grunde die Aufschrift führen „Nur für .... zugelassen"; für die Randbreite, die Schrifthöhe, die Strichstärke und den Abstand zwischen den einzelnen Zeichen und vom Rande gelten die gleichen Vorschriften wie für die Ausführung des hinteren Kennzeichens nach § 8 Abs. 3 Satz 4.

1. Ausnahmen sind *zulässig* von den Vorschriften über zulässiges Gesamtgewicht (§§ 3 Abs. 2, 32 Abs. 1 Nr. 3, 32a Nr. 3), zulässige Belastung (§ 3 Abs. 3), zulässigen Achsdruck (§§ 3 Abs. 4, 32 Abs. 1 Nr. 4), Eigengewicht und Achsdruck bei Zugmaschinen (§ 3 Abs. 5), zulässige Breite (§§ 4 Abs. 9, 32 Abs. 1 Nr. 7, 32a Nr. 5), zulässige Höhe bei Kraftomnibussen, Breite der Ladung (§ 4 Abs. 11 Satz 3), Entfernung der Achsen der Anhänger (§ 32 Abs. 1 Nr. 5).

2. Die Zulässigkeit der Ausnahmen ist *beschränkt* auf bestimmte Verkehrsgebiete oder bestimmte Verkehrswege.

3. *Zuständig* sind die Bezirkspolizeibehörden (Bezirksämter, unmittelbare Stadträte, Polizeidirektionen).

4. Besondere *Kennzeichnung*: Satz 4.

5. *Bereifung* siehe § 36b Abs. 3d.

Bereifung.

§ 36b.

(1) Ausschließlich im inländischen Verkehre benutzte Zugmaschinen, deren Eigengewicht 4 Tonnen nicht übersteigt und die auf ebener Bahn eine Geschwindigkeit von 8 Kilometer in der Stunde nicht überschreiten können, sind von der Vorschrift über die Gummibereifung befreit, soweit sie in einem land- oder forstwirtschaftlichen Betriebe verwendet werden.

(2) Die Verwendung hochelastischer Vollgummireifen an Stelle von Luftreifen ist zulässig bei Zugmaschinen, die auf ebener Bahn eine Geschwindigkeit von 16 Kilometer in der Stunde nicht überschreiten können, und bei Kraftfahrzeugen, die nach ihrer besonderen Bauart Zwecken der öffentlichen Straßenreinigung dienen.

(3) Die Verwendung hochelastischer Vollgummireifen an Stelle von Luftreifen kann von der höheren Verwaltungsbehörde auf Antrag des Eigentümers widerruflich unter Vornahme einer entsprechenden Eintragung in die Zulassungsbescheinigung gestattet werden:

a) bei Kraftfahrzeugen der Wehrmacht, der staatlichen Polizei und der Feuerwehr;

b) bei Elektro- und Benzinkarren, wenn das Eigengewicht 1,75 Tonnen nicht übersteigt, der Karren auf ebener Bahn eine Geschwindigkeit von 16 Kilometer in der Stunde nicht überschreiten kann und überwiegend auf nicht öffentlichen Wegen benutzt werden soll;

c) bei zweiachsigen Lastkraftwagen, deren Eigengewicht 4 Tonnen übersteigt, falls ein besonderes Bedürfnis nachgewiesen wird, das nicht mit technischen Schwierigkeiten, die sich aus der Anbringung von Luftbereifung an einem Kraftfahrzeug ergeben könnten, oder mit schlechter Wirtschaftslage des Eigentümers begründet werden darf. Die Genehmigung darf nur für einen bestimmten Verwendungszweck des Kraftwagens erteilt werden;

d) nach Anhörung des Wegeunterhaltungspflichtigen in denjenigen Fällen, in denen auf Grund des § 36a Ausnahmen von den Vorschriften des § 3 Abs. 2 bis 5 zugelassen werden.

(4) Werden hochelastische Vollgummireifen verwendet, so darf der Druck auf 1 Zentimeter Felgenbreite — Basis der Gummireifen — bei keinem Kraftfahrzeug auch bei höchstzulässigem Gesamtgewicht 100 Kilogramm übersteigen; werden gewöhnliche Vollgummi- oder Eisenreifen verwendet, so darf dieser Druck 150 Kilogramm nicht übersteigen.

1. **Abs. 1.** Eigengewicht siehe § 1 Nr. 6. Geschwindigkeit vgl. Anm. 8 zu § 8 KFG. Wann eine Verwendung in einem land- oder forstwirtschaftlichen Betrieb vorliegt, mag zweifelhaft sein. Es wird anzunehmen sein, daß nicht die Verwendung im Einzelfalle maßgebend ist, sondern die bestimmungsgemäße Verwendung. Es wird daher als zulässig anzusehen sein, daß ausnahmsweise auch Fahrten ausgeführt werden, die nicht als Wirtschaftsfuhren im Sinne des § 1 Nr. 3 StrVerkO anzusprechen sind. Zum land- und forstwirtschaftlichen Betrieb zählen auch Neben- und Hilfsbetriebe, nicht aber Nebengewerbe (§ 2 Abs. 2 HGB). Vgl. Steinbach Anm. 1 Abs. 2 zu § 1 GewO. Siehe zu Abs. 1 auch § 32a Nr. 1 Satz 1 und bisherigen § 40 Abs. 2 Satz 3 VO vom 16. 3. 1928.

2. **Abs. 2.** Geschwindigkeit vgl. Anm. 8 zu § 8 KFG. Es fallen hierunter Kehrmaschinen, Sprengwagen u. dgl. Vgl. bisher § 36a Abs. 3 VO vom 16. 3. 1928/27. 4. 1929.

3. **Abs. 3.** a) Ob es sich um ein Fahrzeug der Wehrmacht usw. handelt, eurteilt sich nicht nach den Eigentumsverhältnissen, sondern nach dem Verwendungszweck.

b) Eigengewicht siehe § 1 Nr. 6. Geschwindigkeit Anm. 8 zu § 8 KFG. Hierunter fallen z. B. solche Elektro- oder Benzinkarren (Begriff siehe Anm. 5 zu § 8 VO), die innerhalb des Fabrikgeländes eines gewerblichen Unternehmens zum Verkehr zwischen den einzelnen Fabrikationswerkstätten Verwendung finden und bei ihren Fahrten einen öffentlichen Weg, der das Gelände durchzieht, überqueren müssen.

c) Eigengewicht siehe § 1 Nr. 6. Eine solche Erlaubnis kommt in folgenden Fällen in Frage:

1. bei Kraftfahrzeugen, welche des öfteren die befestigten Fahrbahnen verlassen und auf unbefestigten Wegen und in unwegsamem Gelände fahren müssen;
2. bei solchen Verwendungszwecken der Kraftfahrzeuge, bei denen ein vorzeitiges Unbrauchbarwerden der Luftreifen durch äußere Verletzungen oder dergl. zu befürchten ist;
3. bei Transporten, die wirtschaftlich nur mit hochelastischen Vollgummireifen durchgeführt werden können oder die eine besondere Betriebssicherheit erfordern.

Übergangsvorschriften. (Art. II Abs. 6 VO vom 15. 7. 1930.) Die Anwendbarkeit des Abs. 3c wird erweitert auf zweiachsige Lastkraftwagen, deren Eigengewicht 3 Tonnen übersteigt, sofern diese Fahrzeuge vor dem 1. 10. 1930 zum Verkehre zugelassen sind.

Zugmaschinen. **§ 36c.**

Bei Zugmaschinen, die in land- oder forstwirtschaftlichen Betrieben verwendet werden, genügt, falls zwei Standlichter vorhanden sind, ein Scheinwerfer, dessen Spiegelunterkante auch bis zu 1,1 Meter über der Fahrbahn liegen darf.

§ 37.

Vorbemerkung zu §§ 37, 39, 41 VO.

1. Arten der Fahrten nach § 3 G und §§ 37, 39, 41 VO:
a) Vorführungsfahrten (vor die Polizeibehörde) (§ 39 VO),
b) Übungsfahrten (zum Zwecke der Übung in der Führung von K) (§ 3 G),
c) Prüfungsfahrten zum Zwecke entweder
α) der Ablegung der Prüfung (§ 3 G) oder
β) der Prüfung der Verkehrssicherheit von K durch die amtlichen Sachverständigen (§ 37 VO),
d) Probefahrten zur Erprobung oder zum Nachweis der Verkehrssicherheit der K durch Privatpersonen und zwar entweder durch
α) nicht begünstigte Privatpersonen (§ 41 Abs. 1 VO) oder durch
β) begünstigte Privatpersonen (§ 41 Abs. 2 VO),
e) Überführungsfahrten (zur Verbringung des Fahrzeugs an andere Orte oder zum Abschleppen beschädigter K) (§ 41 letzter Abs. VO) durch
α) nicht begünstigte Privatpersonen,
β) begünstigte Privatpersonen.

2. Art der Zulassung:
a) behördliche Zulassung nach §§ 5, 6, 41 Abs. 1 VO im Falle 1 a), b), c) α), d) α), e) α)
b) vorläufige Zulassung nach § 41 Abs. 2 VO im Falle 1 d) β) und e) β)
c) keine Zulassung im Falle c) β).

3. Kennzeichnung:
a) gewöhnliches Kennzeichen nach §§ 8ff. VO im Falle 1 b) und c) α)
b) Probefahrtkennzeichen nach § 37 Abs. 2 VO im Falle 1 c) β), d) α) und β), e) α) und β)
c) kein gestempeltes Kennzeichen im Falle 1 a).

4. Zulassungsschein:
a) gewöhnlicher Zulassungsschein nach § 6 Abs. 2 VO im Falle 1 b) und c) α)
b) Probezulassungsschein nach § 41 Abs. 1 VO im Falle 1 d) α) und e) α)
c) Probezulassungsschein nach § 41 Abs. 2 VO im Falle 1 d) β), und e) β)
d) kein Zulassungsschein, jedoch schriftliche Aufforderung nach § 39 VO im Falle 1 a)
e) kein Zulassungsschein im Falle 1 c) β).

5. Führerschein:
a) erforderlich in den Fällen 1 a), c) β), d), e)
b) kein Führerschein erforderlich in den Fällen 1 b) und c) α) (§ 3 G).

6. Hinsichtlich der Zuteilung von Probefahrtkennzeichen an Kleinkrafträder siehe § 48 Nr. 6 VO.

Prüfungsfahrten.

(1) Als vorläufig zum Verkehr auf öffentlichen Wegen zugelassen gelten Kraftfahrzeuge während der durch den amtlich anerkannten Sachverständigen vorzunehmenden technischen Prüfung. Die Vorschrift im § 15 Abs. 1 über die Mitführung des Zulassungsscheins findet in diesen Fällen keine Anwendung.

(2) Während der Prüfungsfahrten haben die Kraftfahrzeuge ein besonderes Kennzeichen (Probefahrtkennzeichen) zu führen, auf das die Bestimmungen im § 8 mit der Maßgabe Anwendung finden, daß die Erkennungsnummer aus einer Null (0) mit einer oder mehreren nachfolgenden Ziffern besteht, daß das Kennzeichen in roter Balkenschrift auf weißem, rotgerandetem Grunde herzustellen ist und daß von der festen Anbringung der Kennzeichen abgesehen werden kann. Derartige, mit dem Dienststempel der höheren Verwaltungsbehörde versehene Kennzeichen sind den amtlich anerkannten Sachverständigen (§ 5) zur Verwendung bei diesen Prüfungsfahrten zur Verfügung zu stellen.

1. Gilt nicht für Kleinkrafträder.

2. Nach § 37 VO „gilt" ein K auch als vorläufig zugelassen während der durch den amtlich anerkannten Sachverständigen vorzunehmenden technischen Prüfung. Die Bezeichnung dieser Regelung als vorläufige Zulassung ist irreführend. Eine Zulassung erfolgt hier überhaupt nicht. Die Vorschrift stellt vielmehr nur eine Fiktion auf, die nur in dem einen Falle gilt. Richtiger erscheint es daher, hier von einer fiktiven Zulassung zu sprechen.

Kennzeichnung.

§ 38.

(1) Von der Verpflichtung zur Führung des Kennzeichens (§ 7) sind befreit:

1. die Kraftfahrzeuge der Feuerwehren im Dienste,
2. die zu Zwecken der öffentlichen Straßenreinigung dienenden Kraftfahrzeuge,
3. ausschließlich im inländischen Verkehre benutzte Zugmaschinen, deren Eigengewicht 4 Tonnen nicht übersteigt und die auf ebener Bahn eine Geschwindigkeit von 16 Kilometer in der Stunde nicht überschreiten können.

(2) Zugmaschinen, die von der Verpflichtung zur Führung der Kennzeichen befreit sind, müssen auf der linken Seite mit

einer deutlich lesbaren, unverwischbaren Aufschrift versehen sein, die den Vor- und Zunamen sowie den Wohnort des Fahrzeugbesitzers (Firma und deren Sitz) angibt. Derartige Zugmaschinen müssen ferner bei Dunkelheit oder starkem Nebel außer den beiden Scheinwerfern eine Laterne führen, die gelbrotes Licht nach hinten wirft. Bei Mitführen von Anhängern muß die Laterne am Schlusse des Zuges angebracht sein.

1. Gilt nicht für Kleinkrafträder.

2. **Nr. 1** betrifft die Dienstfahrzeuge der Feuerwehr. Anders § 44 VO.

3. **Nr. 3.** Die Vorschrift des bisherigen § 40 Abs. 1 VO vom 16. 3. 1928 wurde unter Erhöhung der Gewichts- und Geschwindigkeitsgrenze hier eingefügt durch VO vom 15. 7. 1930.

4. **Abs. 2.** Die Vorschrift des bisherigen § 40 Abs. 3 VO vom 16. 3. 1928 wurde mit geringfügigen Änderungen hier eingefügt und durch die Bestimmung über die Namensaufschrift (vgl. § 3 StrVerkO) ergänzt durch VO vom 15. 7. 1930.

Vorführungsfahrten.

§ 39.

Von der Verpflichtung zur Führung eines gestempelten Kennzeichens sind befreit Kraftfahrzeuge, die auf der Fahrt zur Polizeibehörde zwecks Vorführung des Fahrzeugs und Abstempelung des Kennzeichens (§§ 6 und 9) öffentliche Wege benutzen. Von dieser Verpflichtung sind ferner befreit Kraftfahrzeuge, die nach Abmeldung bei der höheren Verwaltungsbehörde und nach Vernichtung des Dienststempels auf den Kennzeichen (§ 6) auf der Rückfahrt öffentliche Wege benutzen; sie gelten während dieser Fahrt noch als zum Verkehre zugelassen. Als Ersatz für den fehlenden Zulassungsschein und gleichzeitig als Ausweis für diese Fahrten dient im Falle des Satzes 1 die schriftliche Aufforderung der Polizeibehörde, das Fahrzeug vorzuführen, im Falle des Satzes 2 die Bescheinigung über die Abmeldung. Auf dieser mit Datum, Unterschrift und Dienststempel der ausstellenden Behörde zu versehenden Bescheinigung muß der Tag, für den sie gelten soll, angegeben sein.

1. Gilt auch für Kleinkrafträder (§ 48 VO).

2. Die in **Satz 1** vorgesehene Befreiung gilt nur für die Vorführungsfahrt. Hierunter fällt nur die Fahrt vom Betriebsort zur Polizeibehörde (§§ 6 Abs. 2 Satz 2, 9 VO) und zwar auf dem kürzesten Wege. Zuwiderhandlungen sind, da das K bereits zugelassen ist, nicht nach § 23 G, wohl aber nach §§ 9, 15 VO mit § 21 G strafbar.

3. Die Streichung des Wortes „müssen" in Satz 1 durch VO vom 15. 7. 1930 hat die Bedeutung, daß eine Vorführungsfahrt auch dann vorliegt, wenn zu dieser Fahrt deshalb keine zwingende Notwendigkeit vorliegt, weil das K auch mittels eines anderen Transportmittels (Eisenbahn, Lastkraftwagen usw.) an den Sitz der Polizeibehörde befördert werden könnte. Die Rechtsprechung des OLG Dresden 26. 9. 1929 RdK 1929, 109, DAR 1929, 21 ist damit abgelehnt.

4. **Satz 2** enthält eine bisher nicht ausdrücklich für zulässig erklärte, wenn auch in der Praxis gebilligte Regelung.

Fahrerlaubnisfreie K.

§ 40.

(1) Von der Vorschrift über den Führerschein (§ 14 Abs. 1) sind die Führer ausschließlich im inländischen Verkehre benutzter Elektrokarren, deren Eigengewicht 1,75 Tonnen, und anderer elektrisch angetriebener Kraftfahrzeuge, deren Eigengewicht 0,5 Tonnen nicht übersteigt, befreit. Das gleiche gilt für die Führer ausschließlich im inländischen Verkehre benutzter Zugmaschinen, deren Eigengewicht 4 Tonnen nicht übersteigt und die auf ebener Bahn eine Geschwindigkeit von 16 Kilometer in der Stunde nicht überschreiten können. Die Führer der in Satz 1 und 2 genannten Kraftfahrzeuge haben bei Benutzung des Fahrzeugs auf öffentlichen Wegen einen Personalausweis bei sich zu führen und auf Verlangen den zuständigen Beamten vorzuzeigen.

(2) Werden Tatsachen festgestellt, welche die Annahme rechtfertigen, daß eine Person zum Führen von Kraftfahrzeugen der im Abs. 1 bezeichneten Art ungeeignet ist, so kann ihr die für ihren Wohnort zuständige höhere Verwaltungsbehörde die Führung von Kraftfahrzeugen dieser Art dauernd oder zeitweise untersagen. Die Untersagung ist für das ganze Reich wirksam. Personen unter 16 Jahren und solchen Personen, denen die Fahrerlaubnis nach § 36 Abs. 1 entzogen ist, ist das Führen von Kraftfahrzeugen der im Satz 1 bezeichneten Art nicht gestattet. Die höhere Verwaltungsbehörde kann auf Antrag für Personen unter 16 Jahren Ausnahmen genehmigen; sie stellt darüber besondere Ausweise aus.

1. **Abs. 1.** Die bisherigen Vorschriften in § 14 Satz 1 zweiter Halbs. und § 40 Abs. 1 VO vom 16. 3. 1928 sind unter Änderung der Gewichts- und Geschwindigkeitsgrenzen für Zugmaschinen hier eingefügt worden durch VO vom 17. 7. 1930.

2. Abs. 2. Neufassung durch VO vom 15. 7. 1930. Die Vorschrift verbietet entsprechend den bisherigen Bestimmungen jugendlichen Personen das Führen solcher K, die vom Fahrerlaubniszwang befreit sind. Die Altersgrenze ist jedoch von 18 auf 16 Jahre herabgesetzt worden. Sie enthält ferner zwei wichtige Neuerungen:

a) ein Verbot zum Führen vom Fahrerlaubniszwang freigestellter K durch Personen, denen gemäß § 36 Abs. 1 die Fahrerlaubnis entzogen worden ist,

b) die Befugnis, das Führen von K, die vom Fahrerlaubniszwang freigestellt sind, unter den gleichen Voraussetzungen zu untersagen, unter denen die Entziehung der Fahrerlaubnis zulässig ist (vgl. § 48 Nr. 4 und Anm. 4 hiezu).

Probe- und Überführungsfahrten. § 41.

(1) Soll ein Kraftfahrzeug zu Probefahrten auf öffentlichen Wegen in Betrieb genommen werden, so hat der Eigentümer bei der für seinen Wohnort zuständigen höheren Verwaltungsbehörde die Zulassung nach §§ 5 und 6 zu bewirken. Ist die Notwendigkeit der Probefahrten nachgewiesen, so erhält der Antragsteller an Stelle des Zulassungsscheins nach § 6 Abs. 2 einen besonderen Zulassungsschein nach einem besonderen vom Reichsverkehrsminister vorgeschriebenen Muster mit kürzester Befristung je nach Lage des Falles und ein Kennzeichen nach § 37 Abs. 2. Für die Abstempelung gilt § 9 sinngemäß.

(2) Kraftfahrzeugfabriken, Zweigniederlassungen von Kraftfahrzeugfabriken, Kraftfahrzeughändler und solche Gewerbebetriebe, die Zubehör- oder Bestandteile von Kraftfahrzeugen liefern oder Kraftfahrzeuge instandsetzen, erhalten, wenn sie zuverlässig sind, auf Antrag widerruflich im voraus ohne Vorlage eines Sachverständigengutachtens oder einer Ausfertigung der Typenbescheinigung (§ 5 Abs. 2 und 3) eine dem Umfang ihres Geschäftsbetriebs entsprechende Zahl von der höheren Verwaltungsbehörde vollzogener Zulassungsscheine nach vom Reichsverkehrsminister vorgeschriebenem Muster, in die sie selbst die Beschreibung des Fahrzeugs einzutragen haben, und eine entsprechende Anzahl Kennzeichen nach § 37 Abs. 2, die entweder für Kraftfahrzeuge jeder Art oder nur für Krafträder gelten, zu wiederkehrender Verwendung bei den einzelnen Kraftfahrzeugen; die Kennzeichen sind der Polizeibehörde zur Abstempelung vorzulegen; eine Vorführung des Fahrzeugs bei der Polizeibehörde (§ 9) ist nicht erforderlich.

Für eine von einer Kraftfahrzeugfabrik auf Grund einer Typenbescheinigung gleichzeitig fertiggestellte Gruppe von Fahrzeugen kann auch ein gemeinsamer Zulassungsschein nach Satz 1 ausgestellt werden, in den außer der Bezeichnung der Gattung die Fahrgestellnummern aller zu der Gruppe gehörenden Fahrzeuge einzutragen sind. Die Vorschriften des Satzes 1 gelten von Betrieben des Reichs und der Länder mit der Maßgabe, daß von der Feststellung, ob die im Satze 1 enthaltenen besonderen Voraussetzungen vorliegen, abzusehen ist. Die Abstempelung oder Ausgabe des Probefahrtkennzeichens darf nur gegen Vorlegung der Kraftfahrzeugsteuerkarte erfolgen.

(3) Bei Probefahrten zur Prüfung der Verkehrssicherheit eines Fahrzeugs ist besonders vorsichtig zu fahren (§ 18 Abs. 1); für solche Fahrten kann die höhere Verwaltungsbehörde bestimmte Wege vorschreiben. Wird eine Probefahrt über die Grenze des Reichsgebiets ausgedehnt, so sind Kennzeichen und Zulassungsschein vor Verlassen des Reichs dem deutschen Grenzzollamt abzuliefern. Bei Entziehung der Probefahrtkennzeichen durch die zuständige Verwaltungsbehörde oder bei Ablauf der in dem Zulassungsschein vermerkten Frist sind Kennzeichen und alle erteilten Zulassungsscheine der Polizeibehörde unverzüglich abzuliefern. Unterbleibt die Ablieferung, so sind Kennzeichen und Zulassungsscheine einzuziehen; das Kennzeichen ist nach Vernichtung des Dienststempels in augenfälliger Weise unkenntlich zu machen, sofern es nicht amtlich ausgegeben ist. In gleicher Weise ist auf Antrag der Steuerbehörde zu verfahren, wenn eine neue Kraftfahrzeugsteuerkarte nicht rechtzeitig gelöst oder die Kraftfahrzeugsteuer nicht rechtzeitig entrichtet wird.

(4) Bei Verkauf eines Fahrzeugs ist die Ausstellung des Zulassungsscheins und die Zuteilung des nunmehr endgültig zu führenden Kennzeichens unverzüglich bei der zuständigen höheren Verwaltungsbehörde (§ 5 Abs. 1) zu beantragen. War für das Fahrzeug ein Zulassungsschein nach Abs. 1 ausgestellt, so ist dieser dem Antrag beizufügen; die höhere Verwaltungsbehörde sendet nach Zulassung des Fahrzeugs den Zulassungsschein an die Behörde zurück, die ihn ausgestellt hat. Dem Antrag auf endgültige Zulassung

eines Fahrzeugs, für das ein Zulassungsschein nach Abs. 2 ausgestellt war, ist das Gutachten eines Sachverständigen oder die Ausfertigung der Typenbescheinigung (§ 5 Abs. 2 und 3) beizufügen.

(5) Über die nach Abs. 2 ausgestellten Zulassungsscheine hat der Empfänger eine Liste mit Beschreibung der einzelnen Fahrzeuge und Angabe über den Verbleib der Zulassungsscheine zu führen; er hat diese nach Beendigung der Probefahrten, spätestens ein Jahr nach ihrer Ausstellung, unmittelbar der Behörde, die sie ausgestellt hat, abzuliefern; dies gilt auch für Zulassungsscheine nach Abs. 1, wenn sie nicht an andere höhere Verwaltungsbehörden eingereicht sind.

(6) Über alle Probefahrten ist eine Liste zu führen, in die jede einzelne Benutzung eines Probefahrtkennzeichens unter genauer Bezeichnung des Wagens (Fabrikat, Fabriknummer des Fahrgestells und Motors) und Angabe des Führers, der Insassen, der Zeit der Abfahrt und Rückkehr, der Fahrstrecke und des Zweckes der Probefahrt einzutragen ist.

(7) Die nach Abs. 5 und 6 zu führenden Listen sind den zuständigen Beamten auf Verlangen vorzuzeigen.

(8) Bei Fahrzeugen, die auf Grund eines Zulassungsscheins nach Abs. 2 mit einem vorläufigen Aufbau zu Probefahrten benutzt werden, darf auf dem Fabrikschild die Angabe des Eigengewichts (§ 4 Abs. 5) fehlen und auf dem Zulassungsschein als Eigengewicht des Fahrzeugs das betriebsfertige Eigengewicht des Fahrgestells und als zulässige Belastung die Tragfähigkeit des Fahrgestells angegeben werden.

(9) Die höhere Verwaltungsbehörde hat über die ausgegebenen Probefahrtkennzeichen eine Liste zu führen. Die Liste muß erkennen lassen, ob das einzelne Kennzeichen für Kraftfahrzeuge jeder Art oder nur für Krafträder gilt. Geht ein Probefahrtkennzeichen verloren, so hat die höhere Verwaltungsbehörde dem Empfangsberechtigten ein Probefahrtkennzeichen mit einer anderen Erkennungsnummer zuzuteilen; die bisherige Erkennungsnummer darf erst nach Ablauf von drei Jahren erneut ausgegeben werden.

(10) Als Probefahrten im Sinne vorstehender Vorschriften gelten Fahrten zur Feststellung oder zum Nachweis der Ge-

brauchsfähigkeit von Kraftfahrzeugen, von Kraftfahrzeugbestand- oder Kraftfahrzeugzubehörteilen, wenn sie durch die Absicht der Erprobung veranlaßt sind und ihr in der Hauptsache dienen. Eine Probefahrt liegt dann nicht vor, wenn das Fahrzeug einem Kaufliebhaber gegen eine Vergütung für die Benutzung des Fahrzeugs — abgesehen von dem Ersatze der durch die Fahrt verursachten baren Auslagen für Betriebsstoffe — überlassen wird. Als Probefahrten sind ferner solche Fahrten nicht anzusehen, die mit Reklame-, Probe- oder Vorführungswagen veranstaltet werden und darauf abzielen, der Öffentlichkeit allgemein die zum Verkaufe gestellten Fahrzeuge vorzuführen, um erst die Kauflust anzuregen. Überführungsfahrten stehen den Probefahrten gleich. Als Überführungsfahrten gelten Fahrten zur Verbringung des Fahrzeugs an einen andern Ort, wenn die Fahrten durch die Absicht dieser Verbringung veranlaßt sind und ihr in der Hauptsache dienen, insbesondere Fahrten zur Verbringung von einer Herstellungsstätte an eine andere oder an eine Verkaufsstätte, bei Eigentumswechsel oder Wechsel des Wohnorts des Eigentümers an den neuen Einstellungsort, bei Verkauf ins Ausland an einen Grenzort. Als Überführungsfahrten gelten ferner Fahrten zum Zwecke des Abschleppens eines auf öffentlichen Wegen schadhaft gewordenen Kraftfahrzeugs von der Stelle, wo es schadhaft geworden ist.

(11) Auf Antrag eines Herstellers von Kraftfahrzeugen kann die oberste Landesbehörde im Bedürfnisfalle widerruflich genehmigen, daß für die Überführung von Kraftfahrzeugen von einer bestimmten Herstellungsstätte nach anderen Orten Zulassungsscheine und Probefahrtkennzeichen auch mit folgender Maßgabe ausgegeben werden: Der Hersteller hält Vordrucke von Zulassungsscheinen mit viertägiger Gültigkeitsdauer nach einem vom Reichsverkehrsminister vorgeschriebenen Muster vorrätig. Er übergibt einer Person, die ein Kraftfahrzeug von der Herstellungsstätte nach einem neuen Einstellungsort überführen will, auf deren Verlangen einen Zulassungsschein, in den er die Beschreibung des Kraftfahrzeugs eingetragen hat. Er händigt dem Überführer ferner eine Steuerkarte mit viertägiger Gültigkeit nach näherer

Bestimmung des Reichsministers der Finanzen aus. Der Überführer legt den Zulassungsschein und die Steuerkarte bei der für die Herstellungsstätte zuständigen Polizeibehörde vor, die Probefahrtkennzeichen (§ 37 Abs. 2) vorrätig hält. Einer Vorführung des Kraftfahrzeugs bei der Polizeibehörde bedarf es nicht. Die Polizeibehörde trägt in den Zulassungsschein und die Steuerkarte die Gültigkeitsdauer, die Nummer des zuzuteilenden Probefahrtkennzeichens, in den Zulassungsschein außerdem das Ziel der Überführungsfahrt ein und vollzieht den Zulassungsschein. Der Überführer hat 25 Reichsmark Sicherheit bei der Polizeibehörde zu hinterlegen. Nach der Sicherheitsleistung erhält er außer dem Zulassungsschein und der Steuerkarte das Probefahrtkennzeichen ausgehändigt. Dieses hat er mit dem Zulassungsschein alsbald nach Beendigung der Überführungsfahrt, spätestens unverzüglich nach Ablauf der Gültigkeitsdauer, an die Polizeibehörde zurückzugeben oder unter „Einschreiben" zurückzusenden. Nach dem Empfang sendet die Polizeibehörde die geleistete Sicherheit an den Überführer oder an eine von ihm bezeichnete Stelle. Werden Kennzeichen und Zulassungsschein der Polizeibehörde nicht rechtzeitig zurückgestellt, so verfällt die Sicherheit; gegebenenfalls sind Kennzeichen und Zulassungsschein einzuziehen. Bei Verlust eines Probefahrtkennzeichens darf die bisherige Erkennungsnummer erst nach Ablauf von drei Jahren erneut ausgegeben werden. Die Polizeibehörde hat über den Verbleib der Probefahrtkennzeichen eine Liste zu führen.

1. Abs. 1. Das Zulassungsverfahren ist hier das gleiche wie bei der gewöhnlichen Zulassung. Der Unterschied liegt nur auf steuerrechtlichem Gebiet. Den Begriff Probe- oder Überführungsfahrt erläutert Abs. 10. Probe- oder Überführungsfahrtberechtigter ist ausschließlich der Eigentümer des K. Für ihn muß sich die Fahrt als Probe- oder Überführungsfahrt darstellen. Nicht erforderlich ist aber, daß der Eigentümer die Fahrt in eigener Person ausführt (siehe Anm. 2). Mit Ablauf der Frist ist das K nicht mehr zugelassen und seine weitere Benützung sonach nach § 23 G strafbar.

2. Abs. 2. Das Verfahren nach Abs. 2 stellt sich als ein vereinfachtes Verfahren unter Zusammenwirken der Behörde mit bestimmten, begünstigten Privatpersonen dar[1]) mit der Wirkung, daß auch die im Besitze dieser

[1]) Rechtlich handelt es sich hier um einen Fall der Weiterübertragung der Amtsgewalt (vgl. Jellinek 425).

Personen befindlichen K als zugelassen anzusehen sind, sobald das Verfahren beendet ist. Die Zulassung ist erst mit der Eintragung des K in die Blankobescheinigung vollzogen; denn zugelassen kann stets nur ein bestimmtes K werden. Probe- oder Überführungsfahrtberechtigter ist hier der Fabrikant, Händler usw. Für ihn muß sich die Fahrt als Probe- oder Überführungsfahrt darstellen. Nicht erforderlich ist aber, daß der Händler usw. die Fahrt in eigener Person ausführt. Er kann das mit einem ihm zugeteilten Probefahrtkennzeichen versehene K auch einem Kaufliebhaber überlassen, soferne nur der Ersatz der durch die Fahrt verursachten Auslagen für Betriebsstoffe gefordert wird. Eine Übertragung des Rechts zur Benützung des Probefahrtkennzeichens an einen Dritten dergestalt, daß dieser selbst zum Berechtigten wird, ist jedoch ausgeschlossen[1]). Vielmehr muß zwischen dem Probefahrtberechtigten und dem die Probefahrt Ausführenden ein Verhältnis bestehen, vermöge dessen der Ausführende den Anweisungen des Berechtigten zu folgen hat. Dies ergibt sich aus Abs. 6. Entscheidend ist daher auch nur, wie die Fahrt vom Standpunkt des Berechtigten, nicht dagegen, wie sie vom Standpunkt des Ausführenden aus zu bewerten ist.

Bei Probe- und Überführungsfahrten an Sonn- und Feiertagen sind einerseits die Vorschriften der GewO über Arbeiterschutz, andrerseits die Vorschriften der VO vom 21. 5. 1897 (GVBl 197) über Sonntagsheiligung zu beachten.

a) Nach den Vorschriften der GewO ist zu unterscheiden, ob die Probefahrt durch Fabriken oder Werkstätten oder im Handelsgewerbe vorgenommen wird. Im ersteren Falle gilt § 105b Abs. 1, im letzteren Falle § 105b Abs. 2 GewO, wonach an Sonn- und Festtagen die Beschäftigung von Arbeitern, Gehilfen und Lehrlingen verboten ist. Diese Vorschriften gelten auch für Betriebsbeamte, Werkmeister und Techniker. Der Geschäftsherr macht sich dagegen, wenn er die Fahrt selbst vornimmt, nach der GewO nicht strafbar, soferne nicht § 41a GewO eingreift. Dies wird anzunehmen sein, wenn die Fahrt vom Geschäfte aus erfolgt, nicht aber, wenn der Geschäftsherr sich zu seinen Kunden begibt.

b) Nach der VO vom 21. 5. 1897 ist in Bayern jeder, gleichviel ob Unternehmer, Arbeiter oder Angestellter strafbar, der an Sonn- und Festtagen eine Probefahrt oder Überführungsfahrt vornimmt, soferne sich diese als Arbeit seines Gewerbe-, Handels- oder Fabrikbetriebes darstellt; denn nach dem klaren Wortlaut des § 1 dieser VO handelt es sich dann um eine öffentlich vorgenommene gewerbliche Arbeit[2]).

3. Abs. 4 enthält eine an sich selbstverständliche Vorschrift, denn nach Abschluß des Kaufvertrages ist eine Probefahrt des Verkäufers schon begrifflich ausgeschlossen. Eine Überführung des mit dem Probefahrtkennzeichen des Verkäufers versehenen K an den neuen Einstellungsort kann jedoch im Rahmen der Ausführungen in Anm. 2 erfolgen[3]). Nach der Überführung

[1]) RFH 26. 10. 1926 RdK 1927, 87; Dresden 4. 5. 1926 JW 1927, 2440.

[2]) So BayObLG in ständiger Rechtsprechung, vgl. Urteil vom 21. 10. 1926 BayVerwBl 1927, 107; a. A. BayStMdJ bei Oberländer 408.

[3]) Vgl. BayObLG 25. 10. 1927 DAR 1928 Nr. 7 S. 6: Holt ein Chauffeur im Auftrag seines Dienstherrn ein K bei dem Verkäufer ab, so kann

ist die endgültige Zulassung unverzüglich zu beantragen. Zur Antragstellung verpflichtet ist der Eigentümer, bei Eigentumsvorbehalt also der Verkäufer.

4. Abs. 5, 6 und 7. Zuwiderhandlungen sind nach § 21 G strafbar.

5. Abs. 10. Entscheidend für die Frage, ob eine Probefahrt vorliegt, ist der Hauptzweck der Fahrt. Die Verfolgung eines Nebenzweckes (Mitnehmen von Personen oder Gütern) schließt die Annahme einer Probefahrt nicht aus. Derjenige Zweck ist als Hauptzweck anzusehen, der auch dann verfolgt worden wäre, wenn der andere Zweck nicht hätte mitverfolgt werden können[1]). Unerheblich ist auch, ob es sich im Falle des Abs. 2 um die Erprobung eigener oder fremder Erzeugnisse handelt.

Eine Probefahrt liegt nicht vor, wenn

a) ein Reklame-, Probe- oder Vorführungswagen benutzt wird und

b) die Fahrt darauf abzielt, der Öffentlichkeit allgemein, d. h. einem unbestimmten Personenkreis, den Wagen vorzuführen sowie

c) die Vorführung in der Absicht erfolgt, die Kauflust erst anzuregen[2]).

Fehlt es an einem dieser Merkmale, so liegt eine Probefahrt vor. Hiernach entscheidet sich auch die Frage der Teilnahme an einer Zuverlässigkeitsfahrt, Geschwindigkeitsprüfung usw.[3]). Hin- und Rückfahrt rechnen hiebei als Teil der Probefahrt, soweit ohne sie die Probefahrt nicht möglich wäre[3]).

Überführungsfahrten aus Anlaß des Eigentums- oder Wohnortswechsels werden nunmehr seltener sein, da die erteilte Zulassung durch den Eigentums- oder Wohnortswechsel nicht mehr ungültig wird und die nach § 6 Abs. 4 und 6 erforderliche Anzeige auch nach der Überführung, sofern diese unverzüglich erfolgt, erstattet werden kann.

6. Abs. 11, ab 1. 7. 1928 neu eingefügt durch Art. I Nr. 23 VO vom 16. 3. 1928, stellt ein besonderes Zulassungsverfahren dar, das insbesondere dann Anwendung finden wird, wenn der Überführer nicht zu dem in Abs. 2 bezeichneten begünstigten Personenkreis gehört und sonach nicht nach dessen Vorschriften verfahren kann.

7. Ob die Verwendung eines mit einem Probefahrtkennzeichen versehenen K zu einer anderen Fahrt als zu einer Probefahrt als Vergehen nach § 23 KFG oder nur als Übertretung nach §§ 8, 16 KVO mit § 21 KFG strafbar ist, hängt davon ab, ob die Verwendung zu Probefahrten als Bedingung der Gültigkeit der Zulassung oder nur als Auflage anzusehen ist. Grundsätzlich verdient letztere Auffassung den Vorzug[4]). Nur

---

der Chauffeur nicht als Beauftragter des Händlers angesehen werden, da zwischen diesen beiden in Wirklichkeit kein Auftragsverhältnis besteht. Das K muß daher ordnungsgemäß zugelassen werden. Anders liegt der Fall, wenn der Händler das K durch seine Angestellten dem Käufer zuführen läßt.

[1]) BayObLG 28. 2. 1928 RdK 1928, 185, BayObLGSt 28, 49, BayVerwBl 1928, 253, DAR 1928, 300.

[2]) Vgl. Celle 4. 2. 1927 RdK 1928, 23.

[3]) BayObLG 29. 9. 1925 BayObLGSt 25, 178, DJZ 1926, 179, DRZ 1926 Nr. 117; Dresden 4. 5. 1926 JW 1927, 2440.

[4]) A. A. BayObLG 29. 9. 1925 BayObLGSt 25, 178.

dann, wenn im Falle des Abs. 2 ein Fahrzeug ausschließlich zu dem Zwecke zugelassen und mit einem Probefahrtkennzeichen versehen wird, um es vorschriftswidrig zu einer anderen Fahrt als zu einer Probefahrt zu benutzen, ist die Zulassung als ungültig anzusehen und § 23 KFG anwendbar. In diesen Fällen wird jedoch zumeist eine Steuerzuwiderhandlung gegeben sein, so daß sich die Strafbarkeit nach den Ausführungen in der Vorbem. 3 vor § 21 KFG bemißt.

Wehrmacht, Post, Polizei.

§ 42.

(1) Auf die Kraftfahrzeuge der Wehrmacht, der Reichspost und der staatlichen Polizei finden die Bestimmungen dieser Verordnung mit der Maßgabe Anwendung, daß die Fahrzeuge Warnungszeichen auch mit anderen als den im § 19 Abs. 3 genannten Signalinstrumenten abgeben dürfen und daß eine jederzeitige Untersuchung der Fahrzeuge der Wehrmacht und der Reichspost und die Ausschließung dieser Fahrzeuge durch die höhere Verwaltungsbehörde (§ 35) nicht zulässig ist.

(2) Die Kraftfahrzeuge der Reichspost brauchen außerdem nicht mit einer Hupe zum Abgeben von Warnungszeichen (§ 4 Abs. 1 Nr. 4) versehen zu sein. Die für die Fuhrwerke der Reichspost nach Reichs- oder Landesgesetzen bestehenden Sonderrechte gelten auch für die Kraftfahrzeuge der Reichspost.

1. Gilt auch für Kleinkrafträder (§ 48 VO).

2. Fahrzeuge der Wehrmacht und Staatspolizei bedürfen der vorschriftsmäßigen Hupe nach § 4 Abs. 1 Nr. 4 VO, Fahrzeuge der Reichspost dagegen nicht.

3. Sonderrechte der Reichspost sind enthalten im RPostG vom 28. 10. 1871, insbesondere im §§ 17, 19, 21[1]). Von dem Sonderrecht darf aber nur Gebrauch gemacht werden, soweit postalische Interessen seine Geltendmachung rechtfertigen und erfordern. Andernfalls liegt ein Mißbrauch vor, der die Anwendbarkeit des § 42 ausschließt und den Führer strafbar macht[2]).

Zuständigkeit.

§ 43.

Für die Erteilung der Erlaubnis zum Führen von Kraftfahrzeugen der Wehrmacht, der Reichspost und der staatlichen Polizei sowie die Entziehung dieser Erlaubnis gelten die besonderen Vorschriften unter Ziffer VIII der im § 14 Abs. 4 näher bezeichneten Anweisung.

[1]) Vgl. Stenglein 311 und die dort angeführte Literatur und Rechtsprechung. Hamburg 12. 11. 1928 DAR 1929, 67; Schläger DAR 1929, 5.

[2]) KG 6. 1. 1928 Auto 1928 Nr. 6 S. 140, RdK 1928, 254.

Feuerwehr, Wehrmacht, Polizei. **§ 44.**

Kraftfahrzeuge der Feuerwehren im Dienste brauchen nicht mit einer Hupe zum Abgeben von Warnungszeichen versehen zu sein (§ 4 Abs. 1 Nr. 4) und dürfen Warnungszeichen auch mit anderen als den im § 19 Abs. 3 genannten Signalinstrumenten abgeben. Sie unterliegen nicht den Vorschriften über die einzuhaltende Fahrgeschwindigkeit (§ 18) und sind befreit von den Vorschriften über das Ausweichen, Halten, Überholen und Vorfahren in den in den §§ 22 bis 24 und 28 genannten Fällen und von sonst von den Polizeibehörden angeordneten Verboten oder Beschränkungen; das gleiche gilt für im Dienste befindliche Kraftfahrzeuge der Wehrmacht und der staatlichen Polizei, wenn Gefahr im Verzug ist; die oberste Landesbehörde kann bei dringendem öffentlichen Interesse für ihren Bereich anderen Kraftfahrzeugen die gleiche Befreiung gewähren; sie erläßt Vorschriften über eine besondere Kenntlichmachung dieser Fahrzeuge. Die Fahrzeuge der Wehrmacht sind außerdem außerhalb geschlossener Ortsteile, soweit der Ausbildungs- und Übungszweck es erfordert, von den Vorschriften über die einzuhaltende Fahrgeschwindigkeit (§ 18) befreit.

1. Gilt auch für Kleinkrafträder (§ 48 VO).

2. Die Befreiungen sind unter folgenden Voraussetzungen gegeben:

a) Die K der Feuerwehr müssen sich im Dienste befinden. Im Gegensatz zu § 38 VO sind also die Dienstfahrzeuge der Feuerwehr nicht schlechthin befreit, sondern nur dann, wenn es der Verwendungszweck erfordert, also insbesondere auf der Fahrt zum Brandplatz, aber auch bei solchen Fahrten, die im Interesse einer schnellen Bereitschaft der Feuerwehr beschleunigt erfolgen müssen[1]).

b) Die K der Wehrmacht und der Staatspolizei sind nur befreit, wenn sie

α) sich im Dienste befinden (siehe a) und

β) Gefahr im Verzug vorliegt. Dies ist nur dann der Fall, wenn die Beachtung der Verkehrsvorschriften eine Verzögerung der Fahrt herbeiführen würde, die eine Gefahr für die öffentliche Ruhe, Ordnung und Sicherheit bedeuten würde.

δ) Die K der Wehrmacht sind außerdem von den Vorschriften über die außerhalb geschlossener Ortsteile einzuhaltende Fahrgeschwindig-

---

[1]) Vgl. LG Kiel 28. 6. 1929 RdK 1929, 388; auch RG 28. 4. 1927 RdK 1928, 109: keine „abgeschwächte" Fahrlässigkeit des Führers eines Feuerwehrautos.

keit (§ 18 Abs. 3c) auch befreit, soweit es der Ausbildungs- und Übungszweck erfordert.

3. Die Befreiung ist beschränkt auf die hier ausdrücklich aufgeführten Vorschriften sowie auf die auf Grund des § 30 VO und landesrechtlicher Bestimmungen erlassenen Verkehrsbeschränkungen. Von den Vorschriften der §§ 21, 25 Abs. 2, 26 und 27 sind auch diese Fahrzeuge nicht befreit.

4. Die auf Grund der Ermächtigung in § 44 durch Bek. vom 2. 7. 1927 (StAnz Nr. 151) den Kraftwagen der Bergwacht verliehenen Vorrechte wurden durch Bek. vom 5. 6. 1930 (MABl 15) wieder aufgehoben.

5. Hinsichtlich der Kenntlichmachung der K der staatlichen Polizei siehe Bek. vom 14. 8. 1930 (MABl. 52).

H. Schluß- und Übergangsbestimmungen.

Zuständigkeit.

§ 45.

($_1$) Welche Behörden unter der Bezeichnung „Polizeibehörde" und „höhere Verwaltungsbehörde" zu verstehen sind, bestimmt die oberste Landesbehörde.

($_2$) Reichswehr- und Reichspostminister bestimmen je für ihren Dienstbereich die Dienststellen, welche die der höheren Verwaltungsbehörde zugewiesenen Befugnisse ausüben,

a) bei Prüfung, Zulassung und Kennzeichnung ihrer Kraftfahrzeuge, bei Entscheidung darüber, ob Anhängewagen mit Bremse und Bergstütze versehen sein müssen, bei Zulassung der Verwendung von hochelastischen Vollgummireifen an Stelle von Luftreifen (§ 5 Abs. 1 und 2, § 6, § 32 Abs. 3, § 36b Abs. 3a, § 37 und § 41 Abs. 1, 4 und 9, ferner § 41 Abs. 2 für ihre reichseigenen Betriebe);

b) bei Prüfung ihrer Kraftfahrzeugführer sowie Erteilung und Entziehung der Fahrerlaubnis (§§ 14, 36 Abs. 1 und Anlage);

c) bei Anerkennung von Angehörigen ihres Dienstbereichs als Sachverständige (§ 5 Abs. 2 und Anlage Ziffer III).

($_3$) Die Mitwirkung der Polizeibehörde nach § 6 Abs. 2 Satz 2, §§ 9, 12, 39 und 41 unterbleibt in diesen Fällen, die in der Anlage vorgesehene braucht nicht stattzufinden.

($_4$) Der Reichsverkehrsminister setzt mit Zustimmung des Reichsrats die Anforderungen fest, denen die von den höheren Verwaltungsbehörden anzuerkennenden Sachverständigen und die der Wehrmacht und Reichspost genügen müssen.

1. Gilt auch für Kleinkrafträder (§ 48 VO).

2. Abs. 1. Unter der Bezeichnung „Polizeibehörde" und „höhere Verwaltungsbehörde" sind in Bayern die Bezirksverwaltungsbehörden und Polizeidirektionen zu verstehen. Dagegen sind, für die Anerkennung der Sachverständigen die Regierungen, KdJ zuständig[1]).

3. Abs. 2. Zur Ausübung dieser Befugnisse ist in Bayern das Wehrkreiskommando VII bzw. das Verkehrsamt des Reichspostministeriums, Abteilung München, bestimmt. Für die K oder KFührer der Schutzpolizei ist die Polizeidirektion München ausschließlich die höhere Verwaltungsbehörde.

Gebühren.

§ 46.

Der Reichsverkehrsminister setzt die Gebühren fest, die den amtlich anerkannten Sachverständigen für die Prüfung von Kraftfahrzeugen (§ 5 Abs. 2 und 3) und Kraftfahrzeugführern (§ 14 Abs. 4) zustehen; er hat davon dem Reichsrat unverzüglich Kenntnis zu geben; erhebt der Reichsrat innerhalb eines Monats Widerspruch, so hat der Reichsverkehrsminister diese Gebühren aufzuheben und die bisherigen wieder in Kraft zu setzen.

1. Gilt auch für Kleinkrafträder (§ 48 VO).

2. Siehe Anlage 6 zur Bek. vom 15. 7. 1930 (RMinBl 467).

Zweiter Abschnitt.

Kleinkrafträder.

Begriff.

§ 47.

Als Kleinkrafträder im Sinne des § 27 des Gesetzes über den Verkehr mit Kraftfahrzeugen vom $\frac{\text{3. Mai 1909}}{\text{21. Juli 1923}}$ und dieser Vorschriften gelten Krafträder (§ 1 Nr. 2) mit Antrieb durch Verbrennungsmaschine, wenn der Hubraum der Maschine nicht mehr als 200 Kubikzentimeter beträgt. Die Berechnung des Hubraums erfolgt nach den für die Berechnung des Hubraums von Kraftfahrzeugen im allgemeinen geltenden Vorschriften.

1. Die Streitfrage, ob die Reichsregierung ermächtigt war, mangels ausdrücklicher diesbezüglicher Bestimmung im Gesetz eine Begriffsbestimmung für Kleinkrafträder festzulegen, ist praktisch von unwesentlicher Bedeutung.

2. Kleinkrafträder sind keine K im Sinne des KFG. Auf sie finden daher weder die Verkehrsvorschriften (I. Abschnitt) noch die Haftpflichtvor-

---

[1]) Siehe auch Ringel „Zulassungsbehörden" DAR 1930, 33.

schriften (II. Abschnitt) noch die Strafvorschriften (III. Abschnitt) des KFG Anwendung. Kleinkrafträder sind auch nicht K im Sinne der KVO, denn der § 6 KFG ist auf Kleinkrafträder nicht anwendbar, und damit auch nicht die hierauf gestützte KVO. Insoweit gleichwohl Bestimmungen der KVO auf Kleinkrafträder ausdrücklich für anwendbar erklärt sind, ist die Rechtsgrundlage dieser Bestimmungen nicht § 6, sondern § 27 KFG. Praktische Bedeutung hat die andere Rechtsgrundlage für die in § 48 Nr. 4 KVO aufgeführte Altersgrenze, die im Gegensatz zu jener in § 14 KVO als rechtsgültig anzusehen ist.

Regelung.

§ 48.

Für Kleinkrafträder, die nur innerhalb des Deutschen Reichs verwendet werden sollen, und ihre Führer gelten sinngemäß die Vorschriften des § 2 Abs. 1 und 2, § 3, § 4 Abs. 1, 2, 4 und 6, §§ 7 bis 13, 16 bis 31, 33, 35, 39, 42, 44 bis 46 des ersten Abschnitts dieser Verordnung mit folgenden Änderungen und Ergänzungen.

1. An einer sichtbaren Stelle der Antriebsmaschine oder des Fahrgestells muß die Firma, von der die Antriebsmaschine hergestellt ist, deren Fabriknummer und die Anzahl ihrer Pferdestärken sowie ihr Hubraum angegeben sein. Die Angaben müssen auf ein durch Nieten befestigtes Schild oder unmittelbar auf das Kurbelgehäuse eingeschlagen oder eingeätzt sein; die Fabriknummer muß außerdem auf die Zylinder eingeschlagen sein.
2. Wenn ein Kleinkraftrad in Betrieb genommen werden soll, hat der Eigentümer bei der für seinen Wohnort zuständigen höheren Verwaltungsbehörde die Zuteilung eines polizeilichen Kennzeichens schriftlich zu beantragen. Der Antrag muß enthalten:
   a) Namen, Beruf (Gewerbe) und Wohnort des Eigentümers,
   b) die Firma, die die Antriebsmaschine hergestellt hat, sowie deren Fabriknummer,
   c) Anzahl der Pferdestärken, Hubraum, Zahl der Zylinder, Durchmesser der Zylinder und Kolbenhub.

   Dem Antrag ist das Gutachten eines von der höheren Verwaltungsbehörde anerkannten Sachverständigen beizufügen, das die Richtigkeit der Angaben unter b und c bestätigt. Dieses Gutachten kann ersetzt werden durch das

Gutachten einer Firma, die von der zuständigen höheren Verwaltungsbehörde ermächtigt worden ist, Gutachten im Sinne des Satzes 1 auszustellen. Die höhere Verwaltungsbehörde kann eine solche Ermächtigung einer zuverlässigen, ins Handelsregister eingetragenen Firma, deren Sitz sich im Bezirke der Behörde befindet, auf schriftlichen Antrag widerruflich erteilen, wenn entweder die Herstellung von Antriebsmaschinen oder der Handel mit Antriebsmaschinen ausländischer Herstellung zum Geschäftsbetriebe der Firma gehört; in letzterem Falle muß die Firma nachweisen, daß sie zum alleinigen Vertriebe von Antriebsmaschinen der betreffenden Gattung im Deutschen Reiche berechtigt ist. Jedem von einer Firma ausgestellten Gutachten muß ein polizeilich beglaubigter Abdruck der von der höheren Verwaltungsbehörde erteilten Ermächtigung beigefügt sein. Über die ausgestellten Gutachten hat die Firma ein Verzeichnis zu führen und auf Verlangen dem zuständigen Beamten vorzulegen. Im Falle des Widerrufs verliert die Ermächtigung ihre Gültigkeit. Die höhere Verwaltungsbehörde hat von jedem Falle der Erteilung oder des Widerrufs einer Ermächtigung der Sammelstelle für Nachrichten über Führer von Kraftfahrzeugen (Polizeipräsidium in Berlin) Kenntnis zu geben. Die Sammelstelle erteilt Behörden Auskunft darüber, ob eine Firma im Besitze der Ermächtigung ist.

3. Die höhere Verwaltungsbehörde entscheidet über den Antrag auf Zuteilung eines polizeilichen Kennzeichens. Im Falle der Zuteilung hat sie das Kleinkraftrad in eine Liste einzutragen und dem Antragsteller von der Zuteilung des polizeilichen Kennzeichens Mitteilung zu machen sowie über die Zuteilung des Kennzeichens und die Eintragung des Kleinkraftrades eine Bescheinigung auszufertigen. Die Aushändigung der Bescheinigung erfolgt durch die für den Ort, wo das Kleinkraftrad in Betrieb gesetzt werden soll, zuständige Polizeibehörde. Die Muster der Liste und der Bescheinigung schreibt der Reichsverkehrsminister vor.

Treten bei einem Kleinkraftrad Änderungen ein, die eine Berichtigung der Liste und der Bescheinigung erforderlich machen, oder verlegt der Eigentümer eines Kleinkraftrades seinen Wohnort in den Bezirk einer anderen höheren Verwaltungsbehörde, oder soll ein Kleinkraftrad zum Verkehr auf öffentlichen Wegen nicht mehr verwendet werden oder geht ein Kleinkraftrad, dem ein polizeiliches Kennzeichen zugeteilt ist, auf einen anderen Eigentümer über, so gelten die Vorschriften des § 6 sinngemäß.

4. Werden Tatsachen festgestellt, welche die Annahme rechtfertigen, daß eine Person zum Führen von Kleinkrafträdern ungeeignet ist, so kann ihr die für ihren Wohnort zuständige höhere Verwaltungsbehörde die Führung von Kleinkrafträdern dauernd oder zeitweise untersagen. Die Untersagung ist für das ganze Reich wirksam. Von jeder Untersagung und deren Zurücknahme hat die höhere Verwaltungsbehörde der Sammelstelle in Berlin umgehend Mitteilung zu machen. In den Fällen der Untersagung sind die Gründe kurz anzugeben. Personen unter 16 Jahren ist das Führen von Kleinkrafträdern nicht gestattet. Die höhere Verwaltungsbehörde kann auf Antrag Ausnahmen genehmigen; sie stellt darüber besondere Ausweise aus.

Der Führer eines Kleinkraftrades hat die Bescheinigung (Nr. 3 Abs. 1 Satz 2) sowie einen Personalausweis bei der Benutzung des Fahrzeugs auf öffentlichen Wegen bei sich zu führen und auf Verlangen den zuständigen Beamten vorzuzeigen.

5. Für technische Prüfungen von Kleinkrafträdern gilt die Anweisung über die Prüfung von Kraftfahrzeugen (§ 4 Abs. 12) entsprechend.

6. Für die Zuteilung von Probefahrtkennzeichen gilt § 41 Abs. 1, 2, 3, 5, 7, 9 und 10 entsprechend mit der Maßgabe, daß das Probefahrtkennzeichen in grüner Balkenschrift auf weißem, grüngerandetem Grunde herzustellen ist, und daß der Führer an Stelle eines Zulassungsscheins eine Bescheinigung der höheren Verwaltungsbehörde über die Zuteilung des Probefahrtkennzeichens nach einem vom Reichsverkehrsminister vorgeschriebenen Muster mitzuführen hat.

1. § 48 KVO gilt nur für den inländischen Verkehr mit Kleinkrafträdern. Hinsichtlich des internationalen Verkehrs siehe § 49 KVO.

2. Für Kleinkrafträder **gelten** die Vorschriften der KVO über
a) den allgemeinen Fahrverkehr (§ 2 Abs. 1),
b) das öffentliche Fuhrgewerbe (§ 2 Abs. 2),
c) die vorschriftsmäßige Beschaffenheit (§ 3),
d) die vorschriftsmäßige Ausrüstung (§ 4 Abs. 1, 2, 4, 6),
e) die Kennzeichnung (§§ 7—13),
f) die Pflichten des Führers und Halters (§§ 15—20),
g) die Verkehrsregelung (§§ 21—28),
h) die Benutzung öffentlicher Wege (§§ 29—31),
i) das Mitführen von Anhängern (§ 33),
k) die Ausschließung aus dem Verkehr (§ 35),
l) die Vorführungsfahrten (§ 39),
m) die Sonderstellung der Fahrzeuge der Wehrmacht, Post, Polizei und Feuerwehr (§§ 42—44),
n) die Zuständigkeit der Behörden (§ 45),
o) die Gebühren (§ 46).

2. Zu Nr. 1. Diese Vorschrift tritt an die Stelle der Vorschrift des § 4 Abs. 5 KVO.

3. Zu Nr. 2, 3. An die Stelle der Zulassung tritt die **Zuteilung eines polizeilichen Kennzeichens**, an die Stelle des Zulassungsscheins die Kleinkraftradbescheinigung. Das Verfahren bei der Zuteilung des Kennzeichens ist dem Zulassungsverfahren nachgebildet. Zuständig sind in Bayern die Bezirksverwaltungsbehörden und Polizeidirektionen.

4. Zu Nr. 4. Eine **Fahrerlaubnis** ist für Kleinkrafträder nicht erforderlich. Gegen die Untersagung der Führung eines Kleinkraftrades steht nur die Beschwerde nach Art. 14 PolStGB zu. Wird jedoch mit der Entziehung der Fahrerlaubnis nach § 4 KFG die Untersagung der Führung eines Kleinkraftrades verbunden, so ist über beide Verfügungen im 2. Rechtszug im verwaltungsrechtlichen Verfahren zu entscheiden. Das Mitführen eines Personalausweises ist nunmehr durch die VO vom 15. 7. 1930 neu angeordnet worden (vgl. § 15 Anm. 2e).

5. Zu Nr. 6. Für die **Zuteilung von Probefahrtkennzeichen** gilt § 41 Abs. 4 und 6 nicht. Da die Kleinkrafträder steuerfrei sind, besteht kein Bedürfnis für die den steuerlichen Interessen dienende Vorschrift des § 41 Abs. 4. Sachlich bedeutet dies keine Änderung, da nach dem Verkauf für eine Probefahrt des Verkäufers kein Raum mehr ist. Eine Probefahrtliste braucht nicht geführt zu werden.

6. Die Kleinkraftradbescheinigung enthält keine Angaben über die **zulässige Belastung**. Die Frage nach der Zulässigkeit der Mitnahme von Personen auf dem Soziussitz kann daher nur durch sachverständige Beurteilung der Tragfähigkeit des KlKrRads im Einzelfalle beantwortet werden. § 35a Abs. 2 gilt für KlKR nicht.

Internationaler Verkehr.

§ 49.

Für Kleinkrafträder, die zum internationalen Verkehre zugelassen werden sollen (Abschnitt B der Verordnung über internationalen Kraftfahrzeugverkehr vom 5. Dezember 1925 in der Fassung der Verordnung vom 15. Juli 1930 Reichsgesetzbl. I S. 267) und ihre Führer gelten die Vorschriften des ersten Abschnitts dieser Verordnung mit Ausnahme des § 5 Abs. 3.

Hinsichtlich der Bedenken gegen die Rechtsgültigkeit dieser Vorschrift siehe Anm. 2 zu § 27 KFG.

Dritter Abschnitt.

Strafvorschriften.

§ 50.

(1) Wer den Vorschriften über den Verkehr mit Kleinkrafträdern zuwiderhandelt, wird mit Geldstrafe bis zu 150 Reichsmark oder mit Haft bestraft.

(2) Wer den sonstigen Vorschriften dieser Verordnung zuwiderhandelt, wird nach den Strafvorschriften des III. Abschnitts des Gesetzes über den Verkehr mit Kraftfahrzeugen bestraft.

1. **Abs. 1**, in dem zu ergänzen ist „auf öffentlichen Wegen", stellt eine neue Strafvorschrift auf, die die gleiche Strafdrohung wie § 21 G enthält und somit hinsichtlich der Höhe der Haftstrafe über die Strafdrohung des § 366 Nr. 10 StGB hinausgeht. Vor Einfügung des § 50 war es strittig, nach welcher Strafvorschrift Zuwiderhandlungen gegen die Vorschriften über den Verkehr mit Kleinkrafträdern zu bestrafen seien[1]). Aber auch die nunmehrige Regelung erscheint nicht zweifelsfrei; denn § 27 G ermächtigt zwar die Reichsregierung zur Erlassung von Polizeiverordnungen über den Verkehr mit KlKrR, aber diese Ermächtigung dürfte sich auf die Festsetzung einer Strafdrohung nicht erstrecken, da das Gesetz hierüber nichts angibt und insbesondere über die anzudrohende Strafart nichts sagt[2]). Richtiger erscheint daher die Anwendung des § 366 Nr. 10 StGB als der lex generalis.

2. Einzelheiten.

a) Der Führer eines Kleinkraftrades, der nach einem Unfalle es unternimmt, sich der Feststellung seines Fahrzeuges und seiner Person zu entziehen, ist ebensowenig strafbar, wie jener, der nach einem Unfalle eine bei diesem verletzte Person in hilfloser Lage verläßt.

b) Der Führer, der ein Kleinkraftrad führt, dem ein polizeiliches Kennzeichen nicht zugeteilt ist, oder, der ein Kleinkraftrad führt, obwohl er die

---

[1]) Vgl. Celle 27. 1./3. 2. 1925 HöchstRR 1, 371.

[2]) Bezold JW 1926, 784; Wunderer DJZ 1926, 441; a. A. BayObLG 25. 1. 1927 DJZ 1927, 891, Weitz JW 1926, 1143.

vorgeschriebene Altersgrenze nicht erreicht hat, oder obwohl ihm die Führung eines Kleinkraftrades untersagt worden ist, kann nur nach §§ 7, 16, 48, 50 Abs. 1 bzw. §§ 48 Nr. 4, 50 Abs. 1 KVO bestraft werden[1]).

c) Der Halter eines Kleinkraftrades, der den Gebrauch eines Kleinkraftrades, dem ein polizeiliches Kennzeichen nicht zugeteilt ist, gestattet oder der eine Person zur Führung eines Kleinkraftrades bestellt oder ermächtigt, welche die vorgeschriebene Altersgrenze nicht erreicht hat oder welcher die Führung eines Kleinkraftrades untersagt worden ist, ist nur strafbar, wenn der Tatbestand einer Anstiftung zu einer Übertretung nach § 50 Abs. 1 gegeben ist.

d) Wer in rechtswidriger Absicht die Kennzeichnung eines Kleinkraftrades fälscht, verfälscht oder unterdrückt oder von einem Kleinkraftrad Gebrauch macht, von dem er weiß, daß an dessen Kennzeichnung die eben bezeichneten Handlungen vorgenommen worden sind, ist nur strafbar, wenn der Tatbestand einer Übertretung nach §§ 7, 16, 50 Abs. 1 KVO in seiner Person vorliegt, oder eine Anstiftung hiezu gegeben ist oder wenn der Tatbestand einer Urkundenfälschung erfüllt ist.

3. Abs. 2. Müller[2]) nimmt an, daß Abs. 2 nicht nur als Hinweis auf die verschiedene rechtliche Behandlung von Verstößen gegen die Vorschriften über den Verkehr mit KlKrR und von solchen gegen die Vorschriften über den Verkehr mit den übrigen K enthält, sondern daß ihm insoferne materiellrechtliche Bedeutung zukommt, als er die Anwendbarkeit der Strafvorschrift des § 21 KFG auf Verstöße gegen solche Ausführungsbestimmungen ausdehnt, die nicht zur Erhaltung von Ordnung und Sicherheit erlassen sind und daher den Strafschutz des § 21 KFG nicht genießen. (Vgl. Anm. 1 zu § 21 KFG). Diese Annahme ist nur möglich, weil Müller entgegen der in Anm. 1 vertretenen Meinung die Reichsregierung für ermächtigt erachtet, auch Strafvorschriften im Verordnungswege zu erlassen.

---

[1]) BayObLG 11. 3. 1930 BayVerwBl 1930, 236.
[2]) DAR 1930, 17.

Anlage
(§ 14 Abs. 4)

Anweisung über die Prüfung der Führer von Kraftfahrzeugen.

I. A. Für die Beurteilung von Personen hinsichtlich ihrer Eignung zum Führen von Kraftfahrzeugen außer Krafträdern nach Körperbeschaffenheit und geistigem Zustand, insbesondere auch für die amtsärztliche Untersuchung und Begutachtung, gilt folgendes:

(1) Als zum Führen von Kraftfahrzeugen geeignet sind nur Personen anzusehen, die im allgemeinen einen gesunden und kräftigen Eindruck machen und eine regelrechte Körperbeschaffenheit, insbesondere ein ausreichendes Seh- und Hörvermögen, aufweisen. Körperbeschaffenheit und geistiger Zustand sollen den nicht geringen Anforderungen der Tätigkeit eines Kraftfahrzeugführers entsprechen; es dürfen keine Anzeichen dafür vorhanden sein, daß sie sich in absehbarer Zeit verschlechtern. Sind hierfür auch nur Verdachtsgründe vorhanden, so ist die betreffende Person zunächst als nicht geeignet anzusehen und wiederholt, nötigenfalls durch Fachärzte, zu untersuchen, bis der Zustand zweifelsfrei klargelegt ist.

(2) Im einzelnen ist folgendes zu beachten:

a) Kopf und Rumpf müssen frei beweglich sein, damit der Führer imstande ist, seitwärts und auch hinter sich zu sehen. Der Rumpf muß so beweglich sein, daß der Führer sich so weit bücken kann, um vor seinem Sitz am Spritzbrett befindliche Vorrichtungen während der Fahrt zu betätigen. Ebenso müssen die oberen und unteren Gliedmaßen genügend freie Beweglichkeit zur Betätigung der verschiedenen Hand- oder Fußhebel aufweisen. Bei Versteifung, Verkürzung oder Verlust einzelner Finger ist in jedem einzelnen Falle zu prüfen, ob der Führer imstande ist, mit jeder Hand gesondert das Steuerrad festzuhalten und zu drehen. Dabei ist zu beachten, daß dasselbe oft erheblichen und gewaltsamen Drehungen durch Unebenheiten der Fahrbahn ausgesetzt ist, welche jede Hand einzeln überwinden können muß. Die Füße haben meist zwei oder drei Hebel durch Niederdrücken zu betätigen und müssen deshalb, besonders in den Fußgelenken, frei von Bewegungshindernissen sein.

b) Im Hinblick auf das Sehvermögen sind zum Führen von Kraftfahrzeugen jeder Art nur solche Personen geeignet, deren Sehschärfe auf einem Auge ohne oder mit Glas mehr als $^1/_2$, auf dem anderen Auge mindestens $^1/_6$ beträgt unter der Voraussetzung, daß regelrechte Gesichtsfeldgrenzen vorliegen und der sonstige Befund das Vorhandensein von Erkrankungen, die erfahrungsgemäß das Sehen verschlechtern, ausschließt. Zum Führen von Kraftwagen der Klasse 3a sind außerdem Personen geeignet, bei denen die Sehschärfe auf einem Auge ohne oder mit Glas weniger als $^1/_6$ beträgt oder ganz fehlt, wenn der Zustand schon seit mindestens zwei Jahren besteht und eine Sehschärfe von $^2/_3$ auf dem besseren Auge ohne Glas vorhanden ist; in einem solchen Falle muß das Vorhandensein sonst regelrechter Verhältnisse durch das Gutachten eines Augenarztes bestätigt werden.

c) Die Sehschärfe ist in amtsärztlichen Zeugnissen für jedes Auge — nach Snellen — einzeln anzugeben.

d) Die Benutzung nur eines Auges zum deutlichen Sehen, wie es bei Schielenden der Fall ist, macht nicht zum Führen von Kraftfahrzeugen ungeeignet, wenn der Zustand schon seit frühester Jugend besteht, das bessere Auge mindestens $^2/_3$, das schlechtere mindestens $^1/_6$ Sehschärfe hat, beide Augen regelrechtes Gesichtsfeld und keine Anzeichen für gefährliche Erkrankungen aufweisen.

e) Ungeeignet zum Führen von Kraftfahrzeugen sind Personen, die an Doppelsehen, Linsenlosigkeit und Nachtblindheit leiden.

f) Bei Prüfung des Hörvermögens ist festzustellen, in welcher Entfernung Flüstersprache deutlich verstanden wird. Es genügt, wenn auf einem Ohr Flüstersprache in drei Meter Entfernung sicher verstanden wird. Bei der Ohruntersuchung ist auf Gleichgewichtsstörungen zu achten.

g) Hochgradige Neurasthenie, progressive Paralyse und andere Geisteskrankheiten, organische Gehirnkrankheiten, Tabes und andere Rückenmarkskrankheiten machen zum Führen eines Kraftfahrzeuges ungeeignet; deshalb ist der Untersuchte schon bei genügendem Verdacht auf diese Krankheiten vorläufig als ungeeignet anzusehen und gegebenenfalls ein fachärztliches Gutachten zu verlangen. Krämpfe (Epilepsie) und Schwindel machen zum Führen eines Kraftfahrzeuges ungeeignet.

h) Bei Erkrankungen der inneren Organe der Brust und Bauchhöhle sowie Erkrankungen des Gefäßsystems, der Nieren, bei Zuckerharnruhr und dergleichen wird der Gutachter in jedem einzelnen Falle auf Grund des Gesamtergebnisses der Untersuchung entscheiden müssen, ob die Krankheit derartig ist, daß bei dem Führen eines Kraftfahrzeugs die öffentliche Sicherheit gefährdet wird.

i) Von der restlosen Erfüllung der vorstehenden Anforderungen, soweit sie Rumpf und Glieder betreffen, kann in besonders gelagerten

Fällen abgesehen werden, wenn die Erlaubnis nur für das Führen eines einzelnen bestimmten Kraftfahrzeugs beantragt wird. So wird ein regelrechter Körperbau nicht nötig sein, wenn der Betreffende sich um die Zulassung zum Führen eines Kraftfahrzeugs bewirbt, das seinem Körperzustande durch Anbringung besonderer Vorrichtungen angepaßt worden ist, oder wenn an Stelle fehlender Glieder zuverlässige Ersatzglieder benutzt werden. In diesen Fällen ist dem Arzte der Nachweis der Fähigkeit zum Führen eines bestimmten einzelnen Kraftfahrzeugs durch ein Gutachten eines für die Prüfung von Kraftfahrzeugführern amtlich anerkannten Sachverständigen zu erbringen; erforderlichenfalls ist eine orthopädische Versorgungsstelle, orthopädische Klinik oder dergleichen oder ein orthopädischer Facharzt zu hören. Die hierdurch entstehenden Kosten fallen dem Bewerber zur Last. Das ärztliche Zeugnis ist mit einem entsprechenden einschränkenden Vermerke zu versehen.

B. Für die Beurteilung von Personen hinsichtlich ihrer Eignung zum Führen von Krafträdern nach Körperbeschaffenheit und geistigem Zustand, insbesondere auch für die amtsärztliche Untersuchung und Begutachtung, soweit eine solche angeordnet ist (Ziffer II Abs. 3 Satz 2), gelten die Bestimmungen unter A sinngemäß; hinsichtlich des Sehvermögens sind dieselben Anforderungen zu stellen wie an Führer von Kraftwagen der Klasse 3a.

C. Das Muster für das amtsärztliche Zeugnis schreibt der Reichsverkehrsminister vor.

II. (1) Die Erlaubnis zum Führen eines Kraftfahrzeugs erteilt die für den Wohnort der betreffenden Person zuständige höhere Verwaltungsbehörde. Falls diese Behörde zustimmt, kann die Erlaubnis auch durch die für den Ort der Ausbildung zuständige höhere Verwaltungsbehörde erteilt werden; diese ist ferner zuständig, wenn die betreffende Person keinen Wohnort im Deutschen Reiche hat. Der Antrag auf Erteilung der Erlaubnis ist an die zuständige Ortspolizeibehörde zu richten. Dem Antrag ist beizufügen:

1. ein amtlicher Ausweis, aus dem Ort und Tag der Geburt einwandfrei hervorgehen,
2. ein Zeugnis eines beamteten Arztes nach Ziffer I; dieses Zeugnis fällt bei Anträgen auf Erteilung der Erlaubnis zum Führen eines Kraftrads fort, sofern nicht die Beibringung von der höheren Verwaltungsbehörde gefordert wird,
3. ein Lichtbild (Brustbild 6×8 Zentimeter groß, unaufgezogen), das auf der Rückseite mit der eigenhändigen Unterschrift des Antragstellers und des beamteten Arztes, dem Datum der Untersuchung und dem Dienststempel des Arztes versehen sein muß; Unterschrift

des beamteten Arztes, Datum der Untersuchung und Dienststempel fallen bei Anträgen auf Erteilung der Erlaubnis zum Führen eines Kraftrads fort,

4. ein Nachweis darüber, daß der Antragsteller bei einer durch die zuständige höhere Verwaltungsbehörde zur Ausbildung von Führern ermächtigten Person oder Stelle vorschriftsmäßig ausgebildet ist. Das Muster für den Ausbildungsnachweis, aus dem die Dauer der praktischen Fahrausbildung ersichtlich sein muß, schreibt der Reichsverkehrsminister vor. Im Falle der Antragstellung nach Abs. 2 ist statt des Nachweises die Erklärung beizufügen, daß der Nachweis nachgereicht wird.

(2) Bereits während der Ausbildung kann der Antrag unter Beifügung der im Abs. 1 unter Nr. 1 bis 3 geforderten Anlagen gestellt werden. In diesem Falle ist der Ausbildungsnachweis (Abs. 1 Nr. 4) nach Beendigung der Ausbildung nachzureichen.

(3) Die Ortspolizeibehörde hat zu prüfen, ob gegen den Antragsteller Tatsachen vorliegen (z. B. schwere Eigentumsvergehen, Neigung zum Trunke oder zu Ausschreitungen, insbesondere zu Rohheitsvergehen), die ihn als ungeeignet zum Führen eines Kraftfahrzeugs erscheinen lassen; nach Vornahme der Prüfung legt sie unter Mitteilung des Ergebnisses den Antrag mit seinen Anlagen der höheren Verwaltungsbehörde vor. Diese stellt zunächst durch Anfrage bei der für das Deutsche Reich bestehenden Sammelstelle für Nachrichten über Führer von Kraftfahrzeugen (Polizeipräsidium in Berlin) fest, was etwa Nachteiliges über den Antragsteller dort bekannt ist; sie kann, falls besondere Gründe vorliegen, von Personen, die die Erteilung der Erlaubnis zum Führen von Krafträdern nachsuchen, die Beibringung eines Zeugnisses eines beamteten Arztes über ihre Eignung fordern. Ergeben die Feststellungen, daß der Antragsteller ungeeignet zum Führen eines Kraftfahrzeugs ist, so ist ihm die Erlaubnis zu versagen. Andernfalls übersendet die höhere Verwaltungsbehörde den Antrag nebst Anlagen dem amtlich anerkannten Sachverständigen (Ziffer III) zur Vornahme der Prüfung des Antragstellers über seine Befähigung zum Führen eines Kraftfahrzeugs. Beträgt die Sehschärfe auf einem Auge des Antragstellers ohne oder mit Glas weniger als $^1/_8$ oder fehlt das Sehvermögen auf einem Auge ganz, so ist der amtlich anerkannte Sachverständige unter Hinweis hierauf anzuweisen, die praktische Fahrprüfung besonders streng vorzunehmen und darüber zu berichten, ob und inwieweit der Antragsteller durch das verminderte Sehvermögen behindert ist und ob er Entfernungen mit einer für die Führung von Kraftfahrzeugen ausreichenden Schnelligkeit und Richtigkeit zu schätzen versteht.

(4) Für Reichs- oder Staatsbeamte, die als Führer von Kraftfahrzeugen verwendet werden sollen, kann der Antrag auf Erteilung der Erlaubnis zum Führen eines Kraftfahrzeugs von der vorgesetzten Behörde bei der Ortspolizeibehörde gestellt werden. Der Antrag muß die erforderlichen Angaben über den Personenstand des Prüflings enthalten und von den im Abs. 1 unter Nr. 2 bis 4 bezeichneten Anlagen begleitet sein. Von einer Feststellung, ob gegen den Prüfling Tatsachen vorliegen, die ihn als ungeeignet zum Führen eines Kraftfahrzeugs erscheinen lassen, hat die Ortspolizeibehörde in solchen Fällen abzusehen.

III. (1) Die Prüfungen erfolgen bei den durch die höheren Verwaltungsbehörden amtlich anerkannten Sachverständigen.

(2) Die Sachverständigen bestimmen den Zeitpunkt und Ort der Prüfung und teilen sie den Antragstellern mit.

(3) Der Prüfling hat ein Kraftfahrzeug der Betriebsart und Klasse, für dessen Führung er den Nachweis der Befähigung erbringen will, für die Prüfung bereitzustellen.

IV. (1) Die Prüfung ist auf den Nachweis der Befähigung zum Führen bestimmter Betriebsarten und Klassen von Kraftfahrzeugen zu richten. Sie kann abgelegt werden für Kraftfahrzeuge mit Antrieb

durch Elektromotoren,
durch Verbrennungsmaschine,
durch Dampfmaschine,
durch sonstige Motoren,

und zwar für folgende Klassen:

Klasse 1: Krafträder;
Klasse 2: Kraftwagen mit einem Eigengewichte von mehr als 2,5 Tonnen und Zugmaschinen;
Klasse 3a: Kraftwagen mit einem Eigengewichte bis zu 2,5 Tonnen bei Antrieb durch Verbrennungsmaschine, jedoch nur bis zu einem Hubraum der Maschine von 2100 Kubikzentimeter;
Klasse 3b: Kraftwagen mit Antrieb durch Verbrennungsmaschine und einem Eigengewichte bis zu 2,5 Tonnen, sofern der Hubraum der Maschine 2100 Kubikzentimeter übersteigt.

(2) Personen, die für eine Betriebsart und Klasse von Fahrzeugen den Nachweis der Befähigung erbracht haben, können die Erlaubnis zum Führen von Fahrzeugen einer anderen Betriebsart oder Klasse nur auf Grund des Nachweises einer entsprechenden Ausbildung (Ziffer II Abs. 1 Nr. 4) und einer besonderen Prüfung für diese Betriebsart und Klasse erhalten; jedoch schließt der Nachweis der Befähigung zum Führen eines Fahrzeugs der Klasse 3b den der Befähi-

gung für die gleiche Betriebsart der Klasse 3a ein; auch kann eine Fahrerlaubnis für Fahrzeuge der Klasse 3b auf Fahrzeuge gleicher Betriebsart der Klasse 2 ohne besondere Prüfung ausgedehnt werden, wenn der Besitzer der Fahrerlaubnis nachweist, daß er Fahrzeuge der Klasse 3b ein Jahr lang geführt hat. Anträgen auf Erweiterung von Kraftradführerscheinen ist ein ärztliches Zeugnis beizufügen; dieses muß auch eine Erklärung darüber enthalten, daß dem beamteten Arzte die untersuchte Person bekannt ist oder daß er sich durch das Lichtbild des Führerscheins von ihrer Nämlichkeit überzeugt hat.

V. (1) Die Prüfung zerfällt in einen mündlichen und einen praktischen Teil.

1. Die mündliche Prüfung erstreckt sich auf:
   a) genaue Kenntnis der für den Führer eines Kraftfahrzeugs maßgebenden gesetzlichen und polizeilichen Vorschriften;
   b) allgemeine Kenntnis der Hauptteile des vorgeführten Fahrzeugs;
   c) Kenntnis der für die Beurteilung der Verkehrssicherheit des Fahrzeugs in Betracht kommenden Teile (Lenkvorrichtung, Bremsen, Geschwindigkeitswechsel, Rücklauf und Bereifung);
   d) Verhalten in besonderen Fällen (z. B. beim Schleudern des Wagens, bei Feuer am Fahrzeug, Wassermangel bei Dampferzeugern).
2. Die praktische Prüfung umfaßt:
   a) Feststellung der Wirksamkeit der Bremsen und Lenkvorrichtungen, Ingangsetzen des Motors nach vorheriger Prüfung der Zündvorrichtungen und einfache Fahrübungen auf kurzer Strecke (z. B. Einhaltung einer gegebenen Fahrtrichtung, Ausweichen vor angedeuteten Hindernissen, schnelles Halten mit Benutzung der verschiedenen Bremsen, Rückwärtsfahren, Wenden mit und ohne Benutzung der Rückwärtsfahrt);
   b) Prüfungsfahrt auf freier Strecke in mäßigem Verkehre mit Begegnen und Überholen von Fuhrwerk, Ausfahrt aus einem Grundstück, Einbiegen in Straßen, Anwendung des Warnungszeichens, Wechsel der Geschwindigkeit (wenn möglich auch in Steigungen und im Gefälle) unter Benutzung der verschiedenen zu Gebote stehenden Hilfsmittel, Handhabung der Bremsen unter verschiedenen Verhältnissen;
   c) abschließende Prüfung in freier Fahrt, auch durch belebtere Verkehrsstraßen, in mindestens einstündiger Dauerfahrt unter Benutzung aller am Prüfungsort und in seiner näheren Umgebung zu Gebote stehenden Geländeverhältnisse.

(2) Für die Führung von Krafträdern ist die Prüfung der Bauart des Fahrzeugs entsprechend zu gestalten. Nach dem Ermessen des Sach-

verständigen kann dabei die Dauer der unter 2c vorgeschriebenen freien Fahrt eingeschränkt werden.

(3) Zur mündlichen Prüfung können mehrere Prüflinge gleichzeitig zugelassen werden. Der praktischen Prüfung für Kraftfahrzeuge außer Krafträdern ist jeder Prüfling einzeln zu unterziehen.

(4) Zu der Prüfung gemäß 2c darf der Prüfling nur zugelassen werden, wenn er bei der Prüfung nach 2b volle Sicherheit, Ruhe und Gewandtheit gezeigt hat.

(5) Bei den Fahrprüfungen für Kraftfahrzeuge außer Krafträdern (vgl. 2b und c) muß der prüfende Sachverständige auf dem Wagen Platz nehmen*). Er hat bei der Fahrt von Anweisungen, soweit irgend möglich, abzusehen und sein Augenmerk besonders darauf zu richten, ob der Prüfling die nötige Ruhe und Geistesgegenwart, einen sicheren Blick und Verständnis für die Bedürfnisse des öffentlichen Verkehrs besitzt, sowie ob er Entfernungen richtig abzuschätzen, die Gelände- und Verkehrsverhältnisse besonders beim Wechsel der Geschwindigkeit zu berücksichtigen und zu benutzen, die Bremsen richtig zu handhaben und Geräusch- und Geruchbelästigung zu vermeiden versteht.

(6) Wenn der Prüfling bereits im Besitze der Fahrerlaubnis für eine bestimmte Betriebsart und Klasse von Fahrzeugen ist und die Ausdehnung der Fahrerlaubnis auf eine andere Betriebsart oder Klasse wünscht, kann die mündliche und praktische Prüfung nach dem Ermessen des Sachverständigen abgekürzt werden.

VI. (1) Bei der Abnahme der Prüfungen ist besonderes Gewicht auf die Fahrprüfungen zu legen; wenn der Prüfling bei diesen Unkenntnis oder Unsicherheit zeigt, ist die Prüfung abzubrechen. Die Prüfung ist nur dann als bestanden anzusehen, wenn der Prüfling in allen Gegenständen genügende Sachkenntnis bewiesen hat.

(2) Über die zur Prüfung zugelassenen Personen und über das Ergebnis der Prüfung haben die amtlich anerkannten Sachverständigen ein Verzeichnis unter fortlaufender Nummer zu führen.

(3) Nach Abschluß der Prüfung haben die Sachverständigen unter Rücksendung des Antrags und seiner Anlagen umgehend der höheren Verwaltungsbehörde über das Ergebnis zu berichten; hierbei ist die Nummer anzugeben, unter der die Eintragung in das Verzeichnis erfolgt ist.

(4) Ist die Prüfung bestanden, so ist insbesondere anzugeben, für

*) Bei Kraftfahrzeugen, die keinen geeigneten Platz bieten, darf von der Befolgung dieser Vorschrift abgesehen werden, sofern der Sachverständige sich auf andere Weise, z. B. durch Begleiten mit einem anderen Kraftfahrzeuge, von den Fähigkeiten Überzeugung verschaffen kann.

welche Betriebsart und Klasse von Fahrzeugen der Prüfling sie abgelegt hat.

VII. (1) Ergibt der Bericht des Sachverständigen, daß der Antragsteller die Prüfung nicht bestanden hat, so ist die nachgesuchte Erlaubnis zum Führen eines Kraftfahrzeugs von der höheren Verwaltungsbehörde zu versagen. Auf Antrag des Prüflings kann jedoch die höhere Verwaltungsbehörde ihre Entscheidung einstweilen aussetzen und die Zulassung zur Wiederholung der Prüfung in Aussicht stellen; die Wiederholung ist hierbei von dem Nachweis abhängig zu machen, daß der Prüfling in der Zwischenzeit weiteren gründlichen Unterricht genossen hat. Die Wiederzulassung darf keinesfalls vor Ablauf von zwei Wochen erfolgen. Wenn sich ergeben hat, daß dem Prüfling die nötige Vorsicht, Ruhe und Geistesgegenwart fehlt, kann ausdrücklich eine längere Frist festgesetzt werden. Macht der Prüfling von der Wiederzulassung innerhalb der von der höheren Verwaltungsbehörde festgesetzten Frist keinen Gebrauch, so ist ihm die Fahrerlaubnis zu versagen.

(2) Ergibt der Bericht des Sachverständigen, daß der Antragsteller die Prüfung bestanden hat, so erteilt die höhere Verwaltungsbehörde dem Prüfling den Führerschein für die betreffende Betriebsart und Klasse von Fahrzeugen, sofern nicht besondere Gründe, die nicht bereits vor der Erteilung des Auftrags zur Vornahme der Prüfung gewürdigt worden sind, zur Versagung der beantragten Erlaubnis führen müssen. Beträgt die Sehschärfe auf einem Auge des Antragstellers ohne oder mit Glas weniger als $^1/_6$ oder fehlt das Sehvermögen auf einem Auge ganz, so hat die höhere Verwaltungsbehörde dies in dem Führerscheine zu vermerken und alle drei Jahre eine erneute amtsärztliche Untersuchung anzuordnen. In Ausnahmefällen kann die höhere Verwaltungsbehörde einen Führerschein auch für die Führung eines einzelnen bestimmten Kraftfahrzeugs ausstellen, insbesondere wenn ein Kriegsverletzter ein Fahrzeug führen will, das der Körperbeschaffenheit durch besondere Einrichtungen angepaßt ist oder das er mit Hilfe eines Ersatzglieds sicher führen kann. In diesen Fällen sind Kennzeichen, Firma, die das Fahrgestell hergestellt hat, und Fabriknummer des Fahrgestells im Führerschein anzugeben.

(3) Über die von ihr ausgestellten Führerscheine hat die höhere Verwaltungsbehörde eine Liste zu führen; die Nummer der Liste ist in dem Führerschein anzugeben.

(4) Vor Erweiterung einer Fahrerlaubnis oder Ausstellung einer zweiten Ausfertigung eines Führerscheins hat die höhere Verwaltungsbehörde durch Anfrage bei der Sammelstelle in Berlin festzustellen, was etwa Nachteiliges über den Antragsteller dort bekannt

ist. Von jedem Falle der Versagung der Fahrerlaubnis, der Aussetzung der Entscheidung, der Entziehung der Fahrerlaubnis oder der Untersagung der Führung eines Kraftfahrzeugs sowie der Zurücknahme einer dieser Maßnahmen hat die höhere Verwaltungsbehörde umgehend der Sammelstelle in Berlin Mitteilung zu machen. In den Fällen der Versagung, Entziehung und Untersagung sind die Gründe kurz mitzuteilen.

VIII. (1) Für die Erteilung der Erlaubnis zum Führen von Kraftfahrzeugen der Wehrmacht und der Reichspost und für die Entziehung dieser Erlaubnis gilt folgendes:

(2) Die Abhaltung der Führerprüfung sowie die Ausstellung des Führerscheins erfolgt durch die gemäß § 45 Abs. 2 der Verordnung bestimmten Dienststellen nach den Bestimmungen unter Ziffer I bis VII. Dabei kann bei Angehörigen der Wehrmacht der Ausweis über die Geburt (Ziffer II Abs. 1 Nr. 1) durch einen Stammrollenauszug ersetzt, von der Vorlage des Zeugnisses eines beamteten Arztes (Ziffer II Abs. 1 Nr. 2) abgesehen und das Lichtbild (Ziffer II Abs. 1 Nr. 3) nach der Prüfung vorgelegt werden. Die Vorschriften über die Beteiligung der Sammelstelle für Nachrichten über Führer von Kraftfahrzeugen (Ziffer II Abs. 3 und Ziffer VII Abs. 4) finden mit der Maßgabe Anwendung, daß vor Erweiterung einer Fahrerlaubnis oder Ausstellung einer zweiten Ausfertigung eines Führerscheins eine Anfrage bei der Sammelstelle nicht erforderlich ist. Die Erlaubnis beschränkt sich nicht auf die Führung von Kraftfahrzeugen der betreffenden Verwaltung; sie gilt nur für die Dauer des Dienstverhältnisses; dies ist auf dem Führerscheine zu vermerken. Bei Beendigung des Dienstverhältnisses wird der Schein eingezogen; auf Antrag ist dem Inhaber eine Bescheinigung zu erteilen, für welche Betriebsart und Klasse von Kraftfahrzeugen ihm die Erlaubnis erteilt war, sofern nicht das Dienstverhältnis durch Strafentlassung beendet wurde und sofern nicht Tatsachen vorliegen, die die Annahme rechtfertigen, daß er nicht zum Führen von Kraftfahrzeugen befähigt ist.

(3) Wünscht ein früherer Inhaber eines von der Wehrmacht oder der Reichspost erteilten Führerscheins nach seinem Ausscheiden aus dem Dienstverhältnis einen Führerschein nach Ziffer VII für diejenige Betriebsart und Klasse von Fahrzeugen, zu deren Führung er nach der Bescheinigung (Abs. 2) berechtigt war, ohne nochmalige Ablegung einer Prüfung über seine Befähigung zum Führen eines Kraftfahrzeugs zu erhalten, so hat er einen Antrag unter Vorlegung dieser Bescheinigung, des ärztlichen Zeugnisses und des Lichtbildes (Ziffer II) innerhalb eines halben Jahres nach Beendigung seines Dienstverhältnisses bei der Ortspolizeibehörde seines Wohnsitzes oder

Entlassungsorts zu stellen. Im übrigen regelt sich das Verfahren nach Ziffer II und VII.

(4) Abs. 2 Satz 4 und 5 sowie Abs. 3 gelten auch für Führerscheine, die von einer als höhere Verwaltungsbehörde anerkannten Dienststelle der staatlichen Polizei erteilt sind.

IX. Personen, die einen über ein Jahr alten ausländischen Führerschein besitzen und die Erteilung der deutschen Erlaubnis zum Führen von Kraftfahrzeugen beantragen, kann diese Erlaubnis für die Betriebsart und Klasse von Kraftfahrzeugen, für die der ausländische Führerschein gilt, unter Verzicht auf Vorlage der in Ziffer II Abs. 1 Nr. 1, 2 und 4 vorgeschriebenen Bescheinigungen erteilt werden, sofern diese Personen eine durch einen amtlich anerkannten Sachverständigen oder einen Polizeibeamten vorzunehmende, auf die Kenntnis der wichtigsten deutschen Verkehrsvorschriften beschränkte mündliche Prüfung bestehen und an ihrer Geeignetheit im übrigen keine Zweifel bestehen. In dringlichen Fällen kann von einer vorherigen Anfrage bei der Sammelstelle für Nachrichten über Führer von Kraftfahrzeugen abgesehen oder diese Anfrage telegraphisch gestellt werden.

Sachregister.

A.

Aus „Schweitzers blauen Textausgaben":

Bürgerl. Gesetzbuch nebst Einführungsgesetz mit Abdruck der zitierten Gesetzesstellen. 3. Auflage. 1926. geb. RM. 5.50

Gebrauchsmusterschutzgesetz vom 1. Juni 1891. Erläutert von Dr. L. Wertheimer, Rechtsanwalt in Frankfurt a. M. 1913. geb. RM. 2.80

Genossenschaftsgesetz vom 1. Mai 1889. In der Fassung vom 10. Mai 1897. Erläutert von Fr. Bonschab, Direktor d. Bayer. Landwirtschaftsbank. 3. Aufl. von Dr. R. Deumer. 1920. kart. RM. 3.—

Gewerbeordnung mit Nebengesetzen und Ausführungsbestimmungen. Mit Anm. u. ausf. Sachreg. von ObRegRat Dr. F. Steinbach. 3. Auflage. 1930. Ausg. für Preußen. geb. RM. 4.50
Ausg. für Bayern. 3. Aufl. 1930. Geb. RM. 13.50

Gewerbsteuergesetz, Bayer. vom 9. Juli 1926 i. d. Fassung vom 10. August 1926. Mit Einleitung, Vollzugsvorschriften und Sachverzeichnis. Von Regierungsrat Dr. A. K. Hauser, München. 1926. Kart. RM. 4.—

Handelsgesetzbuch mit Seerecht. Mit Einleitung u Register. 2. Auflage. 1927. Geb. RM. 3.—

Jugendgerichtsgesetz vom 16. Februar 1923 nebst Jugendwohlfahrtsgesetz u. den Vollzugsvorschriften Preußens u Bayerns. Erläutert von Amtsrichter Dr. R. Messerer, München. 1926. Geb. RM. 4.—

Kindererziehung, religiöse, RG. vom 15. Juli 1921. Erläutert weil. ObLGRat Th. von der Pfordten. 1922 1922. kart. RM. 060.

Konkursordnung, Anfechtungsgesetz, GeschäftsaufsichtsVO. u. Zwangsversteigerungsges. Mit 28 Nebenges. 2. Aufl. mit Verweisgn. u. ausführl. Sachreg. bearb. von ObLGR. J. Schiedermair, München. 1924. Geb. RM. 3.—

Reichspräsidentenwahlgesetz vom 4. Mai 1920 mit Wahlordnung. Erl. von Staatsrat H. von Jan, München. 1922. kart. RM. 0.85

J. Schweitzer Verlag (Arthur Sellier) **München, Berlin und Leipzig.**

Aus „**Schweitzers blauen Textausgaben**“:

Reichswahlgesetz. Erläutert von Staatsrat H. von Jan München. 1928. 3. neubearb. Aufl. geb. RM. 2.40

Reichswirtschaftsrat, Der vorläufige. Von Min.-Rat Dr. Schäffer, Berlin. 1920. kart. RM. 3.30

Rennwett- u. Lotteriegesetz. Mit AusfBest. d. Reichs, von Preußen, Bayern, Sachsen, Württemberg, Baden. Erläutert von O. Kollmannn, ObRegRat im Bayer. LandwMinst. 1922. kart. RM. 1.90

Strafgesetzbuch für das Deutsche Reich nebst Einführungsgesetz u. ergänzenden Gesetzen. Mit Anm. und Sachreg. Hrg. von Dr. Fr. Doerr, OLGR., Prof in München. 4. Auflage. 1927. geb. RM. 4.60

Strafprozeßordnung und Gerichtsverfassungsgesetz. Mit Verweisungen. Von Staatsanwalt R. Kallenbach. 1924. Ergänzt. Geb. RM. 3.—

Urheber- und Verlagsrecht. Eine Sammlung der einschlägigen Gesetze, Verordnungen und internation. Abkommen. Mit Sachregister von Rechtsanwalt Dr. H. Kirchberger in Leipzig. 1911. geb. RM. 1.60

Verfassung, die deutsche von 1919. Erläutert von Prof. Dr. Bornhak, Berlin. 2. durchges. Aufl. 1921. kart. RM. 110

Verfassungsurkunde Bayerische. Mit Erläuterungen und einem Anhang von Staatsrat H. von Jan. 1927. Geb. RM. 5.—

Volksentscheid, Reichsges über den, m. d. einschläg. Bestimm. d. Reichsstimmord. 2. Aufl. 1926. kart. RM. 2.20

Volksschullehrer- und Schulbedarfsgesetz, Bayer. Erläut. 3. Aufl. 1920. kart. RM. 1.50

Zivilprozeßordnung mit 62 Nebengesetzen. 4. Aufl. Von Oberstlandesgerichtsrat J. Schiedermair. 1929. Geb RM. 5.—

J. Schweitzer Verlag (Arthur Sellier) München, Berlin und Leipzig

FSC
www.fsc.org
MIX
Papier | Fördert gute Waldnutzung
FSC® C083411

Kolibri 360 GmbH
Ferdinand-Jühlke-Straße 7
99095 Erfurt, Deutschland
produktsicherheit@kolibri360.de